LES FÉLINS ENCORE INCONNUS D'AFRIQUE

BERNARD HEUVELMANS

Docteur ès Sciences zoologiques
Président de l'*International Society of Cryptozoology*

LES FÉLINS ENCORE INCONNUS D'AFRIQUE

Notes additionnelles de Jean-Jacques Barloy
Docteur ès Sciences

Bibliothèque Heuvelmansienne

LES ÉDITIONS DE L'ŒIL DU SPHINX
36-42 rue de la Villette
75019 PARIS, FRANCE
www.œildusphinx.com
ods@œildusphinx.com

Bibliothèque Heuvelmansienne

Directeur de collection
Jean-Luc Rivera

Remerciements :

Les Éditions de l'Œil du Sphinx et moi-même tenons à remercier les ayant-droits de l'œuvre de Bernard Heuvelmans pour leur soutien à cette entreprise d'édition et leur autorisation de publier les ouvrages de cryptozoologie de leur père et grand-père : M. Ronald Heuvelmans, Mlle Pascale Stevenart, Mme Nathalie Stevenart Roland et M. Olivier Stevenart. Nous remercions aussi pour son amitié, son enthousiasme et son soutien sans faille à cette entreprise Alika Lindbergh. Sans eux, ce projet n'aurait pu aboutir.

Nous remercions aussi pour leur aide précieuse pour la sortie de ce volume Joseph Altairac, Guy Costes, Jacky Ferjault, André Savéant et Fabrice Tortey.

Avertissement :

Cette Bibliothèque Heuvelmansienne devrait compter une quinzaine de livres, dont la publication s'étalera sur plusieurs années. Elle commence avec la biographie écrite par Jean-Jacques Barloy, *Bernard Heuvelmans, un rebelle de la science*. Elle se poursuivra avec tous les ouvrages cryptozoologiques de Bernard Heuvelmans, déjà publiés (et épuisés) ou inédits. Cette série se terminera par un livre de souvenirs d'Alika Lindbergh sur celui dont elle a partagé la destinée.

L'édition des livres cryptozoologiques respecte le texte écrit par Bernard Heuvelmans qui est simplement enrichi de brefs commentaires en notes, imposés par l'actualité et dus à Jean-Jacques Barloy.

Au total, cette collection constitue un hommage à un homme qui a profondément marqué notre vision du monde, un humaniste et un encyclopédiste qui, ainsi, enchantera une nouvelle génération de lecteurs.

Couverture :

Composition d'Alika Lindbergh montrant un tigre à dents de sabre (collection privée de M. et Mme Georges Heuchert que nous remercions pour nous avoir autorisé à utiliser ce tableau; photographie Emmanuel Thibault)

© 2007 LES ÉDITIONS DE L'ŒIL DU SPHINX

ISBN:2-914405-43-X
EAN : 9782914405430
ISSN de la collection en cours.
Dépôt Légal: Mai 2007

A la mémoire de

Kâli, la Siamoise,
Talleyrand, le diable boiteux,
Milou-pie, celui qui savait,
Milou-faune, l'indomptable,
Pie, la fidèle,
Pie XI, le candide,
Minnie, l'incontinente.
Min Hoï, la beauté noire,
Et de tant d'autres chats que j'ai aimés.

Ainsi qu'à

Nsui, la panthère de l'Orphelinat de
Nairobi, qui m'avait donné son amitié
Et à mon mngwa à moi,
Georges Si-mignon,
Mon seul compagnon
De chaque jour, de chaque nuit,
Aujourd'hui défunt
Et décidément irremplaçable.

B.H.

Les mondes qui naissent,
Comme ceux qui meurent, sont
Pleins d'épouvante.
(Jean Ray, *Les Cercles de l'épouvante*).

REMERCIEMENTS :

Tant de gens m'ont aidé au cours des près de cinquante années de recherches cryptozoologiques qui ont abouti entre autres à la documentation du présent ouvrage, que je ne pourrais les citer tous, et craindrais d'ailleurs d'en oublier quelques-uns. Qu'ils trouvent ici l'expression de ma vive reconnaissance.

Cela dit, en plus de ceux, quasi innombrables, qui m'ont reçu ou aidé au cours de mes séjours en Afrique, et que j'ai déjà remerciés nommément pour leur hospitalité dans des livres précédents, je tiens à dire toute ma gratitude à ceux qui ont contribué plus particulièrement à la genèse de cet ouvrage-ci. Beaucoup d'entre eux — des amis parfois très proches — voudront bien me pardonner de les citer ici avec la pompe qui s'impose en l'occurrence : le professeur Pierre Alexandre, de l'Institut National des Langues et Civilisations Orientales, dont l'aide m'est toujours inappréciable dans le domaine des idiomes bantous, Mademoiselle Anne Avaro, qui a bien voulu enquêter pour moi au Gabon ainsi que parmi ses compatriotes gabonais de Paris, M. Gabriel Becker, de Kanango au Kassaï, Paul et Lena Bottriell, du Buckinghamshire, qui ont poursuivi le Guépard royal jusque dans ses derniers retranchements, le Dr D.J. Brand, directeur du Zoo national de Pretoria (République sud-africaine), M. Cardineau, de Villennes-sur-Seine, le professeur Léonard Ginsburg, de l'Institut de Paléontologie du Muséum National d'Histoire Naturelle, Maurice Halley, vétéran de la brousse gabonaise, Mr G. Hamilton-Snowball, d'East Grinstead (Sussex), le Dr Philippe Janvier, de l'Institut de Paléontologie du Muséum National d'Histoire Naturelle, M. Roland Kirch, de Spiez (Suisse), qui n'hésite pas à recourir à des méthodes paranormales pour ses investigations, le Dr Ingo Krumbiegel, autrefois du Landesmuseum de Hanovre, le guide de chasse Christian Le Noël, dont la « complicité » avec les animaux africains est incomparable, Christophe Marécaille, brillant étudiant de l'Université de Caen, qui a accepté de traduire pour moi, avec une précision dont je ne me sens plus capable, maints textes latins, H.R. Maudry, ancien Administrateur territorial en République Centrafricaine, le comte J.L. Montandon de la Brévine, de Lualabourg au Kassaï (Zaïre), M. Marc Péchenard, président de la Société des Grandes Chasses, qui a eu l'extrême obligeance de m'informer par personne interposée, l'herpétologue américain James H. Powell Jr, naturaliste de terrain d'une infatigable ténacité, le professeur Ottorino Rosati, de Turin, qui s'est chargé de la traduction des textes italiens mentionnés ici, l'ethnologue et sociologue Jacqueline Roumeguère-Eberhardt, maître de recherches au C.N.R.S., dont la connaissance de première main de divers peuples d'Afrique orientale et australe m'a permis de résoudre quelques problèmes épineux, Georges Sandrart, longtemps résident du Rwanda et de l'Urundi, et Jeanne-Françoise Vincent, chargée de recherches au C.N.R.S., qui est parvenue à dénicher au Tchad des informations capitales pour moi.

Mes remerciements particulièrement émus vont aussi à ceux de mes informateurs ou auxiliaires — hélas ! — disparus : Lucien Blancou, Inspecteur honoraire des Chasses et de la Protection de la Faune Outre-mer, le Professeur Paul Bonnivair, autrefois Inspecteur général de l'Agriculture et des Forêts, au Congo belge (aujourd'hui le Zaïre), le merveilleux cinéaste animalier Armand Denis, le Dr Serge Frechkop, mon maître de l'Institut Royal des Sciences Naturelles de Belgique, le Dr Theodor Haltenorth, qui était le chef de file de la mammalogie allemande, le grand Louis S.B. Leakey, Harald Pager, d'Uis (Namibie), qui connaissait mieux que personne la peinture rupestre bochimane et le Dr vétérinaire Dennis A. Walker de Salisbury (devenu Harare), au Zimbabwe. Presque tous étaient des amis très proches.

Un grand merci ensuite à tous ceux et celles qui, ces dernières années, n'ont jamais cessé de collaborer à mes recherches bibliographiques à travers le monde, m'ont fourni des renseignements ou des documents de valeur ou ont cherché tout simplement à m'aider, notamment : Christine Arnodin-Chibrac, d'Onesse (Landes), Michel Ballot, de Monaco, mon complice en cryptozoologie, l'écrivain Peter Costello, de Dublin (Irlande), Georges H. Gallet, qui a fait connaître la Science-Fiction à la France, Colette Goudard-Bez, de Marseille, ma précieuse assistante Ghislaine du Fayet de La Tour, qui m'a traduit de l'allemand des textes essentiels, mon illustratrice de toujours Alika Lindbergh, le professeur Helmut H. Loofs-Wissowa, de l'Australian National University de Canberra, et sa femme Sigrid, Gary S. Mangiacopa, de Milford (Connecticut), inlassable éplucheur de gazettes anciennes, le professeur Théodore Monod, de l'Institut, puits de science insondable, Kurt von Nieda, de Los Angeles (Californie), le Commendatore Bruno Pacor, de Trieste, Michel Raynal, le plus actif des cryptozoologues français, Herman Reichenbach, de Hambourg, le plus efficace de mes documentalistes, cet enchanteur qu'est Samivel, poète de la Nature aux multiples facettes, et le toujours dévoué Professeur Ron Westrum, d'East Michigan University. Il serait de la dernière ingratitude de passer sous silence, dans cette liste, ma chère Dominique Boyer, dont la seule existence m'a parfois aidé à surmonter les moments de découragement ou de désespoir que traverse parfois tout chercheur combattu ou frappé d'ostracisme pour l'originalité et l'esprit novateur de ses idées.

Première partie
Du connu à l'inconnu

Ce n'est pas sans raison
Que l'Afrique a été nommée
La mère des moutons.

(Louis-Antoine de Bougainville,
Voyage autour du monde, 1771)

CHAPITRE PREMIER

DES FÉLINS PAS COMME LES AUTRES

On a dit et répété depuis l'Antiquité que l'Afrique ne cessait de produire des « monstres » nouveaux. L'histoire des découvertes zoologiques n'a d'ailleurs fait que confirmer le bien-fondé de cette réputation.

Quand il est question de « monstres », la plupart des gens pensent avant tout à des êtres qui inspirent l'horreur, et plus encore la terreur. Et qui donc, dans les régions les plus diverses du monde, est l'animal le plus redoutable de tous, le carnassier le plus spécialisé, le super-prédateur ? Sur terre du moins, c'est partout et toujours le grand félin aux griffes paralysantes et aux canines assassines, puissamment musclé au surplus et rapide comme l'éclair. En somme, une machine à tuer admirablement agencée, comme l'Aigle en est une dans les airs et le Requin blanc dans les mers. Imaginer que l'Afrique pourrait encore dissimuler l'un ou l'autre monstre de cette sorte-là est bien propre à donner la chair de poule. Car si, à l'image de la bête assoiffée de sang se superpose la peur de l'Inconnu, la terreur est portée à une puissance supérieure. Que ce soit dans la littérature ou au cinéma, le thème du tueur sans visage est le classique par excellence de l'épouvante.

NOTRE PLAN DE CAMPAGNE

Depuis un bon siècle, des rumeurs nous parviennent sans trêve de tous les coins d'Afrique sur l'existence de grands chats féroces, pas tout à fait comme les autres, qu'on chercherait en vain dans nos manuels de Zoologie.

Pour donner aussitôt une idée de leur diversité, je vous propose d'en faire d'abord un inventaire sommaire en parcourant le continent noir en zigzag de la mer Rouge au Cap. Partout je laisserai rapporteurs et témoins s'exprimer librement dans leurs propres termes, sans les interrompre ni faire d'autres commentaires que ceux strictement nécessaires à la clarté et à la bonne compréhension de leurs déclarations. Il est possible que le lecteur non averti ne saisisse pas d'emblée ce qu'il peut y avoir d'extraordinaire à l'existence d'un lion blanc, forestier ou de mœurs aquatiques, d'un guépard rayé, d'un léopard sans taches ou d'un simple tigre africain. Voilà pourquoi, avant d'entrer dans le détail de cas particuliers, je rappellerai comment le monde occidental a fait peu à peu connaissance avec les félins d'Afrique aujourd'hui dûment catalogués. Pour le nord du continent, cela s'est produit dès l'Antiquité, à la faveur des échanges tant belliqueux que pacifiques qui unissaient déjà les divers pays entourant la Méditerranée. Beaucoup plus tard, de la Renaissance à nos jours, notre science s'est enrichie au fur et à mesure de la conquête progressive du cœur obscur du continent et de son extrémité australe, par les navigateurs, les explorateurs, les marchands, les missionnaires et les colons. Après quoi, dans une deuxième partie, nous serons mieux armés pour aborder les chapitres consacrés aux cas les mieux documentés de félins apparemment inconnus. Je les passerai en revue en allant du plus simple au complexe, ou plus exactement du clair à l'obscur, d'une affaire entièrement élucidée depuis peu au mystère resté le plus déroutant, en passant par une affaire toujours controversée. A ces occasions seulement, je me risquerai le cas échéant à des hypothèses sur l'identité probable ou possible de ces gros chats hors du commun.

Dans cette partie, je m'arrêterai seulement à ceux d'entre eux qui ne semblent différer des félidés connus que par la taille, la couleur de la robe ou la manière dont celle-ci est marquée, ou encore par une férocité tout à fait inhabituelle. Ceux-là pourraient éventuellement appartenir à une espèce ou à une race distincte, mais il se peut aussi, dans certains cas, que ce ne soient que des individus s'écartant à l'extrême de la normale, voire des spécimens malades ou décrépits, ou encore des rejetons inattendus de parents normaux — des mutants, comme on dit — ou bien, enfin, des produits hybrides nés d'amours contre nature. Voilà en définitive pourquoi, conscient des pièges et des mirages dont nous risquons d'être victimes à chaque instant, j'entends procéder ici systématiquement du connu à l'inconnu, de la lumière en direction des ténèbres. Pour éviter tout faux pas sur un terrain parsemé de chausse-trapes et d'embûches, il est sage d'avancer à petits pas, presque à tâtons.

Nous serons alors prêts à aborder la troisième partie de cet ouvrage, la plus périlleuse de toutes mais aussi la plus exaltante, puisqu'elle concerne un ensemble de félins prodigieux, présentant, eux, des traits si particuliers qu'ils ne peuvent pas être confondus avec ceux que nous connaissons de nos jours, ni leur être d'ailleurs étroitement apparentés. Il s'agit de grands fauves bizarrement armés de canines en forme de poignard ou de sabres, et qui semblent devoir être classés parmi les Machairodontes de la Préhistoire, voire de types plus anciens.

C'est sur le problème de la survivance de ces égorgeurs, ces spadassins, ces coupe-jarrets, ces saigneurs par excellence du Passé, que nous terminerons cet ouvrage en beauté — une beauté à la Poe — par ce qui en constitue d'évidence le bouquet. Auparavant toutefois, survolons à grands coups d'ailes, comme promis, les diverses régions d'Afrique où courent des bruits, parfois insistants, sur l'existence de félins hors du commun. Ne croyez pas cependant que les surprises, les émotions, les haut-le-cœur voire les frissons, vous seront épargnés au long de ce premier survol, ou au cours des diverses enquêtes approfondies qui s'ensuivront, en dépit de la prudence de notre approche. Les chats ne sont jamais des enfants de chœur. C'eût été soumettre vos nerfs à trop rude épreuve que de vous plonger d'emblée dans le cauchemar absolu.

LES ABYSSINS : « WOBO », « ABU SOTÂN » ET « ABASAMBO »

Des rumeurs significatives nous sont d'abord parvenues du nord-est du continent, de cette Ethiopie mystérieuse qui, aujourd'hui même, n'a pas fini de nous livrer tous ses secrets. Quand, de 1861 à 1862, le naturaliste allemand Theodor von Heuglin eût parcouru l'Abyssinie, comme on l'appelait alors, et le Soudan oriental, il énuméra dans sa relation de voyage les grand animaux qui hantaient ces régions rarement pénétrées. Certains d'entre eux étaient d'évidence inconnus du monde occidental. Pour ce qui est des félins, Heuglin, après avoir parlé des plus énormes — le Lion, le Léopard et même la Panthère noire — et avant d'en venir aux petits — du Chat sauvage au Serval et au Caracal — s'était montré intrigué par une forme de grande taille non identifiable :

Le Wobo *est-il une variété de Léopard, un bâtard de lion et de léopard, ou bien une espèce particulière pas encore bien connue ? Je n'ai pas pu en décider de manière formelle.*

« L'animal est dépeint comme le prédateur le plus sauvage, le plus audacieux et le plus puissant qui soit, et il serait, d'après certains rapports, de couleur jaunâtre et marqué de rayures sombres longitudinales. Il semble exister dans toute l'Abyssinie, mais aucun des Européens qui séjournent là-bas n'a su nous en donner une description plus précise, et les informations que les indigènes eux-mêmes nous ont rapportées ne s'accordent pas du tout entre elles.

Plus loin dans sa relation, à propos cette fois de la région située à cheval sur la frontière actuelle de l'Ethiopie et du Soudan, le voyageur allemand allait revenir sur la question des animaux non identifiés :

Les Arabes parlent d'une bête de proie (?) fabuleuse, le Tirghileh, *qui se trouverait dans les montagnes voisines : elle a une tête de crocodile, des oreilles d'âne et une queue de singe (tout à fait l'oryctérope* [1] *!).*
Une autre espèce, qui ne m'est pas connue non plus, est un grand félin des rives du Dender [= Dinder], *qui s'appelle l'*Abu Sotân. *Il se pourrait qu'il fût identique au* Wobo *des Abyssins.*

Enfin, dans un ouvrage posthume, publié en 1877, un an après sa mort, Heuglin a fait le bilan de ses observations zoologiques dans tout le Nord-Est de l'Afrique et ce fut l'occasion pour lui de résumer comme suit le problème des félins inconnus de cette région :

Tout Abyssin a quelque chose à raconter sur un prédateur extrêmement dangereux appelé Wobo *dans l'Amhara et* Mendelît *dans le Tigrié* [= Tégré]. *Il serait plus grand que le Léopard et même que le Lion. Sa coloration n'est pas décrite avec une grande unanimité, mais d'après la plupart des rapports l'animal est d'un brun jaunâtre ou grisâtre avec des raies longitudinales noires.*

(1) Passe encore pour les « oreilles d'âne » et même, à la rigueur, pour la « tête de crocodile », à cause de sa forme allongée, mais prêter à l'oryctérope, *l'Aardvark* (cochon de terre) des Afrikaners, une « queue de singe » est nettement inapproprié. De tous les mammifères c'est sans doute celui chez lequel la queue est la plus épaisse : elle prolonge véritablement le corps, sans s'en détacher, comme chez un reptile, un lézard par exemple. Cela dit, cet inoffensif mangeur de fourmis et de termites, a tout pour inspirer la peur, car il est nocturne comme il est d'usage pour les démons maléfiques, et il vit sous terre, à savoir au Royaume des Morts.

Une bête de proie semblable pourrait se trouver dans les montagnes rocheuses de la région des fleuves Dender [= Dinder] *et Rahad. Là-bas on l'appelle* Abu Sotân. *Les Arabes lui attribuent un cou d'une longueur frappante et une fourrure claire, marquée de grandes taches ou raies longitudinales noires. Il se peut que le* Wobo *et l'*Abu Sotân *appartiennent à une seule et même espèce. On ne peut guère douter de l'existence de ce prédateur. En Abyssinie, le* Wobo *ne se montre, dit-on, que dans les basses terres les plus torrides, et il serait rarement abattu. Une peau de ce félidé a longtemps été conservée dans l'église principale d'Eifag, et plusieurs personnes, notamment le roi Theodoros, m'ont assuré l'y avoir encore contemplée.*

Quelques années plus tard, un autre explorateur de l'Abyssinie, italien celui-là, le marquis Orazio Antinori s'enfonça à son tour jusqu'aux confins du pays. Il allait y rencontrer la mort en 1882, miné par les fièvres et l'infection, après avoir, au préalable, perdu une main. Auparavant toutefois, le 8 août 1881, il avait encore eu l'excellente idée d'envoyer une lettre à son éminent collègue allemand, Georg August Schweinfurth. Il y signalait non seulement l'existence locale d'une population de pygmées, mais celle aussi d'un fauve inconnu :

*L'*Abasambo, *carnivore extrêmement féroce, qui, selon les informations données par les indigènes, serait un fauve de pelage clair, au poil court et dressé, se trouve à mi-chemin entre le Lion et le Léopard. Si les renseignements en question sont exacts, il viendra, lorsqu'il sera bien connu, allonger la liste des félins d'Afrique septentrionale.*
Quand le capitaine Cecchi séjournait au camp de Degiac Imer, gouverneur militaire du Gudrù [au sud de l'Abbaï ou Nil bleu], *il se trouvait sur les lieux quand un* abasambo, *après avoir creusé un trou à travers le mur d'une hutte, se saisit la nuit d'un jeune garçon qui dormait près de la porte, et lui enfonça ses crocs dans la chair. A cause des cris poussés par les gens, l'animal prit la fuite, mais le garçonnet, qui avait eu la poitrine déchirée, mourut quelques heures plus tard.*
Les indigènes connaissent et distinguent par des noms particuliers, le Pardus varius [le Léopard ordinaire], *le Guépard et le Léopard noir, qu'ils appellent* Ghissila. *Que peut bien être dès lors cette grande espèce qui, par sa couleur, sa taille et sa puissance, se situe entre le Lion et le Léopard ?*

Dans sa prodigieuse *Géographie universelle* (1885), Elisée Reclus allait bientôt rapprocher l'espèce en question du *Wobo* de Heuglin, mais cela ne se justifiait guère, sinon pour des raisons d'encombrement. Un fauve inconnu en Ethiopie, passe encore mais deux… non, la coupe était pleine ! Après tout, se dirait-on aujourd'hui, les diverses niches écologiques des super-prédateurs n'étaient-elles pas déjà occupées sur terre par le Lion, le Léopard, le Guépard et l'Hyène tachetée ?

AU SOUDAN : « NYOKODOING », UN FAUVE DES MARAIS

Toujours à l'affût de trophées vraiment originaux, un célèbre chasseur de gros gibier de l'entre-deux guerres, Roger Courtney, ne manquait jamais de s'informer auprès des indigènes sur les bêtes insolites ou rares des régions qu'il parcourait. Ainsi devait-il recueillir en Afrique orientale maints renseignements du plus haut intérêt auprès de son guide samburu, un vieux musulman passablement érudit, et d'une sagesse à toute épreuve, nommé Ali. Comme il devait le rapporter en 1940 dans son livre *A Greenhorn in Africa* (Un « bleu » en Afrique), voici ce que celui-ci lui avait appris entre autres sur la faune connue des Nuer qui vivent parmi les marécages du haut Nil :

Et puis, bwana, *il y a un autre animal qu'ils appellent le* Nyokodoing. *Celui-ci est aussi grand qu'un hippo et couvert de poils roux. Il combat aussi furieusement que le Lion, et est capable de courir bien plus vite que lui. Un groupe d'hommes d'Anuak est arrivé une nuit dans notre camp et ils nous ont dit qu'un* nyokodoing *avait tué deux de leurs guerriers quand ceux-ci avaient traversé les marais. Ils nous ont montré les* shuka *(pagnes) tachés de sang des deux hommes pour le prouver. Mais mon* bwana *a ri et prétendu qu'il n'existait pas d'animal comme celui-là. Il a déclaré qu'il croyait que c'étaient les Anuak qui avaient assassiné leurs camarades et qu'ils nous racontaient cette histoire pour échapper au châtiment.*

Une sorte de lion, un félidé sans doute, qui sèmerait la terreur dans les marais, c'est évidemment très inhabituel, mais ce n'est pas impossible *a priori*. Aussi faudra-t-il se souvenir de ce *Nyokodoing*, si vaguement décrit, quand il sera question, et avec quelle insistance, dans maintes régions d'Afrique, de « lions d'eau », puissants et redoutables, et plutôt rouquins par surcroît.

A L'OUEST : LIONS NOIRS, TIGRES ET GÉANTS

A l'autre bout du continent, dans cette Afrique occidentale qu'on imagine tout de même mieux explorée que l'Abyssinie ou le haut Nil, des histoires non moins inquiétantes circulent depuis longtemps sur une kyrielle de félins apparemment inconnus.
Parlant notamment de la faune de Sénégambie, toujours dans sa *Géographie universelle*, Elisée Reclus rapportait :

Les indigènes parlent avec terreur d'un lion noir du Djolof, qui attaquerait l'homme. Aucun chasseur européen n'a encore vu cet animal.

Plus troublantes encore sont les révélations que le fameux Administrateur anglais Sir Harry H. Johnston nous a faites en 1905 dans ses notes sur les mammifères et les oiseaux du Liberia. Comme elles proviennent de l'homme même qui venait de jouer un rôle prépondérant dans la découverte sensationnelle entre toutes de l'Okapi, elles sont évidemment d'un poids considérable :

Je devrais signaler que les Mandingues [2] *parlent beaucoup d'un animal rayé qu'ils nomment* Siruku. *Ils reconnaissaient une représentation du Zèbre* [bien entendu inconnu dans ces régions forestières] *et l'appelaient* Siruku, *mais ils n'en décrivaient pas moins cet animal comme extrêmement féroce et capable de mettre la vie en danger. Comme il est impossible d'appliquer une telle description au Zèbre, j'ai cru, à regarder leurs gestes, qu'ils voulaient parler du Léopard, mais à celui-ci ils donnaient un nom tout à fait diffé-*

(2) Les Mandingues vivent dans l'arrière-pays du Sénégal et de la Guinée.

rent, à savoir Soli. *Au surplus, ils insistaient sur les rayures de l'animal. Ce pourrait être l'Hyène rayée. Il n'empêche que chaque fois qu'on leur montrait l'image d'un zèbre, ils l'appelaient invariablement* Siruku, *en précisant que dans ce pays-ci, il était féroce !*

Sans plus amples commentaires, il faut rappeler ici que l'Hyène rayée n'a jamais été observée dans les régions côtières du golfe de Guinée, cet animal ne fréquentant, pas plus que sa puissante sœur tachetée, la grande forêt des pluies qui s'y étend. Les savanes où elle s'ébat de préférence ne s'amorcent qu'à quelque 500 kilomètres plus au nord. Là-bas, au Mali actuel notamment, ce n'est d'ailleurs plus d'une sorte de tigre égaré qu'il est question, mais d'un lion, un lion des cavernes ! Nous en avons appris l'existence grâce à une lettre adressée par un grand voyageur, Paul Cazard, au *Chasseur français*, et que celui-ci publia dans son numéro d'octobre 1939:

J'ai eu le plaisir de faire une traversée idéale avec M. Bélime, ingénieur de génie, qui règne à Ségou [sur le Niger]*, la capitale d'Ahmadou, sur une cohorte de polytechniciens* [...] *Au cours de nos longues causeries, en arpentant à grand pas le pont qui se dérobe, M. Bélime m'a raconté que des indigènes, venus de contrées où aucun Blanc n'avait encore pénétré, parlaient de lions gigantesques qui habitaient dans des cavernes et faisaient de grands ravages parmi les autres animaux et les habitants des villages.*
Serait-ce le lion des rocs, magistralement décrit par M. J.H. Rosny dans Le Félin géant *?*

Si, à présent, nous nous rapprochons à nouveau du golfe de Guinée pour réintégrer la large bande forestière qui s'étend de part et d'autre de l'Equateur, c'est plutôt un léopard démesuré que nous risquons s'y rencontrer. Voilà qui serait d'ailleurs logique, le félin ocellé hantant de préférence les forêts aux savanes.
Lisez plutôt ce que m'écrivait à ce sujet, le 12 mars 1966, un de mes correspondants, alors domicilié sur l'Ile de Rêve, à Villennes-sur-Seine, M. Cardineau :

Chassant en Côte d'Ivoire dans la région de Yamoussokro, pays d'Auphouet-Boigny (3)*, au bord de la Comoé, dans une région de forêt-galerie très dense, cela vers 1955, mon guide indigène m'a dit en manifestant une certaine frayeur qu'il ne fallait pas aller plus loin. Lui en demandant la cause, il me répondit que nous arrivions au « pays » des panthères géantes « deux fois plus grandes » que leurs congénères et qu'elles attaquaient même les éléphants. Poussé par la curiosité je me suis avancé seul sur encore quelques centaines de mètres jusqu'à une sorte de petite plage (ce qui est très rare en zone forestière) et j'ai vu au bord du fleuve de très belles empreintes de félins, nettement plus importantes que celles que j'étais habitué de voir...*

Faut-il ajouter qu'on ne rencontre pas de lions, hôtes par excellence des savanes, voire des déserts, dans la zone de forêts humides qui ourle le golfe de Guinée. Aussi la surprise est-elle grande quand d'aventure on en signale.

(3) Il s'agit bien entendu de M. Félix Houphouet-Boigny, longtemps ministre d'Etat et simple député de la Côte d'Ivoire, qui, après la décolonisation, devait être élu président de la République de Côte d'Ivoire en 1960, et l'est resté jusqu'à sa mort.

« BUNG-BUNG » : LE LION FORESTIER DU CAMEROUN

Tout au long de la ceinture forestière qui s'étend de part et d'autre de l'Equateur, du Gabon à l'Ouganda, nous allons en effet recueillir un trésor d'informations sur des félins pour le moins ambigus, décrits les uns comme des lions, bien qu'ils fussent observés dans la forêt et tachetés de surcroît, les autres comme des léopards, bien qu'ils eussent la robe rayée ou immaculée.

La description du premier de ces phénomènes a été recueillie par le Dr Arnold Schultze, un des membres de l'expédition allemande de 1910-1911 en Afrique centrale, que dirigeait Adolf-Friedrich, duc de Mecklenburg-Schwerin.

Voici ce que le lieutenant Schultze en a dit dans l'ouvrage collectif qui a été consacré en 1912 à cette importante mission d'exploration, *Von Kongo zum Niger und Nil* (Du Congo au Niger et au Nil) :

Un animal mystérieux m'a été signalé par Herr Rappe [l'Administrateur du poste de la boucle du Dja, au Cameroun], *et, par la suite, je l'ai encore entendu mentionner ailleurs à une autre occasion. Les indigènes l'appelaient Bung-Bung, et le disaient très rare. Il avait une telle puissance qu'il était capable de tuer un léopard, et mon informateur ajoutait d'ailleurs qu'il avait récemment trouvé un de ces derniers, manifestement mis à mort par quelque animal sauvage. Celui-ci, à en croire les indigènes, était un Bung-Bung. Nous ne parvînmes pas à découvrir de quelle sorte d'animal il pouvait s'agir, car les gens du cru donnaient d'autres noms à chaque animal que nous mentionnions. En dernier recours, je m'adressai à Undéné* [un Gabonais qui servait d'ordonnance à l'auteur], *qui me répliqua sans la moindre hésitation : « Missié, Bung-Bung être nom Bulu du lion ».*

Nous en restâmes muets d'étonnement. Si l'on nous avait dit qu'on trouvait des okapis dans le voisinage, nous n'eussions pas été plus surpris. D'autres questions posées à Undéné nous valurent le renseignement suivant lequel les lions vivent à l'occasion, encore que très rarement, dans la jungle [la forêt dense], *qu'ils s'y dissimulent dans la partie la plus touffue de la broussaille, où ils se tiennent à l'affût de tout animal avec lequel ils sont capables de se mesurer, et qu'on ne les voit que très peu, car aucun indigène ne se risquerait à les traquer. Bien que j'eusse trouvé les affirmations zoologiques d'Undéné parfaitement dignes de confiance, il me restait des doutes quant à la présence en pleine jungle d'un animal qu'on suppose confiné dans le désert* [la savane], *ce dernier se trouvant à peu près à trois cents milles* [près de 500 kilomètres] *de la boucle du Dja. A cette époque, l'éloignement considérable du désert était le seul point que j'eusse pris en considération eu égard à la présence possible d'un lion dans la jungle. Par la suite toutefois, j'en vins à considérer l'affaire sous un tout autre angle.*

Plus tard en effet, le lieutenant Schultze croisa une nouvelle fois la piste du *Bung-Bung* sur les rives du Ntem, toujours au Cameroun, mais beaucoup plus près de la côte atlantique :

Je n'ai pas été peu surpris d'entendre parler une fois de plus de l'existence de la grande bête de proie qui nous avait été décrite maintes semaines auparavant au poste du Dja, et qu'Undéné affirmait être un lion. Ici aussi l'animal est connu sous le nom de Bung-Bung, et il m'a été décrit de façon très imagée par le chef. Cinq mois auparavant, d'après son compte rendu, cet animal avait réveillé les échos du mont N'kol Owong par ses rugissements. Mon attention avait aussitôt été captée par le nom de Bung-Bung, sans quoi je n'aurais pas prêté une oreille très vigilante à la description de mon compagnon ou alors je l'eusse rapportée à quelque autre animal. Seulement, en dépit de quelques exagérations et inexactitudes, la relation du chef était applicable sans la moindre équivoque au Lion, et le narrateur mentionna même spécialement sa parenté — il utilisa le terme de « frère » — avec le Léopard. De ce dernier, il le distinguait par sa longue « barbe-barbe » noire, le pinceau de sa queue et l'absence de taches (« mais lui pas reçu marques »). Mon interlocuteur me fit, au surplus, une si parfaite imitation du rugissement du lion qu'aucun doute ne pouvait subsister quant à l'identité de l'animal en question. Il ajouta enfin qu'aucun indigène n'oserait attaquer celui-ci dans son repaire parmi les rochers.

J'étais particulièrement surpris par la description que le chef avait faite d'une crinière épaisse, car chez le lion soudanais ce trait distinctif n'est que faiblement développé. Cependant, si l'on est enclin à accepter la réalité d'une légende, pourquoi ne pas faire un pas de plus et supposer l'existence d'une espèce de lion propre à la jungle ? Ce ne serait pas le premier cas d'un animal tenu pour cantonné dans les plaines et qu'on trouve aussi dans la forêt. Mes collections entomologiques m'ont montré que les insectes de la jungle ressemblent tant à ceux des plaines d'Afrique australe que j'ai souvent tenté de croire qu'à une époque ancienne la forêt a dû céder la place à des steppes sèches.

Encore que je n'eusse aucun moyen de la vérifier, l'intéressante information que je devais au chef suprême d'Owo était de loin la plus remarquable recueillie au cours de mon excursion vers le Ntem.

« FOULEMPOU », L'ABSALON CONGOLAIS

Dans leur ouvrage classique consacré à *La Faune de l'Equateur africain français* (1949), Malbrant et Maclatchy devaient parler eux aussi de lions forestiers, mais sans pourtant voir en eux une forme particulière :

Dans le Sud de l'A.E.F., le lion reste étroitement cantonné à la savane congolaise, il est plus commun au Moyen-Congo qu'au Gabon où il ne semble pénétrer qu'occasionnellement. Son habitat peut être ainsi délimité. [...]
Ces animaux ne pénètrent qu'exceptionnellement en forêt. L'un d'entre eux fut cependant tué en avril 1942 dans un piège à panthère, au village M'fubenzork, entre Baoué et Makokou, c'est-à-dire en grande forêt [au cœur même du Gabon]. Il s'était sans doute introduit dans cette région depuis Etoumbi [au Congo voisin], ce qui supposait la traversée de 300 kilomètres de grande forêt et le franchissement de l'Ivindo, rivière profonde large de 250 mètres environ. Il s'agissait évidemment d'un individu erratique. D'autres pénètrent assez fréquemment dans la forêt d'Etoumbi.

L'individu abattu dans la forêt gabonaise était d'une taille tout à fait ordinaire. Sa couleur ne différait du « fauve grisâtre clair ou du beige grisâtre clair » de la plupart des lions du Congo occidental que par son « pelage fauve jaunâtre sur les parties antérieures du corps ». La présence d'une crinière n'a pas été mentionnée, ce qui laisse soupçonner qu'il n'en avait point. Aussi, l'Inspecteur honoraire des chasses Lucien Blancou, un des plus grands connaisseurs de la faune africaine, vivement intéressé par le problème déconcertant du « Lion de forêt », conclut-il ce qui suit dans un article qu'il lui consacrait en 1969 :

D'après cette particularité, on serait donc fondé à penser que le lion de M'fubenzork était franchement différent du Bung-Bung *du Sud-Ouest camerounais, et que son lieu d'origine paraît bien nettement être la région d'Etoumbi, en lisière de la grande forêt, d'où ce spécimen aurait gagné peu à peu vers l'Ouest, s'avançant constamment au cœur de la forêt. Mais les choses ne sont peut-être pas tout à fait aussi simples.*
D'abord ce lion pourrait être arrivé non de l'Est, mais du Sud (régions de Okandja-Lastourville) [au Gabon même], ce qui d'ailleurs ne simplifie rien quant aux obstacles naturels.
Ensuite, il m'a été personnellement et formellement affirmé à plusieurs reprises par François Mayala, chef de village, chasseur et quelque peu guide au village de la Léfini (200 kilomètres au nord de Brazzaville) entre 1949 et 1953, que certains des lions de cette zone, vus par lui-même, possédaient des crinières très marquées. On leur donnait un nom spécial : Foulempou *(sans crinière :* Nlaouei*). Ces lions des hauts-plateaux batéké sont réputés s'attaquer non seulement aux grandes antilopes (cobs) assez rares, mais de préférence aux buffles et même aux hippos et aux éléphants. Ils ne sembleraient donc nullement enclins à reculer devant les grandes espèces forestières. Cela dit, l'hypothèse du Dr A. Schultze d'une espèce ou, plus probablement d'une race écologique, de lion spéciale à la grande forêt équatoriale me paraît des plus séduisantes et des plus vraisemblables d'après les données qu'il fournit sur la localisation d'un tel fauve, séparé de la zone des savanes oubanguiennes du Nord ou congolaises du Sud par au moins 200 kilomètres de forêt dense et, en maints endroits, de 3 à 500.*

Comme mon vieil ami Blancou le soulignait lui-même « l'affaire reste à étudier ». Nous n'y manquerons point.

« BAKANGA »ET « IKIMIZI » : LES LIONS-LÉOPARDS

C'est seulement en 1948 que le Dr Emile Gromier nous a fait connaître un félin énigmatique de l'actuelle République Centrafricaine dans son ouvrage sur *La Vie des animaux sauvages de l'Afrique*. Mais il faut dire que ce livre représentait le bilan de maintes années d'observations, celles-ci visant toutefois davantage à la récolte de trophées de chasse prestigieux qu'à l'enrichissement de nos connaissances :

D'un bout à l'autre de l'Afrique, les indigènes servent aux Européens un certain nombre de clichés au sujet de la faune, qui correspondent à des superstitions ou à des illusions collectives, dont ils ne veulent pas démordre. Qui n'a pas entendu parler d'un vieil éléphant solitaire dont les défenses sont si longues qu'elles labourent le sol et y laissent des sillons caractéristiques ? En Haute-Guinée, c'est une hyène terrible qui défraie la chronique des cases. En Oubangui-Chari il y a le Bakanga.

« Le Bakanga *est un lion, sans être un lion » ; il est roux, mais il tient aussi de la panthère par ses ocelles, il est bas sur pattes, n'a pas de crinière, il ne rugit pas mais aboie comme les chiens sauvages, il est d'une férocité inouïe, et dès qu'il aperçoit l'homme, il le charge. Les chasseurs européens professionnels qui devraient avoir plus d'esprit critique croient à son existence, et en ont promis des dépouilles en haut lieu. On les attend toujours d'ailleurs... J'ai recherché tant et plus ce fameux carnassier* [4]. *Je me suis adressé aux chasseurs indigènes qui étaient les plus affirmatifs, j'ai battu en vain toutes les brousses où il m'était signalé, jamais ils n'ont pu me mettre en présence de ce fauve problématique, jamais ils n'ont pu me faire entendre ses cris redoutables. Un jour, on m'a apporté une peau qui appartenait, paraît-il, à l'un d'eux. C'était une peau de lionne de petite taille sur laquelle on voyait encore quelques-unes de ces taches, plus ou moins disposées en rangées transversales, que l'on aperçoit fréquemment chez les lionceaux jusqu'à la puberté et même plus tard. La seule caractéristique un peu anormale de cette peau était sa couleur fauve rougeâtre qui est assez rare. De là à inférer que j'ai vu une peau de* Bakanga, *il y a loin.*

En dépit des ricanements du Dr Gromier, nous allons recueillir des bruits très semblables à quelque 1400 kilomètres de là, plus à l'est, à savoir au Rwanda. C'est au prince Vilhelm de Suède, duc de Södermandland, qu'on a dû les premières informations sur un grand félin « intermédiaire » de ce pays, plus exactement de la région, riche en volcans de Bufumbira [5]. Voyez plutôt ce qu'il a rapporté à son sujet dans le récit de ses souvenirs *Among Pygmies and Gorillas* (Parmi les pygmées et les gorilles), publié en 1923 :

*L'*Ikimizi *est tenu pour un croisement entre le lion et le léopard. Aucun homme blanc ne l'a jamais vu et quelques Noirs seulement l'ont aperçu. On lui prête une couleur grise, marquée de taches plus foncées, et une barbe au menton. ce qui est étrange c'est que la langue indigène, d'ordinaire si pauvre en mots, a pour cet animal un nom particulier, qui n'a pas la moindre ressemblance avec ceux du Lion, du Léopard et du Serval. Sinon on pourrait croire que l'*Ikimizi *est simplement un spécimen de forte taille d'une des grandes espèces. Il avait été vu dans certaines cavernes proches du lac* [Bunyonyi, en Ouganda], *mais c'était il y a fort longtemps déjà. Bien entendu, l'endroit fut examiné avec le plus grand soin. Tout ce que nous avons trouvé était un vanneau et quelques crânes humains nettoyés par des hyènes. Chaque nuit nous placions deux grands pièges à mâchoires et trois pièges à fusils, avec comme appât de l'alléchante viande d'hippo qui empestait tout le voisinage, mais bien sûr nous n'avons jamais vu la moindre trace d'un* ikimizi. *Connaissant l'imagination des indigènes et leur inclination à faire une montagne d'une taupinière, je doute quant à moi de son existence.*

J'ai précisé ailleurs [6] que le nom d'*Ikimizi* semble n'être que la déformation locale du nom donné par les Nandi du Kenya à leur diable particulier, à savoir *Chemosit*. Orthographié aussi *Chemisit* ou *Chimisit* en anglais, ce nom se prononce donc *Tchimizite*, ce qui dans un idiome plus guttural devient vite *Kimizit*, puis *Ikimizi*. En fait, les Nandi désignent sous ce nom de *Chemosit* tout prédateur mystérieux se dis-

---

(4) Ce qui prouve que le Dr Gromier y avait cru, lui aussi, avec tout ce que cela implique de péjoratif dans son propre esprit.

(5) On appelait autrefois cette région le Rwanda britannique, par opposition au Rwanda belge. La chaîne de montagnes, aujourd'hui dite de Mufumbiro, se trouve en fait à cheval sur le territoire du Zaïre actuel et sur la province ougandaise du Kigezi.

(6) Cf. *Les Ours insolites d'Afrique* (à paraître dans cette collection).

tinguant par une férocité exceptionnelle, une coloration inhabituelle ou une taille
impressionnante, et notamment le célèbre « Ours nandi » des colons britanniques.
On comprend dès lors que les indigènes du Bufumbira en fassent autant pour toute
bête insolite de leur cru, quelle qu'elle soit. Et le fait est que dans cette région d'accès difficile, ainsi que dans les provinces ougandaises adjacentes, bien des fauves
étranges ont été signalés.

L'« ENTARARGO », « RUTURARGO » OU « KITALARGO »

En Ouganda, où pourrions-nous mieux nous informer sur les félins énigmatiques
qu'auprès de celui qui fut longtemps l'Inspecteur Général des Chasses de ce pays,
le capitaine Charles R.S. Pitman, qui allait terminer sa prestigieuse carrière avec le
grade de lieutenant-colonel ?
Dans cette mine d'informations zoologique de première main qu'est son livre *A Game
Warden Among His Charges* (Un Inspecteur des Chasses parmi les devoirs de sa charge)
(1931), Pitman a d'ailleurs consacré plusieurs chapitres aux animaux non identifiés de
l'Est africain. J'ai tenu à en publier de larges extraits dans mon propre livre sur *Les Ours
insolites d'Afrique* : ceux relatifs en l'occurrence aux bêtes qui paraissaient apparentées
plutôt aux hyènes, voire aux chiens. Il en est toutefois d'autres qui font penser irrésistiblement à des chats, de très gros chats en l'occurrence et qui nous intéressent donc ici.
Voici, pour débuter, ce que le capitaine Pitman a rapporté de plus précis et de mieux circonstancié, après avoir raconté comment un fauve qui avait semé la panique dans une mission proche de Fort-Portal (province de Toro) et que les indigènes appelaient *Uruturangwé*,
s'était révélé, une fois abattu, une hyène tachetée d'une taille colossale :

*C'est à quelques jours de cet incident que des gens, qui voyageaient en voiture sur la
grand-route, ont rapporté avoir vu un animal inconnu, entre 8 et 9 heures du soir, juste à
la sortie de Fort-Portal. Aveuglé par les phares de l'automobile, la bête avait été atteinte,
frappée au flanc et renversée. La voiture s'était arrêtée et le projecteur avait été braqué sur
la créature qui fut alors examinée avec soin. Comme elle donnait des signes de vouloir ré-
cupérer, un des hommes était allé chercher une arme appropriée dans la voiture, mais
avant même qu'il eût pu s'en saisir, l'animal s'était redressé d'un coup sec sur ses pattes et
avait disparu parmi les hautes herbes d'un marais bordant la route. Il était de la taille d'un
léopard de grandeur moyenne, d'une couleur noire marquée de taches jaunes ; et il avait
des griffes comme celles du léopard, mais en plus petit, et une longue queue. Sa tête différait considérablement de celle du léopard : elle était beaucoup plus courte et munie de
grandes oreilles ; en fait, elle ressemblait davantage à celle d'un gros chien. Les yeux
étaient très rapprochés. Les deux témoins, qui connaissaient la plupart des animaux sauvages d'Afrique, affirmèrent que ce n'était ni un lion, ni un léopard, ni un lycaon, lesquels
leur étaient familiers, mais une espace qu'ils n'avaient jamais vue auparavant. Une touffe
de poils, retirée des mains de ressorts de la voiture, et qu'on avait jointe au rapport, faisait
penser à ceux du lycaon, créature d'aspect repoussant, qui appartient à une espèce dans
laquelle il n'y a pas deux individus semblables. On connaît les mauvais tours que les effets
d'ombre et de lumière peuvent vous jouer la nuit, même s'il s'agit d'une créature examinée
de près et, en fait, manipulée. J'ai souvent été surpris par la différence d'aspect que des
cadavres peuvent présenter à le lumière artificielle et à la lumière du jour.*

Peut-être bien. Mais l'animal en question n'aurait-il pu être plutôt l'*Entarargo*, le félin inconnu qui défrayait plus au sud la chronique ougandaise ainsi que celle du Rwanda voisin ? Sur celui-là, le capitaine Pitman s'est d'ailleurs efforcé de jeter quelque lumière :

*J'ai été présenté à l'*Entarargo *par l'Administrateur régional du coin, qui, alors qu'il campait au voisinage de l'escarpement* [du Great Rift] *au dessus des rivages orientaux des lacs George et Edward, avait, une nuit, entendu un cri terrifiant, qui lui était inconnu et qu'il n'avait jamais plus perçu depuis lors. La hideuse cacophonie avait épouvanté ses porteurs, et, renseignement pris, il avait été avisé de la présence exceptionnelle dans la région d'une terrible bête tueuse d'hommes et de bétail. C'était son cri qu'il venait d'entendre. Ni lui, ni moi n'avons jamais pu découvrir de preuves plus tangibles de son existence que cet étrange cri nocturne. Les indigènes, comme d'habitude, répugnèrent tout particulièrement à discuter la question.*

Le Ruanda du Kigesi et les volcans de Birunga ont été dans le passé le cadre de maints événements extraordinaires et terribles, dus non seulement à des causes naturelles, mais aussi à des interventions humaines ; et ces régions sauvages, situées dans l'extrême sud-ouest de l'Ouganda, sont la source la plus féconde de rumeurs. Dans les hautes bambouseraies, et dans d'autres forêts, à une altitude d'environ dix mille pieds [3 000 mètres], *vit le Gorille de montagne. Dans les forteresses des collines rocheuses, dans les cavernes sinistres et parmi les plaines de lave couvertes de brousse, avec leurs refuges innombrables et inaccessibles, des bêtes de proie se dissimulent et deviennent de temps en temps tueuses d'hommes, faisant ainsi régner la terreur pendant un certain temps. Au cours des années dernières, de nombreux lions, léopards et hyènes y ont été responsables de la perte de maintes vies humaines, et ont été pourchassés et mis à mort. Rien d'étonnant dès lors que tant d'histoires de bêtes mystérieuses circulent dans une zone où panthères et lions sont réputés pour leur taille et leur férocité inhabituelles.*

Le capitaine J.E. Tracy Philipps, Commissaire régional du Kigezi, et le Dr J.E. Church, un médecin attaché à une mission, ont, après une enquête approfondie, réussi à élucider en grande partie ces divers mystères, dans respectivement le Ruanda britannique et le Ruanda belge. Le Ruturargo *(au pluriel* Enturargo *ou* Entarargar*) serait plus grand que le léopard moyen, mais plus petit que le lion local, et il est possible que les animaux en question ne soient que de vieux léopards de très grande taille. En 1916, une de ces créatures a tué une centaine de gens environ dans le pays Kinkizi et on a affirmé qu'elle dédaignait chèvres et moutons, limitant ses agressions aux bergers, surtout s'il s'agissait d'enfants. De loin, la peau de ces bêtes pouvait être décrite comme ressemblant à celle d'un croisement entre le lion et le léopard. Le capitaine Philipps, qui a fait des recherches sur l'étymologie du nom* Kitalargo, *sous lequel le* Ruturargo *est également connu, a conclu que c'est une abréviation de l'expression* Kitalo-Engo *signifiant « léopard merveilleux ». Dans d'autres coins de la région, on l'appelle aussi* Kiiseego, *ce qui voudrait dire que, bien que plus grand que le léopard, il n'est en fait pas cet animal, pas plus d'ailleurs qu'une hyène.*

UN PEU DE LINGUISTIQUE COMPARÉE

Disons sans plus tarder que les noms d'*Entarargo* et celui de *Ruturargo*, dont le pluriel serait précisément *Enturargo*, sont très vraisemblablement synonymes, sinon identiques. En tout cas, on retrouve à la racine de l'un comme de l'autre la même détermination locale du léopard, à savoir *argo*.

Si l'on fait figurer dans un tableau synoptique les noms vernaculaires appliqués au grand félin ocellé, du nord au sud des provinces occidentales de l'Ouganda, ainsi qu'au Rwanda qui les prolonge, on obtient la liste suivante. Les ressemblances et les filiations entre ces divers noms y apparaissent plus ou moins clairement.

PAYS	PROVINCE	NOM LOCAL DU LÉOPARD
Ouganda	West Nile	*Oduwo*
id°	Bunyoro	*Engo*
id°	Mubende	*Engo*
id°	Toro	*Angwé*
id°	Ankolé	*Engwé*
id°	Kigézi	*Argo* ou *Cego, Seego* (*Sîgo*)
Rwanda	—	*Angwé* ou *Ingwé*

Ajoutons que dans certaines régions du Zaïre adjacent, on se sert aussi du nom d'*engo* (ou *engoï*) pour désigner le léopard, et qu'on retrouve même ce nom sous la forme à peine altérée de *n'go* chez les Baya et les Duma dans la République populaire du Congo.

Un Administrateur colonial belge, M. Georges Sandrart qui avait été longtemps résident du Rwanda et de l'Urundi (aujourd'hui Burundi), m'a appris autrefois que dans le premier de ces pays, le croquemitaine local le plus réputé, un mangeur d'hommes, était appelé *Uruturangwé* (ou encore *Igitarangwé*), ce qui signifiait, selon lui, « qui tient du léopard » ou « qui ressemble au léopard ».

Il saute aux yeux que le nom d'*Urutur-angwé* est synonyme de celui de *Rutur-argo* (puisque *angwé* et *argo* sont deux dénominations, d'ailleurs apparentés, du léopard) et qu'ils ont donc le même sens. Cela n'implique pas toutefois que l'animal ainsi nommé soit véritablement une variété de léopard. Ce pourrait être aussi bien une forme tachetée de lion. Souvenons-nous au surplus que l'*Uruturangwé* de la région de Fort-Portal (province de Toro) avait été identifié comme une énorme hyène tachetée. Et c'est aussi à cette même hyène que certaines populations bantoues de l'Est africain donnent le nom de *Kibambangwé*, littéralement « l'*angwé* qui agrippe ou arrache » [7]. Le nom d'*Angwé*, ainsi que ses nombreuses variantes, d'*Oduwo* à *Engwé* en passant par *Argo* et *Engo*, doit être lié essentiellement à la notion de taches, comme l'est d'ailleurs celui du léopard en kiswahéli, *Chui* ou *Nsui*, qui signifie « le tacheté ».

(7) En 1986, un lecteur, R. Favier, qui avait vécu en Côte d'Ivoire, m'adressait de bien étranges et fort intéressantes photos, prises près de Sassandra. L'une montrait une piste formée d'empreintes, et l'autre une de ces empreintes (ou plutôt deux empreintes se recouvrant partiellement) ; sur cette deuxième photo, un double décimètre donnait l'échelle. R. Favier avait montré ses photos à des mammologistes du Muséum de Paris, sans obtenir d'identification précise. Je les communiquais à B. Heuvelmans. Celui-ci les identifia comme des empreintes d'hyène, mais laissées par une hyène trois fois plus grosse que la normale… Sur les affaires d'hyène géante voir *Les Ours insolites d'Afrique* (à paraître dans cette collection). (JJB)

La prononciation des vocables africains varie bien entendu selon les accents régionaux, mais la manière dont ils ont été orthographiés dans les langues occidentales diffère en outre suivant la nationalité de ceux qui les ont transcrits. Elle peut aussi dépendre de l'oreille plus ou moins subtile des transcripteurs.

LES GARGOUILLEMENTS DU « NTARAGO »

Ainsi allons-nous retrouver le nom d'*Entarargo* sous une forme un peu simplifiée dans les écrits d'un chasseur de gros gibier réputé, Eric Arnold Temple-Perkins, au demeurant Administrateur territorial de la province ougandaise d'Ankolé. Voici en effet ce qu'on lit dans son livre *Kingdom of the Elephant* (Le Royaume de l'Eléphant) (1955) :

L'Afrique en général — l'Ouganda en particulier — héberge maintes bêtes étranges, et il reste toujours beaucoup à apprendre sans nul doute sur les petits mammifères. Il est peu probable toutefois qu'il reste encore quelque espèce importante à découvrir. Cela dit, il peut y avoir des hybrides en pagaille, et ce qui m'est arrivé un soir en dessous de Kichwamba, m'incite à croire qu'il y a beaucoup à dire en faveur de la conviction indigène selon laquelle le Ntarago *— à prononcer* En-tar-ar-go *— existe.*

On dit que cette créature résulte du croisement entre le lion et le léopard, ce qui n'a rien d'invraisemblable en soi puisque le lion et le tigre ont été croisés, alors qu'ils sont bien plus dissemblables encore. D'après la description des indigènes, le Ntarago *a la queue longue, une peau légèrement tachetée et des griffes rétractiles. On le prétend de la taille du lion, et d'une horrible férocité. Je ne puis, hélas !, rien confirmer de tout cela, car je n'ai jamais vu cet animal. Il est possible toutefois que je l'aie entendu.*

La voix que j'ai perçue un soir, à Kichwamba, était l'étrangeté même, et je serais bien en peine de la décrire avec une exactitude satisfaisante, encore que je l'eusse écoutée par intermittence pendant deux heures à des distances variant entre un mille environ et quelques cinquante mètres. Tout ce que je puis dire est qu'elle était rauque et gutturale : ce n'était pas la toux d'un léopard, mais cela y ressemblait plus qu'à toute autre chose, si l'on ajoutait cependant l'épithète de liquide ou de gargouillante.

J'ai pu obtenir quatre opinions indépendantes d'indigènes qui l'avaient entendu en même temps que moi : tous m'ont déclaré sans aucune hésitation que c'était le Ntarago. *Un des quatre était mon vieux pisteur, né à Kichwamba et qui y avait passé toute sa vie. Il est d'une exceptionnelle efficacité en brousse et c'est un des pisteurs d'éléphants les plus observateurs qu'on puisse rêver. Ce qui plus est, on peut se fier à lui dans ses estimations à vue d'œil du poids des défenses.*

J'ai été incapable de distinguer le propriétaire de la voix en question à la lumière de notre feu de camp, et je n'ai pas su davantage découvrir sa piste parmi les hautes herbes. Rien d'étonnant à cela, et, de toute façon, cette piste n'aurait pas eu quoi que ce soit de particulier.

Je n'étais pas le seul homme résidant en Afrique orientale [8] *à avoir des raisons de croire qu'il pouvait y avoir quelque chose à la base de la croyance indigène à l'existence de l'animal. Pourtant, quand mes rapports atteignirent l'atmosphère plus raréfiée de South Kensington* [où se trouvent les locaux de la Société zoologique de Londres], *ils y furent*

(8) Il serait bien plus exact de dire qu'à travers tout l'Est africain les histoires d'animaux féroces, même les plus disparates se sont peu à peu cristallisés autour de ce que les colons anglais ont appelé le Nandi bear, l'Ours nandi. Mr Temple-Perkins voit dans ce dernier une hyène géante, mais ce n'est là qu'une explication parmi beaucoup d'autres. L'Ours nandi est en vérité une bête composite. Son signalement est fondé sur un amalgame d'observations hétéroclites, dont quelques-unes significativement se rapportent à un gigantesque babouin, connu à l'état fossile. Cf. mon livre *Les Ours insolites d'Afrique* (à paraître dans cette collection).

traités surtout avec incrédulité. On ne pourrait le reprocher aux hommes de science car ils n'avaient pas de spécimens de la bête sous la main et pas la moindre chance d'entendre sa voix. Au surplus, la cause de la crédulité n'était guère favorisée par une folle confusion avec une autre bête légendaire : la prétendue hyène géante. Parmi les « preuves » avancées en faveur de l'existence du « Ntarago hyéniforme » figurait en effet le crâne d'une hyène anormale que j'avais abattue à Katunguru.

INTERVENTION INOPPORTUNE DE L'HYÈNE GÉANTE

Temple-Perkins dénonce avec force la confusion qui s'ensuivit :

A l'encontre du Ntarago, *dont la réputation relativement locale, la prétendue hyène géante est célèbre, sous un nom ou un autre, dans maintes régions d'Afrique orientale . On croit à son existence à travers tout le Kenya et l'Ouganda. Chaque tribu a son propre nom pour elle, mais telles quelles les descriptions de la bête ne varient que très peu* [Cela est en opposition absolue avec les pièces du dossier !]. *Malheureusement, celles-ci n'ont guère de valeur, car les indigènes ne reconnaissent pas les différences portant sur le crâne ou la denture.*
Pas bien longtemps avant que j'eusse abattu ma hyène anormale à Katunguru, des indigènes de la province de Kigezi avaient apporté au capitaine Tracy Phillips la peau et le crâne d'une créature qu'ils prétendaient avoir tuée. La dépouille semblait être celle d'une hyène tachetée de grandeur insolite, mais le crâne n'avait que peu d'affinités avec une d'elles.
D'après le rapport de l'Inspecteur des Chasses qui l'avait examinée, mon vieil ami le colonel Pitman, la différence la plus frappante réside dans la denture : « Les quatre grands crocs ressemblent à ceux d'un lion : ils sont longs et non usés. En fait, il n'y a pas une dent dans ce crâne qui soit abrasée de façon à ressembler à celles d'une hyène typique. Les molaires de l'hyène sont larges et en général typiques. Les molaires de l'hyène sont larges et en général aplaties par suite de l'usure intense qui résulte du broyage d'os. Les molaires de ce crâne sont étroites et pointues : bref, elles appartiennent à des mâchoires faites pour saisir et non pour broyer. »
En rapportant tout cela au département d'Histoire naturelle du British Museum, *Pitman dit que l'animal était connu localement sous le nom de* Ntarago. *Il décrivit donc celui-ci comme « un mystérieux animal hyéniforme » et confronta le crâne recueilli par lui avec celui de ma hyène monstrueuse. « Ainsi, conclut-il, avons-nous, en provenance de deux régions adjacentes de l'Ouganda, deux types de crânes distincts et particuliers, ayant appartenu tous deux à des carnivores à la peau marquée et colorée comme celle de l'Hyène tachetée, mais qui néanmoins diffèrent de manière frappante du crâne de l'Hyène tachetée typique. »*
J'ai écrit à Pitman pour m'inscrire en faux contre sa description du Ntarago putatif *comme « un animal hyéniforme », et lui ai dit qu'à mon sens, et d'ailleurs dans l'opinion des gens du cru, c'était une espèce qui différait complètement de la prétendue hyène géante. Cette dernière est manifestement canine* [9]*, alors que le* Ntarago *est de toute évidence félin, je dirais même « léopardiforme », ce qui serait*

(9) Aïe ! Mr Temple-Perkins trahit ici son incompétence en manière de zoologie, car les hyènes, en dépit des apparences, sont toujours classées, aux côtés des félins, dans le sous-ordre des Æluroïdes (carnivores semblables aux chats), et non dans celui des Arctoïdes (carnivores semblables aux ours), qui comprend entre autres les chiens.

*plus approprié. En outre, la voix que j'ai entendue à Kichwamba n'avait pas la
moindre ressemblance avec celle de l'hyène. Quelle que fût son identité, la propriétaire de cette voix n'appartenait sûrement pas à la même espèce que celui du crâne
de la bête abattue par moi à Katunguru. Je ne pensais d'ailleurs pas qu'il y eût dans
celle-ci quelque mystère majeur. A cause de sa denture particulière et de l'absence
sur le dessus de son crâne d'une arête en forme de quille (d'une crête verticale selon
les termes de Lydekker), j'avais estimé qu'il s'agissait d'un monstre, mais jamais il
ne m'avait effleuré que ce pût être autre chose qu'une hyène.*

*Quant au « spécimen » produit par les indigènes du Kigezi, je suis convaincu
qu'il résulte de la réunion de la peau d'une hyène de grande taille et d'un crâne
de léopard. Les gens du cru sont toujours prêts à fournir la réponse qui leur paraît
la plus propre à satisfaire, et il ne peut faire de doute qu'ils ont dû être bien ré-
compensés de leurs efforts. Il n'est que juste d'ajouter que de tels faux ne sont pas
le monopole de l'Afrique, bien qu'un art tout de même plus subtil se soit exercé à
Piltdown.*

Mr Temple-Perkins n'a cependant pas le moindre mérite à se dire convaincu, en
1955, du caractère hétéroclite du « spécimen » du Kigezi. Dès 1930, en effet,
Reginald I. Pocock, du département zoologique du *British Museum*, avait montré
que la peau était celle d'une hyène tachetée et le crâne, celui d'un léopard mâle
d'une grandeur jamais enregistrée jusqu'alors. Cela dit, le capitaine Pitman avait
reconnu ensuite qu'« une intention délibérée de tromperie ne devrait pas être im-
putée aux indigènes ». Les deux *Enturargo* — l'hyène et le léopard — avaient été
tués au cours de la même vaste battue à potamochères. L'Administrateur régional,
le capitaine Tracy Philipps, qui en avait été avisé, avait demandé qu'on lui en ex-
pédiât une peau et un crâne. Les Noirs avaient cru bien faire en envoyant un
échantillon de chacun des deux « monstres », et dans l'un et l'autre cas la pièce
la plus spectaculaire.
Pour ce qui est du crâne de Katunguru fourni par Mr Temple-Perkins, il ne provenait nullement d'une hyène « monstrueuse » mais plus simplement d'un tout jeune spécimen.
Ses dents permanentes venaient tout juste de percer et n'avaient donc pas encore été
usées, et il n'avait pas encore pleinement développé ses muscles de mastication et par
conséquent les crêtes osseuses auxquelles ceux-ci s'attachent chez l'adulte.
Pour porter ce juste diagnostic sur ce crâne, il eût fallu bien sûr avoir quelques notions élé-
mentaires de zoologie. Comme d'ailleurs pour oser décider si oui ou non « il est peu probable qu'il existe encore quelque espèce importante à découvrir » en Afrique.
Dans toutes les affaires qui relèvent de la cryptozoologie, il est remarquable de constater que plus les soi-disant « experts » sont ignorants, plus ils se montrent incrédules,
arrogants dans leurs affirmations, et méprisants pour les connaissances indigènes.
Alors que les zoologues de terrain et les conservateurs de la faune — ceux qui par vo-
cation aiment les animaux — témoignent le plus souvent d'une grande ouverture d'esprit, les chasseurs sportifs se montrant au contraire particulièrement obtus.
Comme s'il leur fût intolérable qu'il pût y avoir des espèces encore inconnues dont
ils ne possédassent point de massacres ou de trophées sur leurs murs.

UN FÉLIN PEUT EN CACHER UN AUTRE

Dans l'extrême nord-ouest de l'Ouganda, situé au delà du Bahr-el-Djebel, qu'on appelle là-bas l'*Albert Nile*, et qui se trouve donc isolé de tout le reste du pays, il est question, toujours selon le capitaine Pitman, d'un félin assez différent, du moins en apparence :

*L'*Ondurlarwo *de la province de* West Nile, *à en juger par les comptes rendus d'enquêteurs amateurs, semble être en partie du moins une panthère noire. Il est déplorable qu'une peau qui avait été obtenue* [par l'Administrateur régional] *ait été expédiée hors du pays avant d'avoir pu être soumise à un examen scientifique. D'après sa description générale, c'était, par la forme, la taille, les traits et les griffes, un léopard, mais la couleur en était presque noire sur le dos, s'éclaircissant jusqu'à un gris d'hyène sur les flancs. La peau était pratiquement dénuée des ocelles habituelles du léopard : elle n'en avait que quelques-unes sur les extrémités et autour de la mâchoire inférieure. Suivant les rapports indigènes, il s'agit en l'occurrence d'un animal féroce à l'extrême, chassant par groupes de trois ou quatre, et ayant une réputation de mangeur d'hommes. Au surplus il a un rire particulier qu'il pousse uniquement quand il chasse. A cet égard, il faut mentionner que dans certaines régions d'Afrique on attribue à un lion d'une couleur anormalement grise une ruse et une férocité inhabituelles.*

Dans son rapport annuel du *Game Department* (Service des Chasses) de l'Ouganda pour 1928, Pitman avait donné à ce fauve étrange un nom plus bref, correspondant sans doute *grosso modo* à la prononciation qu'il avait d'abord perçue :

Le nom Lugabara local de l'animal est Ndalawo, *alors que celui du Léopard est* Oduwo, *celui de l'Hyène* Obowu, *et celui du Lion* Kami.

Curieusement, le nom d'*Ondurlarwo*, correction apparente de celui de *Ndalawo*, semble être une combinaison d'*Oduwo*, appellation locale du léopard, et de la racine *arwo*, si proche d'*argo*, qui est le nom de ce même félin dans le Kigezi. En fait, *Oduwo* ressemble, tout autant que *Ndalawo*, à une simplification par contraction d'*Ondurlarwo*.
Le problème de la transcription des noms africains, qui, je l'ai dit, dépend autant de l'oreille des Blancs que de l'accent des Noirs, aboutit à de véritables casse-tête. Il n'est certes pas fait pour simplifier l'énigme, quasi omniprésente en Afrique, des félins « différents ». Ce qui complique l'affaire de manière plus traîtresse encore est le fait que, dans bien des coins d'Afrique où prévaut une conception du monde magique ou poétique, certains représentants d'une même espèce zoologique peuvent être affublés d'un nom tout à fait différent, non seulement si leur aspect ou leur coloration paraît insolite, mais même si leur comportement est jugé anormal.
Par exemple, pour l'Africain fidèle à sa pensée traditionnelle, il n'est pas naturel qu'un grand fauve — lion, léopard ou hyène — devienne mangeur d'hommes ou s'en prenne à la propriété privée en venant égorger dans les villages mêmes le bétail ou la volaille. Une telle malignité trahit pour lui des motivations et une détermination humaines. Or, dans son esprit, les hommes ne se distinguent pas essentiellement des animaux — en quoi il est d'ailleurs plus proche que bien des Occidentaux de la

vérité scientifique — et une métamorphose est donc toujours à craindre. Pourvu qu'il ait été initié aux recettes magiques appropriées, tout homme peut se transformer en animal pour accomplir impunément ses plus sombres desseins : assouvir une vengeance, éliminer un rival ou le ruiner, renverser un potentat, un maître cruel ou un occupant indésirable [10]. C'est d'ailleurs cette foi qui est à la base de la création de sectes comme celle des Aniotos (plus correctement Aniota) ou Hommes-léopards du nord-est du Zaïre. En fait, il existe d'un bout à l'autre de l'Afrique noire de semblables sociétés secrètes d'Hommes-panthères (dans toute l'Afrique occidentale), d'Hommes-lions (au Katanga, en Tanzanie et en Angola), d'Hommes-hyènes (en Ouganda), d'Hommes-crocodiles (au Cameroun), etc...

Etant donné cette situation, les animaux dans lesquels on soupçonne un homme de s'incarner sont tenus pour « artificiels » et nommés pour cela de manière particulière. Bien souvent, on leur donne simplement le nom de quelque diable du cru, l'un ou l'autre esprit maléfique, ce qui bien entendu perturbe l'enquêteur occidental et l'incite à croire que l'animal non identifié relève de la fantasmagorie.

Pourtant, agissons-nous autrement quand nous appelons « la Bête », « le Démon » ou « le Vampire » n'importe quel prédateur — bien souvent un simple chien errant — dont les méfaits se multiplient à l'excès, ou que nous qualifions de « Monstre » tout animal qui nous semble sortir de l'ordinaire. « Monstrum [écrivait autrefois l'excellent vulgarisateur Armand Landrin] désigne tout ce qui est étrange, incroyable, extraordinaire, bizarre, hideux, étonnant, excessif dans son genre, d'une férocité inouïe, fabuleux ». Cette vieille habitude occidentale n'est pas très orthodoxe non plus, du point de vue de la taxonomie zoologique ! [11]

(10) La croyance à une telle possibilité est si profondément enracinée que la Justice doit la prendre en considération. On peut citer à ce propos un jugement correctionnel du Tribunal de Grande Instance de Lambaréné (Gabon), daté du 22 avril 1964. Il innocente un certain Etienne Bikeye, prévenu de meurtre, en se fondant entre autres sur les alinéas suivants : « Attendu qu'un homicide involontaire n'est punissable que si c'est bien un homme qui a été tué par maladresse, imprudence ou négligence ; que dans le cas d'espèce BIKEYE a visé en plein jour et a tiré sur un chimpanzé et non sur un homme, que si le chimpanzé est devenu un homme après le coup de feu, BIKEYE ne peut plus être retenu dans la prévention d'homicide volontaire. — Attendu qu'il est de notoriété publique, au Gabon, que les hommes se changent, soit en gorille, soit en éléphants, etc., pour accomplir des exploits, éliminer des ennemis ou attirer sur eux de lourdes responsabilités, défendre leurs plantations et ravager celles des voisins et des amis, que ce sont là des faits qui sont inconnus du droit occidental et dont le Juge Gabonais doit tenir compte, etc., etc. ».

(11) Connaissant le très grand intérêt que portait Bernard Heuvelmans au problème des enfants (prétendûment ou réellement) élevés par des animaux, je ne peux m'empêcher de rappeler les rares cas où des lions seraient en cause. Outre quelques relations peu circonstanciées, citons le cas d'une fillette qui aurait été élevée par une lionne en Afrique du Sud et recueillie alors qu'elle avait environ trois ans. Cette histoire fut publiée en 1921. En Algérie, selon ce que m'a rapporté Mme Fatia Charrier, vers le début du XXe siècle peut-être, un bébé (sans doute une petite fille) que sa famille avait perdu, fut retrouvé en train d'être allaitée par une lionne. On égorgea un mouton afin d'attirer celle-ci et de lui reprendre le bébé.
Ajoutons que deux ou trois cas d'enfants-panthères ont été rapportés en Inde, et deux affaires d'enfants recueillis par des pumas, en Amérique. (JJB)

Le corbeau aurait voulu que tout fût noir,
le hibou que tout fût blanc.
(William Blake, Le Mariage du ciel et de l'enfer)

et si a des lyons tous blancs.
(Iehan de Mandeville, Ce livre est appelé Mandeville, 1365)

CHAPITRE II

D'AUTRES FÉLINS PLUS EXTRAORDINAIRES ENCORE

Poursuivant notre voyage de prospection vers l'est, à la recherche de félins hors du commun, nous sortons enfin de l'obscure moiteur de la Grande Forêt des Pluies, étouffante, angoissante parfois, pour pénétrer dans les savanes enchanteresses du Kenya. Mais là aussi subsistent çà et là des lambeaux forestiers touffus, humides et pourrissants, envahis de champignons et quasi inextricables. C'est notamment dans la forêt des hauteurs du mont Kenya et de la chaîne des Aberdares qu'une race de lions, incongrûment forestiers et tout aussi bizarrement tachetés, a beaucoup fait parler d'elle au cours de la seconde moitié des années 1930.

À L'EST : LIONS-LÉOPARDS ET MÉLANGES PLUS COMPLEXES

A ces lions insolites, qui rappellent tout à la fois le *Bung-Bung* du Cameroun, le *Bakanga* de Centrafrique et l'*Ikimizi* rwandais du prince Vilhelm (plus proprement appelé *Ruturargo*, *Kitalargo* ou encore *Kiiseego*), les fiers Kikuyu réservent le nom particulier de *Marozi*. Nous y reviendrons en long et en large.

On peut dès à présent se demander si ce ne sont pas ces mêmes félins que décrivent les Akamba, ou Wa-Kamba, une autre ethnie du Kenya, bantoue comme celle des Kikuyu, et qui vit dans les savanes vraiment arides situées à l'est de Nairobi, au sud du fleuve Tana. Dans l'étude qu'il lui a consacrée en 1920, l'ethnologue suédois Gerhard Lindblom écrivait en effet ce qui suit en passant en revue les diverses espèces animales connues des Akamba :

Le Kœnala-nala *ou* Kœkodo *est un grand prédateur : « quelque chose entre le lion et le léopard ».*

N'est-ce pas là une assez bonne définition de ce que serait un lion tacheté ?

Le fait qu'un lion puisse être marqué comme un léopard ne surprendra en vérité que les experts. C'est seulement quand des fauves apparemment connus se livrent à de sanglantes déprédations ou à de véritables hécatombes que leur signalement se charge significativement d'éléments de plus en plus fantastiques. Et tout le monde, du coup, se passionne pour la question.

Ainsi, en 1973, un de ces monstres se mit à semer la terreur dans la région de Bungoma (à 200 kilomètres au nord-ouest de Nairobi), à l'intérieur d'un triangle dont les sommets seraient formés par la mission de Kibadji, le villagede Myanga et celui de Sangalo, principalement donc en territoire Kakamega. Voici ce que devait nous apprendre une dépêche DPA datée du 4 janvier 1974 :

Une bête, décrite par les indigènes envahis par la peur comme « un mélange de lion, de léopard et de chien » terrorise depuis trois mois une région de quelque 130 km^2 située dans l'est du Kenya. Suivant les communiqués de presse, des gardes-chasse ont déjà tiré à plusieurs reprises sur l'animal énigmatique sans toutefois parvenir à l'abattre. Le « Monstre de Bungoma » se serait déjà emparé de nombreux moutons, chèvres, veaux et chiens. D'après des descriptions concordantes, il possède « les pattes et la férocité du Lion, la tête du Tigre, le pelage jaunâtre et tacheté de noir du Léopard, et le flair d'un chien bien entraîné ». Les léopards ne fréquentent guère la région de Bungoma. Quant au dernier lion, il a été aperçu par là et tué, en tant qu'individu isolé, il y a une vingtaine d'années.

Trois mois encore plus tard, s'il faut en croire du moins le *Times Herald* de Dallas, au Texas, l'animal avait bel et bien massacré plusieurs centaines d'animaux domestiques. Certains villageois croyaient que la « bête tueuse », comme ils disaient, avait été libérée d'une cage par des Asiatiques fuyant l'Ouganda voisin en 1972, après le bannissement du président Idi Amin Dada. Personne n'était allé jusqu'à accuser de ces massacres sanglants le potentat lui-même.

AU SUD-EST : TUEURS RAYÉS ET TERREUR BLANCHE

Si nous descendons à présent vers le sud en longeant la côte de l'Océan Indien, nous allons trouver en Tanzanie de vieilles traditions relatives à un félin non moins aberrant, dont le capitaine Pitman n'a parlé que brièvement dans son ouvrage de 1931, mais sur lequel nous reviendrons plus loin tout à loisir (chapitre VIII) :

Le Nundar, *signalé à Lindi sur la côte du Tanganyika, avait, dit-on, la taille d'un âne, et il ressemblait à un monstrueux chat rayé. Qu'il fût quelque chose d'indiscutablement concret ne pouvait être contesté, puisque des policiers indigènes avaient été tués par une grande créature carnivore et que des mesures exceptionnelles de sécurité avaient dû être prises. La piste laissée n'était pas celle du lion, mais jamais aucune lumière n'a pu être jetée sur ce mystère, car la bête, quelle qu'elle fût, devait s'éclipser par la suite.*

La Tanzanie, qui s'appelait donc autrefois le Tanganyika [12], est soupçonnée d'héberger les fauves les plus étranges. Les plus bizarres de tous sont assurément ceux dont l'Inspecteur Général des Chasses du Kenya, le capitaine A.T.A. Ritchie, a signalé les méfaits dans son rapport annuel pour 1926 :

Les indigènes du Kavirondo du Sud m'apprennent qu'un certain nombre d'animaux, environ vingt-cinq en tout, sont arrivés, la nuit, du Territoire du Tanganyika, et ont entièrement dévoré un champ de wimbi [une céréale à petits grains] *dans une des localités frontalières.*

[12] Plus précisément, la Tanzanie a été formée par la réunion du Tanganyika et de Zanzibar, d'où son nom. (JJB)

Ils disent que ces animaux qui ont été vus de nuit, étaient blancs, produisaient des sons comme ceux des hyènes et avaient à peu près la taille d'une chèvre. Ils étaient très féroces et quand quelqu'un s'approchait d'eux, ils le mettaient en fuite. Les indigènes affirment également qu'ils ont fait des ravages considérables parmi les moissons sur le Territoire du Tanganyika même, et ils ont le sentiment qu'il s'agit de démons [zimwé] car ils n'avaient jamais rien vu de pareil auparavant.

Le capitaine William Hichens, qui appartenait aux services d'administration et de renseignement du Kenya, s'est demandé, dans un article de décembre 1928 sur les bêtes mystérieuses d'Afrique, si ces fauves végétariens pouvaient être apparentés à l'un ou à l'autre félin. Il lui avait paru invraisemblable en définitive que des représentants de l'ordre des carnivores vinssent piller des champs de céréales. Il avait toutefois ajouté :

Les hyènes sont des charognards ; elles dévorent les ordures et à peu près tout ce qui peut se manger mais il n'a jamais été rapporté qu'elles s'en fussent prises à du maïs ou à du sorgho sur pied, encore qu'elles engloutissent à coup sûr des céréales et des légumes bouillis, ainsi que de la farine cuite.

Hichens avait d'ailleurs enchaîné en disant :

Il circule aussi des histoires sur des troupeaux de moutons ou de chèvres, d'une espèce non encore découverte, qui erreraient sur les versants du mont Kenya.

Des moutons enragés dans ce cas.

D'après des informations recueillies pour moi en 1978 par l'herpétologue américain James H. Powell Jr. dans le sud-ouest du Kenya, donc près de la frontière tanzanienne, le fait est que les Siria, qui sont des Massaï mâtinés de Kipsigis, croient à l'existence d'une redoutable bête blanche :

On la décrit comme « un animal d'autrefois », ce qui signifie sans doute qu'elle est aujourd'hui soit rarissime, soit éteinte. Naibor signifie « blanc » en Siria, et rappelle évidemment la couleur de l'animal. Celui-ci ressemblerait à un âne. Carnassier, il tue et dévore bêtes et gens. Il possède une queue « pas comme celle du cheval ». Mes informateurs m'ont alors expliqué que cela signifie que les poils de la queue ne sont pas aussi longs que les crins de cheval. La queue même était tenue pour relativement courte.

Pour en voir le cœur net, j'ai demandé à Jacqueline Roumeguère-Eberhardt, maître de recherches au C.N.R.S. de se renseigner à son tour, en 1982, auprès des Massaï Siria, sur l'aspect qu'ils prêtent traditionnellement au *Naibor* en question. Un homme cultivé de ce peuple lui a décrit ce dernier comme ayant des pattes de chameau, une tête présentant deux côtés (conformée, j'imagine, comme un coin ou un fer de hache, c'est-à-dire ne présentant pas une véritable face comme la nôtre) et un museau allongé avec des dents comme celles du lion à la mâchoire supérieure et comme celles du bœuf à la mâchoire inférieure, et orné au surplus d'une longue moustache blanche.

Dans toutes les descriptions ci-dessus on peut relever maintes différences, mais pas de contradictions profondes, sinon à propos du régime alimentaire prêté à ces animaux. Par certains détails anatomiques, ils rappellent la chèvre, le mouton, le bœuf, le chameau, l'âne et le cheval — tous des herbivores —, mais ils possèdent néanmoins des crocs de lion. Ceux-ci ne seraient-ils pas plutôt de petites défenses ? Après tout, peut-être est-ce simplement la présence de ces armes d'ivoire qui fait soupçonner ces pillards de plantations, au demeurant irascibles et agressifs, de mœurs carnassières. D'après leur signalement ils ont toutes les chances d'appartenir plutôt au groupe des Ongulés qu'à celui des Carnivores. En tout cas ce ne sont sûrement pas des félins.

Quand on y réfléchit, c'est la coloration blanche de ces monstres qui doit contribuer le plus puissamment à les faire craindre, et même à leur faire attribuer des appétits sanguinaires. Il ne faut jamais perdre de vue que, si pour les Blancs, le noir est la couleur la plus sinistre de toutes, la plus effrayante [13], c'est au contraire le blanc qui inspire aux Noirs la peur, la répulsion ou l'horreur.

AU SUD : GUÉPARDS TIGRÉS ET RAZZIAS INSOLENTES

Parvenus en Afrique australe, nous allons apprendre qu'on y a découvert depuis 1926, l'existence en Rhodésie du Sud (l'actuel Zimbabwe) d'un Guépard, non plus constellé de petites taches noires comme tous ses congénères d'Afrique et d'Asie, mais somptueusement orné de rayures longitudinales. Plusieurs dépouilles en ont été recueillies. Un grand spécialiste des félins s'est donc cru justifié à décrire l'animal nouveau sous le nom scientifique d'*Acinonyx rex*, le Guépard royal.

On a fini par en repérer un, et à le photographier, dans la plus grande réserve naturelle d'Afrique, le *Kruger Park*, dans la République Sud-africaine. Plus d'un quarteron de peaux de félin en question sont en définitive connues. Et il s'en trouve même deux spécimens vivants, aujourd'hui, dans le merveilleux jardin zoologique de Prétoria.

Pourtant, en dépit de cette abondance de pièces à conviction indiscutablement concrètes, et même remuantes dans certains cas, il ne semble pas qu'une telle espèce existe. Voilà qui devrait donner à réfléchir. (Nous y reviendrons au chapitre V)

Peu après que le Guépard royal eût commencé à faire parler de lui en Rhodésie du Sud, un autre félin apparemment inconnu se mit à défrayer la chronique sud-africaine. Voici comment le capitaine William Hichens résume la situation en décembre 1928 dans son article déjà cité sur les bêtes mystérieuses d'Afrique :

Une créature énigmatique, à laquelle personne ne peut donner de nom car personne ne l'a encore vue, mais qui doit être de toute évidence un grand animal puissant et féroce ravage la région de Graaffreinet dans la colonie du Cap. Perpétrant ses razzias à vive allure et en tapinois sous le couvert des nuits les plus noires, ce maraudeur inconnu a escaladé les palissades de pieux et de treillage, hautes de six pieds [1, 80 m.], qui protègent les enclos à bétail, et s'est éclipsé dans la brousse en em-

---

(13) Aux yeux des Occidentaux, le noir n'est pas seulement signe de malheur, de mauvais présage, de deuil, c'est aussi la couleur des Puissances des Ténèbres, de Satan en particulier, celle même du comte Dracula, le plus réputé des vampires cinématographiques. Hécate, la déesse grecque du monde inférieur, et sa consœur scandinave Hel avaient toutes deux pour compagnon un chat noir, en quoi elles ont été imitées au cours des siècles par les sorcières, notamment pour leurs pratiques de magie... noire. Un bouc pouvait aussi faire l'affaire, à condition qu'il fût noir. Les animaux de cette couleur inspirent toujours plus de peur que les autres. La panthère noire, par exemple, qui n'est pourtant qu'une variété accidentelle de l'espèce normalement tachetée, est tenue pour beaucoup plus féroce que celle-ci. Cela a été formellement infirmé par ceux qui ont eu la chance d'en avoir une apprivoisée.

portant agneaux et moutons, dont il a sérieusement éclairci les rangs. Sur les lieux de ses exploits et sur les sentiers sableux qui mènent aux tréfonds sauvages de la brousse, on a retrouvé la piste de cette bête inquiétante, preuve qui n'a toutefois fait que plonger l'identité de l'animal dans un mystère encore plus profond.

Ses empreintes de pas — décrites comme « étranges, rondes, pareilles à des soucoupes, avec des marques de griffes longues de deux pouces [5 cm.] » — ont déconcerté les chasseurs de gros gibier les plus experts, car elles ne correspondant aux pelotes plantaires d'aucune des bêtes sauvages du veld.

Le gouvernement a offert une prime pour la capture de l'animal, et des quarterons de chasseurs, professionnels ou amateurs, parcourent déjà les sentiers à sa poursuite.

D'aucuns assurent que leur gibier se révélera quelque hyène anormalement grande ; quelques-uns voient plutôt en lui un vieux léopard galeux, en partie édenté et perclus de rhumatismes, condamné par l'âge et la raideur de ses muscles à abandonner la chasse aux singes et aux babouins pour se livrer à des tueries plus aisées dans les bergeries des colons. D'autres cependant, et parmi eux des chasseurs chevronnés de gros gibier, reconnaissent leur détermination à coffrer le sinistre pillard et à prouver qu'il s'agit d'un des monstres mystérieux cachés à ce jour dans la brousse primitive de l'Afrique.

Ils prétendent que si c'était une hyène, elle serait bien incapable d'escalader une clôture de six pieds de haut, de s'emparer d'un mouton et de franchir à nouveau la palissade en transportant sa victime. Car si puissante de mâchoire soit-elle, au point de pouvoir trancher d'un seul coup la patte d'un bouvillon, l'hyène n'est pas sauteuse. La piste bizarre du forban dément la suggestion selon laquelle il serait un léopard, car le Nsui ne laisse pas, sur les empreintes de ses pattes à coussinets, « des marques de griffes longues de deux pouces ».

Des raisons diverses permettent d'exclure aussi les lions : certains d'entre eux accomplissent leurs razzias dans un silence furtif, mais ils poussent invariablement un rugissement de défi après avoir entraîné leur victime ; d'autres rugissent à gorge déployée quand ils attaquent, à seule fin de terrifier le bétail et de le faire s'égailler et se disperser. Des marques de griffes sont souvent visibles sur la piste du lion, mais ces traces diffèrent considérablement de ce qu'on a pu appeler « des marques de griffes longues de deux pouces ». En outre, le lion laisse toujours derrière lui une odeur âcre, caractéristique, que la plupart des chasseurs et des gens du cru ne pourraient manquer de reconnaître.

Aux chacals, il arrive de franchir de hautes clôtures, mais où donc est le chacal capable d'emporter un mouton ? Alors ? Quel est en définitive le rôdeur inconnu de Graaffreinet ?

Que ce puisse être une grosse bête sauvage encore inconnue de la Science n'est pas aussi invraisemblable qu'il paraît.

LE *KHADUMADUMO* EST-IL COUPABLE ?

Un autre vétéran de la chasse au gros gibier, grand connaisseur de l'Afrique du Sud par surcroît, Patrick Bowen, devait bientôt proposer à tous ces massacres insolites une explication toute différente. Voici ce qu'il fit savoir en septembre 1929 dans le *Wide World*, le magazine londonien où le capitaine Hichens avait publié son article l'année précédente :

Un autre point à prendre en considération dans les histoires d'animaux mystérieux et de pistes étranges est que les indigènes — en particulier ceux du clan des sorciers-guérisseurs — se travestissent souvent en animaux. Ces « docteurs » sur lesquels je prétends en savoir plus que tout autre homme blanc au monde, mon frère aîné excepté, sont capables de confectionner des traces de pas, imitant la piste de n'importe quel animal, qui tromperont tous les chasseurs sauf les plus experts.
Les voleurs de bétail — ceux du moins qui opèrent sur une grande échelle — agissent presque toujours pour le compte d'un sorcier, ou sont aidés et encouragés par l'un d'entre eux. Je suis certain quant à moi que le pillard de kraals des colons de Graaffreinet, mentionné par le capitaine Hichens, est un voleur humain, et que sa piste a été produite par un sorcier.

Cette accusation sans équivoque ne réussit toutefois pas à ébranler la conviction du capitaine Hichens qui, longtemps attaché aux services de renseignement du Kenya et notamment pour ce qui est des affaires indigènes, était bien au courant lui aussi de toutes les ruses secrètes des Africains. Dix ans après les événements, il dresse une nouvelle fois le bilan de toute l'affaire, mais cette fois dans la revue scientifique anglaise *Discovery*. Inutile de le reproduire car Hichens ne fait qu'y répéter en substance, avec un peu plus de sobriété, ce qu'il avait raconté dans le magazine populaire, et ses conclusions n'ont point changé. Le seul détail nouveau qu'il y ait apporté est que, dans l'entre-temps, il semblait que la bête se fût fait un nom, et quel nom ! :

Les indigènes l'appellent khodumodumo, *à savoir « le monstre-du-bush-à-la-gueule-béante ».*

Comment le prédateur inconnu en était-il arrivé à devenir soudain le *Khodumodumo* ? Tout simplement en gardant l'incognito, avant de disparaître à jamais.
Ainsi que je l'ai déjà signalé plus haut, tant qu'un animal meurtrier, destructeur, ou simplement inquiétant parce qu'inconnu, n'a pas pu être identifié ou reconnu comme le représentant d'une espèce nouvelle, on a tendance à lui donner un nom ayant une connotation plus ou moins diabolique. Tout comme les Occidentaux parlent bientôt de « la Bête » ou du « Monstre », voire du « Diable en personne », ceux qui sacrifient à une culture plus animiste rapprochant l'animal en question d'un de leurs démons maléfiques, et le croient d'ailleurs hanté par une personnalité humaine.
En fait, *Khodumodumo* ou plus exactement *Khadumadumo*, est le monstre par excellence de la légende héroïque des Ba-Sotho, de ceux qui peuplent l'ancien Basutoland, aujourd'hui appelé Lesotho.

L'histoire raconte que *Khadumadumo*, une effroyable bête à sept langues avait dévoré tous les êtres vivants de la Terre. Seuls une femme et son bébé, nommé Sankatana, avaient échappé au massacre en trouvant refuge dans une caverne, où ils allaient devoir vivre cachés pendant de nombreuses années.

Un jour, quand Sankatana fut devenu grand, sa mère avait vu s'approcher au loin une sorte de montagne en qui elle n'avait pas eu de peine à reconnaître le monstre proprement engraissé. Elle avait alors révélé à son fils toute la vérité sur le sort du reste de l'humanité. Sankatana s'était mis aussitôt à confectionner sept couteaux en forme de sagaie. Et en dépit des pleurs et des supplications maternelles, il s'était élancé à l'assaut du *Khadumadumo*. Un long duel avait alors commencé. Chaque fois que le jeune homme s'approchait du monstre, celui-ci projetait sur lui une de ses langues, mais il l'esquivait d'une pirouette et s'empressait de la clouer au sol au moyen d'un de ses couteaux. Quand, en fin de compte, toutes les sept langues eurent ainsi été transpercées et fixées sur place, l'horrible glouton se trouva complètement immobilisé. Sankatana n'eut plus alors qu'à lui ouvrir une porte dans le flanc pour libérer tous les hommes et tous les animaux emprisonnés dans son énorme panse. Par reconnaissance, le peuple libéré ne pouvait vraiment pas faire moins que d'élire le jeune héros comme roi.

Bien. En somme, c'est le *Khadumadumo*, ressuscité à point nommé, que les Noirs de Graaffreinet — localité située à quelque 350 kilomètres au sud-ouest du Lesotho et où travaillent d'ailleurs en permanence maints Ba-Sotho — rendraient responsable de l'enlèvement de nombreuses têtes de bétail. Voilà qui avait dû achever de jeter le discrédit sur toute cette affaire Et pourtant...

Lorsque les Africains ont l'air d'accuser de certains méfaits un monstre fabuleux invraisemblable — en l'occurrence le symbole même de la gloutonnerie — les Blancs haussent les épaules, ricanent ou persiflent, en raillant des superstitions naïves. Si, dans des circonstances semblables, un journaliste occidental évoquait Saturne ou Ugolin, le Cyclope d'Homère ou l'Ogre de Perrault, la Tarasque ou Grandgousier, on ne manquerait pas au contraire de le louer pour son érudition exquise.

LA RÉALITÉ DÉPASSE LA MYSTIFICATION

Le 2 avril 1977, une dépêche A.F.P. d'une teneur pour le moins bizarre s'inscrivit sur les téléscripteurs des grands journaux du monde entier. Elle parvenait de Buenos-Aires et avait pour titre *Naissance d'un lion blanc en Argentine*.

Un lion blanc ? En quoi serait-ce tellement extraordinaire ? ont dû se demander bien des gens. On a en effet constaté la présence d'albinos, à savoir d'individus anormalement privés de pigments colorés, dans la plupart des groupes de vertébrés (poissons, amphibiens, reptiles, oiseaux) et en particulier parmi les mammifères. Il y a des souris blanches, des rats blancs, des lapins blancs et des écureuils blancs, il y a des éléphants blancs, des chameaux blancs et même des girafes blanches, il y a des kangourous blancs et des singes blancs, il existe aussi des furets, à savoir des putois blancs, il y a des chats blancs, voire des tigres blancs... Alors, pourquoi diable n'y aurait-il pas des lions blancs ?

Le fait est que s'il y en avait un, ce serait une première mondiale. C.A.W. Guggisberg, auquel on doit l'ouvrage le mieux documenté sur le roi des animaux,

Simba, the Life of the Lion (1961-1963), est formel à cet égard :

Des tigres blancs ont été signalés à diverses occasions, et le Maharajah de Rewa en possède toute une famille dans son zoo [14]. *Mais on ne semble pas avoir jamais connu de lions albinos, encore que, selon Krumbiegel, des taches blanches puissent parfois se trouver sur les pattes antérieures, et sur les orteils des pieds postérieurs. Celles-ci pourraient être dues à un albinisme partiel.*

Aussi est-ce sans nul doute avec avidité que les spécialistes se sont jetés sur la dépêche en question, pour se sentir peu à peu envahis — hélas ! — par l'étonnement, la suspicion et l'incrédulité enfin :

Un lion blanc — espèce pratiquement en voie de disparition — est né mercredi dans un cirque de La Plata, à une cinquantaine de kilomètres au sud de Buenos-Aires, indique-t-on samedi dans la capitale argentine.

Trois lionceaux, tous avec un pelage blanc, avaient vu le jour, mais deux sont morts. Le survivant, qui pesait 600 grammes à sa naissance, est en parfaite santé, selon les vétérinaires.
Particulièrement apprécié par les Orientaux, un lion blanc peut valoir, à l'âge adulte, jusqu'à 6500 dollars.
Le directeur du cirque a précisé que la lionne, qui a mis bas ce lionceau, venait de Malaisie, pays d'origine des lions blancs. Il a affirmé qu'il détenait désormais l'unique lion blanc vivant en Amérique.

Qui possède quelques rudiments de zoologie ne peut qu'avoir été décontenancé par ce texte, et doit s'être demandé s'il n'eût pas fallu le dater plutôt de la veille, du 1er avril. Car enfin, personne n'a jamais entendu parler d'une espèce de lions blancs « pratiquement en voie de disparition ». S'il naissait vraiment des lions blancs, ceux-ci pourraient à la longue constituer au contraire une forme « en voie d'apparition » ! Que ces lions candides eussent été originaires au surplus de Malaisie achevait de les rendre invraisemblables, quasi impossibles. Autrefois, l'aire de distribution du lion s'étendait non seulement à toute l'Afrique, du Cap à l'Atlas, mais aussi aux Balkans, en Europe, et à travers l'Arabie et le Moyen-Orient jusqu'en Inde. Si les lions ont, de nos jours, pratiquement disparu de partout, sauf d'Afrique tropicale, il en subsiste encore aujourd'hui une centaine ou deux dans la forêt du Gir, au Kathiawar. Mais jamais au grand jamais, même au cours des temps préhistoriques, le lion ne semble avoir dépassé le golfe du Bengale.
Fallait-il dès lors lire « Malawi » plutôt que « Malaisie » ? Ou fallait-il entendre « tigre » et non « lion » ? Tout semblait possible de la part d'informateurs sud-américains qui n'hésitent pas à appeler communément leur Jaguar *Tigre* et leur Puma *Leon*.
Le fait est que les potentats orientaux étaient grands amateurs de **tigres** blancs, et que, dans les années 1960, le maharadjah de Rewa estimait la valeur des siens à quelque 20 000 livres sterling la pièce [15].
Toutefois, si c'était un tigrillon d'une blancheur immaculée qui était né au cirque de La Plata, son directeur ne pouvait pas prétendre détenir le seul spécimen vivant en Amérique,

(14) En Europe, on peut voir des descendants de cette superbe famille au zoo anglais de Bristol, et, aux Etats-Unis, dans celui de Washington.
(15) Ce qui correspondait déjà, à l'époque, à quelque 29 000 euros actuels. (JJB)

puisqu'il y en avait aussi quelques-uns au Zoo National de Washington D.C. Toute l'histoire sentait le canular à plein nez, ou alors le bluff publicitaire éhonté.

Aussi est-ce, bien entendu, avec la plus grande incrédulité que, le mois suivant, le 10 mai 1977, on accueillit une autre dépêche A.F.P., en provenance, elle, de New York. Cette fois, elle était intitulée *Une nouvelle espèce animale : le Lion blanc* :

Une nouvelle espèce animale, le Lion blanc, a été découverte par un naturaliste, M. Chris McBride, dans une réserve d'Afrique du Sud, annonce la revue Publishers' Weekly.
Deux petits lionceaux blancs ont été aperçus pour la première fois en octobre 1975 dans la Réserve naturelle de Timbavati, en Afrique du Sud, par M. McBride. En mai dernier, un troisième lionceau blanc est né d'une mère différente dans la même réserve. M. McBride souligne que les lions blancs ne sont pas albinos. Ils ont, comme les autres lions, le nez brun et les yeux jaunes. La troisième naissance est importante car elle prouve que le phénomène n'est pas un accident. Les trois lionceaux ont apparemment le même père, « Agamemnon ».
M. McBride pense que des lions blancs ont pu exister dans des régions de neige et de glace, d'où leur couleur, les animaux sauvages ayant en effet une couleur adaptée au milieu où ils vivent. Selon lui, « Agamemnon » est porteur d'un gène qui s'est transmis après migration des animaux ou changement de climat.
Le problème est maintenant de savoir si une espèce de lions blancs va pouvoir se développer. Il est possible, selon M. McBride, que la fille d'« Agamemnon », « Tombi », produise avec son père toute une portée de petits lions blancs.

Décidément, la presse semblait avoir de la suite dans les idées, et être déterminée à nous faire accepter à tout prix l'existence jusqu'alors inconnue de lions blancs. Le plus extraordinaire dans toute cette histoire farfelue est que cette dépêche-ci, qui paraissait n'être qu'une réédition plus élaborée et plus cohérente de l'invraisemblable bourrage de crâne précédent, était entièrement fondée. La veille d'ailleurs de sa parution, le 9 mai, le *Star* de Johannesburg avait publié en première exclusivité mondiale, à la une et à la deux, une demi-douzaine de photos en couleurs des *Lion cubs in snow suits* (lionceaux en vêtements de neige), comme disait James Clarke dans l'article qui les accompagnait.
Oui, il existait bel et bien des lions blancs comme neige. Pour nous en apporter la nouvelle, le facteur avait comme toujours, sonné deux fois.

LES LIONS BLANCS DE TIMBAVATI

Chris McBride, un étudiant sud-africain né en 1941, préparait depuis quelques années une thèse de *Wildlife Management* (littéralement « gestion de la nature » ; nous dirions sans doute « écologie appliquée ») sur les lions à la *Humboldt State University* d'Arcata, en Californie. Pour l'étude sur le terrain, il était on ne peut mieux placé puisque son père, Cyril McBride, était un des propriétaires de la réserve naturelle privée de Timbavati. Celle-ci comprenait plus de 500 km^2 de brousse vierge (près de 54 000 hectares) accolée au parc national Kruger (à la hauteur de la porte d'Orpen, pour ceux qui connaissent bien celui-ci). Dans ce vrai paradis terrestre s'ébattent quelque

13 000 impalas, 2 800 gnous, 1 400 zèbres, 1 050 girafes, 500 koudous, 450 buffles, 70 éléphants et 300 cobes, sans parler des phacochères, des céphalophes et de maintes autres petites antilopes, des singes grivets et des babouins chacma, et toutes ces populations sont en partie sous le contrôle de 200 hyènes, 150 lions, 100 léopards, au moins 80 guépards, ainsi qu'une nuée de caracals, de servals, de lycaons et de chacals, diverses sortes de mangoustes, des ratels et des zorilles et, bien sûr, des aigles, des vautours et des marabouts pour ne citer que les plus spectaculaires.

C'est en observant plus particulièrement une certaine troupe de lions du bassin de la rivière Machaton qu'en octobre 1975, le jeune McBride avait eu la surprise de sa vie en repérant deux lionceaux d'une blancheur éclatante parmi les trois nouveau-nés, âgés de deux semaines à peine, d'un couple de lions. Or, il s'agissait en l'occurrence d'un lion et d'une lionne appelés par lui « Agamemnon » et « Tabby », qu'il avait précisément vu s'accoupler le 6 juin précédent, et d'ailleurs photographiés à cette occasion. La période de gestation des lions étant de 106 à 110 jours, il ne pouvait guère faire de doute que notre naturaliste avait bel et bien assisté à la conception même des petits prodiges !

Ceux-ci, un mâle et une femelle, avaient été baptisés des noms de « Temba » et « Tombi » qui, en zoulou, signifient respectivement « Espoir » et « Fillette ». Le petit frère au pelage normal avait reçu, lui, le nom de « Vela » (Surprise).

Les mois avaient passé, et les lionceaux — tant blancs que fauves — avaient crû sans histoires en poids et en férocité. Avec leurs mufles candides tout éclaboussés de sang, ils faisaient penser aux bambins mal élevés, tout barbouillés de confiture de groseille, qu'on s'obstine à nous exhiber à la Télévision à l'heure des repas pour nous couper l'appétit, sous le vain prétexte de vanter les mérites de quelque détergent. Et puis, moins d'un an après leur naissance, en août 1976, Chris Mc Bride éprouva une nouvelle émotion, quand il aperçut parmi la dizaine de nouveau-nés d'un sous-groupe de la même bande de lions de Machaton, un autre lionceau complètement blanc…

Celui-ci devait se révéler une femelle et recevoir le nom zoulou de « Phuma » (à prononcer Pouh-ma), signifiant « qui sort du commun », « extraordinaire ». Impossible, hélas, de dire avec certitude laquelle des quatre lionnes du sous-groupe était sa mère, car les jeunes tètent indifféremment toute femelle ayant du lait. Mais ce n'était sûrement pas « Tabby », la mère des précédents, car elle ne faisait pas partie de ce sous-groupe. En revanche, il était vraisemblable que le père était, cette fois aussi, « Agamemnon », le mâle dominant de la troupe. Et dans ce cas-là, celui-ci pouvait être le seul porteur du gène déterminant la blancheur.

Dans la communauté en question toutefois, il y avait — phénomène exceptionnel — un second mâle dominant, « Achille », qui ne se battait jamais avec « Agamemnon » et lui ressemblait d'ailleurs de manière surprenante. On pouvait donc le soupçonner d'être son frère jumeau, ce qui expliquait cette situation tout à fait anormale. Non seulement « Achille » était-il peut-être le père de « Phuma » mais s'il était un vrai jumeau, il devait de toute façon posséder, comme son frère, le gène si précieux.

Bref, il était possible à la fois que des femelles différentes et deux mâles fussent porteurs de celui-ci. Voilà qui augmentait notablement les chances de voir se multiplier les lions blancs, et même se créer peu à peu une population entière de ceux-ci.

Une telle marge de sécurité était importante, car la blancheur qui vous rend plus facilement repérable dans une savane roussie, n'est d'évidence pas une qualité souhaitable pour les lions. Certes il n'est pas grave pour un fauve qui n'est guère exposé aux agressions d'autres prédateurs (l'Homme une fois excepté) d'être exposé aux regards de ceux-ci. Mais cela peut constituer pour lui un handicap terrible que d'être remarqué aussitôt par ses proies potentielles, rapides à la course et toujours aux aguets. Même pour les jeunes lions de couleur normale, la chasse est en effet un métier très difficile, à tel point que la famine est chez eux le principal facteur de sélection et de limitation de la population globale.

Quoi qu'il en soit, toute cette histoire, qui ne fait en vérité que commencer, a fait l'objet dès 1977 d'un livre délectable de Chris McBride, merveilleusement illustré au surplus, et intitulé *The White Lions of Timbavati*.

IL Y A BLANC ET BLANC

Il y a beaucoup à redire à la distinction tranchée que l'auteur fait entre ses lions blancs et d'éventuels lions albinos, et à son insistance à ne rien voir d'accidentel dans la naissance des premiers.

Certes, il est exact que les lions blancs de Timbavati ont la truffe noire, et que leurs yeux, s'ils sont beaucoup plus clairs que ceux de leurs géniteurs, ne sont pas rouges, comme le sont traditionnellement ceux des albinos. Il n'empêche que ces lionceaux sont bien des rejetons dépigmentés de parents normalement colorés, ce qui correspond aussi à la définition des albinos. Bref, ce n'est pas aussi simple qu'il paraît.

Sans entrer dans le détail du mécanisme complexe et mal connu qui détermine la coloration des téguments des organismes vivants — un mécanisme à la fois biochimique, physique et physiologique, programmé génétiquement — il convient de rappeler certaines notions.

La couleur de la peau et de ses phanères (écailles, plumes et poils) dépend essentiellement de la présence et de l'interaction de deux éléments : d'une part, des supports de couleur, incolores en soi, et d'autre part, des ferments ou enzymes qui, par leur jeu sur les premiers, colorent ceux-ci. Les pigments ainsi produits se présentent sous diverses teintes, les principales, chez les vertébrés terrestres étant le noir (en réalité un sépia très foncé) et le jaune (toute une gamme de nuances allant jusqu'au rouge en passant par l'orangé).

Un dérèglement dans le processus d'élaboration de ces pigments peut entraîner soit un excès, soit une diminution de leur production, la diminution pouvant évidemment aller jusqu'à l'absence totale.

L'**albinisme** le plus poussé résulte du blocage complet de toute production de pigments colorés : la peau apparaît alors comme blafarde, les poils sont blancs comme neige, et l'iris des yeux, seulement coloré par le sang circulant dans les capillaires irriguant la rétine, semble rouge.

Le **mélanisme** en revanche, auquel on doit la production tout aussi accidentelle d'individus complètement noirs, les célèbres panthères noires entre autres, provient au contraire d'une surproduction du pigment noir.

L'**érythrisme** enfin, bien plus rare et qui se traduit par l'apparition inattendue de rejetons roux, est lié non seulement à un freinage de la production du seul pigment noir, mais à une anomalie dans la concentration des tissus en certains ions métalliques : non pas à l'excès de cuivre, comme on serait tenté de le croire à contempler certaines toisons flamboyantes, mais plutôt à l'absence relative de fer !

Si le mélanisme ne présente guère d'inconvénients, semble-t-il, et si l'érythrisme n'a que des désavantages relatifs — demandez plutôt aux rouquines qui tentent de se faire bronzer au soleil — l'albinisme total est une véritable infirmité, surtout chez l'être humain. Non seulement les yeux de l'albinos, privés de tout écran protecteur, sont d'une intolérable sensibilité à la lumière, ce qui l'oblige continuellement à cligner des paupières, et le ride peu à peu de façon caractéristique, mais il doit se tenir à l'abri du moindre rayon de soleil, au risque de brûlures graves. Tous ses tissus, et notamment ceux de son cerveau et de sa moelle épinière, sont privés de pigments, ce qui doit contribuer à l'extrême fragilité de sa constitution. Il va de soi que l'albinisme doit être moins gênant pour les animaux qui ne s'exposent guère à la lumière — ceux d'espèces fouisseuses ou de mœurs nocturnes, mais surtout dans le cas des derniers, leur blancheur les rend particulièrement faciles à repérer par leurs prédateurs. C'est toutefois chez les végétaux que l'albinisme est le plus calamiteux : il est en vérité fatal, car, privé du pigment vert qu'est la chlorophylle, la plante ne peut se nourrir.
Est-ce à dire que la blancheur virginale est nécessairement une malédiction ? Assurément non : elle peut même être très avantageuse pour qui cherche à se dissimuler dans un décor de neige ou de glace.
Aussi y a-t-il sur notre Terre si variée, des animaux naturellement blancs, le Cygne par exemple, ou l'Ours blanc. Ce dernier n'est évidemment pas comparable au rejeton albinos qui pourrait naître d'un ours brun ou d'un ours noir. Il y a aussi des animaux qui deviennent tout blancs ou presque en hiver, pour des raisons évidentes, comme l'Hermine, le Lièvre variable et le Renard polaire, et, parmi les oiseaux, le Lagopède des Alpes. Ceux-là ne peuvent pas davantage être comparés à des albinos. Aucun de ces animaux n'est d'ailleurs **totalement** dépigmenté, aucun n'a, entre autre, les yeux pareils à des rubis. Certains mêmes, comme l'hermine, conservent d'ailleurs un pinceau de poils noirs au bout de la queue.

L'ALBINISME : UN GÈNE QUI REND TROP BLANC

Si tous ces animaux blancs ne sont pas comparables aux albinos, c'est avant tout parce qu'ils constituent des espèces ou des races distinctes, blanches d'un bout à l'autre de l'année ou seulement pendant la saison froide. L'albinisme au contraire, comme le mélanisme et l'érythrisme d'ailleurs, est apparemment un phénomène individuel, exceptionnel et accidentel. Mais l'est-il vraiment ?
A l'origine, quand un cas d'albinisme se déclare dans une lignée animale, c'est par suite d'une mutation, d'un dérèglement fortuit de son bagage génétique, pouvant être déclenché par les facteurs les plus divers. Si le mutant blanc ainsi créé se reproduit, son gène défectueux — en l'occurrence récessif, c'est-à-dire caché — va se transmettre secrètement à ses descendants. De nouveaux individus blancs n'apparaîtront toutefois que si les parents sont tous deux porteurs du gène en question. Ou bien alors, à l'occasion d'une autre mutation indépendante de la première.

A force de sélections, on peut évidemment créer artificiellement des lignées entières de tels albinos, en somme une race particulière, ce qu'on a fait entre autres pour les souris et les rats de laboratoire. Dès lors, il n'y a plus rien d'accidentel ou d'exceptionnel à la naissance de tels albinos. Au demeurant, la production même des races et des espèces naturellement blanches se ferait suivant le même processus du moins en partie, sous l'action, cette fois, d'une sélection naturelle. C'est ce qui ressort des théories actuelles de l'évolution.

Tentons de nous représenter par exemple ce qui, au cours du développement des ours, a pu aboutir à la production d'une espèce entièrement blanche ou presque, parfaitement adaptée à la blancheur de son milieu.

C'est très vraisemblablement, pense-t-on, l'apparition fortuite chez les ours naturellement bruns, d'un gène déterminant la blancheur du poil, et sa dissémination subséquente au hasard des unions, qui ont peu à peu accru le nombre d'individus tout blancs au sein de la population globale. Là où ce caractère était avantageux, ces privilégiés ingénus ont graduellement supplantés les autres qui, eux, ont fini par être éliminés. Ce qui distingue en définitive les mécanismes de production des albinos et des animaux blancs n'est nullement le caractère accidentel ou non. C'est le fait que l'albinisme total est toujours défavorable, où qu'il se produise alors que l'albinisme partiel, ou plus discret, peut être très avantageux dans un cadre assorti.

L'un et l'autre font leur apparition au petit bonheur la chance, mais tous deux ne sont pas promis au même avenir.

Comme le prouve l'existence d'espèces blanches, il serait faux de croire que l'albinisme né d'une mutation doive être toujours total et calamiteux. Ainsi, les paons blancs, qui naissent parfois de paons bleus, domestiqués depuis l'Antiquité, sont d'une blancheur immaculée, mais ils n'ont point les yeux rouges : leur albinisme n'est donc que partiel. Il est bien certain que cette mutation ne pourrait pas être favorable dans la nature à ces oiseaux tropicaux. D'ailleurs, quand des paons sont élevés en liberté, comme ceux qui hantaient les alentours de mon centre en Dordogne, les poussins blancs, très visibles la nuit, sont invariablement dévorés les premiers par les prédateurs à poils ou à plumes. Il est nécessaire de les protéger jusqu'à un certain âge pour leur donner une certaine chance d'atteindre l'âge adulte.

Le cas des lions blancs de Timbavati est tout à fait semblable au leur. La robe neigeuse de ceux-ci ne peut d'aucune façon leur être avantageuse dans un décor de brousse tantôt vert tendre, tantôt couleur paille. Il est donc peu probable qu'à moins d'une intervention active de notre part, ils puissent jamais entrer en concurrence avec les lions de couleur normale et prendre une certaine extension en tant que sous-espèce particulière. Sauf, bien sûr, s'il leur prenait la fantaisie d'aller s'établir à proximité des neiges du Kilima-Ndjaro...

LES MIRAGES DE L'INDIVIDUALISME

Quoi qu'il en soit, une grande leçon peut dès à présent être tirée de leur histoire. Si le cryptozoologue doit tendre une oreille attentive à toute rumeur pouvant circuler sur des lions blancs ou noirs, et avant tout ne pas s'en moquer, il ne faut tout de même pas qu'il se réjouisse trop tôt. Il ne s'agit pas nécessairement d'espèces encore inconnues, il y a même peu de chances qu'il en soit ainsi. Ce peuvent n'être que de simples mutants.

Les félins remarquables par une taille énorme pourraient, eux, n'être que des individus anormaux, comme il existe des géants au sein même de l'humanité. Contrairement à ce qu'on imagine en général le gigantisme n'est pas du tout un avantage : être trop grand est une disgrâce. Les géants sont en général faibles de constitution, ils souffrent de troubles de coordination et leur quotient intellectuel n'est guère élevé. Le célèbre boxeur Carnera, « l'homme le plus fort du monde », n'aurait jamais tenu longtemps contre un adversaire entraîné de taille normale, si tous ses combats n'avaient été truqués. De même, un félin démesuré au sein de son espèce est très vraisemblablement moins redoutable que ses congénères, ce qui est toujours bon à savoir. C'est lorsqu'il est prêté des marques tout à fait inhabituelles à la robe de grands chats énigmatiques — comme les rayures du *Wobo* des Abyssins ou celles du *Siruku* des Mandingues du Liberia — qu'on a évidemment de plus grandes chances de se trouver en présence d'une espèce encore inconnue. On témoignera néanmoins d'une grande prudence en la matière quand on aura mesuré l'extrême variabilité qui se manifeste dans certaines espèces de félidés. Il en est dont les représentants sont presque différents les uns des autres que nos chats domestiques.

Enfin, une robe insolite — un lion tacheté ou un léopard qui, lui, ne l'est pas — ne trahirait-elle pas parfois ce qu'elle nous suggère irrésistiblement : une hybridation ? En somme, on ne serait vraiment assuré d'avoir affaire avec une espèce de félins non encore enregistrée que si son originalité touchait, non plus à des caractères superficiels, mais à l'anatomie profonde. Aussi faudra-t-il tirer hors de pair un vrai trésor d'histoires surprenantes qui circulent en Afrique tropicale à travers une vaste zone en forme de serpent. On dirait que celui-ci se love autour du cœur du continent. Il a la tête aux confins du Tchad, son corps s'allonge sur la République Centrafricaine et le nord du Zaïre, passe par la région des grands lacs, s'incurve par-dessus la Zambie, le sud du Zaïre et l'Angola pour remonter jusqu'au Gabon. Il se pourrait même que sa queue s'allongeât autour du golfe de Guinée jusqu'en Côte d'Ivoire et au Mali. De l'ensemble de ces régions nous parviennent des informations sur des fauves à dents en sabre, comme ceux qui, au cours de temps révolus, ont par nappes successives peuplé une grande partie du continent noir.

Avec eux, nous toucherons au comble de l'incroyable, mais aussi, il faut bien le dire, à la plus rassurante des certitudes. Car enfin, comment les Africains pourraient-ils décrire, sans les avoir connues, des bêtes dont la science occidentale vient seulement de découvrir, il y a peu, l'existence passée sur leurs terres ?

Si l'on m'offrait de gouverner un Etat,
la première tâche que j'accomplirais
serait la rectification des noms

(Confucius)

CHAPITRE III

CES GRANDS CHATS SI MAL NOMMÉS

Puisque je me propose de traiter dans cet ouvrage des félins encore inconnus d'Afrique, je devrai, cela va de soi, me référer souvent aux dix félins de ce continent qui sont actuellement connus, et même pour la plupart biens connus de chacun...
Qu'ai-je dit là ? Bien connus, les félins africains ? Oh ! Je ne parle pas des petites formes peu répandues et aussi obscures que le Chat des marais, le Chat des sables et le Chat à pieds noirs, dont les zoologues eux-mêmes, hormis quelques spécialistes, ne savent pas grand-chose. Des quatre félins de faible taille, celle de nos chats domestiques, seul le Chat sauvage ordinaire (le célèbre Chat botté ou ganté, étroitement apparenté d'ailleurs à celui des forêts d'Europe et du Moyen-Orient) est assez commun sur la majeure partie du continent pour qu'on puisse estimer le connaître relativement bien. Et je ne parle pas non plus, j'y insiste, des formes de taille moyenne et largement distribuées, comme le Serval et le Caracal, ni surtout du Chat doré, le plus grand des trois et pourtant le plus mystérieux de tous les félins d'Afrique. Non, je fais allusion ici aux plus voyants, aux plus spectaculaires, aux plus énormes, à ceux qu'on pourrait surnommer les Trois Grands : le Lion, le Léopard et le Guépard.
Il est plutôt imprudent, on va le voir, d'avancer que les gens instruits, cultivés — ou qui du moins devraient l'être — sont bien informés sur le compte de ce prestigieux trio.

LES GUÉPARDS, VRAIS ET FAUX

De nos jours, on peut encore toujours lire, dans des magazines ou des livres d'aventures, que le Léopard est plus grand ou plus féroce que la Panthère, ou vice versa, alors que ces deux noms sont de parfaits synonymes. On continue, au cinéma, de voir Tarzan combattre des tigres au plus profond des jungles africaines [16]. Cela fait ricaner à juste titre certains vulgarisateurs scientifiques qui rappellent qu'il n'y a de tigres qu'en Asie, mais croient parfois bon d'ajouter « tout comme il n'y a de lions qu'en Afrique », ce qui est faux. Et, il y a quelques années, j'ai entendu le présentateur d'une célèbre émission de télévision consacrée à la vie des animaux raconter comment, pour capturer un guépard, il suffit de le forcer à la course jusqu'à ce qu'il s'arrête épuisé. A ce moment, avait déclaré le commentateur sur ce ton sentencieux et gourmé qui était le sien, on peut

---

(16) Situer des tigres en Afrique est une erreur fréquente, tant chez les habitants de ce continent que chez les voyageurs, erreur dans laquelle sont tombés quelques grands noms. Ainsi Delacroix a peint une Chasse au tigre en Algérie. Dans *Ruy Blas*, Victor Hugo fait dire à Don César : « Ah, mon très cher cousin, vous voulez que j'émigre dans cette Afrique où l'homme est la souris du tigre ». Dans *Les Circonstances atténuantes*, Labiche évoque un « tigre du Sénégal ». Et Rimbaud, pourtant fort précis et très fiable, dans ses rapports sur l'Ethiopie qu'il parcourait, écrit : « Nous avons envoyé au dehors une compagnie de chasseurs de tigres, léopards et lions, à qui nous avons donné des recommandations pour l'écorchage ». (Arthur Rimbaud, œuvres complètes, Paris, Bibliothèque de la Pléiade, Gallimard, 1951, p. 364). Cf. aussi, à propos de telles confusions, le chapitre IV. (JJB)

s'emparer de lui sans peine, car « il n'a même plus la force de sortir ses griffes ». Voilà qui était digne de *La Foire aux cancres*, puisque la principale caractéristique du guépard est précisément de ne pas avoir les griffes rétractiles de tous les autres félidés !

Cette rétractibilité est produite par un muscle qui, au repos, soulève la phalangette et la griffe qui la coiffe, en faisant basculer celle-ci en arrière à l'abri d'un repli de peau, comme dans un écrin de velours. Cela protège de toute vaine usure ces armes si précieuses pour des chasseurs appelés à se saisir de leurs proies et à les immobiliser avec fermeté au moyen de crochets.

En fait, le Guépard serait, lui aussi, capable de rentrer légèrement les griffes, mais des gaines *ad hoc* n'étant pas prévues pour elles, ça ne lui servirait à rien. Il a d'ailleurs tout intérêt à les sortir en permanence pour les laisser en contact avec le sol. Ce sont elles au demeurant qui assurent à ce grand coureur des steppes, élancé et haut sur pattes, une prise ferme sur son substrat, comme des semelles garnies de pointes rendent ce même service à un sprinter humain. Si l'homme ainsi armé peut atteindre près de 36 km/heure sur 100 mètres, le Guépard arrive sur un tel parcours à dépasser les 115 km/heure : il court trois fois plus vite ! Cela fait de lui le champion du monde incontesté de vitesse sur terre. Ce titre, il le doit en partie à ses griffes qui s'émoussent forcément bientôt, et qui ne lui serviraient guère pour se défendre. Avec ses pattes de chien, il ne songerait pas plus à griffer que n'importe quel toutou !

Le piteux commentateur de l'O.R.T.F. ne pouvait pas avoir pris pour un autre le félin dont il décrivait la capture. L'aspect du Guépard est si caractéristique qu'aucune confusion n'est possible. Avec sa silhouette dégingandée de Don Quichotte, les longs traits noirs qui lui partent du coin interne des yeux et lui encadrent la bouche, comme des larmes peintes de clown mélancolique, il est vraiment le Chevalier à la triste figure du monde félin. A se demander si cette tristesse ne lui vient pas de « la solitude du coureur de fond » qui a inspiré le film de Tony Richardson.

Une lamentable ignorance des grands félins d'Afrique n'est pas seulement le fait de certains journalistes bornés, de réalisateurs hollywoodiens ou d'auteurs de récits d'aventures à quat'sous. Tout le monde a entendu parler du roman de Giuseppe Tomasi de Lampedusa *Le Guépard* ou a vu le film admirable que Visconti en a tiré en 1963. Or, ô surprise, le titre original du livre, ainsi que de l'œuvre cinématographique, est *Il Gattopardo*. Et non pas *Il Ghepardo*, comme le guépard est pourtant appelé en Italie.

En français, *Il Gattopardo* aurait dû se traduire tout simplement, et littéralement, par *Le Chat-pard*, terme bien français qu'au XVIIe siècle, Antoine Furetière avait déjà introduit dans son fameux *Dictionnaire*, celui-ci fût-il même maudit par l'Académie. Ce mot, dont dérive d'ailleurs notre verbe « chaparder », est un de ceux qui désignaient autrefois le Lynx d'Espagne et du Portugal, lequel est appelé plus judicieusement Lynx pardelle ou pardé, c'est-à-dire tacheté. En effet, l'aire de distribution de ce gros chat à queue brève, et aux oreilles garnies d'une sorte de plumet, s'étend non seulement à la péninsule ibérique mais aux forêts de montagne de Grèce, d'Albanie et de Yougoslavie, ainsi qu'aux Carpates, bref à toute l'Europe méridionale. Et le fait est que le Lynx pardé est très nettement tacheté, à l'encontre de son grand frère d'Europe plus septentrionale, le Lynx boréal, qui coexistait encore récemment avec lui dans les Pyrénées.

Le Lynx pardé, quant à lui, s'étendait autrefois jusqu'aux Alpes, aussi bien en France qu'en Italie, et, dans ce dernier pays, il a laissé des traces jusque dans les

Abruzzes et en Calabre, voire, au-delà du détroit de Messine, en Sicile [17]. Comme le chef-d'œuvre de Tomasi de Lampedusa raconte l'histoire, au siècle dernier, d'une famille d'aristocrates siciliens, il ne peut faire de doute que le *gattopardo* qui figure sur les armoiries de celle-ci est bien le Lynx pardé, un fauve du cru.

La seule excuse que le distingué traducteur français aurait pu avoir est que le nom de « guépard » provient justement lui-même d'une francisation de l'italien *gatto pardo* (ou encore de l'espagnol ou du portugais *gato pardo*). D'ailleurs, il s'écrivait encore *gapard* au début du XVIIe siècle, avant d'être altéré par les fourreurs parisiens « par attraction de guêpe » comme dit l'étymologiste Dauzat. C'est en somme à la suite d'une confusion déjà ancienne que ce nom, qui aurait dû être réservé au Lynx pardé, a été appliqué aussi sans doute par les fourreurs seulement intéressés par l'aspect du pelage, à un **autre** « chat tacheté », en l'occurrence le grand félin coureur des savanes d'Afrique et d'Asie. Cette erreur peu à peu consacrée, l'usage en a toutefois été dénoncé depuis longtemps et il était vraiment inutile de la répéter. *Errare humanum est, perseverare diabolicum*. Il est amusant de constater que pour établir une situation sans équivoque, les Italiens ont été amenés à italianiser en *ghepardo* le nom de guépard, qui n'était que la francisation de leur propre *gatto pardo*...

Remarquons que le traducteur anglais du beau roman de Tomasi de Lampedusa a été aussi mal inspiré que son collègue français, puisqu'il n'a pas hésité, lui, à en traduire le texte par *The Leopard*. A cela, il y a moins d'excuse encore. J'imagine qu'il a cru, lui aussi, que *gattopardo* désignait le guépard. Or, en anglais, on appelle celui-ci *cheetah* [18]. Sans doute *The Cheetah* aura-t-il paru d'une consonance trop orientale pour un roman se passant en Sicile. Or, il se fait que le félin en question est aussi appelé *hunting leopard* dans les pays anglophones, à savoir « léopard chasseur », parce que, depuis des temps immémoriaux, il a été utilisé à des fins cynégétiques en Egypte et en Asie, comme un faucon ou un chien courant. Aussi notre traducteur anglais a-t-il dû, par souci de brièveté, opter en définitive pour *The Leopard*. C'était là s'éloigner encore plus du sens original qu'en l'intitulant *Le Guépard* : il eût fallu l'appeler *The Pardine Lynx* ou encore *The Spotted Lynx*. Je ne sais pas comment *Il Gattopardo* a été traduit en d'autres langues, mais je crains le pire...

Quand une erreur grossière est commise dans le domaine de l'Histoire, un concert de protestations indignées s'élève aussitôt. Imaginez le tollé que déclencherait en France la projection d'une comédie musicale — américaine comme il se doit — consacrée à la vie de Jeanne d'Arc, et dans laquelle, par souci de *happy end*, la Pucelle finirait par épouser « son gentil Dauphin » Charles VII. On doit, hélas !, le constater, des bourdes zoologiques du même calibre ne suscitent pas la moindre indignation. La zoologie est pourtant une science moins conjecturale que l'Histoire — du moins l'espère-t-on.

Il ne faut guère s'étonner du nombre de sottises qui fleurissent chaque jour au fil des médias à propos de bêtes de toutes sortes. Sous prétexte qu'ils possèdent un animal de compagnie ou une basse-cour, qu'il leur arrive parfois de visiter un zoo ou qu'ils s'adonnent à la chasse, bien des gens se croient habilités à parler avec assurance de zoologie. Comme si, parce qu'ils sont capables de vérifier une addition au restaurant ou de faire leurs comptes de fin de mois, ces mêmes quidams se déclaraient ferrés en mathématiques et se mettaient à discourir avec désinvolture sur les probabilités, le calcul des matrices, la théorie des groupes ou les tenseurs — ce à quoi, soulignons-le, ils ne se risquent pas.

(17) Le professeur Franco Tassi, coordinateur du Comité italien pour les Parcs nationaux et les Réserves analogues — et qui fut un grand ami de Bernard Heuvelmans — a redécouvert le Lynx dans les Apennins, par une démarche véritablement cryptozoologique. Cf. son article : « La Lince appeninica, un altro felino misterioso » (*Criptozoologia*, Rome, 4, p. 6, 1998). (JJB)

(18) D'après un des noms hindi du léopard (hé oui !) : chita, lequel dérive du sanscrit chitra, c'est-à-dire « tacheté ».

En somme, quelques pages d'éclaircissements sur les divers félins d'Afrique ne seront sûrement pas superflues. Surtout qu'à cause précisément de la compétence zoologique qu'un chacun s'arroge depuis toujours, la plus grande confusion a toujours régné au long de l'Histoire quant aux noms que portent les grands chats du monde entier, ou qu'ils devraient du moins porter pour être reconnaissable d'emblée. Cela dit, le lecteur épris de mystères, d'aventures et d'action, et qu'ennuient les divagations parmi les dédales de l'étymologie ou de la nomenclature zoologique, aurait avantage à bondir sportivement par dessus les deux chapitres à venir. Pourtant, je lui conseille plutôt de parcourir ceux-ci à vive allure, en s'attardant au gré de son humeur, s'il ne veut risquer de manquer entre autres quelques croustillantes histoires d'adultère et de perversions sexuelles.

LE LION, LE PARD ET LE PARDALIS DES ANCIENS

Les trois grands félins d'Afrique ont été connus du monde occidental depuis l'Antiquité, fût-ce parce qu'ils vivaient alors dans le nord du continent. Aussi bien en Mauretanie et en Numidie — le Maghreb actuel des Arabes, à savoir « l'Ouest » — qu'en Libye et en Egypte, bref à l'Est. Et s'ils étaient connus, ils devaient forcément être désignés chacun par un nom dans la langue des divers pays méditerranéens.

Cela ressort aussi bien de l'ouvrage classique d'Otto Keller sur le monde animal dans l'Antiquité (1909), que d'une étude plus ponctuelle de l'ancien directeur du zoo de Manchester, George Jennison, parue en appendice dans son livre sur les animaux de spectacle et d'agrément dans la Rome antique (1937). Voici ce que, pour les besoins de notre cause, il convient de retenir de ces écrits, et, par endroits, d'y corriger

Le nom du Lion — à tout seigneur tout honneur — ne pose guère de problèmes. Keller fait remarquer à son propos que le plus ancien utilisé en grec, en dialecte ionien en l'occurrence, est celui de *lîs*. Il apparaît déjà dans *L'Iliade*, dont on fait remonter la rédaction pour le moins au IXe siècle avant notre ère, et qui aurait été écrit par Homère en Asie mineure, où l'action d'ailleurs se déroulait. C'est aussi de ce nom de *lîs* que se servait, au IVe siècle avant J.C., le poète satirique Hipponax, originaire d'Ephèse, donc également de cette région. *Lîs*, d'après Keller, est apparenté à l'araméen *lajit* et à l'hébreu subséquent *laish*, qu'on trouve dans Job ainsi que dans *Les Proverbes*. Il signifierait « le Puissant », tout comme le nom turc du lion, *arslan*, veut dire « le fauve puissant ».

Quand on sait que l'accusatif de *lîs* est *lîv*, on ne peut évidemment s'empêcher de faire le rapprochement avec l'allemand *Löwe*, ou avec le néerlandais *leeuw*. Ce serait pure coïncidence, d'après Keller, pour qui ce nom archaïque ne serait nullement à l'origine du nom grec plus récent de *leôn*, passé en latin sous la forme *leo*, et dont provient en fin de compte le français *lion*, tout comme l'espagnol *leon*, l'italien *leone* et les diverses formes germaniques. La signification de ce mot *léôn*, qui est plutôt à rapprocher de l'égyptien *labu* et du proto-sémite *labiátu*, se perd dans la nuit des temps. Il m'étonnerait cependant que le nom de celui que chacun s'est accordé à considérer comme « le Roi des animaux » n'eût pas eu à l'origine un sens qui rappelait sa force, sa puissance imposante, son autorité tranquille, sa majesté, si évidentes. Rappelons que le nom arabe le plus ancien du lion dérive du mot *anbasa*, qui signifie « celui qui fronce les sourcils ».

Bien plus ambigus sont les noms associés aux deux grands félins tachetés que de nos jours nous appelons le Léopard ou Panthère et le Guépard. Ces noms semblent avoir été beaucoup plus nombreux au grec ancien (*panthêr, pardalis, pardos, leopard, leontopardos,* forme plus littéraire du précédent, et même *leopardalis*) et en latin (*panthera, pardus, varia, leopardus,* et *leopardalis*). L'abondance de ces appellations a de quoi troubler plus encore que leur diversité, car un seul synonyme est déjà plutôt rare. Certains de ces noms devaient sûrement être réservés à des variétés particulières.

En Grèce antique, le léopard a d'abord, semble-t-il, été appelé *pardalis* en dialecte ionien. En tout cas, dans *L'Iliade*, il est plusieurs fois question d'un *pardalis* qui a tout l'air de ce grand fauve tacheté [19]. C'est beaucoup plus tard, au temps d'Elien notamment, donc au IIIe siècle de notre ère, qu'est apparu le terme *pardos*. Jennison pense que ce dernier nom était une sorte d'abréviation populaire, utilisée surtout par les marchands d'animaux, comme ils parlent à notre époque de rhinos, d'hippos et de cynos. Voilà qui paraît, ma foi, très plausible. Si l'on se pose toutefois des questions sur l'étymologie des deux noms, on se met à douter. Etait-ce bien le Léopard, et le Léopard seul, qu'on désignait sous le nom de *pardalis* ?

Le terme de *pardos* provient à coup sûr de l'hébreu *barod,* qui signifie « tacheté ». Il peut donc s'appliquer aussi bien au Guépard qu'au Léopard. Comme ces deux félins n'occupent pas du tout le même habitat, le dernier hantant plutôt les forêts, alors que le premier est adapté à la course à travers steppes et savanes ouvertes, il est vraisemblable que le même qualificatif « pard » était donné à l'un ou à l'autre selon les régions.

Pardalis — ce dont personne ne semble encore s'être avisé — est manifestement né de l'agglutination de *parda* (féminin de *pardos*) et de *lîs,* que nous savons être le nom grec le plus ancien du Lion. Il signifierait en somme le « lion tacheté ». A quel grand félin une telle appellation s'applique-t-elle le plus commodément ? Au Guépard, de toute évidence.

Celui-ci en effet, à cause des poils hérissés qui se dressent sur sa nuque, et qui devaient lui valoir de la part de Buffon le surnom de « léopard à crinière », à cause surtout de son port de tête élevé, n'est pas sans nous rappeler la silhouette du Lion : il est comme un lion mince et élancé, une sorte de « lion de course ». Par ailleurs, avec son pelage marqué de simples petites taches, noires et rondes, il a comme un vestige des ocelles bien plus complexes du Léopard. Il tient à la fois des deux autres grands félins d'Afrique et du Moyen Orient, mais on l'a toujours rapproché davantage du Lion, du fait de sa silhouette altière. Ainsi, comme l'a fait remarquer Louis Charbonneau-Lassay dans son *Bestiaire du Christ* (1940), « le symbolisme chrétien a fait une distinction nette entre le guépard ou léopard-chasseur [...] et le léopard proprement dit [...] accordant au premier une considération sympathique qu'elle refuse au second, comme au tigre, dont il a l'allure rampante ».

Peut-être n'est-ce pas sans raison que le nom de *Pardalis* ait été formé en partie d'un adjectif au féminin, sans doute employé substantivement. A une époque où l'on ne savait encore rien des lois de l'évolution biologique, on expliquait généralement la combinaison de caractères appartenant à deux espèces différentes par un croisement entre celles-ci. Ainsi un animal tenant à la fois du Lion et du Léopard devait-il forcément être considéré comme le produit de l'union contre nature de ces deux félins, et même plus précisément, en l'occurrence, comme

(19) *Pardalis* se trouve effectivement trois fois dans *L'Iliade* (XIII, 103 ; XVII, 20 ; XXI, 573) et une fois dans *L'Odyssée* (IV, 457), précisions que je dois à Pierre-Paul Campagnet, professeur émérite à la Faculté des Lettres de Tours. Il me signale également que *pardalis* est appliqué par Elien et Oppien à un requin tacheté. Après tout, il existe bien une raie-léopard, et nous pouvons rencontrer dans nos jardins une « limace-panthère »... (JJB)

celui de l'accouplement du lion mâle (*lîs*) et de la femelle du *pardos* (la *parda*) [20]·Tant que des Grecs ne connaissaient que l'un ou l'autre des grands félins tachetés, il est possible qu'ils lui aient donné d'abord celui de *pardalis*, puis, par la suite, celui simplifié de *pardos*. Mais quand certains d'entre eux sont devenus assez savants pour connaître les deux, fût-ce à force de fréquenter des arènes sous l'influence romaine, ils ont dû éprouver le besoin de diversifier leur vocabulaire afin de les distinguer. Et dans ce cas, c'est en toute logique au Guépard que devait revenir le nom de *pardalis* qui lui allait le mieux, celui plus vague de *pardos* convenant parfaitement au Léopard.

Bref, du strict point de vue du bon sens, il est naturel que les Grecs qui connaissaient tout à la fois le Lion, le Léopard et le Guépard aient fait la distinction qui s'imposait entre le *Lîs* ou Puissant, le *Pardos* ou Tacheté, et le *Pardalis*, qui tenait à la fois de l'un et de l'autre, mais surtout du premier. Cela ne signifie pas, bien sûr, que tout le monde allait s'en tenir désormais à cette situation primordiale pourtant claire et nette.

LES DEUX PARDALIS ET LE LEOPARDIS

Ainsi George Jennison, dans un ouvrage antérieur, *Noah's Cargo* (La Cargaison de Noé, 1928), prétendait-il exactement l'inverse de ce qui semble logique quant à l'identité des deux grands félins tachetés cités par les Anciens :

Le pardos, pardus, *le croisement du* pardalis *et de la lionne, comme on le croyait, est le Guépard : cela ressort d'une note de Martial selon laquelle un « pard » chassait dans l'arène avec des chiens — un entraînement qui persiste encore de nos jours.*

Cette conception, à mon sens fondé sur une confusion, a été longtemps répandue, puisque trois siècles après le poète romain Martial, son collègue Claudien, dans un panégyrique du consul Manlius Theodorus, a encore chanté :

... les pards,
Qui naissent d'une semence mélangée, chaque fois que d'une lionne
Un nouvel adultère est venu souiller les nobles flancs :
Par les taches, ils rappellent leur père, par leur force, leur mère.

Que le « pard » pût être considéré comme le produit de l'union du *pardalis* et du *leôn* ou *leo* paraît difficilement défendable du point de vue linguistique. A un tel rejeton, on eût forcément donné un nom combinant ceux de ses deux parents, celui de *pardalileôn* ou *pardalileo* par exemple, ou bien celui de *leopardalis*, qui existe d'ailleurs, et auquel je reviendrai plus loin. De toute façon, on comprend que Jennison ait abandonné cette hypothèse dans son étude plus spécialisée de 1937.

Cela dit, il était fatal que l'ambiguïté du terme de *pardos* déteignît peu à peu sur celui de *pardalis* à la formation duquel il avait participé. Dans le traité de chasse qu'on attribue à Oppien, un écrivain grec du IIIe siècle originaire d'Apamée (en Syrie actuelle), on trouvera mention de deux variétés de *pordalies*, altération légère de *pardalies*, le pluriel de *pardalis* :

(20) C'est si évident aux yeux de chacun que Thomas Shaw disait encore au XVIIIe siècle du Faadh d'Afrique du Nord, c'est-à-dire du Guépard : « Les Arabes croient qu'il vient du Lion et de la femelle du Léopard. »

Quant aux funestes pordalies, *il en est de deux sortes :*
Les uns plus grands, avec le corps plus épais et la croupe plus large,
Les autres plus petits, mais d'une force non moindre.
Tous deux sont marqués de semblable façon,
Mais diffèrent par la longueur de la queue, laquelle est en raison inverse de leur taille :
Plus longue chez les petits, et moindre chez les grands.

D'après l'étude la plus récente de Jennison, le premier *pordalis* était selon toute vraisemblance le Léopard, et le second le Guépard. Afin de le contrôler, empruntons au précieux guide de Theodor Haltenorth consacré aux Mammifères d'Afrique, ses données sur la taille et les dimensions des deux grands félins tachetés de ce continent :

	Longueur tête + corps	Longueur queue	Poids
Léopard mâle	130 - 190 cm	70 - 100 cm	45 - 85 kg
Léopard femelle	110 - 140 cm	60 - 75 cm	35 - 40 kg
Guépard	110 - 140 cm	65 -80 cm	40 - 60 kg

De tous ces chiffres il ressort que le Guépard est en effet moins grand que le Léopard, puisqu'il n'atteint en moyenne que la taille de sa femelle et un poids à peine supérieur au sien. En revanche, il a la queue relativement plus longue.
Comme ce dernier trait ne saute pas vraiment aux yeux, il convient de féliciter Oppien pour la finesse de ses dons d'observation, et Jennison pour la justesse de son identification. Certes, on ne peut pas dire que les deux félins en question soient marqués exactement de même. Mais sans doute notre poète didactique avait-il voulu exprimer par là qu'ils étaient tous deux marqués de taches — plutôt que de rayures comme les tigres — et que *pordalis* dans son esprit signifiait tout bonnement « félin tacheté ».
Ainsi que je l'ai montré plus haut, le *pardalis* original avait le plus de chances d'être le Guépard, soupçonné à cause de son semblant de crinière, de son port de tête élevé et de ses taches plus réduites, d'être le produit de la séduction du « pard » femelle par un lion. Sans doute cette réputation avait-elle fini par être transférée au « pard » lui-même, d'aucuns estimant peut-être qu'en toute logique c'est à la génération du plus puissant des *pardalies* que le roi des animaux devait avoir participé...
En tout cas, les dissensions relatives à l'identité du « véritable » *pardalis* justifiaient la distinction qu'Oppien avait jugé utile de faire au IIIe siècle, alors que s'amorçait le déclin du monde antique.
Quoi qu'il en fût, c'est le nom le plus bref, mais aussi le plus fondamental, de *pardos*, qui devait être adopté par les Romains pour désigner notre Léopard et donner en latin *pardus*. Le nom de *pardalis* n'est jamais passé dans la langue latine, mais je me demande, étant donné l'imbroglio naissant, s'il faut le déplorer ou s'en réjouir.
En revanche, le nom de *leopardalis* a été utilisé en latin, comme en témoigne un ouvrage d'un grammairien du IIe ou du IIIe siècle, Sextus Pompeius Festus, *De Verborum significatu* (De la signification des mots) : il y est défini comme l'hybride né de l'union « du lion et de la panthère [21] ». Ce que ce dernier mot désignait, nous allons tenter de le découvrir à présent.

(21) Cet œuvrage de Festus, lui-même abrégé de l'ouvre du même nom mais — hélas ! — perdue, de Marcus Verrius Flaccus, ne nous est accessible, pour une moitié, qu'au travers du digest qu'en a donné au VIIIe siècle, l'historien Paul Warnefried, natif du Frioul, en Italie, et mieux connu sous le nom de Paulus Diaconus, Paul le Diacre. C'est à la page 33 de son Epitoma Festi qu'on peut lire : « *bigenera dicuntur animalia ex diverso genero nata, ut leopardalis es leone et panthera* » (on appelait animaux bigénériques [hybrides !] ceux nés de genres différents ; ainsi le leopardalis issu du lion et de la panthère).

QU'ÉTAIT DONC LA PANTHÈRE D'AUTREFOIS ?

L'origine du mot *panthêr*, en usage en Grèce, est la plus obscure de toutes, et de ce fait la plus âprement controversée. En grec, *pan thêr* peut être traduit littéralement par « toute bête » ou par « bête totale », ce qui veut à la fois tout dire, et ne rien dire du tout. En fait, on soupçonne ce mot de dériver plutôt du sanscrit *pundarika*, qui était un des noms du Tigre [22] !

Voilà qui explique peut-être pourquoi, à l'origine, le nom de *panthêr* était appliqué plutôt à la Genette, ce merveilleux petit carnivore, bien plus tigré que tacheté. Aussi répandue en Europe qu'en Afrique et en Asie, la genette tenait dans nos maisons le rôle du chat domestique avant que ce dernier ne fût importé en France, au XIIIe siècle.

On trouve en tout cas les vers suivants dans la *Cynégétique*, combien instructive pour nous, d'Oppien d'Apamée :

Chère Muse, ce n'est pas à moi de chanter les petits !
Fais donc fi des bestioles qui n'ont point de puissance :
Les panthêras *aux yeux gris et les* aïlouros [23] *malfaisants*
Qui ravagent les nids de la volaille domestique,
Et les loirs, si petits, si tendres et si faibles,
Qui gardent les yeux fermés, pendant toute la durée
De l'hiver, le corps plongé dans un sommeil pareil à l'ivresse.

Dans ce passage, le nom de *panthêr* ne peut, de toute évidence, pas s'appliquer au redoutable Léopard. En revanche, le fait est que pour nous en tenir aux petits carnivores européens, la couleur gris-clair des yeux de la Genette, l'unique Viverridé d'Europe, contraste de manière saisissante avec celle, très foncée, de tous les Mustélidés (Blaireau, Hermine, Belette, Vison, Putois, Loutre, Martre, Fouine, Zibeline et Glouton) et du seul Herpestidé d'Europe, la Mangouste.

D'après Jennison, le transfert ultérieur du nom de *panthêr* à un fauve de beaucoup plus grande taille, serait comparable à celui qui a fait donner le nom de *krokodeilo*, celui du minuscule Lézard des murailles commun en Grèce, au redoutable reptile géant du Nil. A cette panthère-là, enflée à l'extrême, on a longtemps prêté un parfum suave, enivrant : d'Aristote aux bestiaires chrétiens, en passant par Pline, Elien et Antigone Carystius. C'est là, bien entendu, l'héritage manifeste qu'elle doit aux glandes à musc de son prototype original, la Genette.

L'analyse des textes de l'Antiquité classique montre que le nom grec de *panthêr*, puis celui, latin, de *panthera*, désignaient parfois notre Léopard, mais bien plus habituellement le Guépard. Sans doute l'ambiguïté du nom de *pardos*, applicable aux deux sortes de grands

---

(22) Mary Durant, 1968.

(23) *Aïlouros* était le nom réservé en Grèce au Chat sauvage. Jennison croit qu'il désignait ici la Martre, car Aristote a prétendu que l'*Aïlouros* ne vit que six ans, ce qui, selon le naturaliste anglais, est vrai de celle-ci mais non du Chat. En fait, les Anciens connaissaient très mal, on devrait s'en douter, la longévité des bêtes sauvages. Aujourd'hui, nous savons que, si le Chat peut atteindre, à l'état domestique du moins, une vingtaine d'années, la Martre dépasse parfois quinze ans d'âge. De toute façon, ce que Jennison semble ignorer, *aïlouros* signifie « celui qui agite ou remue la queue », un des traits les plus caractéristiques du Chat. Sa façon de frétiller de la queue est si frappante que beaucoup de gens simples croient que le bout de celle-ci contient un ver parasite, et menacent même parfois de le couper. Pour moi, l'extrémité de l'appendice caudal du Chat constitue sans doute un organe subtil de repérage et d'orientation, comparable à un radar, et dont le mécanisme échappe encore à la science.

félins tachetés, et l'insuccès relatif du terme de *pardalis*, avaient-ils favorisé l'adoption du vocable nouveau, sans dissiper toutefois l'équivoque ancienne. Car, enfin, à qui l'appliquer de préférence et pourquoi ? Pour Pline l'Ancien, en tout cas, qui connaissait mieux que personne ce qu'on savait des animaux à l'aube de l'ère chrétienne, la *panthera* était le Guépard, alors que le Léopard était appelé *pardus*, ou encore *varia*, une innovation romaine. Pourquoi *varia* ? Parce que dans l'argot des esclaves, *varius*, du verbe *variare* (battre), voulait dire aussi bien « tacheté » que « rayé » — selon qu'on eût été roué de coups de bâton ou cinglé à coups de fouet ! Le nom — ou était-ce un surnom ? — eût donc convenu également au Tigre et au Léopard ou au Guépard.

En dépit de son caractère plus vague encore que celui de *pardos*, le nom de *panthera* fut adopté sans aucune répugnance par la Rome antique, sans doute parce qu'il était commode de pouvoir parler du *pardus* comme du mâle et de la *panthera* comme de la femelle, du même félin tacheté. Cela poussa — hélas ! — certains à imaginer que le Léopard était le mâle du Guépard !

Pourtant, en dehors même de caractères anatomiques plus profonds, ces deux félins sont marqués de façon assez différente, comme je l'ai déjà souligné plus haut. Alors que le Guépard est constellé de petites taches noires, rondes et régulièrement espacées, le Léopard est couvert, lui, sur la majeure partie de son corps, de taches fauves plus foncées, entourer chacune d'un gros trait noir discontinu, qui font penser à des yeux lourdement chargés de khôl, d'où le nom d'ocelles, à savoir de petits yeux (on les compare parfois aussi à des fleurs, quand on parle de « rosettes »). En toute logique, il eût fallu donner au Guépard un nom signifiant « le Tacheté », et au Léopard celui de « l'Ocellé [24] ». Voilà qui eût évité bien des confusions et notamment qu'on fît d'eux la femelle et le mâle d'une même espèce. Pline assurait, quant à lui, que la *varia* était la compagne du *pardus*, ce qui était tout de même plus acceptable puisqu'il s'agissait là de deux noms du seul Léopard. Mais, à propos, pourquoi diable appelons-nous à présent « léopard » ce qu'on nommait en grec *pardos* (et parfois par erreur *pardalis*) et en latin *pardus* ou encore *varia* ?

NAISSANCE DU LÉOPARD

Sous sa forme latine *leopardus*, ce nom n'est apparu que tardivement dans l'empire romain, à la suite peut-être d'une autre affirmation de Pline. D'après les informations que celui-ci avait récoltées, les *pardi* en effet, « très portés sur le coït » et que « le rut rend furieux » s'accouplaient à l'occasion avec les lionnes elles-mêmes, sans aucun souci des barrières spécifiques. Sans doute, cette vieille croyance qui persiste d'ailleurs de nos jours, était-elle fondée, selon Jennison, sur l'existence de deux types bien distincts de lions mâles. L'encyclopédiste romain avait écrit en effet :

Pour le lion, c'est au moment où sa crinière lui couvre le cou et les épaules qu'il prend toute sa noblesse : cela vient avec l'âge à tous les produits du lion. Les produits du pard sont toujours dépourvus de cet ornement, ainsi que les femelles.

(24) N'allez surtout pas croire, en pensant à l'Ocelot, qu'on a nommé les félins d'Amérique plus judicieusement que ceux d'Afrique. « Ocelot » ne vient pas du latin ocellus (petit œil) mais du nahuatl (ou aztèque) ocelotl, qui désigne le Jaguar. En réalité, le nom de l'Ocelot même, dans cette langue indienne, était tlacocelotl ou, sans contraction, tlaco ocelotl, dans lequel tlaco signifie « moyen » , à savoir ni grand ni petit. Ce nom était, à mon sens, admirablement bien choisi, puisqu'il existe en Amérique tropicale trois félins marqués de manière assez semblable : un grand, le Jaguar, un de taille moyenne, l'Ocelot et un petit, le Chat Margay. L'erreur a été d'oublier l'adjectif qui distinguait précisément l'Ocelot des deux autres (Siméon, 1885)

Le fait est qu'on devait décrire au cours des siècles bien des races de lions, suivant le plus ou moins grand développement de leur crinière et la teinte plus ou moins sombre de celle-ci. Chez le Lion de l'Atlas, comme chez son frère lointain du Cap, hôtes des montagnes et des déserts, tous deux exterminés de nos jours, le mâle avait une crinière noirâtre qui lui couvrait toute la partie antérieure du corps et même les coudes et le ventre. Chez d'autres, vivant en général dans des savanes bien irriguées, cette pilosité de *macho* se limite au tour du cou et au sommet de la tête, et est d'une teinte plus assortie au reste du pelage, et donc moins apparente. Toujours est-il que les lions de ce dernier type étaient tenus autrefois pour le produit de l'union ignoble de la lionne et du *pardus*. A cause de cela, ils étaient dénommés *leopardi*, comme un commentateur de Solin devait d'ailleurs le souligner expressément un jour, au XVIIe siècle.

Ainsi, comme le nom grec de *pardalis* avait été donné à mon sens, au Guépard, qui pouvait passer pour le produit de l'accouplement du lion et de la femelle du pard, à savoir notre léopard actuel, le nom latin inverse de *leopardus* était réservé à l'origine aux bâtards présumés du pard mâle et de la lionne. Et ce qu'on prenait pour ceux-ci, c'étaient les lions sans crinière, ou plus exactement à crinière peu développée et de teinte plus discrète.

Ce dernier éclaircissement sur les noms donnés dans l'Antiquité aux grands félins africains, nous permet enfin de comprendre certaines énumérations anciennes qui, sinon, nous paraîtraient tautologiques. Ainsi dans le fameux *Digeste* de Justinien, qui était un code de lois, et donc par essence un ensemble de textes aussi clairs et précis que possible, on trouve les termes suivants dans la liste des articles soumis à un droit de douane : *leones, leœnœ, pardi, leopardi, pantherae*. Ces noms devaient se rapporter *a priori* à des fauves d'aspect différent et faciles à discerner par un chacun. Les trois derniers ne pouvaient pas être de simples synonymes : cela n'aurait eu aucun sens. D'après tout ce que nous avons pu mettre en évidence, la liste en question devrait être traduite de nos jours par « les lions, les lionnes, les léopards, les lions à crinière réduite, les guépards ». Cela se tient parfaitement, et constitue comme une preuve par neuf de la légitimité des identifications proposées plus haut.

Par quelle aberration le nom de *leopardus* devait-il se substituer un jour à celui de *pardus* pour désigner ce dernier, nul ne le sait. D'habitude, au cours de l'évolution d'une langue, les noms ont plutôt tendance à s'abréger qu'à s'allonger. Mais peut-être, en l'occurrence, devant un monde animal foisonnant d'êtres « pardés », c'est-à-dire tachetés, a-t-il un jour paru plus significatif de parler de *leopardus* pour désigner spécifiquement le plus puissant des félins tachetés.

L'initiative était malheureuse, car on en est arrivé en fin de compte à cette situation absurde : au *Pardos* ou *Pardus* d'autrefois, on donne aujourd'hui deux noms qui ne se rapportent pas à lui. Celui de « panthère », d'une part, qui désignait d'abord la Genette et puis, le plus souvent, le Guépard. Celui de « léopard », d'autre part, qui aurait dû rester réservé au lion privé de crinière sombre et opulente.

LES BÂTARDS PRÉSUMÉS ET LEUR DÉNOMINATION

L'Antiquité, en définitive, a bien connu les trois plus grands chats d'Afrique, et même les deux formes les plus nettement distinctes de lions, celui à crinière noire et exubérante et celui à crinière plus discrète. Elle a même connu, nous allons le voir, certains cas de félins marqués de manière tout à fait anormale. Bref, en tout, au moins quatre formes bien reconnaissables. C'est en cherchant à exprimer dans leurs noms leurs parentés présumées qu'une confusion a fini par s'introduire dans la nomenclature car rien n'était plus incertain que ces filiations fondées sur de simples apparences.

A une époque où l'on ignorait encore tout de la génétique et des mécanismes de l'hérédité, ainsi que des théories modernes de l'évolution mais où l'on soupçonnait tout de même l'unité essentielle du monde vivant, les ressemblances, jusqu'aux plus insolites, étaient attribuées tout naturellement à des unions illégitimes, secrètes, contre nature.

L'existence de tout être d'aspect bizarre, apparemment composite et donc jugé monstrueux — comme la girafe, l'autruche, le basilic ou la murène — n'expliquait pas les copulations les plus extravagantes entre animaux parfois très éloignés. Les léopards couvraient lascivement les chamelles, les chameaux jetaient leur dévolu sur des volatiles, les coqs saillaient des serpents, et les vipères énamourées allaient séduire les anguilles. La nature prenait les allures d'une gigantesque « partouze »...

D'après les naturalistes anciens, le climat chaud et énervant du continent était particulièrement propice à de tels débordements sexuels. « C'est l'Afrique, écrivait Pline, qui est le principal théâtre de ces fureurs ». En quoi, et par l'essentiel de son argumentation, il ne faisait que répéter ce qu'Aristote avait déjà dit plusieurs siècles auparavant :

C'est en Libye que les animaux présentent les formes les plus diverses ; et de là, le proverbe qui dit que la Libye produit toujours quelque monstre nouveau. C'est que là, en effet, les animaux se rassemblent près des petits cours d'eau du pays, par suite de la sécheresse, faute de pluies ; les bêtes d'espèces dissemblables s'y rencontrent ; et l'accouplement y devient fécond si le temps de la gestation est le même, et si la disproportion de la taille n'est pas trop grande.

Ainsi parlait, soulignons-le, le père de la zoologie scientifique.

Dès la Grèce antique, et bien auparavant à coup sûr dans les civilisations antérieures de l'Afrique, en Egypte notamment, s'explique donc par la promiscuité et la débauche tout à la fois l'infinie variété des formes animales et leurs parentés manifestes. Entre autres, en tenant pour fondamentaux les deux grands chats **les plus dissemblables** du continent, le lion à crinière majestueuse (*Leôn* ou *Lîs*) et le léopard actuel, originellement appelé le « pard » (*Pardos*), on a pu imaginer qu'étaient issus de leurs amours singulières deux types intermédiaires distincts, suivant le sexe des géniteurs respectifs. Le Guépard (*Pardalis*) devait être le fruit de l'union du vrai lion, le plus chevelu et de la « parde », et le lion à crinière discrète (*Leopardos*), celui de la séduction de la lionne par cet obsédé sexuel de « pard ». Le nom plutôt rare de *Leopardalis*, appliqué selon les grammairiens au bâtard du lion et de la panthère, à savoir du guépard, était sans doute réservé à des êtres non moins rares tenant à la fois de l'un et de l'autre : par exemple, des léopards marqués de simples taches de guépard ou encore des lions aussi tachetés à l'âge adulte que des lionceaux. Or il en existe : nous rencontrerons bientôt les premiers à un détour de ce chapitre et les seconds feront l'objet de toute une étude particulière (chapitres VI et VII).

En somme, quand on soupçonnait autrefois un animal d'être le produit du croisement de deux bêtes différentes, on avait coutume de forger son nom à partir de celui, entier ou presque, de sa mère — *ladies first* ! — auquel on accrochait celui de son père, comme un wagon à un autre.

Ainsi *pardalis* désignait-il le produit supposé de l'union de la *parda* et du *lîs*, et *leopardos*, celui de l'accouplement du *pardos* et de la femelle du leôn. Comme il semblait traditionnel de citer en premier lieu le nom de la mère, il est permis de supposer que *leopardalis* se rapportait au fruit des amours infâmes de la lionne et du *pardalis* : le guépard (ou panthère, comme disaient les grammaires latines).Cette adoption pour le guépard, mais aussi parfois pour le léopard, du nom d'origine indienne *panthêr* (associé, semble-t-il, au tigre et secondairement à des animaux tigrés) est venue compliquer inutilement une situation en somme assez simple au départ. Comme il fat déplorer aujourd'hui l'usage du « franglais », la Grèce devait subir les outrages d'un exotisme linguistique semblable, lié à la fascination qu'exerçait l'Orient fabuleux et qu'on pourrait appeler l'« héllindien ».

Pour faire le point de la situation, dressons ici un petit tableau récapitulatif. Il tente de rendre compte, suivant un mode de pensée antique, de la variété d'aspect des divers grands félins d'Afrique à partir des deux types fondamentaux les plus caractéristiques, le Lion à crinière et le Léopard, ainsi que de la confection corrélative de leurs noms grecs (et latins entre parenthèses), à partir de ceux de ces mêmes types. Il est heureux que l'irruption intempestive du nom de *panthêr* se soit produite trop tard pour que celui-ci participât encore à la production des premiers noms composés. Comme celle-ci s'imposait d'emblée, elle a dû être très ancienne.

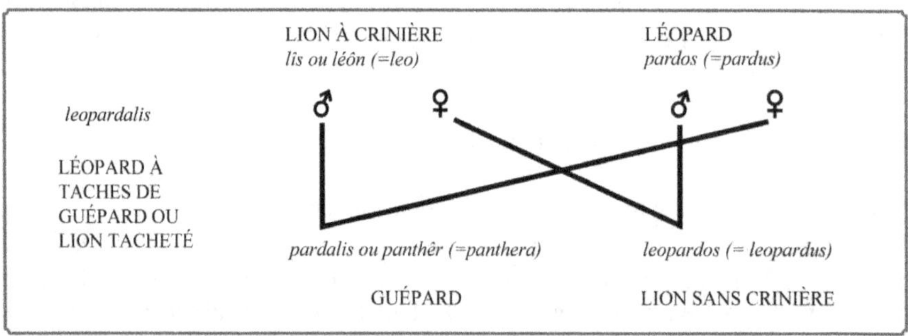

Cet arbre généalogique paraîtra sans doute complètement farfelu de nos jours. Il est exact que les choses ont bien changé, mais pas aussi radicalement qu'on serait tenté de le croire. Aujourd'hui, le lion privé de crinière majestueuse n'est plus tenu pour un bâtard quelque peu dégénéré de celui abondamment pourvu, mais pour une race géographique distincte de l'autre : ce n'en est plus un rejeton mais un frère. Le guépard n'est plus considéré davantage comme un hybride, du lion et de la léoparde quant à lui, mais comme une troisième espèce, et même comme un genre complètement séparé. Il n'empêche que les zoologues actuels voient en lui l'aboutissement d'une lignée évolutive, détachée du tronc des autres félins, et donc, après tout, un descendant des ancêtres communs du lion et du léopard, leur neveu en quelque sorte. Enfin, ainsi qu'on va le constater, on se demande encore toujours, à notre époque, si certains léopards, tachetés à la manière de guépards, et maints lions marqués de taches ne seraient pas le produit de croisements contre nature.

L'explication antique, ou primitive, de la diversification des animaux par de multiples croisements entre eux, devait bien entendu garder pleinement sa force tout au long du Moyen Age, si respectueux des Anciens, mais aussi très au-delà. Vers 1676, Claude Perrault et ses collègues de l'Académie des Sciences de Paris, mentionneront encore, dans leurs *Mémoires pour servir à l'histoire naturelle des animaux* « les Loups Cerviers, qu'on tient estre engendrez du Loup et de la Panthère, ainsi que les Dogues du Léopard et de la Chienne et la plus part des autres animaux qui sont nez du mélange de deux espèces. »

Par réaction contre ces conceptions désuètes et jugées naïves, on en est arrivé, de nos jours, à décréter que des individus appartenant à des espèces distinctes ne s'unissent **jamais**, de leur plein gré, dans la nature. Cette sorte de tabou librement consenti d'autocensure, constitue d'ailleurs le critère même de l'espèce zoologique : celle-ci serait en somme une population animale dont les représentants, à l'état sauvage, ne songeraient jamais à s'unir à des étrangers et ne se reproduisent strictement qu'entre eux. Une sorte de super-racisme, de spécifisme si l'on peut dire, serait de rigueur.

On est un peu revenu, ces dernières années, d'une conception si rigide. On a constaté en effet que, dans certaines circonstances exceptionnelles, il arrive tout de même à des individus d'espèces visiblement distinctes — certains singes en particulier — de se croiser à l'occasion en pleine nature. Le poète André Bertin avait raison :

Mais qui peut arrêter l'impétueuse ivresse
D'un cœur brûlant d'amour et que le plaisir presse !

LE BAPTÊME DES HYBRIDES VÉRITABLES

Si le lion peu chevelu n'est pas un fils adultérin du léopard et de la lionne, et si le guépard n'est pas la conséquence des représailles exercées par le lion à crinière d'Absalon en faisant une cour pressante à l'épouse du vil séducteur tacheté, des hybrides indiscutables ne s'en sont pas moins produits parfois en captivité. C'était en général par accident, faute de partenaires plus adéquats, comme dans les fermes on produit, cette fois sous la contrainte et systématiquement, des hybrides de cheval et d'âne, de bœuf et de bison, ou de chèvre et de bouquetin.

Tous ces hybrides avérés, on ne les nomme plus de nos jours comme les Anciens le faisaient de leurs hybrides supposés, en enchaînant bout à bout les noms de leurs parents. Par esprit de concision, sans nul doute, on leur applique une sorte de mot-valise : « deux significations serrées dans un seul mot, comme dans une valise », ainsi que Lewis Carroll, auteur de cette définition, s'est amusé à en fabriquer toute une kyrielle pour les besoins de sa *Chasse au snark*. Il convient en l'occurrence d'amalgamer euphoniquement le début du nom de l'espèce paternelle et la terminaison du nom de l'espèce maternelle (on ne se montre plus aussi galant qu'autrefois !). Par exemple, le bâtard, fréquent en captivité, du lion mâle et de la tigresse est appelé conventionnellement *ligre*, tandis que celui-ci, bien moins commun, issu du tigre mâle et de la lionne, mérite le nom de *tigon* [25] [26].

Si autrefois à Rome on nommait *leopardus* le produit supposé des amours du *pardus* mâle et de la femelle du *leo*, il convient aujourd'hui de l'appeler en français le *pardon*. Mais puisque à « pard » s'est substitué indûment « léopard » ou même « panthère », on a plutôt le choix entre *léopon* ou *léopion* et *panthéon* ou *panthion*. On comprend que ce soit *léopon* qui ait été unanimement adopté.

Pour le produit inverse — lion mâle x léopard femelle — *liopard* ou *liothère* ferait l'affaire en français. En espagnol et en italien, on devrait toutefois appeler *leopardo* cet animal qui ne serait pourtant pas un léopard.

Mais, au fait, de tels hybrides ont-ils jamais existé ? Arrive-t-il au lion et au léopard de se croiser en captivité ?

Dans son *Histoire des ménageries de l'Antiquité à nos jours* (1912), Gustave Loisel citait, parmi les « animaux particulièrement remarquables du Jardin d'Acclimatation de Paris, un hybride de lionne et de léopard qui fut obtenu il y a quelque temps ». Plus loin, il écrivait encore : « Hagenbeck a pu obtenir les hybridations suivantes : lion d'Asie + tigre royal, petit lion des Somalis + tigresse du Bengale, lion + léoparde, tigre royal + léoparde, etc. ».

Pour ce qui est des succès remportés à Stellingen on peut se demander si l'historien des zoos ne s'est pas trompé sur le sexe des géniteurs en ce qui concerne le lion et le léopard. George Jennison devait en effet rapporter en 1937 : « La lionne et le léopard se sont croisés tout récemment en Europe. J'ai vu les produits dans les groupes d'animaux de Carl Hagenbeck. » Or Jennison était vraiment du bâtiment, puisqu'il avait été lui-même directeur du Zoo de Manchester. Au surplus, il avait visité personnellement les installations de son collègue hambourgeois, ce qui n'était pas le cas du Dr Loisel.

Avec le professeur Otto Antonius, qui dirigeait, lui, le Zoo de Schönbrunn, dans les faubourgs de Vienne, on en est revenu en 1951 à une information imprécise, et en tout cas de seconde main, quand il a dit : « Des hybrides de formes aussi éloignées que Lion x Léopard et Léopard x Puma ont été obtenus, mais il ne m'a pas été donné de les voir. » C'est trop ambigu pour pouvoir être pris en compte.

Aussi, l'année suivante, le grand mammalogiste allemand Ingo Krumbiegel fit-il sensation en publiant dans sa monographie *Der Löwe* (Le Lion), la représentation de ce qu'il donnait pour un « Bâtard de lion mâle et de léopard femelle ». Le tenait-on enfin, le *Leopardus* proprement dit ? En réalité, la généalogie de l'animal bizarre en question était différente, mais plus scandaleuse encore qu'on ne l'imaginait.

---

(25) Ces noms conventionnels varient évidemment selon la langue utilisée. Les hybrides de taureau domestique et de bison créés aux Etats-Unis ont été affublés du nom de *cattalo* — à partir de *cattle* (bétail domestique) et de *buffalo* (bison) : en français il faudrait parler de tauson. Les hybrides de bouc domestique et de bouquetin produits en Israël, y ont reçu le nom de *goatex*, d'après les mots anglais *goat* (chèvre) et *ibex* (bouquetin) : ici on devrait les appeler *chèvretins*.Une certaine circonspection doit présider au découpage des noms des deux géniteurs, si l'on ne veut pas s'exposer à la création de noms cocasses, obscènes ou prêtant à confusion. Ainsi, en vertu de la règle non écrite ci-dessus, il faudrait appeler le mulet *anal* et le bardot *chevane*, et nommer *chiote* le produit du croisement du chien et de la femelle du coyote, et *couion* celui provenant du mélange du couguar mâle et de la lionne. Inversement, gardons-nous de prendre la chèvre pour le fruit de la fornication d'un étalon avec une jument de zèbre. Et l'*ocarina* n'est pas le résultat ignominieux de la séduction d'une musaraigne du genre *Blarina* par un okapi. Si le jeu vous amuse ...

(26) On dit aussi *tigron*. (JJB)

FÉLIN NOUVEAU OU BÂTARD INCONGRU ?

A en juger par son portrait, dû au pinceau du peintre animalier anglais Frederick William Frohawk, la grande chatte — car c'était une femelle — avait tout l'air d'une jeune lionne particulièrement svelte et élancée. Elle tenait comme il se doit la tête haute (comme le lion et le guépard) et non basse (comme le léopard) et sa queue se terminait par un renflement de poils simulant un pinceau. Seulement, elle était marquée sur tout le corps de taches brunes incomplètement cernées de noir comme celles du léopard, et même, le long des flancs, comme celles, si caractéristiques, du jaguar [27].

C'est en 1908 que l'étrange félin était parvenu chez un marchand d'animaux londonien, J.D. Hamlyn, qui s'était déclaré incapable de l'identifier. D'après les informations qui lui avaient été fournies par l'importateur, l'animal provenait d'un comptoir français d'Afrique équatoriale, situé quelque part au fin fond du Gabon. Il y aurait été amené tout petit par des indigènes et élevé sur place jusqu'à l'âge de deux ans avant d'être embarqué au printemps de cette année-là, pour l'Angleterre. En attendant la mise en vente aux enchères, on l'avait confié pour quelques semaines au Zoo de Londres, dont un grand connaisseur des Félidés, Reginald Innes Pocock, était précisément alors le directeur.

Inutile de dire que celui-ci entreprit d'étudier l'énigmatique femelle avec le plus grand soin, en se demandant si elle appartenait à une espèce encore inconnue, intermédiaire entre le Lion et le Léopard, ou si ce n'était qu'un vulgaire bâtard, fût-il même exceptionnel. Dès le 18 avril, l'éminent expert fit connaître son premier diagnostic dans une lettre à la rédaction de *The Field*, l'hebdomadaire du gentleman campagnard :

Un simple coup d'œil superficiel suggère qu'il s'agit d'un hybride de lion et de léopard. Elle est plus grande qu'un léopard, et, bien que certainement adulte, beaucoup plus petite cependant qu'une lionne ayant atteint son plein développement.

Après avoir décrit le spécimen par le menu, en soulignant entre autres l'aspect des rosettes rappelant celles du jaguar, Pocock avait noté :

La disparité de taille entre un grand léopard mâle et une petite lionne venant d'arriver à maturité ne constituerait pas nécessairement un obstacle à l'accouplement, et, comme il est bien connu que les lions et les tigres d'une part, les léopards et les pumas, de l'autre, se sont croisés avec succès en captivité, il n'y a aucune raison de croire que les lions et les léopards ne pourraient pas en faire autant...

Cela dit, le caractère fumeux des informations relatives à l'origine du spécimen ne satisfaisait nullement le directeur de la ménagerie de la Société zoologique de Londres. On faisait courir le bruit que l'animal avait été trouvé dans la nature, pour laisser croire sans doute à une espèce encore inconnue. Jusqu'à nouvel ordre en effet on n'avait jamais constaté que des hybridations se fussent produites spontanément à l'état sauvage, sans l'intervention express de l'homme. Au surplus, avait fait remarquer Pocock, si le léopard était très ré-

(27) Un œil averti distingue aussitôt le pelage d'un jaguar, félin d'Amérique, de celui d'un léopard, originaire, lui, d'Afrique ou d'Asie. Sur le premier en effet, les rosettes sont non seulement plus étendues et plus espacées, mais elles contiennent souvent à leur centre une ou plusieurs petites taches noires supplémentaires.

pandu dans la grande forêt équatoriale où l'on avait situé l'origine de l'hybride apparent, le lion, hôte de savanes broussailleuses, ne fréquentait jamais cette région d'Afrique. Et le naturaliste avait ajouté :

... même si des représentants des deux espèces devaient se rencontrer, l'événement aurait bien plus de chances de se terminer par la mort du léopard que par l'établissement entre eux de tendres relations.

Pour en avoir le cœur net, Pocock se livra à des recherches plus approfondies et il devait finir, après un bref échange de lettres, par découvrir le pot-aux-roses. Auparavant toutefois, un autre félin déroutant était venu embrouiller encore davantage la situation.

BÂTARDS ENCORE PLUS INCONGRUS OU MUTATION NAISSANTE

Dans l'entre-temps en effet, un membre actif de la Société zoologique de Londres, Henri Scherren, était intervenu dans la discussion amorcée par Pocock dans les colonnes du *Field* en y brossant un panorama assez complet des divers hybrides de grands félins déjà obtenus dans le monde. A cette occasion, il avait fait paraître, conjointement à la figure du bâtard supposé de lion et de léopard exhibé à Regent's Park, celle d'un autre félin aberrant, une sorte de léopard très finement moucheté.

C'était le Dr Albert Günther, Conservateur au département d'Histoire naturelle du *British Museum*, qui avait fait connaître celui-ci en mars 1885, dans une note adressée à la Société zoologique londonienne :

Il y a quelques jours, Mr F. Bowker m'a apporté la peau d'un « léopard rare » qu'il s'était procuré à Grahamstown. L'animal avait été tué dans une région montagneuse, couverte de broussaille dense et située à quelques 40 miles [environ 65 km] de la ville. Après plus ample information, j'ai appris qu'un second spécimen avait été obtenu dans le même district et qu'il se trouvait à présent conservé au Muséum de Grahamstown, que l'espèce ordinaire de Léopard est commune dans la région, que le Guépard y est très rare, et que le Lion y a été entièrement exterminé depuis un temps considérable.

Ainsi le Dr Günther avait-il découvert qu'un autre membre de la Société de Zoologie londonienne, Mr R. Trimen avait déjà décrit le spécimen du Muséum de Grahamstown, petite ville ravissante de l'est de la province du Cap. Dans les *Proceedings* de la Société pour 1888, on peut lire sous sa signature :

A l'Albany Museum de Grahamstown, j'ai vu récemment la peau naturalisée d'un Felis pardus, *qui diffère beaucoup de tous les spécimens que j'aie jamais rencontrés. C'est celui d'un animal adulte, mais son sexe n'est pas indiqué.*
Dans l'exemplaire en question, le trait le plus remarquable est l'abondance de petites taches simples, presque à l'exclusion des « rosettes » ou « ocelles » ordinaires. Ces petites taches sont très nombreuses sur le front et les côtés de la tête, tout le long

de l'échine, au milieu de chacun des flancs, ainsi que sur le garrot et la face externe
des pattes antérieures. Des rosettes imparfaites s'observent sur les espaces plus
pâles des côtés du cou et du corps au-delà des épaules et sur les cuisses. La fourrure
de la queue est d'une couleur sable, tachetée et mêlée de brun foncé, la portion ter-
minale étant d'un bistre grisâtre.
Ce spécimen est étiqueté « Bucklands, près de Koonap — don de Mr Buckley, août
1870 ». Le catalogue de l'Albany Museum le mentionne comme un croisement entre
le léopard ordinaire et la panthère noire, mais je crois que les formes mélaniques
bien connues du léopard n'ont jamais été rencontrées en Afrique du Sud (ni d'ail-
leurs dans l'Afrique entière) [28]*, les spécimens enregistrés provenant de l'Inde, de*
Java et de Sumatra. Je préfèrerais donc considérer cet exemplaire du Cap comme
une intéressante aberration se situant sur la voie qui mène au mélanisme complet
du prétendu Felis melas. [C'est sous ce dernier nom que la panthère noire de Java
avait en effet été décrite en 1807 par François Péron, le jeune naturaliste de l'expédition de Nicolas Baudin, envoyée par le premier consul Bonaparte vers les terres
australes.]

Inutile de reproduire ici la longue description du spécimen, tout à fait semblable, que
le Dr Albert Günther en a donné après l'avoir examiné à son tour. Contentons-nous
d'écouter les propres commentaires de celui-ci :

Pour tenter de jeter quelque lumière sur cette déviation extraordinaire du type ha-
bituel, nous devons presque entièrement nous limiter aux indices qu'on peut glaner
sur la pièce étalée sous nos yeux. La possibilité qu'elle provienne d'un hybride de
léopard et de quelque autre grand félin d'Afrique du Sud est à prendre en considé-
ration. Il y a en effet un mélange manifeste de deux modèles de coloration, à savoir
celle où la teinte ornementale apparaît sous forme de rosettes et celle où elle se ré-
duit à de simples taches noires, comme chez le Guépard. Cependant toute l'anato-
mie de l'animal et la structure typiquement féline des griffes nous empêche de sup-
poser qu'un guépard puisse être un des parents. Il serait davantage dans les limites
du possible que notre spécimen fût le produit de l'union d'un léopard avec une
lionne, qui se serait égarée si loin au sud, car le lion d'Afrique a souvent le dos très
sombre et la crinière d'un noir plus ou moins foncé, et la couleur de fond, d'un fauve
éclatant, du garrot de notre spécimen est de fait très léonine. Il serait toutefois très
aventuré de fonder une opinion sur des bases si ténues d'autant plus qu'on ne trouve
pas la moindre trace d'une structure anatomique propre au lion.
Le pelage se présente sous forme d'une bourre duveteuse de poils laineux, mélangée
de jarres plus raides ; ces dernières ne peuvent être distinguées au microscope de
celles du léopard ordinaire, toutes deux sont presque identiques, ces dernières étant
peut-être un rien plus minces que celles du lion.
Il est bien connu que le léopard asiatique présente une nette tendance au mélanisme ; et
l'on prétend que les panthères noires se trouvent surtout dans des zones forestières
à une altitude considérable. A cet égard, les conditions favorables à l'apparition du

---

(28) En cela, Trimen se trompait, nous le savons. Heuglin avait déjà laissé soupçonner en 1868 que les cas de
mélanisme devaient être si fréquents en Abyssinie qu'on y croyait à une espèce distincte : « Bien plus rare que
l'espèce ordinaire est le Gesela ou Léopard noir, au pelage tant recherché, d'un noir brunâtre luisant, sur lequel
les taches ne sont visibles qu'en plein soleil. » Cela devait d'ailleurs être confirmé en 1882 par Antinori qui ortho-
graphia un peu différemment le nom vernaculaire de ce félin, Ghissila.

mélanisme chez le léopard asiatique semblent pareilles à celles dans lesquelles notre spécimen a grandi. En revanche, la coloration anormale affecte l'ornementation du léopard asiatique d'une manière toute différente de celle qu'on observe sur ce spécimen-ci. Chez le premier, la coloration noire est diffusée uniformément sur tout le corps, les rosettes conservant cependant leur forme et leur nombre, et luisant d'un noir plus intense sur le fond. Ce modèle diffère complètement de celui de notre spécimen. Il n'empêche que, vu les circonstances, je n'ai pas de meilleure opinion à offrir que celle-ci : le spécimen est un exemple de mélanisme naissant — la première apparition [en Afrique] de la tendance mélanique si développée chez les individus asiatiques de cette espèce largement répandue.

En fait, les spécimens aberrants décrits par Trimen, puis par Günther, non seulement n'expliquent pas la nature du félin mystérieux du Zoo de Londres, mais ils ne font qu'embrouiller davantage l'affaire en question. Le malheur est que l'élucidation imminente de cette dernière allait les faire oublier complètement. Or, ils constituent toujours, eux, un mystère non résolu. Ce n'est pas tant par une teinte particulièrement sombre qu'ils se distinguent — j'ai vu des spécimens africains bien plus foncés et que personne n'eût songé à taxer de mélanisme ! — mais bien par la dislocation et l'éparpillement des ocelles de leur pelage.

Tout au plus, avec leurs petites taches simplifiées, ces léopards hors du commun nous ont-ils permis de contempler peut-être ce que les Anciens entendaient par *leopardalis*, créatures dont, dans leur imagination débordante, ils attribuaient l'origine à l'union de la lionne et du guépard...

LÉOPONS A GOGO, MAIS POINT DE LIOPARD

C'est le 9 mai 1908, dans *The Field* comme il se doit que Reginald Pocock dévoila enfin ce qu'il avait découvert sur les origines de l'autre félin apparemment inclassable, livré quelque temps à la curiosité des foules dans les jardins de la Société zoologique de Londres :

Il y a quelques années, trois hybrides — un mâle et deux femelles — ont été obtenus à Chicago à partir d'un jaguar mâle et d'une léoparde indienne, et ils furent achetés par le propriétaire d'un cirque ambulant. Le seul mâle a été tué par un lion, mais les femelles ont vécu et grandi jusqu'à atteindre la taille du jaguar, et, une fois adultes, elles se sont accouplées avec un jeune lion, qu'elles préféraient nettement, dit-on, aux léopards. Plusieurs portées sont nées de ces unions, chacune de deux petits. Ceux-ci ressemblaient au lion par la couleur générale mais ils étaient tachetés. Dans chacune des portées, les taches d'un des petits étaient pareilles à celles du jaguar, et les taches de l'autre à celles du léopard. Les mâles n'avaient pas de crinière. A la fin de l'année dernière, certains de ces animaux, alors âgés de trois ans et demi à peu près, étaient en vie aux Etats-Unis.

Ces faits, je puis en garantir la véracité par un témoignage de première main. Mon intime conviction — que l'animal récemment exhibé au Jardin zoologique est un de ces hybrides à taches de jaguar — se fonde logiquement sur toute une combinaison d'indices : d'une part, j'ai eu vent d'une récente importation par M. Bostock d'un certain nombre d'ani-

maux destinés à une exhibition à Earl's Court, d'autre part un tuyau m'a été refilé par M. Carl Hagenbeck, qui m'a pratiquement prédit à la lettre l'issue du déroulement de la vente, d'autre part encore j'ai surpris incidemment quelques remarques qu'on a laissé échapper lors des enchères à Aldridge, et, enfin, il y a le fait que l'animal a été adjugé à M. Bostock pour une somme représentant dix fois sa valeur marchande. Avec les éléments sus-mentionnés sous mes yeux, vos lecteurs seront à même de reconstituer tous les détails de l'entière transaction sans autres commentaires de ma part.

Le super-bâtard en question, cocktail de jaguar, de léopard et de lion, qu'on aurait pu baptiser du nom-valise de *japarion*, avait en effet été mis en vente aux enchères, à Aldridge, le 2 mai, devant une foule considérable, comme le rédacteur en chef du *Field* devait le rapporter à la suite de la lettre révélatrice de Pocock :

Il était présenté dans le catalogue comme « l'animal nouveau », mais d'après les conditions de vente stipulées, il devait être « vendu sans aucune garantie d'aucune sorte quant à son origine, son âge, ou toute autre caractéristique, et l'acheteur prendra livraison de l'animal tel qu'il est, avec tous ses défauts et ses erreurs (s'il en est) ». Pas la moindre allusion à son origine prétendue au Congo français, mais la lettre de Pocock parue dans The Field *et d'autres articles de presse qui avaient rapporté cette histoire, étaient reproduits dans le catalogue. Les enchères débutèrent à cent guinées, et se poursuivirent de façon très irrégulière, les offres s'élevant de cinq à trente guinées, puis à quarante, et même, près de la fin, à cinquante. En fin de compte, M. Frank C. Bostock fut déclaré acquéreur à 1030 guinées, ce qui paraît extrêmement élevé, vu que l'animal aurait pu être acheté pour environ la moitié de ce prix, peu après son arrivée dans ce pays.*

C'était là une excellente affaire pour le vendeur, et cela semble en effet très cher pour le propriétaire de la célèbre ménagerie foraine *Wombwell and Bostock show*. Mais quel prodigieux battage publicitaire c'était aussi pour l'exhibition qu'il allait véhiculer ensuite à travers le monde !

Quand Pocock raconta une nouvelle fois toute l'histoire dans *The Field* près d'un quart de siècle plus tard, le 30 janvier 1932, il révéla un détail inédit de l'affaire qui confirmait entièrement la légitimité de ses déductions quant à l'origine de la bête : « Lorsque [...] les papiers de chargement et d'expédition confirmant l'histoire de son importation avaient été réclamés, mais non produits, un sérieux soupçon se fit jour qu'il y avait quelque chose de frauduleux dans la transaction. »

Cette histoire est très édifiante à tous égards pour le cryptozoologue ; elle montre avant tout qu'une pièce concrète — un animal non identifiable, même vivant — ne constitue nullement une preuve indiscutable de l'existence d'une espèce nouvelle. Il peut s'agir d'une variation individuelle fortuite, d'une mutation (comme c'était peut-être le cas des léopards de Grahamstown) ou d'un hybride d'une variété encore inconnue (comme c'était le cas ici). Et en plus, une fraude délibérée est toujours à craindre (comme dans le cas présent également).

En fait, **un ensemble cohérent de multiples preuves testimoniales et circonstancielles est bien plus convaincant qu'une preuve autoscopique, c'est-à-dire visible à loisir, mais isolée.** Cela souligne l'importance cryptozoologique d'une connaissance exhaustive de tout dossier.

En l'occurrence, le Dr Krumbiegel a été abusé en prenant le portait de Frohawk pour celui d'un « hybride de lion et de léopard », comme on avait pu le croire à un moment donné. Sans doute n'avait-il eu à sa disposition, pour s'informer, que les numéros du *Field* des 18 et 25 avril 1908, dans lesquels toute la vérité n'avait pas encore été exposée.

En tout cas, ainsi s'évanouit en somme la seule « preuve » qui eût jamais été produite de la possibilité d'hybridation entre le lion mâle et la femelle du léopard.

Il est certain en revanche que l'exploit inverse, déjà constaté par Loisel au Jardin d'Acclimatation de Paris et par Jennison dans les installations de Hagenbeck, à Hambourg, s'est répété plusieurs fois depuis au zoo nippon du parc de Hanshin, à Nishinomiya. En novembre 1959, deux bâtards y sont nés du croisement d'un léopard mâle avec une lionne, confirmant en somme la réputation de lubricité, deux fois millénaire, du « pard ». On les a baptisés comme il se doit du nom de *léopons*.

Une deuxième portée, cette fois de trois *léopons*, a vu le jour en 1961. Et la présentation de ces hybrides insolites a fini par devenir la grande spécialité du zoo de Nishinomiya.

Une fois adulte, le tout premier mâle avait offert un aspect des plus singuliers. Reokichi — c'est son nom — ressemblait fidèlement à un lion à crinière peu développée, dont il avait tout à la fois l'anatomie et l'attitude redressée, mais il était en même temps aussi nettement marqué d'ocelles qu'un léopard « pur-sang ». Seul un coup d'œil superficiel eût pu le faire prendre pour un léopard obèse et pataud, affublé d'une perruque blonde. Si singulier fût-il, il n'est plus aujourd'hui unique en son genre.

Si nous avions à dresser le bilan des produits adultérins nés d'une passion entre lions et léopards des deux sexes, nous dirions en somme : des *léopons*, oui, mais point encore de *liopards* incontestables.

Est-ce à dire qu'il faille abandonner tout espoir de jamais voir un de ces derniers ? Pas du tout. Le Lion et le Léopard ne sont pas d'une taille **très** différente : chez les adultes, la longueur tête et corps oscille entre 1,45 m. et 2 m. chez le premier, et entre 1,10 m. et 1,90 m. chez le second. Comme le lion est toutefois plus solidement charpenté que son frère tacheté, cela entraîne une différence de poids bien plus sensible : à l'état adulte, le roi des animaux pèse entre 120 et 200 kilos, le léopard entre 35 et 85 kilos seulement. Cela dit, la taille et le poids sont, dans chacune des deux espèces, plus élevés chez le mâle que chez la femelle. On peut fort bien comprendre dès lors qu'un grand léopard de 85 kilos (ce qui est un maximum) soit parvenu à s'accoupler avec une petite lionne d'une centaine de kilos (ce qui est un minimum) et que cela ait donné des produits viables.

Mais on peut imaginer tout aussi bien, sinon mieux, qu'un petit lion de 130 à 140 kilos s'unisse avec succès à une grande panthère du même poids, et que cette dernière soit capable de porter des rejetons ne risquant pas d'être démesurés. Si cela ne s'est jamais produit, du moins à notre connaissance, faudrait-il vraiment en conclure, en s'inclinant devant la tradition antique, que le lion n'est pas aussi « porté sur le coït » (nous dirions aujourd'hui « la bagatelle ») que l'insatiable léopard ?

J'appelle un chat un chat...

(Nicolas Boileau, *Satires*)

CHAPITRE IV

MULTIPLICATION DES FÉLINS
MAIS AUSSI DES MÉPRISES

Sus ! revenons à nos moutons, ou plutôt à nos dévoreurs de moutons, les grands félins d'Afrique, et à la connaissance qu'on en avait autrefois.

En cherchant à démêler l'écheveau embrouillé des dénominations diverses qu'on leur donnait dans l'Antiquité nous sommes parvenus, je crois, par l'analyse des filiations entre ces noms mêmes, à déceler l'identité de ceux auxquels ils étaient destinés, du moins à l'origine. Nous le savons à présent : le lion à crinière était ce qu'il a toujours été, le Roi ; le « léopard » original était le lion à ornement pileux plus discret, le « pard » notre léopard et le « pardalis » le guépard actuel. Quant au mystérieux « leopardalis » c'était sinon une forme encore inconnue ou un hybride inédit, pour le moins une anomalie individuelle. Que de multiples confusions, des transferts illégitimes de noms de l'un à l'autre, se soient produits par la suite, ne doit jamais nous faire oublier la clarté aurorale du schéma d'origine. Par un juste retour des choses, le nom indésirable de « panthère », venu interférer avec une nomenclature parfaitement logique, en est arrivé de nos jours à n'être plus qu'un terme de rechange pour celui de « léopard », si impropre ce dernier fût-il.

Bien d'autres ferments de confusion devaient toutefois s'accumuler au cours des siècles avant qu'on en revînt à une nouvelle simplicité. Quelques félins de taille moyenne sont en effet venus s'immiscer dans une mêlée déjà confuse, digne de joueurs de rugby chevronnés.

À PROPOS DE LYNX : LE DOIGT DANS L'ŒIL

Il n'y a pas, nous le savons, que de très grands félins en Afrique : il en est plusieurs — quatre ! — dont la taille n'excède guère celle de nos chats familiers. Mais il en existe aussi d'une grandeur intermédiaire : comme les « Grands », ils sont au nombre de trois.

Oublions pour l'instant le Chat doré, seulement confiné dans une bande relativement étroite de l'Ouest africain — l'étendue de la grande forêt des pluies, que les voyageurs anciens n'ont jamais réussi à atteindre, quoi qu'on en dise. Restent donc le Serval, un chat oreillard haut sur pattes et à queue brève, strictement africain, et le Caracal, parfois appelé Lynx des sables, à cause sans doute de la couleur de son pelage uni, mais qui est surtout un lynx des savanes et des steppes aussi bien d'Asie que d'Afrique.

Ce qu'est exactement un lynx ? Un félin de taille moyenne à queue très réduite, dont les oreilles pointues se terminent par une touffe de poils formant comme un plumet. Le nom de « lynx », utilisé en français et en anglais, n'est autre que le nom latin, lequel provient lui-même du grec *lugx* (dont dérive directement l'allemand *luchs*). Le mot hellène est apparenté à celui de *leukos* qui signifie « clair » ou « lumineux », et dont est d'ailleurs issu également en latin *lux*, à savoir « lumière ». Dans la croyance populaire en effet le lynx y voyait si clair, il avait la vue tellement perçante, au sens propre, que son regard parvenait à traverser les corps opaques, entre autres les murs ! On parle encore aujourd'hui avec émerveillement de « l'œil de lynx ». [29]

D'après *Les Cynégétiques ou l'Art de la Chasse* d'Oppien, auquel nous nous sommes déjà référé plusieurs fois, deux sortes de lynx semblent avoir été connues du monde hellénique :

Un autre genre encore présente deux variétés :
Celui, illustre, des lynx : les uns, en effet,
Plutôt exigus, s'attaquent aux lièvres, dont la taille est proportionnelle à la leur ;.
Les autres, plus gros, n'hésitent pas à s'en prendre.
Aux cerfs à belle ramure et aux oryx à cornes acérées.
L'une et l'autre variétés sont d'ailleurs très semblables par la forme..
Entre les paupières de chacune, les yeux.
Brillent d'une même lueur perçante ; ils ont tous deux.
Une expression vive, la tête courte et l'oreille recourbée ;
Ils ne diffèrent que par la couleur de leur robe ;
Les lynx les plus petits ont en effet le pelage rougeâtre,
Et les plus grands une fourrure safranée, dont la teinte rappelle le soufre..

De tout cela, Jennison a conclu, dans son étude sur les noms anciens des grands félins : « Le plus grand, de couleur safran et semblable au soufre, est le Caracal. Le plus petit, au pelage vermeil, est le Serval. »
Là, je ne puis vraiment pas suivre notre naturaliste anglais. D'abord, ces deux félins sont à peu près de la même taille. Tous deux mesurent de 65 à 90 cm pour l'ensemble du corps prolongé par la tête. Cela dit, le Serval, à cause de la longueur de ses pattes, est de 5 cm plus élevé que le Caracal. Et la longueur de la queue — très faible chez l'un et l'autre — diffère aussi quelque peu : elle est de 25 à 35 cm chez le Serval, alors qu'elle n'est que de 20 à 30 cm chez le Lynx des sables. En somme, c'est plutôt le Serval, plus haut au garrot et à queue plus longue, qu'on devrait tenir pour le plus grand. Si l'on en juge toutefois par le poids qu'atteignent les adultes — 6 à 15 kilos pour le Serval et 8 à 18 kilos pour le Caracal — ce dernier, plus trapu et plus musclé, est assurément le plus lourd, le plus gros, si l'on veut.

Seulement, le plus safrané, le plus sulfureux, à savoir le plus jaunâtre des deux, est sans conteste le Serval, alors que le plus vermeil, le plus rougeâtre, est au contraire le Caracal. L'identification de Jennison pèche d'ailleurs par un autre côté. Des deux félins qu'il prend en considération, seul le Caracal est un vrai lynx, un félin aux oreilles prolongées par un pinceau : élégamment « recourbées » comme le dit Oppien. Chez le Serval, les oreilles sont ovales et particulièrement grandes au point de presque se rejoindre sur le sommet de la tête. Ces pavillons auditifs très développés lui serviraient, selon le chasseur-naturaliste Raymond Hook, à repérer sous terre les

(29) Selon certains auteurs, comme Robert Hainard (*Les mammifères sauvages d'Europe*, Delachaux et Niestlé, Neuchâtel et Paris, 1948) [I, p. 260], c'est « œil de Lyncée » qu'il faudrait dire, Lyncée étant le pilote des Argonautes, capable de voir jusqu'au fond de la mer ou à travers un mur épais de quatre pieds. (JJB)

rats-taupes (le *Tachyoryctes* et les divers Bathyergidés) dont il fait une grande consommation. Le Serval est en somme aux autres chats ce que le Fennec et l'Otocyon sont aux autres renards. Il se distingue trop nettement des lynx pour être confondu avec eux. Ce qui n'empêche, on le verra plus loin, qu'il l'ait été à l'occasion

Pourquoi diable Jennison pensait-il donc qu'Oppien limitait aux seuls félins d'Afrique ou du Moyen-Orient son énumération des deux sortes de lynx ? Syrien d'origine, il n'en était pas moins grec. N'aurait-il pas dû normalement penser d'abord aux lynx d'Europe et en particulier au plus méridional, au plus méditerranéen d'entre eux, celui qui vivait entre autres en Grèce même, le Lynx pardé ?

Dans ce cas, il était parfaitement justifié à parler d'un grand lynx de couleur safranée et soufrée — le lynx tacheté du sud de l'Europe a en effet le fond de la robe fauve, gris jaunâtre et il mesure 85 à 110 cm du bout du nez à la naissance de la queue — et d'un lynx plus petit et franchement roux, le Caracal, lequel n'atteint comparativement que de 65 à 90 cm. Le fait est d'ailleurs, comme Oppien l'a précisé, que le petit lynx rougeâtre des savanes et des steppes ne se nourrit guère que de petits animaux, de la taille du lièvre tout au plus — rongeurs, damans, antilopes naines, oiseaux et lézards — alors que le lynx d'Europe méridionale s'attaque aux cerfs, même les plus grands, ce qui lui avait valu autrefois le surnom, combien malencontreux, de *lupus cervarius*, devenu en français « loup-cervier ».

En fait, Oppien aurait pu légitimement parler de **trois** espèces de lynx, pour s'en tenir aux régions connues du monde grec. Par ordre de grandeur croissante : le Caracal, le Lynx pardé et le Lynx boréal enfin, qui s'étend beaucoup plus au nord que le précédent, encore qu'il eût coexisté avec lui dans certaines régions, et notamment dans les Alpes françaises. Le Lynx boréal est de loin le plus grand et le plus gros des trois lynx de l'Ancien Monde, comme on en jugera par ce tableau récapitulatif emprunté aux synthèses les mieux documentées :

	Longueur tête + corps	Longueur queue	Poids
Caracal	65 - 90 cm	20 - 30 cm	8 - 18 kg
Lynx pardé	85 - 100 cm	12 - 13 cm	12 - 25 kg
Lynx boréal	90 - 130 cm	11 - 25 cm	18 - 45 kg

Oppien, natif du Moyen-Orient, n'avait manifestement pas connu le Lynx boréal qui, dans l'est de l'Europe, ne s'étend plus aujourd'hui au sud des Carpates, et qui ne semble pas avoir jamais dépassé la Dalmatie et les Balkans. Il convient de préciser ici qu'en dépit d'études approfondies et minutieuses (celles notamment de l'excellent naturaliste hollandais F.-H. Van den Brink, auteur du *Guide des Mammifères d'Europe*, que j'ai fait connaître au public français) certains zoologues mal informés s'obstinent à ne voir dans les deux lynx européens, si dissemblables, que de simples races géographiques.

De toute façon, pour pouvoir mentionner deux espèces de lynx, alors qu'il y en avait trois, Oppien n'avait sûrement pas eu à recourir au Serval qui, lui, n'en est pas un !

M. DE BUFFON S'EST TROMPÉ DE SERVAL

Je doute, quant à moi, que les Grecs et les Romains d'autrefois, et même les Egyptiens, aient connu le Serval, ou l'aient du moins bien connu. N'est-il pas significatif à cet égard qu'ils n'aient réservé aucun nom particulier à ce grand chat oreillard d'aspect pourtant si original ? On ne trouve d'ailleurs aucune représentation incontestable de serval remontant à des temps anciens. Otto Keller cite, certes, deux fragments de fresques crétoises sur lesquelles figure au moins l'avant-train d'un chat à oreilles relativement grandes, qui s'apprête à bondir sur un oiseau. Mais l'éminent historien allemand de la zoologie antique croit seulement « vraisemblable » qu'il s'agit là du serval d'Afrique du Nord plutôt que d'un simple chat sauvage de Crète, sans cependant nous donner une raison valable de le croire. Pour moi, ni la forme, ni la grandeur, ni l'écartement des oreilles du félin en question, ne correspondent à l'aspect si frappant qu'on observe chez le Serval.

Ce chat superbe, aussi échassier qu'oreillard, n'a d'ailleurs jamais été bien connu, où qu'il vécut. De nos jours, on ne sait même pas s'il existe ou non en Afrique du Nord. A en croire les manuels et les guides actuels consacrés aux Mammifères africains, on ne le trouverait pas au nord du 20e parallèle !

Or il est absolument certain que, comme beaucoup d'autres animaux confinés aujourd'hui sous les Tropiques, son aire de distribution s'étendait naguère jusqu'au Maghreb. Sans doute en reste-t-il même encore quelques survivants là-bas aujourd'hui...

En 1780, le serval de Berbérie avait été dénommé scientifiquement *Felis constantina* par Georg Forster, d'après une remarque de Buffon relative à un chat observé en Algérie par le voyageur écossais James Bruce, et dont celui-ci l'avait entretenu personnellement. Voici en l'occurrence ce que l'intendant du Jardin du Roi avait écrit dans son *Histoire naturelle* à la faveur d'une « Addition à l'article du Lynx et à celui du Caracal « (1776) :

Un fait qui prouve encore que les pinceaux au-dessus des oreilles ne sont pas un caractère fixe, par lequel on doive séparer les espèces dans ces animaux, c'est qu'il existe dans cette partie du royaume d'Alger, qu'on appelle Constantine, une espèce de caracal sans pinceaux au bout des oreilles, et qui, par là, ressemble au lynx [?], mais qui a la queue plus longue. Son poil est d'une couleur roussâtre avec des raies longitudinales, noires depuis le cou jusqu'à la queue, et des taches séparées sur les flancs, posées dans la même direction, une demi-ceinture noire au-dessus des jambes de devant, et une bande de poil rude sur les quatre jambes, qui s'étend depuis l'extrémité du pied jusqu'au-dessus du tarse ; et ce poil est retroussé en haut, au lieu de se diriger en bas comme le poil de tout le reste du corps.

Une note infrapaginale précisait que ces enseignements avaient été communiqués à l'auteur « par M. le chevalier Bruce ».

Comme on devait le reconnaître par la suite [30], Buffon s'était évidemment trompé en prenant ce félin rayé et tacheté, et privé de pinceaux aux oreilles, pour une espèce de caracal, à cause sans doute de la brièveté **relative** de sa queue. En conclure que les lynx n'avaient pas nécessairement les oreilles ornées de plumets ne pouvait qu'ajouter à la confusion générale. Au surplus, Buffon n'avait même pas songé un

(30) Temminck écrira notamment en 1827 : « Le Caracal d'Alger, au sujet duquel Bruce a communiqué une note à Buffon [...] repose sur une description assez exacte de notre serval ».

seul instant à rapprocher ce Chat de Constantine de ce qu'il appelait lui-même le Serval, animal dont il ne semblait pas avoir une notion très précise. Sous ce nom en effet il rangeait certes le « Chat-pard », décrit un siècle auparavant par Claude Perrault et ses collègues de l'Académie des Sciences — les « Parisiens » comme on les surnommait — et en qui l'on reconnaît, grâce surtout à une excellente illustration ce que nous appelons aujourd'hui le Serval. Et ce nom, Buffon l'appliquait également au « Chat-tigre » du Sénégal et à celui du cap de Bonne-Espérance [31], qui semblent être, eux aussi, notre Serval. Mais ce nom même de « serval », il l'avait emprunté en fait à la description d'un tout autre félin ! Ecoutez plutôt ce qu'il dit du Serval dans l'article qu'il lui a consacré :

Cet animal qui a vécu pendant quelques années à la Ménagerie du Roi, sous le nom de chat-tigre, nous paraît être le même que celui qui a été décrit par MM. de l'Académie sous le nom de chat-pard ; et nous ignorerions peut-être encore son vrai nom, si M. le marquis de Montmirail ne l'eût trouvé dans un Voyage italien, dont il a fait la traduction et l'extrait : « Le maraputé, « que les Portugais de l'Inde appellent serval (dit le P. Vincent-Marie) est un animal sauvage et féroce, plus gros que le chat sauvage et « un peu plus petit que la civette... »

Inutile de poursuivre : la description que le padre Vincenzo Maria de Santa Caterina de Siena avait donnée de ce serval-là dans son *Viaggo all'Indie orientali* (1672) se rapporte en fait à un félin indien, le Chat pêcheur ou Chat viverrin. On ne devait s'apercevoir que par la suite que le Serval est une espèce strictement africaine...

LE « CHAT-TIGRE » DE BERBERIE

En dépit du faux pas compréhensible de Buffon, tous les systématiciens de l'époque devaient — hélas ! — en raison de son prestige, adopter le nom erroné de « Serval » proposé par lui, pour désigner le grand chat oreillard d'Afrique. Dans son ouvrage de référence capital *Die Säugthiere in Abbildungen nach der Natur mit Beschreibungen* (Les Mammifères représentés d'après nature, avec leur description), Johann Christian Daniel von Schreber lui conféra, au premier tome daté de 1775, le nom de baptême scientifique de *Felis serval*. En quoi il fut suivi, en 1777, par le professeur Johann Christian Polycarp Erxleben, de Göttingen, dans son *Système du Règne animal*, puis, en 1780, par Georg Forster, dans son adaptation allemande de l'*Histoire des quadrupèdes* de Buffon, enfin, en 1788, par Johann Friedrich Gmelin, dans son édition, la 13ᵉ, du *Système de la Nature*, de Linné. Et les autres naturalistes allaient bien entendu emboîter le pas à tous ceux-là au long du XIXᵉ siècle.
L'erreur de Buffon était entérinée, officialisée à tout jamais. Et dans la plupart des langues du monde le gros chat à grandes oreilles, à longues pattes et à queue brève, devait désormais être appelé Serval.

(31) Le « chat-tigre » du Sénégal avait, selon Buffon, été décrit comme suit par des voyageurs : « Cet animal est quatre fois plus gros qu'un chat ; il est vorace et mange les singes, les rats et les autres animaux ». Quant à celui d'Afrique du Sud, voici en quels termes Peter Kolb en avait parlé dans sa Description du *Cap de Bonne-Espérance* parue en 1719 en allemand et seulement traduite en français en 1741 : « La quatrième espèce de Chats sauvages qui se trouve dans ces contrées se nomme le Chat de Bois ou le Chat-Tigre, parce que son habitation ordinaire est dans les bois et les buissons, & qu'il est tacheté à peu près comme un Tigre. C'est le plus gros de tous les Chats sauvages du Cap. » Les Trois Grands exceptés, bien sûr. Une note infrapaginale ajoutait : « Les Hollandais l'appellent Tyger-Bosch-Kat. »

L'abbé Jean-Louis Poiret fut le premier, dans son *Voyage en Barbarie* (1789) à désigner sous ce nom, en Afrique du Nord, celui que Buffon avait décrit précédemment comme « le Chat de Constantine » (et non comme le Serval, ainsi qu'il le rapporte par erreur) :

L'on rencontre dans les mêmes forêts [du Maghreb] *une autre espèce de Chat, connue sous le nom de Chat-Tigre, que M. de Buffon nomme serval. Il ressemble à la Panthère par sa peau couverte de taches noires & blanches mais il a la figure, les inclinations, les habitudes du Chat. Il est beaucoup plus gros, plus féroce : comme lui, il vit sur les arbres, fait la guerre aux Oiseaux, aux Ecureuils, aux Belettes, & même aux Chats. Cet animal est assez commun dans les forêts, son cri approche beaucoup du miaulement du Chat. On le chasse à cause de sa peau, presque aussi belle que celle de l'Once ou de la Panthère.*

Au milieu du siècle dernier, à la faveur de la conquête de l'Algérie par la France, le capitaine Victor Loche récolta enfin un spécimen femelle de ce Serval berbère, près du lac Fetzara, dans la région de Bône (à savoir Annaba). Il rapporta en outre, sans autres précisions, qu'on signalait ce félin « dans les trois provinces de l'Algérie ».

Un autre naturaliste français, Fernand Lataste, se montra un peu plus prolixe à son propos en 1885 :

Cité en Barbarie par les premiers explorateurs, c'est la petite panthère *de Shaw* [32], *le chat-tigre de Poiret ; Levaillant* [le chef de bataillon Jean-Jacques Rousseau Levaillant] *en a publié une belle figure* [dans son *Exploration scientifique de l'Algérie* (1866)].
En 1880, j'ai rapporté de Bougie, où l'espèce paraît commune, les dépouilles, peaux et crânes de deux sujets. D'après Loche [...], le Serval se trouve dans les trois provinces de l'Algérie. Il est probable qu'on le rencontre aussi en Tunisie et au Maroc.

Cette conjecture ne devait pas se confirmer au cours des décennies suivantes. Comme Henri Heim de Balsac crut devoir le préciser en 1936, le grand chat à oreilles démesurées était, à cette époque, confiné, selon lui, en Algérie, et seulement dans les zones de forêts humides s'étendant de la Kabylie à Khroumiria.

NE PAS CONFONDRE SERVAL ET CARACAL

Et puis, trente ans plus tard, coup de théâtre ! La toute dernière nouvelle que nous ayons reçue du Serval berbère apparemment moribond, nous est parvenue du Maroc, où on l'avait toujours cherché en vain... Voici en effet ce qu'a rapporté M. R. K. Lambert, de l'expédition organisée en 1966 par le *Trinity College* de Dublin :

Dans la montagne, près de Biné-el-Ouidane [à 1310 m. d'altitude, dans le Haut-Atlas], *un serval (*Felis serval*) a bondi en travers de la route devant un de nos véhicules. Cet animal est d'un fauve grisâtre avec des taches noires irrégulières et il a la queue marquée de manière frappante, de six anneaux noirs.*

(32) En cela Lataste se trompait. Thomas Shaw, en effet, au cours de sa relation de voyage « dans plusieurs provinces de la Barbarie et du Levant » (1743), publiée originellement en anglais en 1738, avait très opportunément précisé que ce qu'il nommait « la petite panthère » était appelé en arabe Faadh (prononcé à l'anglaise). Or, comme l'avait déjà précisé Loche, Fehed est le nom que les Arabes donnent au Guépard. Au fond, Shaw n'avait fait qu'adopter la nomenclature utilisée par Oppien pour les deux espèces de « pordalies », la grande étant le Léopard, et la petite le Guépard.

La précision de ce dernier détail montre qu'il n'a pas pu s'agir en l'occurrence d'une méprise, d'une confusion notamment avec un caracal, de même taille, et bien plus commun, dans l'Atlas.

Mais, objectera-t-on, comment — sauf la nuit, quand tous les chats sont gris — aurait-on pu, a-t-on pu quelquefois ! prendre un félin au pelage uniformément roux, le Caracal, pour un autre nettement tacheté et même rayé, celui-là ?
En fait, le gros chat oreillard haut sur pattes se présente sous deux formes, de pelage très différent, qu'on a d'ailleurs prises pour deux sous-espèces, voire deux espèces distinctes. D'une part, on parlait du Serval proprement dit (!),au pelage fauve clair parcouru de taches noires relativement grandes ayant tendance à s'allonger, à devenir rectangulaires et à s'aligner pour former des rayures longitudinales discontinues mais bien nettes. C'est d'ailleurs ce qui lui avait valu au nord comme au sud du continent, le nom de « chat-tigre », qui devait être adopté bientôt par tous les fourreurs du monde, pour lesquels il importe peu qu'une peau soit rayée en long ou en travers. D'autre part, on distinguait le Chat servalin, dont le pelage, plus sombre, plus grisâtre ou plus roussâtre, n'est pas vraiment tacheté mais plutôt finement moucheté, voire d'une teinte quasi uniforme, sauf sur la queue, qui est toujours annelée, fût-ce vaguement.
Maints zoologues ont cru que ces deux types étaient liés à certaines régions ou à un milieu particulier, car le Serval s'accommode des habitats les plus variés, de la savane bien ouverte aux forêts-galeries et à l'orée de la grande forêt équatoriale, de la steppe sèche aux contrées marécageuses, et de la plaine à la montagne. Il a fallu toutefois se rendre à l'évidence. On connaît tous les intermédiaires entre les types extrêmes, et il arrive qu'on rencontre ces deux derniers au même endroit. Et surtout, il s'en trouve à l'occasion dans une même portée ! Il s'agit donc bien de simples « phases de coloration ».
En somme, un caracal ressemble diablement, tant par la coloration de la robe que par la brièveté de la queue, à un serval du type Chat servalin. Si l'on n'a pas une vision nette de ses oreilles à pinceaux noirs, on pourrait fort bien le prendre pour un félin de cette espèce.
Cela n'a pas pu être le cas, bien entendu, du « *serval cat* » parfaitement décrit par l'expédition irlandaise de 1966. Mais qu'il ait fallu attendre jusqu'alors pour le repérer enfin au Maroc, alors qu'on le voyait uniquement algérien, confirme à souhait que le Serval de Berbérie est, selon les termes de Heim de Balsac, « un des mammifères les plus rares d'Afrique du Nord », et, surtout, un des plus difficiles à observer. Fait-on le bilan de son Histoire au cours des deux siècles écoulés depuis sa description scientifique plus que confuse, il semble n'avoir vécu que dans certaines petites zones très limitées, et avec quelle discrétion !
Sans doute en était-il déjà ainsi dans l'Antiquité, ce qui explique que celle-ci ne l'ait guère connu, ou généralement confondu avec le Caracal, le petit lynx rougeâtre d'Oppien.

CHATS, CHATS, CHATS !

La confusion était sans doute pire, dans l'Antiquité, pour les divers chats africains de petite taille, qui, sauf pour les spécialistes, se ressemblent beaucoup, bien plus en tout cas, que les innombrables variétés de chats domestiques.

Des quatre formes aujourd'hui enregistrées par la Zoologie, il est parfois difficile de dire si elles ont été connues et distinguées par les Anciens. On peut certes affirmer en toute sûreté que ceux-ci ne peuvent avoir eu vent de l'existence du plus petit de tous, le Chat à pieds noirs (*Felis nigripes*) de l'extrême sud du continent, le *Swartpoot-Wildekat* des Afrikaners. En revanche, le Chat sauvage ordinaire (*Felis libyca*), distribué à travers toute l'Afrique, le Sahara et la grande forêt équatoriale exceptés, et célèbre sous les noms de Chat botté ou de Chat ganté, leur était certainement familier. Il avait en effet été domestiqué par les Egyptiens, plus de deux millénaires avant notre ère, et même déifié à la longue jusqu'à devenir l'objet d'un véritable culte. A leur mort, les chats domestiques égyptiens étaient souvent embaumés, momifiés, placés dans de petits sarcophages et enterrés dans des cimetières spéciaux dans la ville funéraire de Bubastis, qui était dédiée à Bastet, la déesse-chat. Au cours de l'Antiquité classique, certains de ces félins sacrés ont été, de temps en temps, ramenés frauduleusement en Grèce et à Rome, mais ils y faisaient figure de curiosités exotiques plutôt que d'animaux de compagnie. La domestication véritable du chat ne s'est faite dans le sud de l'Europe qu'au cours des premiers siècles de notre ère, pour des raisons d'ailleurs intéressées et d'une grande urgence : aux fins de combattre l'invasion de ces régions par les rats venus d'Asie, et à qui paraissaient s'associer des épidémies de peste...

Il est peu douteux que les Egyptiens aient bien connu aussi le Chat des marais (*Felis chaus*), très répandu dans une grande partie de l'Asie, mais qui, en Afrique, ne se trouve, de nos jours, que dans le delta du Nil et ses environs immédiats [33]. Une peinture de Béni-Hassan, datant de la XIe dynastie (donc de 2 000 ans environ avant notre ère) représente notamment un petit chat, haut sur pattes, juché aux aguets sur une tige de papyrus. Dans ce félin élancé, seulement rayé sur sa queue assez courte et sur l'avant de ses pattes, on peut reconnaître un chat des marais. D'ailleurs, parmi les quelques 300 000 momies de chats exhumées à Béni-Hassan, autour du temple de la déesse-chat, il y en avait aussi bien de chats des marais, qui n'ont pourtant jamais pu être domestiqués, que de nos chats familiers.

Bien plus obscur assurément devait être le petit Chat des sables (*Felis margarita*), à large tête plate, encore élargie par d'assez grandes oreilles, et dont la robe, de couleur sable comme il se doit, est rayée, avec une netteté toutefois très variable. Confiné dans les déserts du Sahara et de Libye (mais aussi dans ceux d'Asie : en Arabie, et de la Mésopotamie au Pakistan), son existence ne devait être révélée à l'Occident qu'à l'occasion de la conquête de l'Algérie par la France.

Si ce chat désertique a pu être rencontré à l'occasion par les caravanes depuis des temps reculés, son aspect n'est toutefois pas assez extraordinaire, insolite, pour lui avoir valu un nom particulier. Comme le précédent, c'était un chat, sans plus. Et un chat, on l'appelle un chat.

D'une manière générale, et comme l'usage s'en est d'ailleurs prolongé jusqu'à nos jours, les divers petits chats africains, tachetés ou rayés avec une netteté très variable, ont été nommés à l'origine d'après leur environnement chats des forêts (sylves-

(33) D'après Haltenorth, on en trouverait aussi une race isolée, **non encore décrite**, dans les oasis sahariennes de l'Ahaggar et du Tassili N'Ajjer, dans le Sud algérien.

tres, silvatiques, sauvages !), chats des marais et chats des déserts. Cela rend d'ailleurs parfaitement compte de la diversification des félins de faible taille par la conquête d'habitats particuliers.

Dans l'Egypte ancienne, les chats semblent avoir été affublés d'une grande quantité de noms : en vérité de simples onomatopées rappelant leur manière de miauler ou de cracher (*chaou, maou, maï, miéou, tamiou*) et qui ne servaient pas, semble-t-il, à les différencier.

Au cours de l'Antiquité classique, nous savons que le Chat sauvage indigène était appelé *aïelouros* en Grèce, *felis* à Rome. L'importation ultérieure, en Europe méditerranéenne, d'une forme domestiquée devait entraîner un changement radical de ces noms. Dès le IVe siècle, dans l'empire romain, l'agronome Palladius nomma plutôt le chat *cattus* et le théologien Tyrannius Rufinus, *catta*. En Grèce, c'est seulement au VIe siècle qu'apparaîtront les noms de *kattos, katta* et *gattos*, supplantant à tout jamais l'*aïelouros*, tombé en désuétude [34]. De ces noms à la mode dériveront le *gatto* italien, le *gato* espagnol, le *gat* catalan, le *cat* anglais, le *kat* néerlandais et le katze allemand. Le *chat* français est passé au long du Moyen Age par toute une série de variantes, telles que *cat, kas, chas, chaz* et *chatz* avant de se stabiliser sous sa forme actuelle.

On a beaucoup disputé de l'origine de ces appellations nouvelles. De tels bouleversements linguistiques devaient être liés de toute évidence au nom donné aux chats domestiques, soit par les habitants de leur pays d'origine, soit par leurs importateurs. Celui-ci ne ressemble guère à ceux utilisés en Egypte. En revanche, il est une adaptation manifeste du nom arabe du chat, *qttah* ou *qatt*.

Or, ce sont précisément les Arabes qui ont introduit massivement des chas apprivoisés en Afrique du Nord puis dans le sud de l'Europe, à la faveur de leurs invasions. Et c'est de Palestine, pays occupé en majeure partie par des Arabes, que les Croisés ont ramené en France de tels chats domestiques.

Cette origine orientale des noms actuels du Chat dans les langues européennes devrait nous éclairer aussi sur l'origine du Chat domestique, lui-même, de nos régions. Les ouvrages savants affirment quasi unanimement que nos chers minets proviennent du Chat sauvage d'Afrique, du Chat de Libye, comme on l'appelle aussi souvent. Sans doute est-ce sous prétexte que celui-ci a été le premier à avoir été domestiqué, dans l'Egypte pharaonique en l'occurrence.

Cela même est loin d'être certain : des découvertes archéologiques faites à Jéricho et à Harappa, laissent entendre que le Chat pourrait bien avoir été adopté auparavant comme compagnon en Palestine et en Inde. En tout cas, des études zoologiques minutieuses faites par le plus grand spécialiste mondial du Chat, Paul Schauenberg, du Muséum d'Histoire naturelle de Genève, ont démontré en 1971 que, d'après la comparaison de l'indice crânien de tous les Félidés connus, le Chat domestique, le *Felis catus* de Linné, se rapproche le plus étroitement d'un chat de l'Inde et du Pakistan, le *Felis ornata* de Gray, et pas du tout du Chat sauvage d'Afrique (*Felis libyca*), en revanche très proche, lui, de son frère européen (*Felis silvestris*).

Il faut s'y résoudre : « les chats puissants et doux, orgueil de la maison », que « les amoureux fervents et les savants austères aiment également, dans leur mûre saison » et que Baudelaire a si bien chantés, nous sont parvenus de l'Orient, mais après quelques haltes et quelques détours sans doute.

(34) Ce terme a néanmoins donné ailurophobie, la phobie des chats, et se retrouve dans *Ailurus* et *Ailuropoda*, les noms scientifiques du petit et du grand pandas. (JJB)

POURTANT INDÉSIRABLES EN AFRIQUE : L'ONCE ET LE TIGRE

Le remplacement radical des noms anciens des chats de faible taille par un nom, fût-il « héllarabe », n'a pu entraîner aucune perturbation dans nos connaissances. C'est la traduction fantaisiste des noms antiques, parfois ambigus, des grands félins, qui a entraîné, dès le Moyen Age, un imbroglio sans cesse croissant.

Il y eut, pour commencer, la décadence, la véritable décrépitude du nom de *lynx*, d'abord réservé exclusivement aux gros chats à oreilles ornées de plumets. Devenu *lyncea* en latin populaire, il se transforma peu à peu en *luncia*, puis en *lonce*, pour enfin donner *l'once* par déglutination, comme disent les étymologistes. Qui donc pouvait encore songer à rapprocher le terme d'*once* de celui de *lynx* (ou de *lynz*, ainsi qu'on l'écrivait aussi parfois au XIIe siècle) ? Faute de savoir qui était exactement cette once mystérieuse, on se mit à donner son nom un peu au hasard à n'importe quels félins d'une taille supérieure au chat, d'autant plus que les dénominations de ceux-ci paraissaient souvent incertaines. On finit par traiter d'once tous les félins tachetés du monde, et parfois même l'un et l'autre lynx, mais que beaucoup préféraient appeler « loups-cerviers », ce qui n'arrangeait vraiment rien [35].

Les choses s'étaient gâtées surtout quand les grands voyageurs avaient entrepris de découvrir la Terre entière, au XVe et au XVIe siècle, et qu'ils avaient eu à nommer les fauves parfois nouveaux qu'ils rencontraient.

Ainsi, quand les incomparables navigateurs portugais contournèrent pour la première fois l'Afrique occidentale pour s'approcher peu à peu du golfe de Guinée et franchir ensuite l'équateur, ils eurent enfin l'occasion d'observer les félins tropicaux, déjà connus pour la plupart, de l'Afrique du Nord. Hélas ! Ils leur donnèrent rarement les noms que l'Antiquité classique avait forgés pour eux.

Le pilote Odoardo Lopez, dont le récit de voyage a été rapporté en 1591 par Filippo Pigafetta, situa par exemple des *tigres* au royaume du Congo, en témoignant qu'il s'agissait bien de « vrais tigres », comme ceux qu'il avait vus captifs à Florence. Heureusement qu'il précisait :

*Ces animaux sont aussi féroces que des lions, rugissant de la même façon et leur ressemblant à tous égards, sauf pour ce qui est du pelage, celui du tigre étant **tacheté** [c'est moi qui souligne], alors que celui du lion est de couleur uniforme.*

Il avait d'ailleurs écrit avant cela :

Dans la langue du Congo, ils sont appelés Engoï.

Or, nous savons maintenant que dans certaines régions situées le long du fleuve Congo, le Léopard porte des noms tels que *Engo* et *Engwé*.

Par la suite, Valentin Fernandes, dans un ouvrage de seconde main (1506-1507), puis André Alvares de Almada (1594) et le père Manuel Alvares (1616), dans leurs relations de voyage, ne crurent plus devoir parler de « tigres » africains, pas plus d'ailleurs que de léopards. Ils ne semblaient plus connaître que l'Once (*Onça*). Et chaque voyageur s'informant auprès de ses prédécesseurs, on se doute de ce qui allait se produire à la longue...

(35) Dans *Le Roman de Renart*, le lynx apparaît discrètement sous le nom de Dame Once. (JJB)

Voyez plutôt de quelle variété de fauves André Donelha peuple en 1625 la Sierra Leone et les pays adjacents, en sa *Descrição da Serra Leoa* :

Il y a beaucoup de léopards, que nous appelons « royaux » parce qu'ils ne font aucun mal si on ne les attaque pas. Par deux fois je me suis trouvé face à face avec eux, et ils ont continué leur chemin sans faire attention à moi et sans s'étonner de me voir. La première fois, c'était dans la Serra Lioa, et l'autre fois en Gambea, à Caur. Il y a des lions carnassiers, de pelage roux avec une maigre crinière. Ils obéissent aux léopards.
L'once est un animal très féroce et très rapide. Il y a des tigres, des loups, et d'autres espèces d'animaux.

Les loups en question sont facilement identifiables : ce ne sont autres que les hyènes, que bien des gens simples ont en effet nommé de cette façon, et qu'ils continuent d'ailleurs de nommer ainsi : les créoles de la Guinée-Bissau appellent l'Hyène *lobo*, comme les Boers du Transvaal l'avaient appelé *wolf*.
Les « tigres » ici pourraient bien être des servals. Rappelons que ceux-ci sont en quelque sorte tigrés de raies longitudinales entrecoupées, comme un message en morse, ce qui leur a d'ailleurs valu d'emblée le surnom de « chats-tigres ».
Mais qui diable sont ces léopards et ces onces ? D'après leur description on est d'abord tenté de croire que le Léopard était en réalité le Guépard et l'Once, dès lors, le Léopard lui-même.
S'il y a des guépards en Gambie, il n'y en a pas, de nos jours, en Sierra Leone, mais il se pourrait qu'il y en ait eu autrefois. Cela n'expliquerait pas toutefois comment des lions pourraient « obéir », c'est-à-dire se soumettre ou céder la place à des félins aussi graciles que des guépards.
Serait-ce donc au Guépard que Donelha réservait le nom d'Once ? Le fait est que c'est un animal « très rapide », et même on ne peut plus rapide... Mais est-il beaucoup plus vraisemblable de voir un lion « obéir » à un léopard ?

Tout cela est bien déconcertant.

Dans sa monumentale *Description de l'Afrique*, parue en français en 1686, un grand érudit hollandais, le Dr Olfert Dapper, entendait faire la synthèse de tout ce qui se savait alors sur le continent noir, mais, du même coup, il lui arrivait aussi de faire la somme de toutes les erreurs qui s'accumulaient à son propos. Voyez ce qu'il écrivait par exemple des indigènes de la Sierra Leone :

Les Tigres s'appellent chez eux Quelly qua *& les Léopards* Quelly. *Ce sont deux bêtes qui ne se peuvent souffrir mais le Tigre est le plus fort & quand le Léopard se sent poursuivi, il efface ses traces avec sa queue afin que son ennemi ne les puisse pas reconnoître. Cependant comme le Tigre n'y fait point de mal aux hommes, & que le Léopard est le plus cruel & le plus dangereux, c'est aussi à lui qu'on tend le plus de pièges.*

Les « tigres » qui ne font « point de mal aux hommes » pourraient plus que jamais être des servals. Mais peut-on décemment prétendre que du Léopard et du Serval, c'est ce dernier qui « est le plus fort » ?

Compare-t-on le texte de Dapper à celui de Donhela, on y découvre plusieurs points de similitude. Pour le voyageur portugais c'est le Léopard royal qui ne faisait aucun mal à l'Homme, mais n'en était pas moins le plus puissant, puisque le Lion lui-même lui était soumis. Pour l'encyclopédiste hollandais, c'est le Tigre qui était inoffensif pour l'Homme, mais qui, plus fort, faisait fuir le Léopard.

La confrontation des textes semble laisser sous-entendre l'existence d'un fauve, au pelage tigré et plus puissant que le Lion mais sans danger pour nous, qui serait, dès lors, encore inconnu. Invraisemblable ? L'hypothèse n'est pas à rejeter à la légère, d'autant moins qu'au cours de ce livre nous entendrons de telles rumeurs filtrer avec une insistance obsédante dans maintes régions d'Afrique. Nous y reviendrons.

En attendant, qu'il nous suffise de constater que certains transferts de noms de félins des uns aux autres se sont produits sans aucun doute, à l'occasion peut-être de traductions en cascade. Dès la Renaissance, Portugais et Hollandais, puis Espagnols et Français, Anglais enfin, s'étaient lancés à l'assaut, parfois au pillage, de l'Afrique noire. Et pour assurer leur priorité, les voyageurs rivalisaient, dans leurs relations, de découvertes les plus surprenantes, non sans s'inspirer allègrement les uns des autres. Dans le domaine zoologique, on nageait en pleine confusion, entre autres en ce qui concernait « les grands chats si mal nommés » en Afrique depuis l'Antiquité. L'introduction intempestive de termes aussi vagues ou inappropriés que ceux d'« once » et de « tigre » y étaient pour beaucoup [36].

DANS LES TÉNÈBRES DU « SIÈCLE DES LUMIÈRES »

Nous ne sommes pas encore au bout de nos peines, ni sortis de ce bourbier linguistique. Les Portugais, en effet, ne sont pas seulement responsables de l'introduction du nom d'« once » dans le vocabulaire relatif aux grands félins d'Afrique. Ils y ont amené aussi, sans le vouloir, celui de *lobo cerval*, c'est-à-dire de « loup-cervier », qui est, nous le savons, un autre nom du Lynx d'Europe. Ni dans un cas ni dans l'autre, ces noms n'ont été appliqués au Caracal, le seul lynx africain, ce qui eût été un peu plus approprié, même si ce petit lynx ne s'attaque pas à des proies de la taille du cerf.

Onça, ainsi que nous l'avons constaté, semble avoir été donné par les Portugais tantôt au Léopard, tantôt au Guépard. Quant à *cerval*, c'est par un grand détour qu'il en est arrivé à devenir le nom commun d'un autre félin d'Afrique : le Serval, comme on l'aura deviné. Pour comprendre comment cela a pu se produire, il suffit de relire l'article que Buffon a consacré à cet animal, et dont j'ai donné plus haut un large extrait.

Ces Messieurs de l'Académie avaient eu tort, bien entendu, de décrire le Chat-tigre oreillard d'Afrique sous le nom de « chat-pard », qui était celui du Lynx tacheté d'Europe, autrement dit du *Lobo cerval* des Portugais. Et ceux-ci avaient eu tort également de nom-

---

(36) C'est dans l'utilisation à des fins scientifiques de formes latinisées du mot « once » qu'on devait atteindre les sommets de l'aberration. En Amérique du Sud, le plus grand des félins tachetés était appelé localement Yaguar ou Yahuar par les Guarayos, Yahuaré par les Oyampis de Guyane et Yaguarazu par les Omagas de ce pays, et on l'appelait en tupi-guarani Yaguareté, à savoir le vrai yagua (c'est-à-dire fauve ou prédateur). Il eût été enfantin de latiniser un de ces termes si voisins pour former un nom scientifique parfaitement adéquat. Sous prétexte que les conquérants portugais du Brésil avaient coutume de plutôt nommer le Jaguar Onça, Linné, le grand systématicien de la Nature, préféra lui donner en 1758 le nom scientifique de Felis onca (notons qu'il ne fut pas mieux inspiré en appelant l'Ocelot Felis pardalis !). Un de ses plus prestigieux disciples allemands, Schreber, n'est pas à féliciter davantage pour avoir donné le nom de Felis uncia en 1775 à la Panthère des neiges, répandue dans les montagnes d'Asie centrale. C'était l'escalade du brouillamini ! Que des soudards ou des colons incultes aient pu appeler le Jaguar « tigre » ou « once », et le Puma « lion » ou « panthère » (et même « peintre » — painter ! — tellement ils étaient stupides et illettrés) est compréhensible, mais l'usage délibéré de fausses appellations de cette sorte par des savants épris d'ordre est vraiment impardonnable.

mer le Chat pêcheur de l'Inde *cerval*, nom que le père Vincenzo Maria avait orthographié *serval* en italien pour qu'on ne le prononçât pas *tcherval*. Mais Buffon n'avait fait qu'aggraver toutes ces erreurs en écrivant à son tour de ce félin asiatique :

Ce serval ou maraputé du Malabar et des Indes nous paraît être le même animal que le chat-tigre du Sénégal et du cap de Bonne-Espérance, qui, selon le témoignage des voyageurs, ressemble au chat par la figure, et au tigre (c'est-à-dire à la panthère et au léopard) par les taches noires et blanches de son poil.

Tout comme son grand cousin, le Guépard se voyait attribuer peu à peu un nom dérivé d'une appellation ancienne du Lynx pardé (*gato pardo*, *gapard*), voilà le félin à grandes oreilles d'Afrique affublé, lui aussi, d'une partie d'un autre nom antique de ce dernier (*lupus cervarius*, *lobo cerval*, serval).

Pour mesurer toute l'ampleur de la confusion qui régnait vers la fin du XVIIIe siècle au royaume des félins, de ceux d'Afrique en particulier, il suffit de relire les articles que Buffon leur a consacrés dans son *Histoire naturelle générale et particulière*, ainsi que les diverses additions qu'il y a apportées. Notons d'abord que si le grand écrivain-naturaliste rejetait l'existence de tigres au Nouveau Monde, il admettait cependant qu'il y en eût en Afrique :

Je suis même porté à croire que le vrai tigre ne se trouve qu'en Asie et dans les parties les plus méridionales de l'Afrique, dans l'intérieur des terres ; car la plupart des voyageurs qui ont fréquenté les côtes de l'Afrique parlent, à la vérité, de tigres, et disent même qu'ils y sont très communs ; néanmoins il est aisé de voir, par les notices mêmes qu'ils donnent à ces animaux, que ce ne sont pas de vrais tigres, mais des léopards, des panthères ou des onces, etc.

Des léopards, des panthères ou des onces ? Hé oui ! Et c'est tout un article que Buffon va consacrer à ces **trois** espèces, avec ce préambule pourtant précis et rigoureux :

Pour me faire mieux entendre, pour éviter le faux emplois des noms, détruire les équivoques et prévenir les doutes, j'observerai d'abord qu'avec les tigres dont nous venons de donner l'histoire, il se trouve encore dans l'ancien continent, c'est-à-dire en Asie et en Afrique, trois autres espèces d'animaux de ce genre, toutes trois différentes du tigre, et toutes trois différentes entre elles. Ces trois espèces sont la panthère*, l'*once *et le* léopard*, lesquelles non seulement ont été prises les unes pour les autres par les naturalistes, mais même ont été confondues avec les espèces du même genre qui se sont trouvées en Amérique.*

Analyse-t-on avec attention le texte de Buffon, on s'aperçoit que sa *panthère* — le plus grand des *pordalis* d'Oppien, le grand léopard du Dr Shaw, le *nemer* des Arabes — est notre panthère (ou léopard !) de Berbérie, que son *once* — le moins grand des *pordalis*, le petit léopard de Shaw, le *fehed* des Arabes — est le guépard et que son *léopard*, enfin, est le léopard (ou panthère !) « du Sénégal, de la Guinée et des autres pays méridionaux que les Anciens n'avaient pas découverts », ainsi qu'il le précisait lui-même. Maintenant que pas loin de douze races géographiques de léopards ont été décrites en Afrique, nous savons que, selon les régions, leur pelage peut être marqué de manière assez différente.

Cela va d'un modèle de teinte claire, où les ocelles sont distribuées de manière plutôt uniforme et espacée sur la majeure partie du corps, jusqu'à un modèle beaucoup plus foncé où des ocelles ne garnissent guère que les flancs et le dessus de la queue, mais où de simples petites taches noires, étroitement serrées, les remplacent ailleurs et ont même tendance, tout le long du dos et sur les côtés du cou, à s'aligner, comme chez le Serval, pour dessiner un semblant de rayures longitudinales, faites de points et de traits. On comprend sans peine que des peaux très dissemblables provenant respectivement d'Afrique du Nord et d'Afrique tropicale, aient pu faire croire à l'existence de deux espèces bien séparées, auxquelles Buffon confère les noms respectifs de « panthère » et de « léopard ».

L'élégant intendant du Jardin du Roi opérait une disassociation tout aussi injustifiée en ce qui concerne le Guépard. En effet, après avoir parlé de celui-ci sous le nom d'Once, c'est dans un autre article intitulé « Le Margay et le Guépard » (un bien étrange tandem en vérité !) qu'il récapitula en ces termes les connaissances de son temps sur les grands félins tachetés :

Si nous faisons la révision de ces animaux cruels, dont la robe est si belle et la nature si perfide, nous trouverons dans l'ancien continent le tigre, la panthère, le léopard, l'once, le serval ; et dans le nouveau, le jaguar, l'ocelot et le margay. [...]
Il y a encore un animal de ce genre, qui semble différer de tous ceux que nous venons de nommer ; les fourreurs l'appellent guépard. *Nous en avons plusieurs peaux ; elles ressemblent à celles du lynx par la longueur du poil ; mais les oreilles n'étant pas terminées par un pinceau, le guépard n'est point un lynx ; il n'est aussi ni panthère ni léopard ; il n'a pas le poil court comme ces animaux, et il diffère de tous par une espèce de crinière ou de poil long de quatre ou cinq pouces qu'il porte sur le cou et entre les épaules ; il a aussi le poil du ventre long de trois à quatre pouces, et la queue à proportion plus courte [!] que la panthère, le léopard et l'once ; il est à peu près de la taille de ce dernier animal, n'ayant qu'environ trois pieds et demi de longueur de corps. Au reste, sa robe, qui est d'un fauve très pâle, est parsemée, comme celle du léopard, de taches noires, mais plus voisines les unes des autres et plus petites, n'ayant que trois ou quatre lignes [6,75 à 9 cm] de diamètre.*

Il nous surprend évidemment aujourd'hui que, ni dans la description de son *once* — le guépard — ni dans celle de ce qu'il appelle lui-même le guépard, Buffon n'ait mentionné le trait le plus caractéristique de cette espèce, celui qui devait d'ailleurs lui valoir d'être rangée en 1826 par un naturaliste obscur du nom de Brookes, dans un genre particulier *Acinomyx* : à savoir la non-rétractabilité de ses griffes, tout à fait semblables à celles du Chien. C'est que les descriptions des naturalistes étaient fondées en général sur de simples dépouilles dont on avait le plus souvent découpé les extrémités : il n'eût pas été très futé de laisser des griffes à des peaux qu'on entendait utiliser comme couvertures ou comme descentes de lit...

LE DERNIER RECENSEMENT DES FÉLIDÉS D'AFRIQUE

Pour nous résumer, Buffon, à l'époque où l'on s'efforçait de mettre de l'ordre dans la classification du monde animal, ne distinguait en Afrique pas moins de six espèces de grands félins — le Lion, le Tigre, la Panthère, le Léopard, l'Once et le Guépard : le double de ce que la Zoologie admet de nos jours !

Comme félins de taille moyenne, il mentionnait en outre le Caracal, qu'il appelait aussi « le Lynx du Levant ou de la Barbarie » et le Serval, qu'il a décrit doublement, d'une part sous le nom de « Chat de Constantine » et, d'autre part, comme le « Chat-tigre » du Sénégal et du Cap, sans faire le moindre rapprochement entre les deux. Comme pour compenser ces duplications multiples, Buffon semble n'avoir pris en considération qu'une seule espèce de félins africains de petite taille : le Chat sauvage le plus commun. C'est à Johann Anton Güldenstaedt qu'il est revenu en 1775 de faire paraître, dans les Nouveaux commentaires de l'Académie impériale de Saint-Pétersbourg, une brève description scientifique, sous le nom de *Felis chaus* [37], du Chat des marais, déjà connu en fait depuis l'Egypte ancienne. Peu auparavant, le voyageur écossais James Bruce en avait brossé un portrait plus détaillé dans la relation de ses voyages à la découverte de la source du Nil, accomplis de 1768 à 1773. L'ouvrage n'avait été publié toutefois qu'en 1790. Le Chaus y était malencontreusement dénommé « *Booted lynx* » (Lynx botté), en dépit de la longueur respectable de sa queue. C'était sans aucun doute, comme on peut le vérifier d'ailleurs sur l'excellente illustration que Bruce en a donné, parce qu'il présente au bout des oreilles une ébauche du pinceau de poils qui caractérise les lynx. Voilà aussi pourquoi, en allemand, le Chaus n'est pas seulement appelé *Rohrkatz* (Chat des roseaux) mais *Sumpfluchs* (Lynx des marais).

Bref, sur les dix félins d'Afrique aujourd'hui reconnus par la Science, sept, comme pour la plupart depuis l'Antiquité, étaient dûment catalogués à la fin du XVIIIe siècle. Nous n'avons fait la connaissance des trois autres qu'au cours de la première moitié du XIXe siècle, à quelques années près.

Le petit Chat à pieds noirs a été repéré en Afrique du Sud par le naturaliste anglais William J. Burchell. Les indigènes l'appelaient *kakikáan*, mais il le décrivit en 1823 sous le nom de *Felis nigripes* dans le tome II de son ouvrage *Travels in the interior of southern Africa* (Voyages dans l'intérieur de l'Afrique australe). *Felis nigripes*, le Chat à pieds noirs ? Pour un nom scientifique, c'était un choix vraiment malheureux. En effet, le Chat sauvage le plus commun, le plus largement distribué en Afrique, est surnommé tantôt Chat ganté et tantôt Chat botté, parce qu'il a lui aussi les pieds noirs, très exactement la plante des pieds tout à fait noire. Allez vous y retrouver, parmi tous ces pieds-noirs ! Pour moi, comme le *Kakikáan* se distingue surtout par une taille réduite (les plus grands spécimens atteignent tout juste la taille des plus petits spécimens du même sexe de l'espèce commune) et par l'ampleur de ses taches (il est plutôt marqué de larges taches alignées que de véritables rayures, comme l'autre espèce), j'aurais opté pour un nom scientifique signifiant « le petit chat à grandes taches ». Ou alors je l'aurais appelé tout bêtement *Felis kakikaanus*, ce qui n'aurait pas été si bête que ça.

C'est quelques années à peine après le baptême maladroit du Chat à pieds noirs, exactement en 1827, que le Hollandais Cœnraad Jacob Temminck découvrit à son tour le Chat doré, mais dans les collections de spécimens des muséums européens. A vrai dire, il avait cru mettre la main sur deux formes nouvelles de chats africains, qu'il avait décrites sous les noms respectifs de *Felis aurata* (chat doré) et de *Felis*

(37) Funeste idée, puisque ce nom de chaus, emprunté à Pline, désignait, chez lui, un loup-cervier des régions septentrionales, à savoir le Lynx boréal !

celidogaster (chat à ventre d'hirondelle). Il s'agissait en fait de deux phases de coloration, étonnamment disparates, d'une seule et même espèce, des phases plus dissemblables encore que celles qu'on trouve chez le Serval. Il y a, d'une part, une forme dorée (marron clair éclatant, cuivre rouge ou bordeaux), à peine tachetée et seulement sur les parties inférieures du corps. D'autre part, il y a une forme gris-fer à ventre blanc — comme chez une hirondelle — mais tachetée, elle, et même en partie rayée, sur tout le dessus du corps. Bien sûr, on a d'abord cru, comme d'habitude, que ces deux formes étaient liées à des habitats particuliers, à des régions différentes. Le fait est que la phase tachetée grise prédomine à l'Ouest, de la Gambie au Togo, alors que la phase dorée est plus fréquente au Centre et à l'Est, du Cameroun au Zaïre et dans une zone isolée du Kenya. Il fallut toutefois déchanter quand, au Zoo de Londres, on vit un de ces félins changer de couleur au cours de son existence et passer d'une « espèce » à l'autre comme par miracle. Ce qui n'arrange rien, des individus mélaniques, entièrement noirs, se présentent parfois parmi ces chats dorés — ou ne faudrait-il pas dire « parfois dorés » ?

Un autre trait est à souligner chez ce félin protéiforme à pattes robustes et à petite tête, dont la silhouette n'est pas sans rappeler celle du Puma d'Amérique. La plupart des auteurs ont coutume de le ranger parmi les félidés de petite taille. Or, si l'on examine les dimensions et les poids qui ont été enregistrés par Haltenorth pour cette espèce (de 72 à 93 cm pour la longueur tête et corps, de 35 à 45 cm pour celle de la queue, et un poids oscillant entre 8 et 16 kilos), il faut bien admettre que le Chat doré est non seulement plus grand que les quatre petits chats du continent mais qu'il atteint pour le moins, s'il ne les dépasse pas, la taille et la masse des félins de taille moyenne, le Serval et le Caracal. Il est bien évident que la rencontre de très gros spécimens doit être assez déconcertante, d'autant plus que cet hôte de la grande forêt des pluies ne doit pas s'observer souvent. Je n'en veux d'autre preuve que celle-ci : Armand Denis, qui a passé toute sa vie à guetter et à filmer les animaux, surtout en Afrique, où il a fini ses jours, n'en a jamais vu un seul dans la nature…

Je pense que l'observation occasionnelle de grands individus de la phase rayée peut avoir contribué à la multiplication du nombre de félins, nommés tantôt « tigres », tantôt « onces », lors des premières explorations de l'ouest de l'Afrique équatoriale.

Notre dernière acquisition zoologique, en fait de félidés africains, a été le Chat des sables. Son existence n'a été révélée à l'Occident qu'en févier 1858 par le capitaine Victor Loche, à la suite de la conquête de l'Algérie par l'armée française :

Nous avons rencontré cette belle et intéressante espèce dans les environs de Négonça (Sahara), dans une localité très aride, où quelques touffes de plantes interrompait rarement la triste uniformité des sables, pendant une excursion que nous fîmes avec le chef d'escadron Marguerite, auquel nous nous faisons un vrai bonheur de la dédier, en reconnaissance de notre sincère attachement pour la bienveillance qu'il nous a toujours témoignée, et auquel nous devons d'avoir rapporté une collection assez nombreuse d'objets rares et encore inconnus. Espérons que les amis des sciences naturelles voudront bien, en reconnaissant la validité de cette espèce lui conserver le nom que nous lui imposons.

En dépit des manœuvres de cet incrédule obstiné de Lataste qui, en 1888, ne voyait dans le *Felis margarita* de Loche qu'un synonyme du *Felis libyens* d'Olivier, à savoir du Chat sauvage ordinaire, le vœu du brave capitaine a été exaucé : il s'agissait vraiment d'une espèce jusqu'alors inconnue. Mais comme le nom du chef d'escadron auquel Loche devait tant s'orthographiait en réalité Margueritte, avec deux **t**, et qu'il l'avait défiguré au surplus en le latinisant bizarrement, celui auquel la dédicace s'adressait n'était plus guère reconnaissable. Aussi le général Jean Margueritte devait-il s'illustrer plutôt à Sedan, en 1870, par une charge prestigieuse que par le souvenir de la découverte d'un chat plutôt obscur [38].

RESTE-T-IL ENCORE DES FÉLINS INCONNUS ?

Il y a plus d'un siècle à présent que l'Afrique, dont on dit pourtant qu'elle ne cesse de produire quelque monstre nouveau, ne nous a plus livré une seule espèce inconnue de félins. Est-ce à dire qu'il n'y en a plus à découvrir ? On va voir au cours des chapitres suivants que c'est loin d'être certain. N'oublions pas qu'en 1965 on a trouvé une forme tout à fait inconnue de chats dans une île japonaise...

En tout cas, instruits par le Passé, nous saurons rester vigilants pour ne pas nous laisser abuser par des phases de coloration désordonnées et trompeuses, des mutations inattendues ou quelque hybride fortuit, voire fabriqué, sur commande. Fût-ce afin de ne point ajouter encore à l'imbroglio insensé qui empoisonne la nomenclature des chats africains de tous calibres.

Qu'on y songe. Le Léopard ou Panthère porte aujourd'hui en français soit le nom de l'hybride supposé de la lionne et du « pard » (le Léopard actuel), soit un des noms usuels anciens du Guépard, après avoir été celui de la Genette. Le Guépard lui-même et le Serval ont, tous deux, emprunté leur nom, de façon plus ou moins tortueuse, au Lynx pardé d'Europe, le Chat-pard ou Loup-cervier. Et le nom d'Once, simple déformation de celui du Lynx, a fini, après avoir été appliqué à la plupart des félins tachetés d'Afrique, par servir de nom de baptême scientifique, sous les formes d'*onca* et d'*uncia*, respectivement au Jaguar d'Amérique et à la Panthère des neiges d'Asie.

Quel salmigondis; quelle macédoine ! Les grands chats eux-mêmes n'y retrouveraient pas leurs petits...

Si, de nos jours, les noms de « panthère » et de « léopard » sont devenus interchangeables, ils connaissent cependant l'un et l'autre des fortunes diverses, mais pour des raisons qui ont plus à voir avec la mode qu'avec la Zoologie.

C'est pour des raisons de clarification évidentes, mais sans la moindre justification, que le *Nouveau Petit Larousse illustré* (1971) a soudain décrété que « Léopard » est le « nom donné à la panthère tachetée d'Afrique », la « Panthère » proprement dite « vivant en Asie ». C'est pour des raisons de pure euphonie qu'on dit « panthère noire » plutôt que « léopard noir ». Et c'est pour des raisons sexuelles que, lorsqu'on compare une femme à un félin, on parle plus volontiers d'une démarche de panthère, d'yeux de panthère ou d'un charme inquiétant de panthère. Cela va de soi. Tout comme on accepte fort bien qu'une femme ait pu appeler son amant « mon lion superbe et généreux », il était assez naturel qu'en argot familier un homme surnommât sa compagne « ma panthère » : on l'imagine mal l'appelant « mon léopard »... Aussi la merveilleuse Panthère rose des dessins animés de Fritz Freleng, qui est incontestablement mâle, prend-elle parfois des allures un peu équivoques tant à cause de sa dénomination que de sa couleur.

(38) En fait le nom de Margueritte ne connut vraiment la gloire que le jour où un des fils du général, Victor, écrivit son roman *La Garçonne*.

Il faut s'y résoudre : de tous les félins d'Afrique, de taille grande à moyenne, le Caracal est le seul, de nos jours, avec le Lion, à porter un nom qui lui soit vraiment destiné. *Caracal* est un mot que les Espagnols ont emprunté, en le simplifiant un peu, au nom turc de ce splendide chat roussâtre aux oreilles extérieurement noires et couronnées au surplus d'un plumet de la même couleur : *quara qâlâq*. Cela signifie « oreilles noires ». On ne pouvait mieux choisir.

Quel dommage qu'on ne s'en soit pas toujours tenu, pour nommer les chats africains, à ce genre de sobriquets suggestifs, résumant ce qu'il y a de plus frappant chez un être, et qui naissent spontanément de la perspicacité populaire ! Car nous distinguerions aujourd'hui sans trop de peine parmi eux, les Trois Grands : le Puissant, l'Ocellé et le Coureur tacheté, les Trois Moyens : l'Oreillard, l'Oreilles noires et le Doré versatile, et les Quatre Petits : le Chat des forêts, le Chat des marais et le Chat des sables, et enfin le Mini-Chat à grandes taches.

Si l'on avait toujours été si bien avisé dans la dénomination des animaux, ces deux longs chapitres d'éclaircissement eussent tenu en quelques pages. Mais peut-être que, sans avoir fait l'effort prolongé de nous dépêtrer d'une situation horriblement embrouillée, n'aurions-nous pas appris à reconnaître avec autant de netteté tous ces félins les uns des autres. Et nous ne serions pas si bien armés à présent pour affronter les inconnus.

DEUXIÈME PARTIE
DE L'AFFAIRE LA MIEUX RÉSOLUE
À LA PLUS OBSCURE

L'incrédulité est quelquefois le vice d'un sot,
Et la crédulité le défaut d'un homme d'esprit.

(Denis Diderot, Pensées philosophiques)

CHAPITRE V

LE GUÉPARD TIGRÉ D'AFRIQUE AUSTRALE

Certains zoologues refusent obstinément de croire à l'existence d'un animal tant que celui-ci n'est connu que par des traditions, quelque science exotique ou de simples témoignages oculaires, si nombreux fussent-ils. Pour être convaincus, ils exigent d'en avoir un spécimen entre les mains, ou au moins un fragment d'un de ceux-ci. Saint Thomas pas mort. Pourtant ce qui peut arriver de pire à ces maniaques de la preuve palpable est parfois la production de la pièce concrète qu'ils réclament à grands cris. Acculés dès lors à se prononcer, ils battent bien souvent le beurre d'une manière lamentable. Etre ou ne pas être, ce n'est pas si simple que ça… Ceci est l'histoire d'un animal inconnu qui n'a jamais manqué de pièces à conviction, d'une authenticité incontestable, pour étayer son existence. Il a néanmoins fallu un demi-siècle pour établir sans conteste sa vraie nature.

LE « NSUI-FISI » OU LÉOPARD-HYÈNE : UN HYBRIDE

Pendant longtemps on n'a pas su grand-chose sur l'animal en question, sinon que les indigènes de Rhodésie du Sud — le Zimbabwe actuel — l'appelaient *Nsui-fisi* et qu'ils en avaient une peur bleue. Le capitaine William Hichens, qui avait appartenu autrefois aux services d'administration et de renseignement d'Afrique orientale, devait le rappeler en 1937 dans un article sur les bêtes mystérieuses de ce continent :

Son nom signifie « léopard-hyène », et maintes histoires à vous faire dresser les cheveux sur la tête étaient racontées à son sujet dans les kraals rhodésiens. Depuis bien des années, les indigènes ont parlé de cette bête aux chasseurs blancs, en affirmant qu'elle est incroyablement rusée, rapide et féroce, comme il faut s'y attendre de la part d'un tueur bâtard, combinant la férocité du léopard avec l'ingéniosité furtive de l'hyène. Celui-ci attaquait toujours la nuit, disaient les villageois, se frayant brutalement un passage à travers les portes et les toits fragiles des enclos à bétail, enlevant chèvres et moutons, et transformant souvent les parcs à bestiaux en véritables abattoirs. D'après les Noirs, il ressemblait à un léopard, mais plutôt que d'être tacheté, il était rayé de blanc et de noir, comme un zèbre, et n'était pas sans rappeler l'Hyène rayée. Mais comme aucune bête de cette sorte n'était connue des chasseurs blancs, le Nsui-fisi *fut tourné en dérision et rejeté dans les limbes du « Oh ! Tout ça, c'est évidemment rien que des superstitions indigènes »*

Cette fois-ci pourtant c'est l'indigène qui avait raison.

La réhabilitation du *Nsui-fisi* s'était amorcée le 14 octobre 1926 par la publication dans *The Field*, l'hebdomadaire du gentleman campagnard, d'une lettre adressée de Salisbury par le major A.L. Cooper :

Je joins à la présente la photo d'une peau qui a été apportée il y a quelques semaines par un indigène. L'animal avait été capturé dans un piège à bascule, et d'après les informations que j'ai pu glaner, il y en a beaucoup de semblables dans la région, qui est la chaîne d'Umvukwé, au nord-ouest de Salisbury. C'est manifestement un hybride, ce qui est un fait presque unique en soi. La peau, bien qu'elle ait été prélevée sans soin, ne semble guère endommagée, de sorte qu'en la comparant au mètre disposé à sa droite, on peut se faire une excellente idée de la forme de l'animal, à savoir celle d'un léopard très massif, aux membres puissants et à la queue épaisse mais relativement courte. En revanche, il a les griffes non rétractiles du Guépard, ainsi que sa crinière ébouriffée autour du cou, traits qui manquent totalement au Léopard.
Le fond de la robe est du jaune franc de celle du Léopard et non du jaune sableux de celle du Guépard. Les marques ne ressemblent à rien de connu (notez les rayures longitudinales sur l'échine et le garrot). Malheureusement, le crâne manque. L'animal était un mâle. Je serais heureux si l'un ou l'autre lecteur pouvait me donner son opinion sur cet animal et me dire si une peau semblable a jamais été vue par lui auparavant.

Etait-ce là enfin une peau du *Nsui-fisi* fabuleux ? Le fait est qu'elle rappelait à la fois le Léopard par la structure générale et l'Hyène rayée par les rayures, encore que celles-ci s'étendissent plutôt en travers qu'en long chez cette dernière. Le major Cooper semblait suggérer, lui, quelque hybridation entre un léopard et un guépard. En tout cas, en présence d'une preuve aussi concrète qu'une dépouille, une incrédulité stérile n'était plus de mise.

POCOCK : C'EST UN LÉOPARD ABERRANT

Rien d'étonnant dès lors que ce fût le zoologue tenu à l'époque pour le plus grand spécialiste des félins, à savoir Reginald Innes Pocock, du *British Museum*, qui répondit aussitôt à l'appel du major Cooper. Il le fit dans un article du *Field*, intitulé « Variations du motif de la robe chez les léopards » et qui parut le 21 octobre 1926.
Après y avoir confirmé que les marques de la peau en question étaient en effet complètement différentes de celles de tous les autres félins d'Afrique, Pocock avait même ajouté qu'elles ne ressemblaient pas davantage à celles d'aucun représentant des espèces d'Asie ou d'Amérique, pour conclure :

A cet égard, la peau est unique et d'un intérêt aussi grand que possible.

Il est toutefois un point relatif à cette dépouille dont je suis absolument certain, c'est qu'il ne s'agit pas, comme le pense le major Cooper, d'un hybride de léopard et de guépard. Ce que serait le modèle de la robe d'un tel produit, si celui-ci pouvait être engendré, il est impossible de le prévoir avec quelque sûreté, mais il ne paraît pas vraisemblable a priori *que le dessin caractéristique du Léopard se présentant sous forme de petites rosettes et celui propre au Guépard, fait de simples taches rappro-*

chées non disposées en rosettes, puissent produire par leur combinaison l'ensemble de raies brèves dues à une confluence de taches qu'on observe sur la peau photographiée par le major Cooper.

Il n'est pas vraisemblable non plus qu'un tel hybride eût la queue plus courte qu'un léopard ordinaire et qu'il n'eût rien gardé du caractère élancé des membres du Guépard.

L'affirmation selon laquelle les griffes préservées sur la peau desséchée ne sont pas rétractiles, comme celles du Guépard, ne me dit rien qui vaille. Les griffes du Guépard sont, au sens strict du mot, presque aussi rétractiles ou tout autant que celles du Léopard. La structure sur laquelle repose la croyance selon laquelle elles ne le sont pas, est l'absence des replis de peau des orteils, qui, chez le Léopard, et les autres membres typiques de la famille des chats, dissimulent et protègent la pointe des griffes quand celles-ci sont rentrées. Sur les peaux tannées de léopards, les griffes sont fréquemment aussi visibles que sur la photographie. Il y a cependant maintes autres différences importantes entre les pieds des léopards et ceux des guépards, mais la photographie ne permet de distinguer aucune d'elles sur ceux de l'animal en question, qui, pour autant qu'on puisse en juger, sont à tous égards semblables à des pieds de léopard.

Ce qui plus est, le Guépard diffère si profondément du Léopard par l'anatomie et les mœurs que la possibilité de production d'hybrides des deux peut être rejetée comme hautement improbable. La seule espèce africaine de la tribu des chats qui soit apparentée au Léopard est le Lion, et leurs liens de parenté sont beaucoup plus étroits que la plupart des chasseurs sportifs ne l'imaginent. La possibilité pour un grand léopard mâle de s'accoupler avec une petite lionne doit être admise, et le produit mâle d'un tel croisement pourrait fort bien être pourvu de la crinière dressée que le major Cooper mentionne. Cela dit, bien que l'ancêtre du Lion ait sans doute été tacheté, il est difficile de croire que le dessin de la robe de l'hybride ainsi engendré ressemblerait à celui de l'animal inconnu, tant par le dessin que par la netteté de celui-ci.

Si l'on écarte dès lors l'hypothèse selon laquelle la créature photographié serait un hybride, la question   subsiste : qu'est-ce que c'est ?

A mon avis, c'est probablement un léopard aberrant. Certaines variétés très remarquables de léopards sont connues. Je ne parle pas d'individus mélaniques ou d'albinos, dont la coloration insolite est due à une production excessive ou à un défaut partiel de pigment, le dessin restant cependant normal. Je veux parler d'individus chez qui ce motif est tout à fait inhabituel. Il y a quelques années a été exhibé à Londres la peau d'un léopard indien, sur laquelle le dessin normal était à ce point altéré qu'il rappelait celui de la prétendue Panthère longibande, aussi appelée Léopard nébuleux. Je dis « prétendue » car cette espèce n'est pas du tout une panthère, elle ne lui est même pas étroitement apparentée. Par son dessin, cette peau différait autant de celle d'un léopard ordinaire que la dépouille de l'intéressant spécimen du major Cooper. Tout aussi étrange, bien qu'à d'autres égards, est la variété de léopard, représentée au British Museum *par deux peaux en provenance de Grahamstown, en Afrique du Sud .*[39] *[...]*

Une autre peau intéressante, provenant d'après son étiquette, de Ndola, en Rhodésie du Nord, et rapportée par le capitaine G.C. Shortridge, est si semblable à celle d'un jaguar que si son origine n'était pas connue on l'eût attribuée à l'espèce sud-américaine. Sur cette peau, hélas ! en mauvais état de conservation, les rosettes ordinaires, relativement petites, se sont fondues en grandes rosettes de forme irrégulière, certaines étant plutôt rondes, d'autres étroites, et allongées en forme de

(39) Elles ont été décrites par le menu au chapitre III.

courtes rayures, et l'on notera qu'il y a une nette tendance pour celles du milieu du dos à former des lignes continues. On ne peut pas dire que cette peau soit semblable à celle de l'animal du major Cooper, mais, par certains détails, elle représente en quelque sorte un stade intermédiaire entre le dessin de cette dernière et le léopard à petites taches typiques de Rhodésie.

Pour conclure, on peut ajouter que, d'après le mètre adjoint, la longueur totale de la peau de l'animal du major Cooper semble être de 2,05 m à peu près, dont 1,29 m pour la tête et le corps, et apparemment 0,76 m pour la queue. En dehors de celle-ci, qui est un peu courte, à cause peut-être d'un rétrécissement ou d'une imperfection, les dimensions sont pratiquement normales pour un léopard.

Ces remarques n'ont nullement pour but de minimiser le moins du monde l'intérêt considérable de la découverte du major Cooper. Nous espérons sincèrement que celui-ci réussira à ramener ici, aux fins d'examen, un autre spécimen de l'animal, si, comme on le lui a dit, il y en a d'autres dans la région.

Devant une si brillante démonstration, faite au surplus par une autorité telle que Pocock, il n'y avait plus, semblait-il, qu'à s'incliner. La peau de l'étrange spécimen était de toute évidence celle d'un léopard anormal. Le seul ennui est que cette conclusion était totalement fausse comme il allait bientôt se révéler.

COOPER : C'EST UNE ESPÈCE ENCORE INCONNUE

Ayant sur Pocock l'avantage certain d'avoir tenu la fameuse peau entre les mains et connaissant au surplus tous les tenants et aboutissants de l'affaire, le major Cooper ne pouvait accepter le diagnostic du zoologue londonien. Son enquête menée sur place l'avait certes entraîné à abandonner l'idée qu'il pût être question en l'occurrence d'un hybride de léopard et de guépard, mais ce ne pouvait être non plus une forme aberrante de léopard. Pour lui, il s'agissait bel et bien d'une espèce tout à fait inconnue. Il devait s'en expliquer en juin 1927 dans un exposé, qui fut publié par la suite dans le *South Africa Journal of Science* :

Que cet animal ait été connu depuis pas mal de temps ressort du fait qu'il y a vingt ans, les indigènes parlaient déjà autour des feux de camp d'une bête qui n'était ni le lion, ni le léopard, ni le guépard, et qui, bien qu'une quantité de gens la considérassent comme aussi mythique que l'énorme serpent d'eau cornu dont on supposait l'existence dans certains marais équatoriaux, était appelée, je crois, « Léopard de Mazoe » [une région située au nord de Salisbury]. Il était, semble-t-il, plus commun à cette époque que de nos jours.

Qu'un animal si remarquable puisse exister sans être cependant connu de la Science est étayé par l'exemple de l'Okapi (Okapia johnstoni) qui avait été mangé par des fonctionnaires belges du Congo cinquante ans avant que son nom ne fût ajouté à la liste des animaux connus. Le premier indice matériel de son existence fut apporté par Mr. Doggett, membre de l'équipe de Sir Harry Johnston, qui avait remarqué un indigène portant un morceau de peau marqué d'une manière singulière.

La présente peau entière, actuellement en possession du Muséum de Salisbury, m'a d'abord été montrée par Sir Clarkson Tredgold, qui m'a fait savoir qu'elle avait été offerte à ce muséum par Mr. Donald Fraser (autrefois du Service d'Administration

de l'Inde). Celui-ci l'avait achetée à des indigènes qui affirmaient avoir tué l'animal dans le secteur de Macheke [40]. *Il faisait partie d'une bande de quatre à cinq mais les Africains n'avaient réussi qu'à en tuer un seul.*
Encore que je connaisse assez bien la faune de l'Afrique australe, cette peau est absolument différente de tout ce que j'aie jamais vu. L'anatomie de l'animal, pour autant qu'on pût en juger par la peau, était semblable à celle du Léopard, étant en effet de structure plus massive et plus trapue que celle du Guépard, mais il y avait cependant là des griffes manifestement non rétractiles. En outre, la longue fourrure du ventre, le fond orangé du pelage, les rayures curieusement hérissées ou gonflées ne ressemblaient à celles d'aucun animal connu.
Il a d'abord été suggéré que c'était un hybride de léopard et de guépard. Cela m'a toutefois paru impossible, et cela n'expliquait d'ailleurs rien.

Le major Cooper avait alors écrit à un des plus célèbres zoologues anglais, Michael Rogers Oldfield Thomas, auquel on devait la description de maintes espèces nouvelles, entre autres l'antilope Dibatag du Somaliland, ou Gazelle de Clarke, et l'Hylochère, le sanglier géant des forêts d'Afrique équatoriale. En somme, un connaisseur en matière de bêtes inconnues de grande taille. Il répondit fort aimablement au major Cooper, le 21 septembre 1926, en lui disant notamment :

Je pense que vous avez raison de croire que c'est un hybride de léopard et de guépard, une bête très remarquable en l'occurrence — je n'ai jamais rien vu de pareil. J'en ai transmis la photo à Mr Pocock, qui est justement en train d'écrire quelque chose sur les Carnivores, afin de voir ce qu'il en pense.

On sait déjà comment Pocock avait réagi, en faisant paraître aussitôt dans *The Field* un article dans lequel il rapportait la peau en question à un léopard anormal. Comme Cooper avait personnellement changé d'avis quant à la nature du félin mystérieux, il n'avait pas cru bon de reproduire dans son article le commentaire approbateur d'Oldfield Thomas, mais avait préféré raconter ce qui l'avait amené à adopter une opinion nouvelle :

Dans l'entre-temps, je m'étais livré à des recherches un peu partout et j'avais bénéficié pour cela d'une aide considérable de la part de Mr. H.M.G. Jackson, Commissaire-adjoint aux affaires indigènes, qui, outre qu'il connût le pays depuis de nombreuses années, était un naturaliste ardent et un observateur de tout premier ordre. C'est lui qui m'apprit avoir vu une peau semblable à la Mission américaine d'Utambara [ou Mutambara, dans la région de Melsetter, près de la frontière du Mozambique]. C'est aussi un vieux sergent de police attaché à ses services qui, lorsqu'on lui avait montré la peau, avait déclaré qu'il connaissait bien l'animal, nous en avait donné le nom indigène, et nous avait renseigné sur ses mœurs, disant entre autres qu'il était extrêmement farouche, qu'il n'attaquait jamais les animaux domestiques, sauf peut-être un chevreau à l'occasion et que, poursuivi par des chiens, il ne se réfugiait jamais dans un arbre, comme le guépard le fait parfois. [41]

---

(40) Cela corrige, soulignons-le, ce qu'il avait dit auparavant, à savoir que le spécimen provenait de la chaîne d'Umvukwé. Alors que celle-ci commence à s'étendre à une cinquantaine de kilomètres au Nord-Ouest de Salisbury, Macheke se trouve au contraire à 100 kilomètres au Sud-Est de la capitale.
(41) Il s'agit évidemment là d'un *lapsus calami*. C'est en effet un trait caractéristique du Léopard. Le Guépard, privé de griffes crochues, est incapable de grimper aux arbres.

Grâce à l'amabilité de Sir Herbert Taylor, Commissaire principal aux Affaires indigènes, une circulaire fut envoyée à tous les commissaires des autres districts pour qu'ils s'efforcent d'obtenir de plus amples renseignements. A la suite de quoi, il se révéla que Mr. Watters, Commissaire aux Affaires indigènes de Bikita, possédait deux peaux semblables, dont il envoya les photographies à Mr. Jackson. On peut supposer que ces dépouilles avaient été obtenues dans son propre secteur. En plus de ces deux-là, j'ai encore découvert que Mr. Lacey, de Salisbury, en possédait également une, qu'il s'était procurée auprès des indigènes et qui provenait d'un animal tué [en 1926, dans la petite réserve de Seki] *à quelques 20 miles au sud de Salisbury. Il m'autorisa aimablement à la photographier.*
La comparaison des diverses photographies fit apparaître de manière tout à fait évidente la régularité des marques du pelage. Au surplus, elle me confirma dans mon opinion que la peau du Muséum de Salisbury était celle d'un animal immature ou de faible taille, la première éventualité étant la plus probable.
Quand j'eus accumulé toutes ces preuves, j'écrivis de nouveau à Mr. Pocock pour le mettre au courant des faits, et avec la permission des autres membres du Queen Victoria Memorial Museum, *je lui expédiai la peau. J'avançai que, vu l'ensemble de preuves que j'avais assemblées, une nouvelle espèce de Félidés avait été découverte.*

Ce que le vieux sergent de police indigène avait rapporté sur les mœurs du « nouveau félin » ne s'accordait évidemment guère avec l'aura de férocité extrême dont on entourait le *Nsuifisi*. Il est toutefois courant, à cause de la peur universelle de l'Inconnu, qu'un animal rare ou nouveau venu dans une région, dont on ne sait pas grand-chose, ait mauvaise réputation, d'autant plus qu'on lui impute quasi automatiquement tous les crimes et les méfaits commis dans la région. C'est là la genèse traditionnelle de la notion de « monstre », dont l'histoire horriblement embrouillée de la Bête du Gévaudan constitue le prototype.

CONVAINCU, POCOCK BAPTISE LE GUÉPARD-ROI

En dépit de ses déclarations antérieures, plutôt catégoriques, Reginald Pocock ne pouvait pas ignorer le faisceau de preuves échafaudé par le major Cooper. Non seulement il allait aussitôt se rendre aux raisons de celui-ci et adopter son point de vue, tout en reconnaissant son erreur passée, mais il allait astucieusement manœuvrer pour s'arroger la gloire de la sensationnelle découverte :

Les informations recueillies par le major Cooper montrent qu'il existe en Rhodésie cinq peaux prélevées sur des animaux qui ont été tués à des moments différents et en des lieux très éloignés, que l'espèce est connue depuis de nombreuses années des indigènes de la région, et que ses représentants sont semblables au Guépard tant par les traits caractéristiques que par les mœurs non arboricoles. Il est assurément très extraordinaire, comme le major Cooper l'a exprimé dans la lettre qui accompagnait la peau, qu'un animal si frappant n'ait jamais été mentionné par des chasseurs et des observateurs aussi entraînés que Selous, Van Niekerk et consorts. La vérité est sans doute que les peaux sont tombées jusqu'ici entre les mains d'Européens qui les ont tenues pour des dépouilles de léopards sans intérêt particulier et tout juste bonnes à servir de carpettes.
Un seul coup d'œil à la peau a suffi à me montrer que je m'étais trompé en suggérant

que la photographie représentait un léopard anormal. Par tous ses traits extérieurs, l'animal est bel et bien un guépard, et il ne diffère du guépard commun, entièrement couvert de petites taches compactes, que par l'excentricité du dessin de ses rayures, surtout longitudinales, de ses macules allongées et de ses volutes, toutes d'un noir intense, se détachant sur un fond d'un fauve crémeux.

Que l'animal est bien un guépard est prouvé surtout par ses griffes, identiques à tous égards à celles du Guépard commun, et totalement différentes de celles du Léopard.

Mais n'était-ce point là ce que le major Cooper avait constaté *de visu* avec son expérience de chasseur, et que Pocock avait d'abord refusé d'admettre ? Aussi le zoologue anglais se crut-il obligé, pour souligner sa propre compétence en la matière, de développer jusque dans les moindres détails, tout ce qui différencie les extrémités du Guépard de celles du Léopard. Voyez plutôt :

Une patte de léopard est large et molle, avec de grandes griffes crochues, dont les pointes sont protégées par un fourreau ou une collerette de peau velue quand elles sont rétractées. Les coussinets formés derrière chacune des griffes sont ovales et arrondis à l'avant, le coussinet du carpe est semblable, le coussinet plantaire central est élargi et indistinctement marqué de lobes et d'échancrures, l'ergot enfin est comme les autres coussinets mais en plus petit. Une patte de guépard est, au contraire, étroite et dure, avec des griffes plus courtes et plus droites, dont les pointes ne sont pas, une fois rentrées, protégées par une gaine. Les coussinets formés derrière chaque griffe sont étroits et comprimés vers l'avant, le coussinet du carpe est lui aussi pointu de la sorte, en forme de poire, le grand coussinet plantaire est marqué d'une forte échancrure à l'arrière et nettement lobé, et l'ergot diffère des autres coussinets par sa taille supérieure et sa courbure accentuée.

D'autres traits de guépard qu'on peut relever sur la peau du nouvel animal sont la réduction du nombre et de la longueur des vibrisses tactiles de la face [autrement dit, des poils de moustache !], qui, chez le Léopard, sont longues et nombreuses, la direction vers l'avant des poils poussant entre l'œil et l'oreille, la crinière dressée sur le cou, la ligne noire descendant de l'œil vers la bouche de chaque côté de la face, et l'absence enfin de taches sur le milieu du ventre. Chez le Léopard, le poil pousse vers l'arrière entre l'œil et l'oreille, il n'y a pas de crinière ni de raies noires encadrant la bouche, et le ventre est aussi tacheté que les flancs.

*Etant donné l'ensemble des informations recueillies par le major Cooper, qui montrent que l'animal n'est pas un monstre accidentel, et sur la preuve qu'apporte la peau de la proche parenté de son propriétaire avec le Guépard commun (*Acinonyx jubatus*), j'ai décrit le présent félin dans les* Proceedings of the Zoological Society *comme une espèce nouvelle, que j'ai nommé* Acinonyx rex *[Guépard-roi] afin de souligner le caractère somptueux de sa livrée. Cela dit, le mérite de la découverte de cette espèce nouvelle revient, pour sa sagacité et son esprit d'entreprise, au major Cooper, à qui tous les naturalistes et zoologues seront reconnaissants pour avoir révélé l'existence insoupçonnée d'un animal qui peut être tenu pour le plus beau fleuron de la tribu des chats.*

FORME SPÉCIALISÉE OU FORME PRIMITIVE ?

Inutile de reproduire entièrement ici l'étude à l'issue de laquelle Reginald Pocock a procédé au baptême scientifique solennel du nouveau guépard : elle ne fait que répéter, avec accompagnement de figures démonstratives et surtout d'une reconstitution de l'*Acinonyx rex* due au peintre C.E. Swan, tout ce qui était dit en substance dans l'article du *Field*. Sa péroraison est toutefois d'un intérêt fondamental, car le grand zoologue tente d'y situer le dessin particulier de la robe du nouveau venu par rapport à l'évolution de celle-ci à travers tout le groupe des félins :

*Pour conclure, on peut ajouter qu'il y a deux interprétations possibles du dessin de la robe d'*A. rex*. La première est qu'il dérive du modèle d'*A. jubatus *par la fusion des taches rondes en macules allongées et en rayures. Dans ce cas *A. rex *devrait être considérée comme une forme spécialisée dérivant d'*A. jubatus*. D'autre part il faut se rappeler que pas mal d'indices témoignent en faveur de l'idée selon laquelle le motif de la robe des Félidés se serait présenté à l'origine sous forme de larges rayures longitudinales, qui se seraient fragmentées par la suite en chaînes de taches. Au stade ultérieur, ces taches se seraient alors disposées en rosettes, comme chez le Léopard et le Jaguar, ou se seraient éparpillées irrégulièrement comme chez le Guépard commun (*A. jubatus*), le stade final étant atteint par la fusion des taches ou des rosettes sous forme de rayures transversales [comme chez le Tigre]. Si cette théorie de l'évolution du dessin de la robe chez les Félidés est fondée, le motif d'*A. rex *peut être interprété comme représentant un type beaucoup plus primitif que celui d'*A. jubatus*. La question en est là pour le moment.*
*Peut-être le dessin du pelage des petits d'*A. rex*, quand il sera connu, jettera-t-il quelque lumière sur ce problème. Il convient de noter toutefois que le motif de la robe des petits d'*A. jubatus *ne ressemble en rien à celui de l'*A. rex *adulte : pour autant qu'on puisse l'observer parmi les longs poils qui couvrent le corps, il consiste en taches pareilles à celles des individus adultes de l'espèce.*

Précisons que chez les guépards âgés de quelques semaines, la robe est presque aussi nettement bicolore que chez un ratel : toute la moitié supérieure du corps est envahie par une crinière argentée unie, alors que la moitié inférieure est tachetée, mais sur un fond beaucoup plus sombre que chez l'adulte. Cela permet aux petits de passer inaperçus ou presque en se confondant admirablement avec le milieu de hautes herbes roussies où ils vivent.
En tout cas, l'existence du Guépard royal, qu'il fût une forme spécialisée ou une forme primitive, ancestrale, semblait ne plus pouvoir être mise en doute après sa description scientifique par celui qu'on tenait à l'époque pour le plus grand spécialise mondial des Félidés.

LA LÉGITIMITÉ DU MONARQUE MISE EN DOUTE

N'allez pourtant pas croire que l'affaire se termine là sur cette sorte d'intronisation d'*Acinonyx rex* Pocock 1927, parfois appelé le Guépard de Cooper, comme c'est généralement le cas lors de la découverte d'un animal nouveau. Non, il ne restait pas simplement à en abattre un spécimen et à le conserver entier, ou, mieux encore, à en capturer un vivant pour voir consacrer l'espèce à jamais. Loin de là.

Comme on parle aujourd'hui de « décolonisation » ou de « désinformation », il se produit parfois, en zoologie, ce qu'on pourrait qualifier de « dédécouverte », si le mot ne manquait à ce point d'euphonie.

Un premier rebondissement inquiétant se produisit dès la fin de l'année.

A l'annonce de la description du félin nouveau, un des zoologues anglais les plus prestigieux, Lord Walter Rothschild, avait fait savoir combien il était désireux d'acquérir une peau et si possible un crâne de l'animal pour son muséum personnel de Tring Park. La veille même de Noël, le major Cooper lui écrivit que son souhait allait pouvoir être exaucé : « J'ai fini par me procurer un vraiment beau spécimen, de loin le plus beau que j'aie vu, tant par la taille que par la couleur [...] obtenu près du mont Salinda, dans le district de Melsetter, Rhodésie, au début de décembre 1927. » Lord Rothschild acheta aussitôt cette peau pour la somme rondelette de 150 livres sterling. Quand, dix ans plus tard, après sa mort, ses collections furent léguées au *British Museum*, dont il était d'ailleurs un des administrateurs, la précieuse dépouille devait ainsi aller grossir les trésors de celui-ci. Or, voici comment Pocock la décrivit dans *The Field* le 5 avril 1928 :

La peau que possède à présent Lord Rothschild est, à ma connaissance, la seule existant en Europe. Comme on peut le voir en comparant cette peau à la reconstitution du Guépard [royal] *que j'ai fait exécuter d'après la peau originale, les deux diffèrent considérablement. Sur la nouvelle peau, le dessin de la robe consiste bien plus nettement en taches étroitement serrées et ne manifeste qu'à un degré restreint, sauf sur les reins, la fusion marquée de celles-ci en rayures si remarquable sur la dépouille originale. A cet égard, cette peau se rapproche beaucoup plus de celle du Guépard commun, qui, ainsi qu'on le sait, est entièrement constellée de petites taches compactes. Dans cette forme ordinaire, toutefois il ne semble pas y avoir même la plus petite tendance à une telle fusion de taches en rayures.*

Encore sous le coup peut-être de la récente ivresse d'avoir décrit l'espèce royale, Pocock n'avait pas tiré lui-même de ces données inédites la conclusion qu'elles semblaient pourtant suggérer. Cette initiative revint bientôt à un autre naturaliste anglais de renom, Abel Chapman, qui s'exprima à son tour dans *The Field*, le 19 avril suivant :

En somme, la peau n° 2 se trouve à mi-chemin entre le premier spécimen obtenu et le guépard tacheté ordinaire. Ce que je déduis de cette double occurrence est que les deux animaux sont de simples variations individuelles du type régulier. Des tendances semblables peuvent s'observer chez d'autres félins tachetés, si je n'en juge que par mon expérience personnelle : chez le Lynx espagnol, par exemple, ou chez le Chat sauvage (certains d'entre eux sont appelés Gatos rayados — *chats rayés — par nos gardiens espagnols), et aussi, mais moins souvent, chez la Genette. Le Serval africain pourrait également être cité, mais je n'ai pas vu assez de cette belle bestiole pour en parler avec certitude.*

Est-ce parce qu'il commençait à être lui-même tenaillé par le doute, nul ne le sait, toujours est-il que Pocock ne prit pas la peine de relever le gant. Quant au pauvre Abel Chapman, il décéda peu après sa déclaration, sans pouvoir désormais insister davantage.

LE GUÉPARD ROYAL DISCRÈTEMENT DÉCOURONNÉ

De son côté, le major Cooper était de plus en plus convaincu au contraire que le Guépard royal — son Guépard ! — représentait bien une espèce nouvelle, et il avait d'ailleurs de bonnes raisons pour cela. Il venait en effet de recevoir d'un peaussier chevronné du Bechuanaland, John Buckmaster, une lettre datée du 14 juillet 1928, d'après laquelle celui-ci avait observé de sa voiture un couple de guépards à livrée royale dans les monts Umvukwé, à quelques 96 kilomètres de Salisbury :

Ce semblait être un mâle tout à fait adulte et une jeune femelle. Nous sommes passés à quelques pieds à peine d'eux. Le mâle est resté planté sur place. La femelle, plus effrayée, s'est mise à ramper presque sur le sol, la tête basse, avec une allure de léopard. Puis elle s'est relevée lentement et s'est assise sur son séant, ayant l'air plutôt d'une léoparde délicatement bâtie.
La queue était extraordinairement longue et fournie, et la fourrure épaisse donnait à l'animal un aspect très lourd. J'estimerais sa longueur à près de dix pieds [3 mètres].

Peut-être Buckmaster avait-il quelque peu exagéré la taille de cet animal mais un homme qui prétendait avoir manipulé « des milliers de peaux de léopards et de guépards » ne pouvait évidemment pas se tromper quant à l'originalité du dessin de la robe du couple observé.

Dans sa lettre, le négociant en pelleterie avait encore ajouté qu'un Mr. V.W. Fynn, de Concession, au Bechuanaland, avait un jour abattu un guépard qui s'attaquait aux veaux et qui s'était révélé à ses yeux un « monstre » (*freak*). Il semblait que ce fut également un guépard royal. Celui-ci vivrait donc aussi dans ce qui allait devenir le Botswana.

Bref, en dépit des insinuations pourtant judicieuses d'Abel Chapman, la cote du Guépard royal était en hausse. Tous les conservateurs de muséums du monde rêvaient même de pouvoir exhiber au public un spécimen naturalisé du « nouvel animal ».

Quelques-uns allaient bientôt être exaucés grâce au commissaire H.N. Watters, qui non seulement possédait déjà depuis 1925 deux peaux provenant du district de Bikita, mais venait même, en 1928, de s'en procurer une troisième dans cette région. Il avait cédé les deux premières à l'illustre firme Rowland Ward, de Londres. Celle-ci, après les avoir naturalisées avec sa maestria réputée, vendit l'une pour 75 livres au *British Museum*, et l'autre, pour une somme inconnue, au *Natal Museum* de Pietermaritzbrug, en Afrique du Sud. Quant à la troisième, elle fut achetée au commissaire Watters par E W. McL. Thomas pour le compte du *South African Museum* de Cape Town, qui la fit « empailler » aussi par l'indispensable Rowland Ward Ltd.

En tout cas, quand la première de ces pièces montées vint trôner à une place d'honneur dans la galerie des mammifères du Département de Zoologie du Muséum d'Histoire naturelle londonien, le conservateur-adjoint de cette section, le captain J. Guy Dollman, consacra tout un article du *Natural History Magazine* à celui que Pocock n'avait pas hésité à appeler « le plus beau fleuron de la tribu des chats ».

On était alors en janvier 1929. C'est seulement trois ans plus tard que le plus éminent mammalogiste espagnol, Angel Lulio Cabrera, proclama bien haut qu'il fallait en finir une fois pour toutes avec le Guépard royal :

... à mon avis, il n'est rien de plus qu'une variété individuelle, peut-être une mutation, du Guépard ordinaire de la même région, dans laquelle les taches tendent à confluer pour former des rayures.

Un fait nouveau vint encore renforcer en 1936 la position de Cabrera et de Chapman, quand le captain Dollman exhiba à la *Royal Society* de Londres la dépouille naturalisée d'un léopard de Somalie, qui était à peu près marqué comme un guépard royal. Chez lui aussi, les taches avaient fusionné entre elles produisant des boucles, des volutes et des rayures longitudinales assez irrégulières. Si une telle anomalie pouvait frapper le Léopard lui-même — comme, selon Chapman, elle le faisait d'ailleurs communément du Lynx pardé, du Serval et du Chat sauvage — il s'agissait vraiment d'une tendance naturelle, **répandue à travers toute la famille des félins**.

La photo du léopard rayé, que personne n'avait tout de même eu l'impudence de qualifier de « royal », fut publiée le 6 juin 1936 dans le plus prestigieux des magazines anglais, l'*Illustrated London News*. Afin que nul n'en ignorât.

Pourtant c'est seulement en 1939 que Reginald Pocock finit par se ranger à l'opinion défendue par Chapman et Cabrera.

Que le Guépard royal eût été découronné par celui-là même qui l'avait porté sur le trône aurait dû lui porter un coup fatal. Il n'en fut rien. Le régicide avait été commis de manière si discrète qu'il était passé pratiquement inaperçu. Il faut dire que Cabrera avait exprimé son opinion dans une étude sur les mammifères du Maroc, et Pocock, plus déroutant encore, dans un ouvrage sur la faune de l'Inde britannique ! Ceux qui se passionnaient pour les grands fauves d'Afrique tropicale n'avaient guère de chances de tomber sur les démentis en question. Et qui se serait avisé que le spécimen naturalisé du *British Museum* avait été retiré en catimini des salles publiques pour être entreposé parmi le matériel d'études ? Une absence ne se remarque pas toujours.

DES PEAUX ROYALES TRANSFORMÉES EN MANTEAUX

En 1945 en tout cas, le « King Cheetah » (*Acinonyx rex* Pocock) figura encore, sans la moindre réserve, parmi les espèces menacées d'extinction que Francis Harper passait en revue dans son ouvrage classique *Extinct and Vanishing Mammals of the Old World* (Mammifères éteints ou en voie de disparition de l'Ancien Monde). Il avait fallu douze ans à Pocock pour admettre qu'il devait s'être fourvoyé en décrivant le Guépard royal comme une espèce particulière. Il allait falloir trois fois plus de temps que cela pour arriver à le prouver de manière irréfutable. Le fait est que bien des obscurités subsistaient dans cette affaire, dont la plupart des zoologues étaient très loin de connaître tous les éléments.

Jamais la peau de la mission d'Utambara, signalée par le commissaire Jackson, n'avait été retrouvée. Seuls avaient été publiées de petites photos de la peau originale de Macheke — dont le lieu de provenance avait d'abord été situé dans les monts

Umvukwé, ce qui avait provoqué une cascade de malentendus ! —, de la peau de Seki, détenue par Mr. Lacey — qui avait bientôt disparu — et de celle, hélas ! quelque peu différente, acquise par Lord Rothschild. Pas grand-chose après tout. Cela dit, des spécimens naturalisés marqués sensiblement de la même façon faisaient l'orgueil de trois muséums du monde, dont deux, il est vrai, en Afrique du Sud, bien loin de l'Europe. En outre, il allait se révéler peu à peu que maintes autres dépouilles très semblables se trouvaient aux mains de particuliers, non seulement en Rhodésie du Sud (le Zimbabwe actuel) mais au Bechuanaland (le Botswana actuel), et même au Transvaal…

En Rhodésie même, le Guépard royal continuait de faire parler de lui. Dans son ouvrage de référence sur les mammifères du Sud-Ouest africain, G.C. Shortridge avait fait savoir, en 1934, que d'après un de ses correspondants nommés Fleming, des guépards tigrés avaient été signalés dans les régions de Ndango et de Nuanetsi.

Alors ? On était en droit de se poser des questions. Si, après tout, c'était le spécimen « intermédiaire » de Lord Rothschild qui, loin d'être un guépard commun en passe de se transformer en individu tigré, représentait au contraire une forme atténuée, aberrante, du Guépard royal ?

Quoi qu'il en fût, comme son ami intime le Dr vétérinaire Dennis A. Walker me le confia en mars 1959, le major A.L. Cooper devait rester convaincu, jusqu'à sa mort, survenue peu auparavant, que le Guépard royal constituait bel et bien une espèce distincte.

Le Dr Walker lui-même était plutôt d'avis qu'il s'agissait d'un hybride de léopard et de guépard, tous les spécimens connus provenant selon lui d'une même portée monstrueuse. Il croyait en effet que les quelques peaux qui étaient passées entre les mains de son ami Cooper étaient les seules au monde, et qu'elles venaient toutes de la région de Mazoe, ce qui était loin d'être vrai.

Rappelons à ce propos que le spécimen original — que les conservateurs du *Queen Victoria Museum* rhodésien avaient cru devoir détruire au début des années 50 à cause de son mauvais état de conservation — provenait de Macheke, situé à 80 kilomètres au Sud-Est de Salisbury, alors que les trois peaux récoltées par le commissaire Watters l'avaient été dans la région de Bikita, à 275 kilomètres au sud de Salisbury, et que la peau vendue à Lord Rothschild était celle d'un individu abattu au pied de mont Selinda, près de la frontière du Mozambique, à près de 350 kilomètres de la capitale. D'ailleurs une peau en possession d'un certain Dennis Townley lui avait été procurée par des indigènes qui l'avaient obtenue en 1936 à Birchenough Bridge, sur la rivière Sabi, à 60 kilomètres au nord du mont Selinda. Elle devait finir par être acquise par Lord Archibald James, qui fit connaître son histoire en 1962 dans *The Field*.

Sans doute le Dr Walker avait-il été abusé par le fait qu'au tout début on avait parlé du Guépard royal comme d'un « Léopard de Mazoe », région située en l'occurrence au nord de Salisbury !

Il devait peu à peu transpirer que l'aire de distribution géographique du monarque félin était en réalité bien plus étendue encore et qu'elle débordait même largement les frontières de la Rhodésie du Sud.

Comme le *Star* de Johannesburg le révéla par exemple le 6 décembre 1966, un habitant de ce grand centre urbain avait eu l'occasion, en passant par Palapye, au

Botswana, de photographier dans une boutique locale [42] une peau de guépard royal. La photo qui illustrait l'article ne pouvait laisser aucun doute à ce sujet, même si elle avait été imprimée sens dessus dessous :

Mr. Arthur Markowitz a pris cette photo au mois d'août dernier, quand il avait appris qu'elle était censée être la seule peau de guépard royal en vente au monde.
Au cours d'une interview téléphonique, le propriétaire du magazine a déclaré qu'il n'avait toujours pas vendu le peau, évaluée à 1 500 rands [2 100 dollars]. — Elle n'est d'ailleurs pas à vendre, a-t-il ajouté.
Il était incapable de dire où l'animal avait été tué et par qui, mais il prétendait que ce n'était pas la première peau de guépard royal qu'il avait détenue. Bien que l'animal fût protégé « jusqu'à un certain point », il était possible d'obtenir un permis pour en tuer. Les peaux de guépards ordinaires coûtent, dit-il, 60 rands [84 dollars].
Le directeur de la Wild Life Conservation Society *d'Afrique du Sud, Mr. Kosta Babich, s'est déclaré très « choqué » d'entendre qu'un animal si rare eût été tué. La Société, dit-il, est opposée à la destruction de tout guépard royal. Cela montre tout ce qu'il reste encore à faire pour apprendre au public quels animaux sont rares.*
Il y a trois ans, Jean Lester, la fille d'un chasseur de gros gibier du Botswana, Stan Lester, s'est faite faire un manteau de fourrure à Johannesburg à partir de peaux de guépard royal que son père avait acquises au cours de plus de dix années.

Pas moins de trois peaux avaient servi à la confection de ce vêtement. Si la férocité et l'esprit de lucre de l'*Homo sapiens* mâle et la vanité et l'étourderie de sa femelle s'en mêlaient, il y avait de quoi désespérer de jamais voir résoudre l'énigme du Guépard royal.

LES RÊVES DE PAUL ET LENA BOTTRIELL

La situation était infiniment critique, mais personne ne semblait s'en émouvoir en haut lieu. En dépit de l'avertissement et de l'exposé parfaitement objectif de Francis Harper, on eût dit qu'aucun zoologue de l'*Establishment* scientifique n'osait plus, depuis une trentaine d'années, toucher au problème, devenu trop épineux, d'une espèce qui n'en était peut-être pas une. Pourtant, dans les années 70, on avait déjà connaissance de l'existence d'une douzaine de peaux, dont plus de la moitié pouvaient être examinées à souhait. Mais les informations relatives au Guépard royal, que celui-ci eût été découronné à tort ou à raison, ne circulaient plus guère que de bouche à oreille au cours des dernières décennies parmi les « cinglés » de la Cryptozoologie, bien souvent de simples amateurs.
Aussi faut-il saluer bien bas la détermination, l'opiniâtreté et le courage dont un jeune informaticien britannique, R. Paul Bottriell, fit preuve à cette époque en décidant de tout mettre en œuvre pour élucider définitivement la question.
Bottriell vit depuis de nombreuses années dans le Buckinghamshire avec sa femme Lena et leurs deux filles. Mais il a passé son enfance en Afrique du Sud, et c'est là, qu'à l'âge de 12 ans, encore écolier, il avait un jour entend un vieux taxidermiste de Pretoria parler à quelqu'un d'un fauve « mi-léopard mi-guépard » qui hantait les savanes de la Rhodésie voisine. Cela avait mis le feu à son imagination.

(42) Celle de Mr. C. Freeman, comme il apparaîtra par la suite.

Rentré bien plus tard en Angleterre, il s'était rendu en compagnie de sa jeune épouse au Muséum d'Histoire naturelle de Londres afin d'en apprendre davantage sur ce qui était devenu pour lui une véritable obsession. Ainsi, après bien des démarches, le couple avait enfin pu contempler, dans la bibliothèque de l'Institution, le spécimen de Guépard royal mis en quelque sorte au rebut.

L'animal naturalisé les avait beaucoup impressionnés, à cause entre autres de son aspect puissant, qui lui conférait un peu la silhouette d'un léopard (Ils ne devaient comprendre que par la suite, après avoir vu les spécimens sud-africains, que cet aspect massif était dû surtout au fait que la dépouille avait été « empaillée » avec trop de générosité). Pour l'édification des visiteurs du Département d'Histoire naturelle du *British Museum*, une spécialiste de l'établissement avait même fini par extraire d'un grand tiroir, dégageant une forte odeur de désinfectant, la peau qui provenait du legs de Lord Rothschild.

Quand Paul et Lena avaient quitté le Muséum, ils n'avaient plus eu qu'une idée en tête : repérer un tel animal vivant dans la nature, si du moins il en existait encore. Seulement on ne s'improvise pas comme ça explorateur et capteur d'animaux. Paul devait se faire une situation — il faut bien vivre ! — et sa femme et lui avaient alors deux enfants en bas âge à élever.

Pendant de longues années le ménage Bottriell mit donc des sous de côté tout en se livrant par correspondance aux investigations les plus poussées sur l'objet de leur convoitise. La lecture de mon propre livre *Sur la piste des bêtes ignorées*, paru en anglais en 1958, avait encore stimulé davantage leur résolution, car j'y avais fait la part belle à l'insaisissable félin.

Un certain regain d'intérêt pour celui-ci devait même se dessiner au cours des années 70 dans des publications zoologiques plus officielles, encore qu'il y fût considéré comme une simple phase de coloration.

Ainsi, le directeur des muséums nationaux de Rhodésie (du Sud), Reay H.N. Smithers, n'avait pas manqué de signaler en 1971, dans son ouvrage sur les mammifères du Botswana, qu'il avait eu l'occasion d'examiner une peau de « guépard royal » chez Mr. Clark, un peaussier de Moyabana, localité située à quelque 80 kilomètres à l'ouest de Serowé. Au cours de plus de quarante ans d'activité, c'était la seule peau de cette sorte qui fût passée entre les mains de Clarke et des siens. Ce qui n'empêcha pas ce commerçant au grand cœur d'en faire généreusement don au Muséum National du Botswana, à Gaberone. C'était là la première dépouille de guépard tigré en provenance du Botswana qui parvînt dans une institution scientifique, toutes les autres ayant été transformées jusqu'alors en manteaux de fourrure.

Smithers avait aussi appris d'un excellent naturaliste de terrain du Botswana, Mr. N. Challis, que deux « guépards royaux » avaient été observés par lui sur le territoire de la ferme Van Piet, dans le sud du Tuli Block, c'est-à-dire à la frontière du Transvaal.

Et puis, en 1974, ce fut à l'autre bout de ce même Transvaal — et ce qui plus est, dans le célèbre Parc Kruger — qu'un jeune guépard caractéristiquement tigré fit beaucoup parler de lui. Comme le Dr G. de Graaff, chargé des relations publiques de l'Institut de recherches sur les mammifères de l'Université de Pretoria, le révéla dans la revue *Custos*, l'extraordinaire félin n'avait pas seulement été observé, mais il avait été photographié par un visiteur chanceux entre tous, Mr. Gary Schoof, d'East London. L'excellent document photographique qui accompagnait l'article révélait enfin l'aspect que la bête fabuleuse avait à l'état vivant.

L'événement était à ce point sensationnel que la photo en question constitua le
« clou » de la monographie qu'une femme-écrivain, Nan Wrogemann, consacra
l'année suivante au Guépard sous le titre *Cheetah Under the Sun* (Le guépard sous
le soleil). Pour ce qui était du Guépard royal, le livre, fondé en majeure partie à cet
égard sur la documentation fournie par le Dr Reay Smithers, n'apportait pas grand-
chose de nouveau, sauf deux détails inédits.
Suite à un article paru dans un journal du Transvval en 1958, il s'était révélé qu'une
peau de guépard royal se trouvait en possession d'un certain S. van der Walt. Celui-
ci avait abattu la bête sur le territoire de sa propre ferme Kongo, située à Messina,
tout au nord du Transvaal, près de la frontière de la Rhodésie.
Nan Wrogemann rapportait aussi la mise à mort d'un semblable félin « par feu R.
Lester de Lobatsi, au Botswana ». S'agissait-il de Stan Lester lui-même ou d'un de
ses parents ? En tout cas, le guépard abattu devait être un de ceux dont la peau avait
servi à confectionner un manteau pour Jean Lester, la fille du fameux chasseur de la
région…

LES SUCCÈS DE LA *KING CHEETAH EXPEDITION*

Toutes ces informations disparates démontraient d'une part l'extension considérable de l'aire de distribution ou d'apparition des guépards royaux, et d'autre part la
présence actuelle d'un certain individu au moins à un endroit assez précis. Voilà qui
n'avait pu que renforcer les Bottriell dans leur détermination et les pousser à en hâter au maximum la réalisation.
Aussi, à l'automne de 1978, après avoir, comme ils le dirent eux-mêmes « un peu men-
dié, un peu emprunté et englouti toutes [leurs] économies dans un projet d'expédition
dont le coût s'élevait à 24 000 livres sterling », Paul, à 38 ans, et Lena, à 26 ans, quit-
tèrent enfin l'Angleterre pour le Botswana avec un matériel de recherche raffiné : deux
Land-Rovers, qui devaient être assistées sur place par une paire d'hélicoptères reliés par
contact-radio. De cette *King Cheetah Expedition*, comme elle avait été nommée, faisaient partie, outre les Bottriell eux-mêmes et leurs filles, âgées respectivement de 16
et 14 ans, un cinéaste, un photographe animalier et une aide-vétérinaire.
Tout avait en somme été prévu pour pouvoir photographier ou filmer le guépard toujours insaisissable, mais surtout pour éventuellement en capturer un au moyen de filets, lui administrer alors un léger sédatif afin de l'immobiliser un bref instant — le
temps de le radiographier et de le soumettre aux prélèvements habituels, sérologi-
quss et génétiques — avant de lui rendre sa liberté. Pour la capture, les Bottriell préféraient se passer, si possible, des fléchettes anesthésiantes classiques, dont les effets
sont difficiles à doser, en particulier chez les félins.
Pour la prospection même du terrain, les membres de l'expédition devaient bientôt renoncer à ce qui était la seule erreur entachant leur projet si soigneusement préparé :
l'usage d'hélicoptères, qui terrifient les animaux, les poussent à fuir et à se terrer. Ces
engins beaucoup trop bruyants avaient fini par être remplacés par cet observatoire si-
lencieux à souhait qu'est un ballon gonflé à l'air chaud.
Au cours de ce qui avait pris peu à peu l'allure d'une nouvelle quête du Saint-Graal,
nos héros parcoururent d'abord pendant un bon mois une grande partie du
Botswana, et en particulier le Tuli Block, cette région du nord-est du pays qui

s'étend le long du Limpopo, et d'où provenaient, semblait-il, la majorité des spécimens abattus localement. Ainsi apprirent-ils entre autres que le Guépard royal portait là-bas un nom spécifique, celui de *Lethosi* ou de *Tladi*, selon les régions. Ils poursuivirent ensuite leurs recherches de l'autre côté de la frontière, au Transvaal, si prometteur depuis qu'on y avait photographié un spécimen. Enfin, ils avaient ratissé, mais en vain, le nord de la Namibie, puis, avec plus de fruit, le Zimbabwe, (ex-Rhodésie du Sud), la patrie originelle du Guépard royal.

En dépit de l'utilisation du matériel d'investigation le plus approprié, jamais les Bottriell et leurs co-équipiers ne réussirent à entrevoir même le moindre individu. Il n'empêche qu'à cause de la persévérance dont ils firent preuve tout au long d'une année entière de recherches ininterrompues, on peut dire que ce sont eux qui ont entièrement résolu le problème qui agitait la Zoologie depuis plus d'un demi-siècle.

Tout d'abord, ils sont parvenus à faire passer le nombre de peaux connues en 1978 de 12 à 22 — près du double ! — ce qui n'est pas un mince exploit. Partout en effet ils s'étaient livrés à une véritable enquête policière, écumant tous les petits musées provinciaux d'histoire naturelle, les ateliers de taxidermie, les dépôts de pelleterie, les boutiques des fourreurs et des marchands de curiosités et même les salles de trophées de nemrods réputés, à la recherche de dépouilles non encore enregistrées. Cela n'avait pas toujours été sans heurts ni difficultés, car le félin en question était intégralement protégé, et les gens répugnaient bien souvent à donner des détails sur l'origine des peaux qui étaient en leur possession.

Pour les besoins de leurs investigations, les Bottriell avaient reçu — il faut le préciser — de précieux conseils, et même quelques « tuyaux » sur l'existence de certaines peaux, du Dr Reay H. N. Smithers, qui, à cause des bouleversements politiques de la Rhodésie, dont il dirigeait les musées nationaux, s'était replié en Afrique du Sud où il travaillait à l'Institut de recherches mammologiques de l'Université de Pretoria.

Bref, nos infatigables enquêteurs avaient eu l'occasion, au Botswana, d'examiner la peau détenue, à Palapye par Mr. C. Freeman, et d'apprendre de lui qu'il en avait possédé trois autres auparavant : certaines provenaient de Rakops, au sud-ouest de la saline de Makgadikgadi, une autre de Martin's Drift, sur le Limpopo. Là-bas, ils en avaient aussi vu une chez Mr. Van Niekerk, qui venait, elle, de Tuli, dans l'extrême sud-ouest du pays, et ils avaient entendu parler de plusieurs autres encore dont la destinée n'était pas connue.

Grâce aux indications du Dr Smithers, auquel elles avaient été signalées, ils s'étaient réjouis de voir et de photographier les trois peaux de provenances inconnues, qui faisaient l'orgueil de la boutique de curiosités de J.R. Ivy, à Pretoria. Ils avaient aussi été avisés de l'existence d'une peau au *Kaffrarian Museum* de Williams Town, dans la Province du Cap. Cette pièce, dont ils s'étaient procurés une photo, avait été prélevée sur un animal abattu sans doute dans la réserve de Gwaai, qui dépendait administrativement de Tjolotjo, au Matabéléland (dans l'est du Zimbabwe). C'était en effet Mrs N. L. Dacomb, la femme de l'ancien Commissaire aux Affaires indigènes de Tjolotjo, qui l'avait acquise en 1942, d'un chasseur noir.

Ils avaient eu vent également de la mise à mort assez récente — en 1974 — d'un guépard royal par un nemrod sud-africain, L. Van Tonder, au-delà de la frontière de son pays, au Mozambique. Le trophée, hélas ! était parti au Japon. Et puis surtout, les Bottriell avaient fini par découvrir où avait échoué la peau de l'animal qui avait été abattu en 1940 sur le territoire de la ferme Kongo, à Messina, dans l'extrême nord du Transvaal. Elle faisait à présent partie des trésors d'un collectionneur de trophées de Krugersdorp, Mr. Jan Joubert. La découverte était d'importance, car le crâne de l'animal était resté inclus dans cette peau, qui avait été transformée en descente de lit.

C'était là le seul crâne de Guépard royal connu au monde, et il allait enfin permettre de vérifier si, oui on non, des différences spécifiques y étaient décelables.

ALORS ? ESPÈCE, HYBRIDE OU SIMPLE ANOMALIE ?

Il se révéla en fin de compte aux Bottriell que tous les guépards étrangement tigrés qui avaient été abattus ou observés l'avaient été à l'intérieur d'une vaste zone triangulaire qui couvrait toute la moitié sud-est du Zimbabwe coupé en diagonale, le nord du Transvaal, l'ouest extrême du Mozambique et l'est du Botswana. En somme, il pouvait fort bien s'agir d'une espèce particulière, dont l'aire de distribution géographique se superposait dans le sud du continent à celle, plus vaste, du Guépard commun.

L'examen méticuleux de toutes les peaux, ainsi que la comparaison ultérieure de leurs photos, devait d'ailleurs révéler un fait lourd de signification. Le Guépard royal ne se distinguait pas seulement par l'originalité du dessin de sa robe, il possédait en outre un poil plus doux, plus long et plus soyeux que le Guépard ordinaire. C'est ce côté plus « mousseux » de sa fourrure qui le faisait d'ailleurs paraître plus massif, moins frêle ou élancé que l'autre. Cette qualité particulière devait d'ailleurs être confirmée par l'analyse microscopique de poils prélevés sur quatre peaux différentes. L'étude, réalisée par le Dr Hilary Keogh, de l'Institut de recherches médicales de l'Afrique du Sud, révéla ce qui suit. Alors que chez le Guépard commun, les écailles de la cuticule du poil sont disposées en mosaïque, elles sont, chez le Léopard, en forme de pétales. Or, chez le Guépard royal, elles sont plutôt de ce dernier type, à la base du moins de certaines jarres.

Voilà qui plaidait en faveur de la spécificité de la forme tigrée. Et pourtant d'autres indications relevées par la *King Cheetah Expedition* semblaient infirmer au contraire une telle conclusion.

Dans le Parc Kruger, la plus vaste réserve naturelle du monde — plus de deux fois la superficie de la Corse, ou près des deux tiers de celle de la Belgique — les recherches systématiques des Bottriell avaient été favorisées par la distribution d'un tract bilingue illustré, publié par le journal *Beeld* : il priait les visiteurs de signaler de manière précise l'endroit où ils apercevraient éventuellement un animal comme celui représenté sur une photo en couleurs. Celle-ci avait été prise en 1976 ou 1977 par un Mr. L. Davidson, et nos enquêteurs venaient de se la procurer [43].

En reportant sur une carte les divers endroits où un guépard royal avait été aperçu au cours des cinq dernières années — dix fois en tout — le couple de chercheurs avait pu déterminer que toutes les observations se situaient dans la moitié méridionale du parc, entre le camp de Balubé, au nord, et l'allée Louis Trichardt, au sud, à savoir entre deux points éloignés seulement d'une quarantaine de kilomètres. Il pouvait donc s'agir d'un seul et même individu, ce qui renforçait évidemment la thèse de l'anomalie individuelle.

(43) Comme Lena Bottriell a eu la gentillesse de me l'apprendre, Davidson se souvenait vaguement avoir pris cette photo, deux ans et demi à trois ans avant 1979. La date de 1975 donnée dans le tract était inexacte.

La radiographie de la tête naturalisée de la descente de lit de Mr. Jan Joubert — celui-ci s'était opposé à l'extraction du support osseux — révéla à ce propos que le seul crâne de Guépard royal dont on disposât était tout à fait semblable à ceux des guépards ordinaires. La question devait d'ailleurs être tranchée bientôt d'une manière décisive.

LA VÉRITÉ, TOUTE LA VÉRITÉ, RIEN QUE LA VÉRITÉ

La découverte assurément la plus importante de la famille Bottriell est en effet celle d'un bout de film pris en 1974 par un Mr. Ossie Schoof dans les monts Lebomba, qui forment la frontière naturelle entre le *Kruger National Park* et le Mozambique voisin. Les prises de vues avaient été réalisées à deux ou trois kilomètres au sud du camp de Nwanedzi, près du Rio Uanetzi, à six kilomètres à peine de la frontière portugaise.

Les images, d'une excellente netteté, montraient une maman guépard tout à fait ordinaire, accompagnée de ses deux petits adolescents, âgés apparemment de 10 à 15 mois. Or — véritable coup de théâtre ! — un seul de ces derniers était marqué des rayures caractéristiques du Guépard royal ! Cette fois, aucun doute ne semblait plus permis : le Guépard-roi ne constituait sûrement pas une espèce à part, puisqu'il naissait d'une mère absolument normale et qu'il pouvait avoir un frère, ou une sœur, normalement marqué lui aussi.

L'auteur de ce film remarquable s'appelait donc Ossie Schoof. Or, rappelons-nous que celui de la première photo jamais prise d'un guépard tigré — celle publiée successivement dans *Custos*, puis dans le livre de Nan Wrogemann — s'appelait, lui, Gary Schoof. S'agissait-il de quelque étrange coïncidence ? Y avait-il un lien de parenté entre les deux hommes ? Ou bien était-ce un seul et même chasseur d'images obstiné, dont on aurait cité tantôt le vrai prénom, tantôt un surnom familier ? La vérité était beaucoup plus simple, et c'est à Lena Bottriell que j'en dois la révélation. Ossie Schoof est tout bonnement le père de Gary Schoof, et le film et la photo ont été pris en même temps. Les Schoof, père et fils, avaient coutume de visiter la grande réserve sud-africaine deux fois par an pendant leurs vacances. C'est en juillet-août 1974 qu'un matin, vers sept heures, ils étaient tombés en arrêt devant une famille de guépards : une femelle normale suivie de ses deux petits, parvenus aux trois quarts de leur croissance, et dont un seul était bizarrement tigré. Papa Schoof avait aussitôt braqué sa camera sur eux tandis que son fils Gary s'efforçait de cadrer le spécimen anormal.

Très excités, comme on peut l'imaginer, par leur expérience hors du commun, les Schoof s'étaient précipités au camp de Satara, puis à celui de Skukuza, pour en aviser les *rangers* respectifs. Ceux-ci, auxquels il est juste de préciser que certains touristes rapportent les faits les plus extravagants, n'avaient toutefois recueilli leurs propos qu'avec une incrédulité un peu narquoise, teintée d'indifférence.

Déçu, et même furieux, Ossie Schoof n'allait pas s'estimer vaincu. Dès que les photos de son fils avaient été développées, il s'était mis à harceler épistolairement diverses autorités en matière de fauves, en leur envoyant l'une ou l'autre épreuve de celles-ci pour confirmer le bien-fondé de ses prétentions. Ce fut — hélas ! — souvent en vain, car on tenait alors pour « notoire » que le Guépard royal n'était qu'une simple phase de coloration — ce qui en vérité **n'avait jamais été prouvé**. En fin de compte, comme on le sait déjà, le Dr G. de Graaff, de l'Université de Pretoria, avait manifesté un certain intérêt pour l'incident, et il avait fait paraître dans *Custos*, l'organe de l'Institut de mammologie de son établissement, une des photos de Gary Schoof représentant, isolé, le jeune guépard tigré.

C'était, certes, le tout premier document photographique figurant un guépard royal

à l'état naturel, mais il ne constituait nullement une preuve irréfutable de la nature
de ce dernier. Il eût fallu pour cela publier en fait l'une ou l'autre image extraite du
film pris par Ossie Schoof, et qui montrait le petit prodige en compagnie de sa mère
et de son frère (ou de sa sœur ?), normalement tachetés tous les deux.
Ainsi revint-il aux Bottriell — et ce n'est que justice — d'en faire connaître enfin l'existence, mais, malheureusement, dans une étude encore non publiée, à laquelle je reviendrai.
Leur étude de la disposition des taches sur le rejeton anormal — aussi révélatrice
qu'une empreinte digitale — permit même de reconnaître en lui celui que L.
Davidson allait photographier, tout à fait adulte, deux à trois ans plus tard. Et il y a
même gros à parier que c'est toujours lui que huit autres personnes avaient rencontré
dans le sud du Parc Kruger entre 1974 et 1978.

UN DON DU CIEL : DEUX NAISSANCES PRINCIÈRES

Une question pouvait encore se poser néanmoins à l'issue de la *King Cheetah Expedition* des
Bottriell, ainsi couronnée de succès. Un guépard tigré ne pourrait-il pas être le résultat d'une
hybridation ? Après tout, si l'on connaissait à présent la mère de l'un d'eux, on ne savait toujours pas qui était le père ? Celui-ci n'était-il pas par hasard un léopard, un de ces éternels
coquins de léopards ? Ou alors — pourquoi pas en somme ? — un guépard royal, un vrai,
un pur celui-là, représentant une espèce distincte, pouvant à l'occasion se croiser sans peine
dans la nature avec un guépard ordinaire. Tout bien réfléchi, il subsistait encore pour l'amateur d'espèces nouvelles un vague espoir, le plus vague des espoirs…
Et puis, il restait tout de même un dernier exploit à accomplir, celui de capturer vivant un individu de la splendide variété royale.
Ces deux aspects pendants du problème allaient se résoudre simultanément d'eux-mêmes,
le 12 mai 1981, de la manière la plus inattendue. Ce jour-là naquit en effet en captivité un petit
guépard royal de sexe mâle, au Centre De Wildt d'élevage et de recherches sur le Guépard,
créé en 1971 et qui dépend du Zoo National de Pretoria. Issu de parents normalement tachetés tous les deux, il était le seul d'une portée de cinq à être marqué de rayures longitudinales,
de taches allongées et de volutes.
Deux jours à peine après cette grande première mondiale, cet événement extraordinaire, apparemment unique, se reproduisait à l'autre bout de la République sud-africaine. Un autre
guépard royal, une femelle cette fois, naissait de même, parmi une portée de trois, dans la réserve privée de Seaview, près de Port-Elizabeth.
Ce n'était pas le résultat d'un pur hasard. En fait, si incroyable que cela pût paraître à première vue, les deux petits enfants royaux, l'un mâle, l'autre femelle, nés à quelque 1 200 kilomètres de distance, avaient bel et bien le même père, et leurs mères étaient deux sœurs !
L'explication en était très simple. L'heureuse maman de la *Seaview Reserve* était, comme sa
sœur, née au Centre De Wildt, où elle avait grandi, et elle avait été cédée à la réserve où elle
vivait à présent, enceinte des œuvres du mâle qui avait aussi fécondé sa sœur au cours de la
même saison des amours.

L'heureux papa — doublement père ! — n'était pas né, lui, en captivité : on l'avait capturé
tout jeune dans le nord du Transvaal. Quant aux deux sœurs qui avaient accouché à deux
jours de distance, elles étaient issues d'un père, « Chris », natif de Namibie, et d'une mère,
« Lady », originaire du sud du Transvaal, tout comme son mari.

Cette fois il était bien établi, de manière absolument indiscutable, que le Guépard royal n'était ni un représentant d'une espèce distincte, ni un hybride accidentel, mais une mutation récessive (c'est-à-dire cachée, dissimulée sous un caractère dominant), apparue dans l'espèce ordinaire. Exit *Acinonyx rex*…

Pour être pourvu d'une livrée considérée comme royale, un guépard devait avoir pour parents des individus possédant tous deux, dans leurs chromosomes, le même gène anormal. Ce dernier devait être relativement peu répandu à en juger par la rareté manifeste des guépards royaux. Rappelez-vous qu'en plus de cinquante ans, on n'avait pu en recueillir que 26 dépouilles sur un vaste territoire s'étendant sur quatre pays différents. Et songez aussi que le premier guépard royal apparut seulement dans la 47e portée née au Centre De Wildt sur un total de 180 naissances !

Comme me l'a fait savoir mon vieil ami le Dr D.J. Brand — en compagnie de qui j'ai autrefois participé à la capture des zèbres de montagne rarissimes dans la réserve de Cradock — il va sans dire que diverses unions sont en ce moment projetées au Centre De Wildt afin de multplier au maximum le nombre de naissances « royales ». Ainsi parviendra-t-on en fin de compte à créer une population stable de guépards royaux, en quelque sorte une sous-espèce nouvelle…

L'ÉVOLUTION, SURPRISE EN PLEINE ACTION

L'histoire, fertile en rebondissements, du Guépard royal, dont Daphne M. Hills, du *British Museum*, et Reay H. N. Smithers ont esquissé les grandes lignes en 1980 dans une revue scientifique du Zimbabwe, *Arnoldia*, apparaîtra sans doute à d'aucuns comme une affaire ayant tourné en eau de boudin. Ne s'est-elle pas soldée par la conclusion qu'une espèce tenue pour nouvelle s'est révélée en fin de compte une simple anomalie ?

En réalité, il ne s'agit nullement d'un échec, mais d'une découverte qui éclaire toute l'évolution du groupe des félins.

Les Bottriell sont en effet parvenus à mettre en évidence certains points d'une importance capitale. Ils les ont exposé dans une publication encore inédite, datée du 20 juillet 1981, qu'ils ont eu la gentillesse de me communiquer. Voici ce qu'ils y disent, entre autres, des mœurs du Guépard royal, qu'ils ont démasqué, mais dont ils ont révélé ainsi le vrai visage :

Un certain nombre d'observations de guépards royaux vus en train de chasser la nuit donnent du poids à l'idée que cet animal est en fait nocturne. La majorité de ces observations se sont produites dans des zones richement boisées, où un prédateur serait automatiquement amené à devenir nocturne pour de simples raisons de survie.

Un des cas — celui du Guépard royal de Messina — concerne un spécimen tué plus tard dans la nuit, près de minuit plus précisément, auprès d'un appât pour lions, un cadavre de vache.

Le dessin gras et sombre de la fourrure du Guépard royal lui confère un camouflage excellent dans un milieu de forêt épaisse, ainsi que la nuit. C'est prouvé par le cas du Léopard, chez qui la variété forestière est dotée d'une robe marquée de manière plus étendue, plus serrée et plus foncée que celle de la variété de savane.

En somme, alors que le Guépard est par excellence un coureur de plaines, diurne du fait même de sa technique de chasse « à courre » exigeant une bonne visibilité, il semble que les individus marqués anormalement de façon royale aient tendance à fréquenter plus volontiers les bois et à y chasser la nuit, davantage à l'affût. Peut-être les guépards, repoussés des savanes par l'avance de la civilisation urbaine, ont-ils une tendance générale à se réfugier de plus en plus à l'orée des forêts, voire à s'y enfoncer. Il est bien évident que, dans un tel environnement, les individus frappés par accident d'une mutation qui rend leur pelage plus tigré, plus étroitement tacheté, plus sombre et plus épais, se trouvent avantagés. Par le jeu de la sélection naturelle, ils deviendront de plus en plus nombreux dans ce biotope en vérité inapproprié pour leurs parents normaux et pour leurs frères, modestement tachetés de manière traditionnelle. Ceux-ci finiront donc fatalement par disparaître, ou par devoir retourner dans leur milieu naturel.

Et ainsi les guépards se scinderont peu à peu, en Afrique, en deux variétés bien distinctes : une forme de savane, tachetée et diurne, le Guépard commun, et une forme de forêt, tigrée et nocturne, le Guépard royal. Ayant des habitats différents, elles auraient de moins en moins de chances de se croiser. De simples phases de coloration individuelles, elles finiront par devenir des races géographiques, c'est-à-dire des sous-espèces, qui, au bout des siècles, peut-être plus rapidement, accéderont à la spécificité.

Bref, le processus que le Centre De Wildt est en train de favoriser par une sélection délibérée, artificielle, la Nature finira de toute façon par le réaliser, le temps aidant. Si rien de fâcheux ne se produit bien sûr dans l'entre-temps…

Ce qui est merveilleux dans le cas du Guépard royal est qu'il nous permet, combien exceptionnellement, de surprendre le phénomène d'évolution animale en pleine action. Si l'on veut bien y réfléchir, l'*Acinonyx rex*, c'est la zoologie du futur [44].

POST-SCRIPTUM : Depuis que ce chapitre a été écrit, Lena Bottriell a enfin réussi à faire paraître, en 1987, le récit de l'ensemble des recherches de son mari et d'elle-même, *King Cheetah : the Story of a Quest* (le Guépard royal, histoire d'une quête), ouvrage pour lequel elle m'avait fait l'honneur de me demander une introduction. Quiconque s'intéresse de près ou de loin à la recherche d'animaux apparemment inconnus ne manquera pas de dévorer ce livre enchanteur et passionnant, à vrai dire un modèle du genre.

---

(44) D'autres guépards insolites méritent de retenir l'attention des cryptozoologistes C'est seulement vers la fin des années 1980 que sont apparues des photos du remarquable « Guépard blanc » du Ténéré, une région extrêmement aride du nord du Tchad. Il est fort svelte, avec un pelage très clair. L'existence de Guépards dans un milieu aussi inhospitalier avait été jugée impossible par d'aucuns.
En 1877, le zoo de Londres faisait l'acquisition d'un curieux guépard, au pelage assez pâle, mais très fourni ; de plus, il avait le corps plus épais et les membres plus gros et plus courts que ceux d'un guépard ordinaire. Il provenait de Beaufort West, en Afrique du Sud. Par la suite, l'on mit la main sur deux peaux de ce « Guépard laineux », comme il a été appelé ; elles venaient de la même localité.
Le crâne du spécimen du zoo de Londres ne différait pas de celui d'un Guépard typique. On considéra ensuite que le Guépard laineux s'était éteint dans le secteur d'Afrique du Sud où il était localisé.
Dans son ouvrage *Mystery Cats of the World* (Robert Hale, Londres : 1989) [pp. 122-125], le cryptozoologiste britannique Karl P. N. Shuker expose le problème posé par ce félin et indique que des guépards semblables ont été signalés au Sénégal et au Kenya, en milieu forestier. Il rapporte également des observations de guépards noirs au Kenya et en Zambie. (JJB)

Un Ethiopien pourrait-il changer sa peau,
Et un léopard ses taches ?
(*Jérémie*, XIII, 23)

Un léopard meurt avec ses couleurs
(Proverbe sotho)

CHAPITRE VI

LE LION TACHETÉ DU KENYA

Sans doute convaincus par une jérémiade fameuse, d'ailleurs approuvée par les sages Ba-Sotho, que le Léopard ne peut jamais perdre ses taches, et devenir en somme un petit lion sans crinière, la plupart des gens estiment, semble-t-il, que réciproquement le Lion, lui, ne peut jamais en acquérir.

Kenneth Cecil Gandar Dower, le jeune héros de cette histoire — il n'avait guère plus de 25 ans à l'époque des faits [45] — a résumé de manière ingénieuse la forte réaction de rejet qui accueillit l'annonce selon laquelle un lion tacheté vivrait au Kenya. Selon lui, les incrédules se divisaient essentiellement en deux camps : ceux qui savaient que les lionceaux sont d'habitude tachetés et ceux qui ne le savaient point. Les premiers s'étonnaient de tout le foin qu'on faisait autour de lions tachetés, puisqu'ils l'étaient tous pendant une partie de leur vie. Et les derniers trouvaient absurde qu'on pût prêter des taches à un félin caractérisé précisément par leur absence.

Tout le monde cependant n'adoptait pas une attitude si négative, et en premier lieu, bien sûr, Mr. Gandar Dower lui-même qui allait pendant des années dépenser des trésors d'ingéniosité pour tenter de percer le mystère auquel il se heurtait, et qui se fondait d'ailleurs sur des preuves matérielles peu discutables. Comme dans maintes énigmes cryptozoologiques, le problème n'était pas en effet une question de *to be or not to be ?*, mais bien celle d'être ou de ne pas être un **animal nouveau**.

DEUX PEAUX D'ASPECT AHURISSANT

Nous apprendrons plus loin que certaines rumeurs relatives à l'existence d'une race de lions maculés traînaient déjà dans l'Est africain depuis le début du siècle. Ce n'est toutefois qu'en 1935 que l'affaire prit un tour offciel, quand parurent les rapports annuels du Service des Chasses de la Colonie et du Protectorat du Kenya pour la période s'étendant de 1932 à 1934. On put en l'occurrence y lire ce qui suit sous la signature de l'Inspecteur principal A. T. A. Ritchie :

Mr Trent, d'Ol Kalou, m'a apporté en 1933 deux peaux de lions, l'une d'un mâle vieillot et l'autre d'une femelle apparemment adulte, qui ne manquent pas d'intérêt. Ces animaux avaient été abattus dans la zone à bambous des monts Aberdares. Les deux peaux présentaient la même particularité : une pigmentation foncée, plus spécialement le long du milieu de la région dorsale, pigmentation qui se concentrait

---

(45) Cela se passait, précisons-le, dans les années 30, à savoir au temps jadis, à une époque où quiconque avait dépassé le cap des vingt ans n'était pas encore tenu pour un vieillard cacochyme.

*sous forme de rosettes, comme celles des léopards et des très jeunes lions, et qui dif-
férait du pommelé qu'on trouve encore sur les flanc et les pattes de maints vieux
lions. Un autre trait caractéristique de ces peaux tannées est que les pattes en paraissaient remarquablement courtes. On ne dispose malheureusement ni des crânes,
ni d'autres portions des squelettes.*

*Je ne sais si les marques foncées résultent d'une simple tendance individuelle ou fa-
miliale vers un certain degré de mélanisme, si elles proviennent d'une action du milieu sur l'individu, ou encore si elles sont à ce point fixées qu'elles justifient une pré-
tention au statut racial. Si la première possibilité est en jeu, nous trouvons là un trait
de famille comparable à celui que présentait tout un troupeau de cobes blancs qui
vivaient avant la guerre près de la plaine de Lorion. Si la seconde est la bonne, tout
lionceau des plaines égaré parmi les bambous acquerrait des marques semblables
en arrivant à maturité. Et si la troisième se révélait exacte, alors des individus de la
zone à bambous transplantés dans la plaine ouverte et torride grandiraient en
conservant la robe sombre et donneraient par la suite des rejetons semblables.*

*Je puis ajouter que des animaux aux marques si foncées ont été observés à l'occa-
sion dans les basses terres, encore que très rarement.*

*Pour pouvoir trancher définitivement la question il faudra se procurer d'autres spé-
cimens et, ce qui est capital, des squelettes.*

Pourquoi des squelettes ? Afin de pouvoir fixer sans équivoque, par l'examen du
crâne, et en particulier de la denture, l'âge de lions tardivement tachetés, et y découvrir éventuellement certains traits inconnus chez les lions ordinaires.

GANDAR DOWER S'EN VA-T-EN GUERRE

On devait en apprendre bien davantage sur cette ténébreuse affaire dans le numéro du
23 février 1935 du *Field* de Londres, l'hebdomadaire favori du gentleman campagnard ou broussard. Un article y était intitulé interrogativement : « Un lion tacheté ? », mais, ce qui prouvait que la chasse à ce félin peut-être inexistant était déjà
ouverte, il portait en sous-titre : « L'expédition de Mr. Gander [sic] Dower aux
Aberdares ». Le texte n'était pas signé, mais, comme la suite nous l'apprendra, il était
sinon de la plume même de Kenneth C. Gandar Dower, du moins inspiré par les informations reçues de celui-ci. Ce document historique mérite d'être reproduit ici dans son
intégralité, car il rend compte au mieux de toutes les subtilités du problème :

*Maintenant que beaucoup de son obscurité a déserté l'Afrique, il paraît impossible
que du Continent autrefois dit sombre puisse encore toujours « venir quelque chose
de nouveau ». Des événements récents viennent pourtant de prouver une fois de plus
qu'une certaine croyance superstitieuse indigène n'est nullement un simple tissu
d'imagination débridée. L'existence d'une forme étrange de lion, sur laquelle des
rumeurs circulent depuis plus de vingt ans, semble devenue un fait établi. Reste à
découvrir s'il s'agit d'une espèce nouvelle ou d'une variété du lion des plaines ordinaire qui, du fait d'un milieu anormal, aurait acquis des traits inhabituels. Une
expédition s'est montée pour en décider, et elle est déjà en pleine action dans les
monts Aberdares.*

Les transports motorisés ont ouvert le Kenya avec, à certains égards, une hideuse efficacité. Seules les forês les plus élevées des montagnes équatoriales restent encore relativement inconnues. Elles possèdent une flore et une faune qui leur sont propres. Les séneçons géants et les lobélies des hautes landes sont depuis longtemps réputés, et c'est l'an dernier seulement qu'une forme nouvelle de céphalophes a été découverte sur le mont Kenya [46].
Jusqu'à ces derniers mois cependant, les histoires de lions forestiers du mont Kenya et des Aberdares, plus petits et plus sombres que les lions ordinaires étaient considérés comme du domaine de la fiction. Seulement deux spécimens extraordinaires ont à présent été abattus, et leurs dépouilles se trouvent dans les bureaux du Service des Chasses.
Il y a quatre ans, le capitaine Dent, l'Inspecteur des Pêches de la colonie, avait vu quatre lions traverser une piste à une altitude de 11 000 pieds [3 600 m.] près des sources de la Garcita [= Kathita !] sur le mont Kenya. Ces félins lui avaient paru plus petits et plus sombres que des lions normaux, mais comme il se trouvait à ce moment au milieu d'un troupeau d'éléphants, il ne lui avait pas été possible de les étudier plus avant, et il avait attribué leur aspect insolite à un effet de lumière. Un an plus tard toutefois, ses boys, qui piégeaient des léopards dans les Aberdares, lui avaient déclaré avoir capturé un animal étrange « mi-léopard mi-lion ». Mais cela s'était passé deux mois auparavant, et ils n'avaient pas conservé la peau.
Il semblait que ces rumeurs fussent appelées à n'être jamais confirmées que par des on-dit de témoins oculaires, incapables en somme d'apporter la moindre preuve concrète, quand deux lions opérèrent une razzia sur la shamba *d'un certain Mr. Trent, qui possède une ferme au-dessus de Thomson's Falls. Celui-ci suivit les félins vers les hauteurs et il eut la surprise de constater que c'était un mâle et une femelle, à son avis adultes, mais néanmoins tachetés. Il les tua tous les deux, la femelle sur-le-champ, le mâle après une poursuite mouvementée, et il rapporta leurs deux peaux au Service des Chasses.*
Ces peaux, bien que plus petites que celles de lions ordinaires, en diffèrent surtout, et de manière spectaculaire, par la présence de taches. De telles marques sont, bien entendu, communes chez les lionceaux, mais les spécimens de Trent semblent avoir près de dix-huit mois, et le mâle possède d'ailleurs une crinière. Les taches ne présentent pas la moindre tendance à l'évanescence. Elles ont l'aspect de rosettes, dessinées comme celles du léopard, mais en plus grand, et elles couvrent les pattes, les flancs, le dos et le cou.
Malheureusement, des peaux seules ne sont pas suffisantes pour permettre une identification et une classification. Il faut avoir aussi le crâne et le squelette. Un problème des plus intéressants reste donc à résoudre. Est-il possible que les spécimens obtenus proviennent d'un croisement entre le lion et le léopard ? Sont-ce de simples individus monstrueux ? Représentent-ils une variation naturelle engendrée par une vie forestière anormale ? Constituent-ils une espèce tout à fait nouvelle ?
A ces questions, il sera impossible de répondre tant qu'un spécimen complet n'aura pas été examiné. La possibilité d'une hybridation lion x léopard semble inconcevable de la nature. Les grands chats ne se croisent qu'en captivité, et encore rarement, lorsque par suite d'une longue coexistence les différences raciales ont fini par être oubliées. D'ailleurs, les taches exceptées, les peaux ne présentent guère de caractères du Léopard. La suggestion

(46) Il s'agit du *Cephalophus hooki*, connu localement sous de nom de *Kichachu*, et que Miss J. Saint Leger, du Département d'Histoire naturelle du *British Museum*, avait dédié en 1934 à son inventeur, le célèbre chasseur Raymond Hook, que nous allons retrouver plus loin sur la piste même du Lion tacheté. Le Céphalophe de Hook devait se révéler par la suite une race locale du Céphalophe à front noir (*Cephalophus nigrifrons*).

*selon laquelle ces animaux sont des monstres serait tout à fait plausible si leur décou-
verte n'était venue confirmer des rumeurs qui persistaient depuis vingt ou trente
ans. Des taches, même vues de près, donnent une impression générale d'obscurité,
qui rendrait compte de la noirceur prêtée à ces animaux par des observateurs inter-
loqués. La plus grande probabilité se trouve pour une fois là où les esprits romantiques préfèrent la voir : il est très vraisemblable en effet qu'une race de lions,
étrange et rare, hante les hautes forêts des Aberdares et une zone réduite du mont
Kenya.*

*L'hypothèse du « monstre » est infirmée en outre par un incident plus récent survenu
à Mr. Nimmo, le régisseur d'une ferme située sur le plateau de Kinangop. Au petit
matin, un de ses amis et lui ont rencontré cinq bêtes qui venaient tout juste de dévorer un guib harnaché, lequel avait été abattu la nuit précédente. Mr. Nimmo
connaît fort bien les léopards, les guépards, les hyènes et les lycaons. Pour ces ani-
maux-ci il est formel : ils étaient nouveaux pour lui. Il les aurait pris pour des lions
s'ils n'avaient pas été trop petits et trop foncés pour en être. Son ami qui, lui, avait
vu les peaux déposées au Service des Chasses, avait reconnu d'emblée en eux des
lions de montagne. Bien que la lumière fût loin d'être bonne, Mr. Nimmo avait blessé
l'un d'eux au ventre, mais, en dépit de la gravité de sa blessure, le fauve avait disparu dans la broussaille, d'où il ne pouvait plus être débusqué.*

*Etant donné la position de ces animaux qui avaient été vus surtout sous forme de si-
lhouettes se profilant sur le jour naissant, Mr. Nimmo ne peut — hélas ! — se porter
garant de la présence de taches. Cela dit, les félins en question étaient sûrement plus
petits que n'importe quel lion, ils n'avaient ni l'arrière-train en pente ni la démarche significative de l'hyène, ils ne s'étaient pas éclipsés en vitesse comme des
léopards l'eussent fait, et ils avaient mangé de la viande morte, ce qui est tout à fait
contraire aux habitudes du guépard. En tant que preuve complémentaire, l'observation en question est donc très importante.*

*L'Expédition du Lion tacheté espère résoudre ce mystère fascinant. Les Aberdares
constituent une zone bien plus étendue que les portions correspondantes du mont
Kenya, et leurs forêts ont mérité une juste réputation de mystère en tant qu'habitat de
l'insaisissable antilope Bongo. Mais comme les preuves les plus récentes proviennent
de cette région-là, l'expédition s'est donnée pour but de l'explorer en premier lieu.
Son objectif est avant tout d'abattre un vieux lion à crinière et d'en ramener la peau,
le crâne et le squelette, pour les soumettre à l'examen de zoologues compétents. Il est
également projeté de capturer si possible un spécimen vivant, ainsi que de prendre des
photographies de la créature dans son milieu naturel. Vu le caractère accidenté de la
région, l'abondance des pluies, la fréquence des brouillards et la rareté manifeste du
Lion tacheté, ce ne serait que par un coup de chance exceptionnel que ces objectifs
subsidiaires pourraient être atteints. Cela dit, il ne semble pas impossible qu'avec un
peu de bonne fortune, un spécimen puisse être abattu, qui ajouterait un nouvel animal
au catalogue de la Science en établissant l'existence d'au moins une sous-espèce surprenante de l'animal le plus célèbre au monde.*

L'article était illustré d'une photo impressionnante d'un des deux trophées ramenés
par le fermier Michael Trent : la peau du mâle.

ÊTRE TACHETÉ OU L' ÊTRE RESTÉ, C'EST LA QUESTION

A l'exposé de Gandar Dower, le rédacteur en chef du *Field* avait cru bon d'ajouter en note un très bref commentaire :

Il paraît pour le moins possible que l'explication du mystère tienne au fait que les lions forestiers garderaient leurs taches juvéniles plus longtemps que les lions normaux.

En d'autres mots, les lions forestiers sont tachetés parce qu'ils conservent leurs taches. Voilà une explication qui rappelle furieusement la science médicale du Dr Diafoirus : *Opium facit dormire quia est in eo virtus dormitiva* (l'opium fait dormir parce qu'il y a en lui une propriété soporifique).
Il n'empêche qu'à cause peut-être de son évidence ingénue, cette pétition de principe suscita aussitôt l'adhésion enthousiaste d'un lecteur du *Field*, résidant au *Hunters Hotel* (Hôtel des Chasseurs) de Tunbridge Wells, Mr A.M. Mackenzie, dont la lettre fut publiée dans le numéro du 16 mars suivant :

Monsieur,

A propos de l'article consacré au « lion tacheté » dans The Field *du 23 février, je suis parfaitement d'accord avec l'explication que vous proposez dans la note infrapaginale. J'ai passé plus de vingt ans au Kenya et j'y ai vécu un temps considérable comme chasseur professionnel de gros gibier.*
En tirant des lions au sommet de l'escarpement d'Elgeyo et dans la concession forestière de Grogan (47)*, qui est contiguë, j'ai bien souvent rencontré des lions et des lionnes dont la robe était fortement marquée comme au tampon. Ces lions sont plus petits et plus sombres que les lions des plaines, et ils semblent conserver leurs taches beaucoup plus longtemps qu'eux. L'altitude à cet endtoit se situait entre 7 000 et 7 900 pieds [2 100 à 2 400 m].*

En fait ce témoignage constituait une confirmation supplémentaire de l'existence, dans les forêts de montagne du Kenya, de petits lions étrangement tachetés, dont la fréquence en ces lieux semblait suggérer la présence d'une population permanente. Peu après, au mois de juin 1935, un autre lecteur du *Field*, Mr Andrew Fowle, de Timau, dans le nord du Kenya, vint mettre à son tour son grain de sel dans le débat, sans qu'on pût davantage comprendre ce qu'il entendait au juste démontrer :

Suite à l'article et aux lettres publiés récemment à propos de lions tachetés, j'ai le plaisir de vous envoyer un agrandissement d'une photographie que j'ai prise il y a peu au Tanganyika et qui montre un jeune lion perché sur un arbre. Les marques triangulaires composées de trois taches et ressemblant à celles des léopards sont nettement visibles.
Un point qui n'a pas été soulevé dans l'article sur les lions des Aberdares est l'âge apparent du lion en question. Ce lion portait une petite crinière foncée et des touffes de poils aux coudes. Or, suivant mon expérience personnelle, un lion normal n'acquiert pas ses touffes

(47) Ewart Scott Grogan est l'homme qui, en 1898 et 1899, parcourut toute la longueur de l'Afrique à pied, de Cape Town au Caire, pour épater le père de la jeune fille qu'il courtisait, et qui ne le trouvait pas assez « remarquable » pour être son gendre.

*cubitales avant d'avoir une belle crinière, et il peut dès lors être considéré comme étant à
la fleur de l'âge. Les peaux des lions des Aberdares m'avaient été montrées par le capitaine
Ritchie quelques mois avant que votre article ne parût.
Le jeune lion de la photo est âgé de deux ans environ : il appartient à une bande
que j'ai connue tout au long de cette période, en fait depuis que leurs mères leur
avaient donné le jour. Celles-ci sont faciles à reconnaître à certaines particularités.*

Les lions atteignent leur pleine maturité avant quatre ans. Par les précisions qu'il apportait, Mr Fowle montrait qu'il leur arrivait à l'occasion, même dans les savanes du
Tanganyika, de conserver leurs taches juvéniles au moins jusqu'à l'âge de deux ans.
Cependant il soulignait aussi le fait que le mâle abattu par Michael Trent devait avoir
longuement dépassé cet âge, puisqu'il avait non seulement une crinière rudimentaire
mais des touffes de poils aux coudes. Un coup d'œil jeté à la photo de ces jeunes lions
tanzaniens révélait au surplus que leurs taches évanescentes n'avaient rien de comparable aux rosettes bien marquées de la dépouille du mâle des monts Aberdares.

LE SYSTÈME DU ROULEAU COMPRESSEUR

Il était grand temps que Gandar Dower vînt mettre un peu d'ordre dans la discussion, ce dont il s'acquitta dans un article qui parut, toujours dans *The Field*, le 6 juillet suivant, sous ce titre :

*A la recherche du lion tacheté.
L'aiguille dans la meule de foin des Aberdares.*

Après y avoir rappelé « les faits tels qu'ils se présentaient en octobre de l'an dernier », l'entreprenant jeune homme s'efforça de faire le point actuel sur l'affaire :

*A l'époque, je ne réalisais pas l'énormité de la tâche que nous nous étions assignés.
Mais bien qu'un succès complet n'aît pas encore été atteint, et qu'il puisse se faire
attendre un an de plus, tant de faits nouveaux se sont ajoutés au maigre stock de nos
connaissances relatives à l'étrange bête, que cela vaut la peine de faire la synthèse
de la situation présente. Le Lion tacheté existe dans les montagnes équatoriales,
non en tant qu'anomalie individuelle, mais pour le moins comme sous-espèce distincte. Il est possible que celle-ci représente un retour à la forme ancestrale qui devait être tachetée. Peut-être aussi sont-ce les derniers membres de cette vieille race
qui, isolés dans leurs places fortes des montagnes, livrent là-bas leur dernier combat contre l'extinction.
Tout à fait en dehors des nombreuses histoires corroborantes qui nous sont parvenues depuis octobre dernier — et elles comprennent d'étranges rumeurs en provenance du Congo [l'actuel Zaïre] — l'expédition a obtenu assez de résultats de première main pour justifier une telle conclusion, mais trop peu néanmoins pour l'établir de manière scientifique. Des traces de pas du Lion tacheté ont été relevées une
fois sur le mont Kenya et à maints endroits différents dans les Aberdares. L'altitude
de son habitat, le gibier dont il se nourrit, et ses lieux de prédilection nous sont
connus. Il s'est approché des appâts disposés par l'expédition et il a hésité au seuil*

des trappes. A quatre occasions, il a même été aperçu en plein jour par des boys tout à fait dignes de confiance, qui ont pu l'observer pendant un temps considérable. Les talents descriptifs des Africains sont réputés pour leur imprécision, mais leurs rapports concordent admirablement bien avec l'aspect des deux peaux déjà obtenues et nos boys n'avaient jamais entendu parler de celles-ci auparavant. Ils décrivent la bête comme ayant la taille d'un grand léopard mais la disent plus épaisse qu'un de ceux-ci, plutôt trapue et basse sur pattes, tout en ayant quelque chose du guépard par la tacheture et la semi-crinière en favoris. Ils disent d'elle qu'elle est « un lion sans être un lion » ou bien encore : « Il y a le léopard et le guépard. Eh bien, il y a aussi le lion et le marosi *».* [48]

Le premier safari aux Aberdares a suggéré, et le second confirmé, que les lions tachetés, bien que rares partout — à vue de nez, je dirais qu'il n'y en a guère qu'une soixantaine sur toute l'étendue des Aberdares et beaucoup moins encore sur le mont Kenya — ont le plus de chances d'être rencontrés dans les forêts de hagénias, ou dans la frange d'ajoncs et de bruyère arborescente qui borde la limite supérieure de celles-ci. Le Marosiland, le pays des marosis, *ceinture les Aberdares ente les courbes de niveau de 9 500 et de 11 500 pieds [2 900 et 3 200 m]. C'est un monde fantastique de versants montagneux en pente raide, couverts de forêts épaisses, où il est très difficile de se déplacer. Nous n'avons trouvé de traces de* marosis *ni dans les landes situées au dessus de cette ceinture, ni dans les forêts de cèdres et de bambous situées en dessous.*

Deux difficultés majeures attendaient l'expédition au départ : l'identification des pistes et la pénurie de gibier pouvant servir d'appâts.

Les léopards des Aberdares sont nombreux et de grande taille, et un élément de confusion supplémentaire a été introduit par la présence de lions de plaine qui, repoussés dans les montages par les établissements coloniaux se rencontrent parfois jusqu'à une altitude de 12 500 pieds [3 800 m]. Nous avons fait de notre mieux pour distinguer les traces suivant leur taille et les circonstances. Ainsi, lorsque nous trouvions, par exemple, deux pistes, plus grandes que celles des léopards, mais si petites qu'elles ne pouvaient provenir que de lions de faible taille, et quand ces pistes montraient que ces « lionceaux » non accompagnés d'un adulte avaient pourchassé une horde de buffles à travers la forêt, nous nous sentions justifiés à croire que nous nous trouvions bien dans la paroisse du lion nain des montagnes. Cela dit, nos boys se jurent même capables de distinguer une piste de marosi *de celle d'un léopard ou de celle d'un jeune lion, aussi bien par la forme que par la taille des empreintes. Ils prétendent en effet que les pieds du* marosi *sont plus étroits et allongés et que les griffes n'en sont pas complètement rétractiles. En ce qui me concerne, je ne puis confirmer l'exactitude de cette information pour le moins surprenante.*

Une autre difficulté se présentait. La seule manière d'établir le contact était de disposer des appâts. Or, le giber approprié s'avérait d'emblée difficile à trouver. Les guibs étaient communs mais peu aisés à tirer et ils ne durèrent pas longtemps ; les élans étaient protégés par la loi ; et pour quelque raison, les buffles, qui en principe auraient dû se trouver partout, se révélaient rien moins qu'abondants. Il était quasi impossible de dresser une ligne adéquate d'appâts, et dès qu'un tel dispositif avait été mis en place, il était d'ordinaire saccagé aussitôt par les léopards. Vers la fin de novembre, les escarmouches erratiques du second safari furent abandonnées au profit d'une sorte de « système du rouleau compresseur ».

(48) Ce nom allait bientôt être orthographié plus communément *marozi*, ce qui correspond mieux à sa prononciation en anglais.

Ce projet était presque de l'Heath Robinson à l'état pur [49] *par sa complexe perfection, mais c'était vraiment la seule technique possible, et elle devait d'ailleurs porter ses fruits. Elle consistait à soumettre le* marosi *à un siège en règle. Dans trois fermes situées au nord, à l'ouest et à l'est des Aberdares, ainsi que dans une autre proche du mot Kenya, je me suis arrangé pour qu'on me tuât des zèbres (qui ne sont là-bas que vermine). La viande était transportée en voiture aussi haut que possible en montagne. Puis elle était amenée à dos de mulet ou de poney de bât jusqu'à une altitude de l'ordre de 10 000 pieds [3 000 m], et distribuée judicieusement. Chasser une bête rare revient à multiplier au maximum les chances les plus improbables. Par une extension du système du buffet gratuit, notre champ d'action et notre efficacité se sont ainsi trouvés bien plus que quadruplés.*

Ce plan n'a pu être réalisé que grâce à la générosité de Raymond Hook, le grand spécialiste du mont Kenya et une des plus éminentes autorités de la colonie en matière de voyages par bêtes de somme. Déjà il m'avait accompagné au cours des deux safaris précédents — sans doute aucun autre homme au Kenya ne m'eût ainsi permis de poursuivre une chasse prolongée à une altitude supérieure à 1 000 pieds [3000 m] et, bien qu'il eût à présent été rappelé à sa ferme, il m'a prêté ses chiens, ses mulets, ses poneys de bât et ses boys. Ces derniers ont été répartis aux divers points stratégiques et chargés de distribuer les appâts et de les surveiller.

Cinq semaines plus tard, au début de janvier, les lions tachetés sont enfin arrivés : ils se sont nourris de nos appâts pendant trois nuits successives et furent observés par les boys. Hélas ! j'avais été appelé dans un autre coin des Aberdares par un rapport inconsistant et je suis revenu un jour trop tard. Puis nous n'avons plus eu aucune nouvelle de notre proie pendant tout un mois.

A l'approche de la saison des pluies, qui rend la chasse en montagne quasi impossible, Hook et moi avons construit deux pièges à portes coulissantes dans la région de la rivière Pesi, après en avoir reçu l'autorisation spéciale grâce à l'amabilité du Service des Chasses, et ce, avec l'espoir de capturer un spécimen vivant pour le Zoo. Je reste toujours gonflé d'espoir. Au moment où j'écris ces lignes, ces pièges ne se sont encore refermés que sur des léopards, mais des lions tachetés ont hésité sur leur seuil à cinq occasions au moins. Il paraît probable que le succès finisse à la longue par couronner nos efforts. Si, à la fin de la saison des pluies, les pièges n'ont rien donné, j'espère retourner l'été prochain aux Aberdares, ou alors au début de l'automne.

UN POINT DE VUE AFRICAIN

L'aide inappréciable de Raymond Hook, connaisseur chevronné de la région, n'avait pas été obtenue d'emblée par Gandar Dower. En vérité, c'était ce récent descripteur d'une nouvelle forme locale de Céphalophes qui avait, sans le vouloir, mis ce dernier sur la piste du Lion tacheté, quand il lui avait dit quelques années auparavant, de manière pourtant peu encourageante :

– Une rumeur veut qu'une sorte de lion nain vive sur le mont Kenya. Foutaises que tout cela ! Rien que des foutaises !

Toutefois, après que le fermier Trent eut abattu deux de ces lions pygmées, somptueusement tachetés en outre, Hook revint peu à peu sur son incrédulité. Tant autour des Aberdares que du mont Kenya, il se mit à interroger les gens du cru, et entre au-

(49) Heath Robinson est cet écrivain et caricaturiste anglais qui s'est illustré surtout par les machines extraordinairement compliquées qu'il a imaginées et figurées : les moulins à mélasse, les distributeurs de coups de pieds au cul et la traction de la queue de chats mélomanes y jouent un rôle aussi déterminant que les poids à bascule, les pistons à vapeur et les engrenages différentiels, et ce pour atteindre aux résultats les plus dérisoires.

tres le plus précieux de ses auxiliaires, un nommé Ali, le meilleur piégeur de léopards qu'il connût et, au surplus, un chasseur expert de lions et de guépards. Et comme Ali avait eu maintes occasions de trouver dans ses trappes des hyènes et des chacals de toutes sortes, il connaissait en fait on ne peut mieux tous les fauves du pays.

Ainsi s'ébaucha un jour le dialogue suivant dont Hook devait rapporter les termes avec soin dans une lettre que son ami Gandar Dower lui avait réclamée pour la constitution du dossier de l'affaire :

R.H. : Dis-moi, Ali, à propos de ces marozis, *comment se fait-il donc que nous n'aboutissions à rien ? Peut-être est-ce parce qu'il n'y en a pas, parce que tu les as imaginés ? (Rien ne déclenche mieux l'éloquence qu'un léger sentiment d'être injustement accusé).*

ALI : Oh non ! Ce n'est pas vrai. Ils existent !

R.H. : Alors, où diable se cachent-ils ?

ALI : Dans la forêt. De toute façon, il n'y en a pas beaucoup. Je dis qu'ils existent parce que je les ai vus et que Bwana Trent en a tués.

R.H. : Je pense que ce n'étaient que de jeunes lions. (J'ai dit cela pour susciter son opinion personnelle).

ALI : Cela se peut. Je n'ai pas vu les peaux. Mais alors, pourquoi les vieux disent-ils qu'il y a des lions et des marozis, *des léopards et des guépards ? Que je dise cela moi-même est une chose, mais que tant d'autres le disent est toute autre chose.*

R.H. : As-tu vu quelqu'un il y a peu qui sache réellement quelque chose sur eux ?

ALI : Oui. Et je dois te dire que si l'on veut vraiment des marozis, *il faut aller à Embu* [dans le sud-est du Kenya]. *Car c'est là que j'ai entendu dire un tas de choses sur eux récemment. On donne un nom aux lions et un autre nom aux* marozis.

R.H. : Qui as-tu interrogé et que t'a-t-on répondu ?

ALI : J'ai tout d'abord demandé : « Qu'est-ce qu'un Kitanga ? » *et ils ont dit que c'était un léopard, un léopard ordinaire, mais ils ont dit également qu'il y a aussi des* marozis *et de grands* simbas [lions].

R.H. : Où ces marozis *vivent-ils ?*

ALI : Certains visitent les terres basses, mais ils ne restent pas là. Ils ne font que s'emparer de ce qu'ils peuvent et retournent aussi vite que possible dans leur propre pays, qui est celui des bambous.

R.H. : Et il y en a beaucoup à Embu ?

ALI : Pas énormément, mais si un homme en voit deux ou trois fois, il pense qu'il y en a des quantités.

R.H. : Y a-t-il des Wanderobo [50] *à Embu ?*

ALI : Ce sont tous des Wanderobo là-bas : ils se nourrissent tous d'animaux sauvages et beaucoup d'entre eux ont des ruches à miel dans la forêt.

R.H. : Les Wanderobo montent-ils dans les landes ?

ALI : Certains oui, mais il y en a peu, car ils craignent le froid.

R.H. : Ceux qui y vont disent-ils qu'il y a des marozis *dans les landes ?*

ALI : Oui, ils disent qu'il y en a.

R.H. : As-tu vu quelqu'un qui connaît les landes ?

ALI : Oui, j'ai rencontré un homme qui disait qu'il les connaissait, mais je ne lui ai pas demandé grand-chose. Il m'a dit qu'il y avait des marozis *mais pas de guépards*

(50) Les Wa-Nderobo, Ndorobo ou Dorobo (du massaï dorop, court, petit), sont un peuple de chasseurs pygmoïdes, à savoir métissés de pygmées.

dans la forêt : il y en a seulement dans les plaines en dessous d'Embu.

R.H. : Comment se fait-il qu'il ne semble pas y avoir de peaux de marozis ?

ALI : Si un homme dit qu'il y a un animal par là-bas mais qu'on n'en a jamais tué, c'est qu'il ne sait pas où il y a une peau.

R.H. : Combien de gens as-tu interrogé ?

ALI : Quatre. Chacun séparément, et ils ont tous dit la même chose. Je leur ai posé des questions avec insistance, car pourquoi ces marozis nous ont-ils donc vaincus ? Si nous parvenons à en attraper un, alors nous serons réguliers avec Gandar. Dans quelle entreprise avons-nous jamais échoué ?

R.H. : Et les gens des Aberdares ? Qu'est-ce qu'ils ont dit, eux ?

ALI : A peu près la même chose, mais ils disent, eux, qu'il y a deux sortes de marozis : des grands et des petits. Moi, je ne le crois pas. S'il y a des marozis là-bas, ils ne sont que d'une sorte.

R.H. : Et ceux que tu as vus toi-même ?

ALI : Ils étaient comme des lions, en plus petit, mais je ne crois pas pourtant que c'étaient des lionceaux.

R.H. : Combien de fois les as-tu vus ?

ALI : Cinq fois. La première fois quand j'ai rencontré le voleur. Ils étaient assez près pour que je puisse distinguer les taches, mais pas très bien cependant : cent mètres environ. C'était un mâle et une femelle. Ils nous ont vus et ils se sont enfuis. Une autre fois, j'étais allé jeter un coup d'œil sur la viande, près de la chute d'eau, pour trouver u endroit où disposer les appâts, et il y a là-bas un sentier de passage de gros gibier, et la route fait un coude. Deux marozis sont arrivés sur nous jusqu'à une courte distance par le tournant, et je les ai biens vus. Leur taille n'était pas beaucoup plus élevée que celle des léopards, et leurs taches étaient faciles à voir. Ils ne se trouvaient pas à plus de vingt-cinq mètres, mais ils se sont précipitamment retirés dans les fourrés

Une autre fois encore, je remontais la pente près de la Melawa, quand nous en avons vu deux la dévaler. Ils étaient à portée de fusil et je les ai bien vus.

Et puis, une autre fois, j'en ai vu deux traverser la piste proche de ton campement, là où tu campais pour construire la première trappe, mais je ne les ai pas bien vus à travers la bruyère épaisse.

Enfin, un jour, j'en ai vu un sur une piste près de la Melawa, et celui-là, je l'ai vu le mieux de tous car je marchais sans bruit. Il était tacheté.

R.H. : On ne voit pas les taches, de loin ?

ALI : Ils ont d'abord l'air brunâtre, mais quand on est assez près, les taches se montrent nettement. Les Embu disent exactement la même chose. Et ils disent aussi qu'ils n'ont que des favoris sur les côtés du cou, pas une véritable crinière comme des lions. Je pense qu'il y en a très peu dans les Aberdares, mais qu'ils pourraient être plus nombreux sur le Kenya.

R.H. : Mais s'il y en a davantage sur le Kenya, comment se fait-il que nous ne les voyons jamais quand nous escaladons cette montagne ?

ALI : J'ai pensé à cela moi aussi, mais je crois qu'ils s'installent seulement à certains endroits, et pas à d'autres. J'ai dit un jour à quelques vieillards : « Pourquoi nous avez-vous dit qu'il y a des lions et des marozis qui mangent les gens, alors que nous constatons que vous nous avez trompés et qu'il n'y a que des lions ? » Ils ont répondu : « Non, non. Il y a des lions et des marozis, bien que nous ne voyons plus

que des lions. Mais les marozis *sont toujours là-haut. » C'étaient de vieux Kikuyu. Pourquoi tout le monde dirait-il la même chose ?*
C'est tout ce que j'ai à dire : ils existent, mais ils se cachent. Je crois que si nous allons à Embu, nous en attraperons. Tiens, pense à cette affaire du Sanglier géant : au début nous n'en prenions pas un seul, et maintenant nous en capturons, parce que nous cherchons au bon endroit.

L'OPINION DU CHASSEUR BLANC RAYMOND HOOK

Somme toute, c'est à la lumière d'informations indigènes de cette sorte que Raymond Hook finit par devenir un supporter ardent des entreprises du jeune Gandar Dower. En témoigne d'ailleurs le passage capital de la lettre dans laquelle il lui exprimait son opinion personnelle sur la question :

Une chose est bien certaine : c'est que n'importe quel indigène connaissant un tant soit peu les landes du mont Kenya et des Aberdares croit à l'existence là-haut d'un lion relativement nain, plus tacheté que l'espèce ordinaire, dite commune, et tout à fait différent. Mais les preuves apportées à l'appui de cette théorie sont toujours nébuleuses et souvent idiotes, du genre : « Il y a forcément des marozis, *sinon vous ne perdriez pas votre temps à les rechercher. » Un peu plus solides sont les histoires fondées sur ce que disent les vieux indigènes, et bien meilleures encore les déclarations des gens qui ont eu sous les yeux les dépouilles des trois ou quatre animaux de cette sorte ayant été abattus. De ceux-ci, tu sais tout des spécimens tués par Trent, mais il semble qu'il y ait eu au moins deux autres cas similaires : un vers 1918 près de la piste Naivasha-Nyeri, à quelque 11 000 pieds [3 350 m] d'altitude et un autre dans l'est des Aberdares, à environ 9 000 pieds [2 750 m], mais dans chacun d'eux, les restes ont disparu sans avoir été convenablement décrits.*

Apparemment honteux de son incrédulité première, Hook avait même tenu à faire une rectification après avoir lu le manuscrit de l'ouvrage que Gandar Dower entendait consacrer au Lion tacheté :

Pour ce qui est du propre rôle que je joue dans ton bouquin, puis-je te faire remarquer que tu as abominablement mélangé — et manifestement de façon délibérée — mes vues actuelles avec celles que j'avais avancées autrefois uniquement pour te taquiner...

L'ANALYSE SCIENTFIQUE DE REGINALD POCOCK

Gandar Dower ne se sentait pas seulement soutenu dans ses entreprises par les connaissances traditionnelles des gens du cru et l'avis déclaré d'un expert éminent de la faune locale, bien payé par sa propre découverte d'une antilope inconnue pour en mesurer les possibles lacunes. Il avait aussi trouvé des encouragements de poids dans les milieux scientifiques. Quand il avait parlé dans *The Field* des recherches qu'il menait dans les Aberdares sur l'existence d'une variété tachetée de lions, cela avait fait dresser l'oreille à Reginald I. Pocock du Département d'Histoire naturelle du *British Museum,* qui avait précisément consacré, quelques années auparavant, une étude approfondie aux lions d'Afrique et d'Asie. Frappé par l'aspect vraiment insolite de la dépouille du lion mâle abattu par Michael Trent, dont la photo illustrait l'article du jeune explorateur, il lui avait aussitôt écrit pour en savoir davantage sur cette pièce. A la suite de quoi, quand Gandar Dower était rentré en Angleterre après ses deux premiers safaris, il lui avait apporté cette peau à examiner, ainsi d'ailleurs qu'un crâne présumé de lion tacheté. Ravi de l'aubaine qui lui était offerte, Pocock n'avait pas hésité à rédiger un rapport soigneux sur ces pièces, que Dower publia par la suite en appendice au livre qu'il allait consacrer à toute l'affaire :

Un seul coup d'œil à la peau tannée justifie qu'on souligne le caractère remarquable du spécimen dont elle provient, et que celui-ci doit à la netteté des taches chez une bête d'une telle taille. Il s'agit en effet d'un mâle mesurant approximativement 1,79 m pour la tête et le corps, et 84 cm pour la queue, sans les poils terminaux du pinceau, soit 2,63 m en tout. C'est évidemment peu pour un lion adulte d'Afrique orientale, dont la peau peut en effet dépasser 3,05 m d'un bout à l'autre. D'après sa taille, j'en ai estimé l'âge à trois ans environ, un an de moins que l'âge adulte.
Il n'y a rien de particulièrement notable dans sa crinière, qui est petite et qui, sauf sur les joues, est composée d'un mélange de poils fauves, gris et noirs, les plus longs atteignant à peu près neuf pouces [12,7 cm]. Cela dit, la crinière ne peut pas servir à déterminer l'âge, puisque certains lions adultes d'Afrique orientale possèdent une crinière noire pleinement développée, alors que d'autres, comme les fameux « mangeurs d'hommes » de Tsavo, tués par Patterson, peuvent être tout à fait privés de crinière, et qu'il existe tous les stades intermédiaires entre ces deux extrêmes. La couleur générale de la robe n'appelle pas davantage de commentaire particulier. Elle est d'un fauve pâle avec une nuance grise sur les flancs, et elle devient d'un fauve plus riche, plus ocré, le long de la lige médiane du dos, du garrot à la croupe. Comme je l'ai dit plus haut, le caractère particulier de la peau tient à la netteté des taches qui la marquent : de grandes rosettes « jaguarines » disposées par rangées verticales obliques, qui s'étendent sur les flancs, le garrot et les cuisses jusque sur la zone plus sombre de l'échine où elles s'estompent. Elles sont de taille et de forme irrégulières, les plus grandes mesurant 85 mm sur 45 ou 65 mm sur 65 de diamètre. Leur teinte générale est d'un gris-brun clair avec un centre légèrement plus foncé, mais, à la périphérie, elles sont mises en valeur par la teinte plus pâle des espaces qui les séparent. Sur le ventre, d'un chamois crème plus clair, des taches pleines, d'un fauve plus sombre, ressortent assez nettement. Les pattes sont couvertes de ces taches pleines, plus distinctes que les rosettes des flancs ; et, sur les pattes postérieures, celles-ci sont plus éparses et d'une teinte d'un gris fumée plus foncé que sur les pattes antérieures.
Ainsi qu'on le sait, les lionceaux sont marqués à la naissance, de manière générale mais pas toujours, d'un réseau de taches ou de rayures qu'on tient, à juste titre sans doute, pour les vestiges d'un modèle ancestral transmis depuis le temps où les lions étaient des hôtes des forêts ou des jungles. Dans presque tous les cas ce dessin juvénile disparaît à l'âge de deux ou trois mois sur le corps même, mais il persiste plus longtemps sur le ventre et les pattes et peut parfois rester visible à ces endroits à l'âge mûr, particulièrement, semble-t-il, chez certaines lionnes d'Afrique orientale. La peau de lion présentée par Mr. Gandar Dower est tout à fait exceptionnelle à cet

égard. Parmi la grande quantité de peaux, de jeunes et d'adultes des deux sexes, en provenance du Somaliland, de la Colonie du Kenya, du Territoire du Tanganyika et de l'Ouganda, qui se trouvent au British Museum, *il n'y a pas une seule peau comme elle. Et il n'y a aucune mention d'une peau ainsi tachetée dans toute la collection de près de soixante dépouilles provenant du Kenya, qui est conservée dans l'*United States National Museum, *et a été décrite en 1918. Cela dit, la femelle d'un couple du Massaïland décrite en 1895 présentait, dit-on, des taches rondes jaunâtres sur les flancs, et dans* The Game Animals of Africa *(1908), de Richard Lydekker, est reproduite page 423, la photo d'une lionne massaï, autrefois exhibée au Jardin zoologique de Berlin, qui paraît ressembler assez fort au spécimen de Mr. Gandar Dower par l'extension, la taille et la netteté du dessin. Mais, comme les taches qui ornent le dessous du corps sont d'une nuance plus foncée et semblent noires, il est sans doute vraisemblable que celles des flancs ont également été accentuées par la photographie.*

Les crânes du couple de lions tachetés obtenus par Mr Trent n'avaient pas été conservés au moment où ceux-ci avaient été écorchés, mais le crâne présumé de l'un d'eux devait être ramassé par la suite près de l'endroit en question, et il m'a été soumis en même temps que la peau.

C'est un crâne juvénile dont toutes les sutures sont encore ouvertes, ce qui montre qu'il n'avait pas encore atteint son plein développement et qu'il pourrait donc avoir l'âge estimé pour la peau. Il n'est pas encore assez développé pour qu'on puisse en fixer le sexe avec certitude, mais je suis porté à croire que c'est le crâne de la lionne, parce que les alvéoles de la dent carnassière et de la canine sont trop petits pour être ceux d'un lion, et correspondent plutôt à ceux des dents analogues d'une lionne, et aussi parce que le crâne lui-même est d'un pouce plus court [2,54 cm] et d'un demi-pouce plus étroit [1,27 cm] que la moyenne de six crânes de femelles adultes provenant de la colonie du Kenya. D'autre part, si l'hypothèse de Mr. Gandar Dower est fondée — à savoir que le lion tacheté des forêts de montagne des Aberdares appartient à une race de taille plus petite que celle du lion ordinaire des plaines d'Afrique orientale — le crâne en question pourrait se révéler celui d'un lion légèrement pygmée ayant les dents et le crâne réduits à la taille de ceux d'une lionne ordinaire.

A vrai dire, il y a des preuves indépendantes de l'existence d'un petit lion au Kenya, preuves qui, à l'époque, n'étaient pas connues de Mr. Gandar Dower. Il y a quelques années, la firme Rowland Ward m'a montré les crânes d'un lion et d'une lionne adultes reçus sans les peaux, ni d'autres précisions d'origine que celle du nom de la Colonie. Leurs faibles dimensions m'ont beaucoup intrigué. Le crâne du lion était à peine plus long de moins d'un demi-pouce [1,27 cm] que le crâne de lion le plus long, en provenance de Laikipia, de la collection de Washington, et de la même largeur ; et le crâne de la lionne était plus court de près d'un pouce [2,54 cm] et plus étroit de plus d'un demi-pouce [1,27 cm] que le plus petit crâne de lionne, en provenance de Kapiti, de cette même collection.

Puisque ces crânes sont nettement plus petits, dans chaque sexe qu'aucun de ceux qui nous soient parvenus en très grand nombre de maintes localités des plaines d'Afrique orientale, il paraît probable qu'ils proviennent d'une région du Kenya où peu de chasseurs sportifs ont abattu des lions et en ont conservé les restes. Cet en-

droit pourrait fort bien être les forêts de montagne des Aberdares, mais d'après les indices existants ces crânes ne peuvent tout de même pas être rapprochés avec une certitude absolue des « lions tachetés » de Mr. Gandar Dower. Enfin, d'après toutes les données exposées ci-dessus, il est clair qu'aucune conclusion précise ne peut encore être tirée, quant à cette bête intéressante, tant que des peaux et des crânes d'adultes n'auront pas été récoltés.

RETOUR À LA TACHE ORIGINELLE

C'est dans l'intention de se procurer de telles pièces que Gandar Dower avait disposé tout un réseau de pièges en 1935, tant dans les Aberdares que sur le mont Kenya. Soutenu dans ses convictions par les traditions locales, par le témoignage visuel de pisteurs, de piégeurs et de chasseurs indigènes, ainsi que celui de colons britanniques, par l'existence de pièces à conviction, sous forme de peaux, voire de crânes, leur lieu d'origine fût-il même douteux, comment l'intrépide jeune homme n'eût-il pas été plein d'optimisme ?

La chance — hélas ! — ne le favorisa pas cette année et il fallut donc attendre l'automne de 1936 pour connaître les résultats de sa nouvelle campagne. Ce fut cette fois dans *The Listener*, l'organe officiel de la B.B.C., qui lui avait permis de s'exprimer sur les ondes, que le persévérant traqueur de lions tachetés fit paraître le bilan de ses recherches et de ses entreprises. Après avoir rappelé toute la genèse de l'affaire et l'échec de ses premières tentatives, il en avait exposé les tout derniers rebondissements :

Cette année-ci, je suis retourné aux Aberdares et j'y ai construit des pièges à glissières bien plus efficaces, faits de métal et de cables solides. Ils sont munis de portes mesurant huit pieds sur six [2,40 m sur 1,80 m] plutôt que les vieilles entrées pour chenils, et les trappes sont si bien camouflées par la plantation judicieuse de buissons vivants, aussi bien à l'intérieur qu'à l'extérieur, que je ne crois pas qu'elles soient discernables par des yeux d'animaux. Les pièges sont à présent dressés depuis trois mois, et ils se sont refermés sur un énorme lion à crinière noire. Si des lions et des léopards pénètrent dans de telles trappes, tout permet d'espérer que lorsque les lions tachetés reviendront (s'ils reviennent), ils seront pris également ; mais le pays est vaste, et rares sont les lions tachetés — plus rares que toute autre chose au monde. Le Système du Rouleau compresseur a tout l'air de virer au Plan Quinquennal.

Et ainsi, un an et demi après avoir commencé, je ne connais toujours pas la réponse à l'énigme de ces lions tachetés. Les gens viennent souvent vers moi et me disent : « Blague dans le coin, vous croyez vraiment que ça existe, un lion tacheté ? »

Cette demande me semble à côté de la question. Je suis tout à fait certain que les lions tachetés sont là, mais savoir si, quand j'en aurai attrapé un — au cas où cela arrive jamais — celui-ci différera sur des points essentiels d'un lion ordinaire est une autre paire de manches. Après tout, si quelqu'un exhibait une paire de peaux en provenance du Loch Ness cela donnerait tout de même à ce monstre-là une assise plus convaincante, non ? Le fait que je sois parvenu à passer un an et demi sans réussir grand-chose ne prouve absolument rien, pas même ma totale incompétence en matière de capture d'animaux. L'Okapi est tenu pour une bête rarissime. Très peu d'Européens en ont jamais vu un vivant en liberté, et pourtant il y a probablement quelque dix mille okapis dans la forêt de l'Ituri. Les Aberdares sont, bien entendu, d'une moindre superficie, encore qu'ils s'étendent tout de même plus loin que de Londres à Brighton [ou que de Paris à Chartres, Compiègne ou Pithiviers]. Et qu'ils ont une largeur de quelque trente milles [près de 50 km], et je suppose qu'il n'y a pas en tout et pour tout plus d'une cinquantaine de ces lions insolites. D'autre part, il y a dans la forêt de l'Ituri une quantité d'indigènes qui connaissent les mœurs de l'Okapi, alors que les Aberdares sont totalement inhabités, en sorte qu'on ne peut s'en remettre aux gens du cru ni pour se procurer un spécimen ni pour récolter des indices.

En outre, la chasse est strictement réglementée au Kenya, et l'usage de méthodes aussi brutales que les pièges à mâchoires ou les appâts empoisonnés est à juste titre prohibé par la loi. Les chiens semblent à première vue une bonne solution, mais je n'ai jamais trouvé au Kenya un seul toutou capable de suivre une piste de lion même toute fraîche.

Au point où nous en sommes, il serait téméraire de tenter de répondre à la question : « Qu'est-ce qu'un lion tacheté ?». D'après ma propre analyse des preuves accumulées jusqu'à ce jour, voici comment les choses se présentent. A l'origine, les lions, comme les léopards, descendaient probablement d'ancêtres tachetés. Quand le lion est devenu un animal de plaine, il a perdu ses marques, mais les lions de ses forêts de montagne mènent en fait la vie du léopard et, comme celui-ci, ils ont gardé leurs taches ou, plus exactement, ils sont retournés au type ancestral. A la lumière des légendes mises à jour par l'expérience du capitaine Dent, et des témoignages de mes propres boys, je ne pense pas que les deux peaux existantes puissent être simplement celles d'individus anormaux, et aucun zoologue ne tient pour imaginable un croisement avec le léopard dans la nature. En revanche, je n'ose toutefois accepter la théorie selon laquelle les empreintes de pas seraient différentes de celles du lion ordinaire, car cela impliquerait des changements anatomiques profonds pour lesquels je ne vois pas d'explication satisfaisante.

Un de ces jours peut-être, je finirai par gagner à mon petit jeu de cache-cache, et alors je transporterai le lion tacheté, se débattant comme un beau diable, du rayon de la légende sur celui de la réalité. Sans doute le combat se poursuivra-t-il jusqu'à ce que lui ou moi soyons frappés d'extinction. Je ne sais pas pour combien de temps les lions tachetés en ont encore. En ce qui me concerne, j'ai vingt-huit ans.

Cette ardeur juvénile allait tout de même finir par s'effriter en se heurtant avec persistance à un mur d'incrédulité quasi générale ou, ce qui est pire, d'indifférence. Et surtout, le pauvre Kenneth C. Gandar Dower ne pouvait prévoir qu'en dépit de ses vingt-huit ans, il n'en avait plus pour bien longtemps.

> *... qui sait tout ce qui se passe en amour au fond*
> *des bois ? qui peut nombrer les jouissances illégitimes*
> *entre gens d'espèces différentes ? qui pourra jamais*
> *séparer toutes les branches bâtardes des tiges légitimes ...?*
>
> (Buffon, *Histoire naturelle des Oiseaux*, 1770-83)

Chapitre VII
L'énigme du « Marozi »

Dans un livre exquis, intitulé opportunément *The Spotted Lion* (Le Lion tacheté), et qu'il fit paraître en 1937, Kenneth C. Gandar Dower put enfin exhaler à loisir l'amertume que sa quête du *Marozi* lui avait inspirée à la longue :

Trois sortes de plaisanteries circulent sur le Lion tacheté : l'insinuation fielleuse, le gag de la varicelle, et le coup du croisement avec un léopard. Je n'étais pas rentré en Angleterre depuis trois semaines que je les connaissais déjà toutes, et que je pouvais presque prédire laquelle allait m'être servie rien qu'à voir l'expression du regard de mon interpellateur.

Par « insinuation fielleuse », notre trappeur persévérant désignait sans doute toute allusion à son degré de myopie ou d'astigmatisme ou au nombre de whiskies qu'il avait dû ingurgiter avant d'apercevoir des taches sur la robe de lions. Les pince-sans-rire l'abordaient en lui demandant avec ingénuité : « Pourquoi les lions ne contracteraient-ils pas eux aussi à l'occasion la rougeole ou la scarlatine ? ». Quant aux obsédés sexuels, ils ricanaient avec un clin d'œil salace, sans se douter la plupart du temps qu'ils ne faisaient qu'exhumer une légende plusieurs fois millénaire : « Hé oui ! voilà ce qui arrive quand Madame Lion fait des infidélités à son mari avec un léopard ! »

IRONIE DE LA PRESSE, MAIS INTÉRÊT DES EXPERTS.

Les réactions de la Presse n'avaient pas toujours été beaucoup plus sérieuses, selon Gandar Dower :

Les journaux avaient été heureux d'accueillir les lions tachetés dans leurs colonnes, et ils en avaient traité conformément à leurs teintes politiques respectives. La plupart décidèrent d'adopter l'attitude de l'esprit fort, du solide bon sens, le genre « allons, voyons, m'sieur Gandar Dower », et ils parlèrent judicieusement ou ironiquement du scepticisme des zoologues compétents. D'autres découvrirent que le sujet se prêtait à un traitement humoristique. A cet égard, « DOUR DOWER SPOTS SPOTTED LION » [51] *mérite sans conteste le pompon au festival des manchettes.*

(51) Littéralement « Un Dower obstiné repère un lion tacheté », ce qu'on pourrait rendre en français par une astuce tout aussi débile mais moins concise telle que : « Rude tâche pour Dower : en trouver sur un lion », ou encore « Un Dower doué tâche de trouver des taches sur des lions », ou pire encore « Les lions tachetés de Dower ? Surtout à jeter au rebut ». Saint Pierre Dac, inspirez-nous !

The Field *se montra disposé à prendre les choses plus au sérieux, et il publia deux articles dans lesquels je m'efforçais, dans la mesure de mes moyens, de donner un juste aperçu de la situation. Cela me valut quelques questions judicieuses et toute une kyrielle de conseils qui l'étaient beaucoup moins. Les incrédules se divisaient principalement en deux camps : ceux qui savaient que les lionceaux sont tachetés et ceux qui ne le savaient point. « — Des lions tachetés ? écrivaient les uns. Ne soyez pas ridicules ! ». « — Des lions tachetés ? écrivaient les autres. Mais cela va de soi, voyons ! ». Les présenter les uns aux autres se révéla la meilleure défense possible.*

J'ai reçu bien d'autres lettres, instructives ou non, variées et intéressantes. Il y avait les gens qui avaient vu un lion très tacheté, mais sinon normal sur, disons, les plaines du Serengati. Il y avait les gens qui ne voulaient pas me décourager le moins du monde, mais qui avaient chassé le lion pendant vingt ans au Kenya, alors vous comprenez... non, non, pas précisément dans les Aberdares, mais enfin... Il y avait la dame qui avait rencontré un lion ressemblant à un jaguar dans les monts Virunga, et il y avait aussi celle qui voulait savoir pourquoi diable je faisais tout un foin autour du Lion tacheté, tout ce qu'il y a de plus commun, des Aberdares, que tout le monde connaît depuis belle lurette.[52]
Et puis, il y a tout de même eu quelques informations d'une valeur particulière : le colonel Meinertzhagen, le découvreur de l'Hylochère [le Sanglier géant des forêts], avait recueilli dès 1903 des rumeurs sur des lions tachetés et au major [G. St J.] Orde-Brown, on avait décrit « un guépard forestier d'aspect léonin » dont les indigènes d'Embu assuraient qu'il vivait dans le sud-est du Kenya ; quant au capitaine Pitman, de l'Ouganda, il déploya maints efforts pour susciter des enquêtes sur le Ruwenzori et les monts Mufumbiro, dans le sud-ouest du Protectorat.

Voici d'ailleurs quelles conclusions celui qui allait devenir le lieutenant-colonel Charles R.S. Pitman finit par tirer dans son livre *A Game Warden Takes Stock* (Un Inspecteur des Chasses dresse son bilan) (1942) :

Les preuves sont, jusqu'à présent, peu concluantes, mais il n'y a aucune raison de rejeter la possibilité qu'une race de petits lions existe en permanence à ces altitudes élevées. Alors que le grand lion des plaines s'aventure parfois dans les montagnes jusqu'à de semblables hauteurs, le petit lion montagnard ne descend jamais très bas. Il est de toute évidence plutôt rare, craintif et insaisissable à l'extrême. Ni sur la chaîne du Ruwenzori, ni sur le mont Elgon, ni sur les volcans du Birunga au sud-ouest, on ne trouve, en Ouganda, de lions aux plus hautes altitudes de manière permanente, mais des individus errants du type normal ont été signalés à une hauteur de 10 000 pieds [3 000 m] sur le mont Elgon et à une hauteur de 11 000 pieds [3 350 m] sur les volcans du Birunga. Une enquête, au Congo belge voisin [le Zaïre actuel] portant sur la possibilité d'existence d'un lion montagnard n'a suscité que des réponses négatives. Mes conceptions personnelles me font néanmoins pencher en faveur de l'existence réelle d'une petite race de montagne au Kenya.

---

(52) Feu le frère de cette dame, un chasseur, avait toujours tenu le lion des Aberdares pour différent du type normal.

LE COMBAT CESSE FAUTE DE COMBATTANTS

L'ouverture d'esprit des naturalistes vraiment avertis ne pouvait manquer de frapper le jeune Gandar Dower :

Je me suis aperçu que plus un zoologue était compétent moins il se drapait dans un scepticisme scientifique. Le capitaine Ritchie, l'Inspecteur des Chasses de la Colonie du Kenya, a parlé des lions tachetés dans son rapport annuel et les gens du British Museum se sont montrés très intéressés par la peau du jeune mâle de Trent, que j'avais ramenée avec moi en Angleterre. Mr. Pocock déclara que c'était celle d'un lion probablement âgé de trois ans, et il considérait que les taches y étaient bien plus nettement marquées que sur toutes les autres peaux de lions qu'il eût jamais vues auparavant. Bien entendu, il ne pouvait en dire davantage tant que des crânes et des squelettes n'eussent été obtenus, mais il m'expliqua très exactement ce qui pourrait être considéré comme une preuve officielle et m'encouragea vivement à persévérer jusqu'à ce que je parvienne à l'acquérir.

Rien à redire à ces commentaires combien judicieux du chasseur de *marozis*, sinon son emploi abusif de l'expression « scepticisme scientifique ». L'usage, d'ailleurs très généralisé, du terme de « scepticisme » dans un sens tout à fait impropre m'irrite toujours considérablement, et me met même hors de moi. Le scepticisme est l'expression du doute systématique, qui est l'esprit même de la Science. Il réclame une suspension de jugement jusqu'à plus ample informé. Mais refuser *a priori* de croire quoi que ce soit est aussi peu scientifique — et il faut bien le dire aussi niais — qu'accepter aveuglément n'importe quoi. C'est parce que le scepticisme est infiniment respectable que les négateurs butés en ont fait sournoisement un synonyme d'incrédulité.
Gandar Dower est ici tombé innocemment dans leur piège, cependant que les lions tachetés ne tombaient pas dans les siens, si bien dissimulés fussent-ils. Nous savons déjà en effet que sa deuxième campagne devait se solder, elle aussi, par un échec, dont il devait rende compte avec mélancolie :

Ainsi est-ce sur une note de pure futilité que s'achève cette histoire du Lion tacheté. Je suis venu, je n'ai pas vu et je n'ai pas vaincu, non pas parce qu'il n'y a rien à voir ni à vaincre, mais parce que l'entreprise s'est révélée au dessus de mes forces. Quelque part au fond des gorges du mont Sattima, quelque part dans la bruyère géante du Kenya qui surplombe Embu ou Meru, quelque part peut-être parmi les bambous et les marécages des monts Mufumbiro, vit ce qui pourrait se révéler la dernière des merveilles zoologiques du monde. Cette merveille est-elle aussi grande que Raymond le pense ? Dans quelle mesure le Marozi *diffère-t-il du Lion ordinaire ? Je suis incapable de le dire. Mais qu'il soit là ne peut, d'après l'ensemble des preuves récoltées, faire le moindre doute. […]*
Un jour — puisque mes trappes sont toujours ouvertes, surveillées et garnies d'appâts — il se peut qu'un télégramme me parvienne. Je retournerai donc peut-être en Afrique, et je reprendrai alors ce qui est sûrement la plus longue chasse à l'animal que le monde ait jamais connue. Si cela doit arriver, j'espère, et je pense d'ailleurs, que Raymond sera là.

Gandar Dower devait encore retourner en Afrique, notamment pendant la Seconde
Guerre mondiale, mais ce ne fut pas pour avoir reçu un télégramme annonçant enfin
la capture de la merveille tant espérée. Non qu'elle ne fût plus là. Peut-être les
chances d'en attraper une s'étaient-elles toutefois amenuisées d'année en année. Le
jeune Don Quichotte l'avait soupçonné dès 1937 en se fondant sur un raisonnement
qui témoigne d'une grande subtilité. Voici en effet les conclusions ultimes auxquelles il avait été amené, après avoir rappelé sa thèse selon laquelle le Lion tacheté
des montagnes serait retourné à un ode de coloration ancestral en s'adaptant aux
conditions particulières de la vie forestière :

*Les léopards du mont Kenya et des Aberdares diffèrent nettement de ceux des
plaines : il n'est pas déraisonnable de penser dès lors que des modifications considérables ont dû y transformer également les lions. Je suis enclin à penser que c'est
ce qui s'est produit en l'occurrence : à savoir que l'influence d'un milieu nouveau
agissant pendant une longue période a fini par produire une race locale, différant des
spécimens typiques par l'aspect et la taille, mais non par des traits essentiels.*
*A cela on pourrait objecter que si des lionceaux normaux étaient élevés à l'ombre
et moins bien nourris, sans doute ne grandiraient-ils pas autant et retiendraient-ils
leurs taches juvéniles comparativement plus longtemps. Je ne crois pas que des modifications si fondamentales puissent être produites en une génération, mais tant
que des preuves nouvelles n'auront pas été obtenues, je ne suis pas en mesure de ré-
futer cette objection.*
*Il est possible que de telles preuves ne puissent plus être obtenues aujourd'hui, car les
lions tachetés du niveau des 10 000 pieds [3 000 m] ne sont plus complètement isolés des
lions de plaine. Ceux-ci, repoussés en haute montagne par les progrès de la colonisation,
se croisent sans doute avec les hôtes originaux des hauteurs, avec pour résultat qu'en
quelques années à peine une race mixte peut se développer, qui combinerait les traits des
deux lignées. Ainsi tout le problème restera-t-il très vraisemblablement enveloppé à jamais dans la confusion et l'obscurité où je l'ai trouvé et où je l'ai laissé.*

Il faut dire que le brave Kenneth ne tenait vraiment pas en place, et que la longue attente d'une capture fortuite de lions tachetés avait dû finir par le lasser. Il appartenait
à cette race d'hommes sportifs et remuants qui ne se sentent bien qu'en pleine action, et de préférence au cœur du danger. Il s'était révélé un vrai champion dans une
longue série de jeux de boule ou de balle allant du cricket au squash, et avait utilisé
pour parcourir le monde tous les moyens de transport possibles depuis le ski et le
kayak jusqu'au chameau et à l'aéroplane. Par manière d'épreuve, il lui arrivait de
parcourir la forêt tropicale de nuit, nu et désarmé, afin de donner aux fauves une
« chance » de se mesurer avec un homme privé de ses armes meurtrières...
Chevaleresque, non ?
Quand la guerre mondiale avait éclaté, il se trouvait au Congo belge en train de photographier sous le nez les gorilles géants des montagnes. Il avait aussitôt rejoint
Nairobi, où il avait décroché un emploi temporaire d'officier de liaison entre la
Presse et les autorités militaires. Après quoi il avait cherché à s'engager comme correspondant de guerre. Ainsi avait-il fini par suivre toute la campagne d'Abyssinie,
de 1941 à 1943, et par assister aux derniers combats de Madagascar.

La paix une fois revenue en Afrique même, il y avait trouvé la vie beaucoup trop calme. Dans la dernière lettre qu'il adressa à celui qui devait être son biographe, le révérend D.B. Kittermaster, il écrivit : « Je ne puis pas supporter cela. Il me faut quelque chose de plus dangereux. »

En mars 1944, il avait bondi sur le premier bateau en partance pour Ceylan, espérant trouver un peu plus de bruit et de fureur en Extrême-Orient.

Ses vœux allaient être comblés au delà de toute prévision. Son navire fut torpillé dans l'océan Indien et envoyé illico par le fond. Il y eut très peu de survivants.

Cette fois K.C. Gandar Dower fut bien contraint au repos. Pour l'éternité.

Il avait trente-cinq ans.

Un jour, il s'était promis que son combat avec le Lion tacheté se poursuivrait jusqu'à ce qu'un des deux fût frappé d'extinction. Pour lui — hélas ! — il est certain que cette heure avait sonné. Mais qu'en était-il de son adversaire ?

LE PRÉCIEUX TÉMOIGNAGE DE MR. HAMILTON-SNOWBALL

L'histoire du Lion tacheté ne s'arrête de toute façon pas là. Si, depuis la guerre mondiale de 1939-1945, il ne nous est plus parvenu de nouvelles fraîches des lions tachetés des hauteurs boisées du Kenya, les controverses à leur sujet ne se sont cependant pas éteintes.

Ainsi, le 9 octobre 1948, le magazine *The Field*, qui avait toujours été au cœur du débat, publia la lettre suivante d'un de ses lecteurs d'Edgware, dans le Middlesex, Mr. G. Hamilton-Snowball :

Il y a quelques années, je vous ai écrit à propos du Damasia, *de mes expériences au Kenya avec cet animal (toujours pris pour un léopard) et des indigènes Kikuyu des monts Aberdares qui le connaissent si bien.*

Si je mentionne cela, c'est pour présenter le véritable objet de cette lettre, car je viens de lire le livre The Spotted Lion *de Mr. K. Gandar Dower, et son histoire est liée à un incident que j'ai vécu moi-même dans les Aberdares et qui la corrobore. C'était peu après que j'eusse tiré ce que je croyais être un léopard encore qu'il fût très grand et très foncé, et que j'eusse été informé par mes boys Kikuyu que c'était un damasia, et non un chui (léopard), en insistant sur le fait qu'il différait autant du léopard que le lion du marozi.*

Quand je m'enquis de ce qu'était ce dernier, ils m'apprirent aussitôt que celui-ci n'était pas aussi grand qu'un lion, qu'on l'observait d'ordinaire par couples — encore que cela n'arrivât que rarement et seulement à des altitudes élevées — et qu'il était tacheté !

J'ai parlé à maints colons, tant sur le plateau de Kinangop qu'à Liakipia, sur l'autre versant de la chaîne des Aberdares, mais aucun ne semblait avoir entendu grand-chose à ce sujet, tout le monde répondant invariablement « Mais tous les lions ont des taches étant petits ». Quand je leur répliquais que mes boys savaient tout de même de quoi ils parlaient, je crains d'avoir essuyé quelques remarques désobligeantes. Mais en montrant à certains ma peau de damasia, je leur ai tout de même donné à réfléchir, car aucun d'eux n'avait jamais vu un léopard d'une teinte si sombre, ni d'une telle taille.

Par la suite, au printemps de 1923, je traversais les Aberdares à pied, de Liakipia à N'jabini, sur le plateau de Kinangop, quand, le second jour, à environ quatre heures de l'après-midi, sous une lumière assez mauvaise (il y avait un peu de crachin), à 11 500 pieds [3 500 m] d'altitude, j'ai aperçu à 200 mètres ce que j'ai d'abord pris pour deux léopards de couleur très sobre et qui paraissaient comme délavés.

Comme je me tournais vers mon porteur pour prendre ma carabine (je ne portais qu'un fusil de chasse), j'entendis un nom peu familier murmuré avec excitation par tous mes boys, qui avaient vu les bêtes en même temps que moi.

« Marozi, marozi ! » répétaient-ils. Comme je faisais jouer le cran de sûreté, les bêtes (ou chats) se retournèrent d'un même mouvement, et, en deux bonds, elles disparurent dans la ceinture forestière devant laquelle je les avais surprises.

C'est alors que je me remémorai le sens de marozi, *et je demandai aux boys s'ils croyaient vraisemblable qu'un couple de lions pût songer un seul instant à s'aventurer à une telle hauteur et dans un tel froid ! — « Certainement pas, répondirent-ils, mais les* marozi, *eux, vivent ici ! »*

Voilà, je ne puis que raconter ce que j'ai vu. Et je dois ajouter que les empreintes de pelotes plantaires [pugs] relevées étaient sûrement celles de lions et non de léopards, et que les bêtes paraissaient tachetées et de teinte foncée. Cela dit, sauf de la part d'indigènes, je n'ai jamais pu trouver confirmation qu'il y eût au monde des « lions tachetés ».

Maintenant, après tant d'années, à l'endroit même où je les ai vus, Mr. Gandar Dower a démontré que ce sont bien des lions tachetés que j'ai observés et que mes boys Kikuyu avaient raison. J'ai toujours la peau de damasia *en ma possession, et si Mr. Gandar Dower, ou n'importe qui d'autre, est assez intéressé pour vouloir l'examiner, il sera le bienvenu. [Mr Gandar Dower n'était plus intéressé du tout. Et pour cause.]*

Par la suite, après avoir lu la traduction anglaise de mon livre *Sur la piste des bêtes ignorées*, Mr. Hamilton-Snowball, qui s'était installé dans l'entre-temps à East-Grinstead, dans le Sussex, devait me faire connaître, le 1er mars 1976, par l'intermédiaire de mon éditeur britannique, de plus amples détails sur ses aventures personnelles. Si sa lettre ne m'apprenait rien de nouveau sur le *marozi* lui-même, elle donnait en revanche quelques renseignements supplémentaires sur le *damasia*.

C'était à la suite de la disparition d'un certain nombre de veaux, enlevés de la ferme de Jim Fey, à N'jabini, que mon correspondant avait été appelé à y abattre le responsable, un léopard de très forte taille et de couleur très foncée :

Les indigènes Kikuyu avaient refusé mordicus d'admettre que ce fût un chui *(léopard) : tous lui avaient donné le nom de* damasia [53] *en expliquant que c'était un animal très féroce, qui attaquait à vue, et qu'on voyait rarement car c'est un hôte exclusif des forêts de cèdres, bref un animal bien distinct du léopard qu'on peut trouver depuis les plaines dégagées jusqu'aux altitudes plus élevées et plus froides. Le léopard d'ailleurs évite toujours si possible l'affrontement.*

Je possède toujours la peau en excellent état. A la suite de la lettre que j'ai envoyée au Field *à mon retour du Kenya, et qui rapportait plus en détail l'incident mentionné plus haut, elle a été exhibée pendant plusieurs semaines à Piccadilly chez Rowland Ward : elle y a beaucoup été admirée et a éveillé un vif intérêt.*

(53) Ce nom, plus correctement orthographié *Ndamathia*, est appliqué d'ordinaire par les Kikuyu à un monstre mi-fauve mi-dragon auquel nous reviendrons plus longuement dans la troisième partie de cet ouvrage. En somme, il a le sens indéterminé de « monstre ».

Voilà qui prouvait en tout cas que l'habitat si exceptionnel des hautes landes des Aberdares avait de quoi favoriser pour le moins d'étranges mutations, sinon la naissance de races nouvelles de félins : non seulement des lions plus petits, plus tachetés et qui s'éclipsaient à la vue d'êtres humains, ce qui est tout à fait inhabituel, mais des léopards plus gros, beaucoup plus sombres sans être vraiment noirs, et qui, au contraire, attaquaient l'Homme. Un monde à l'envers en quelque sorte.

DU POUR ET DU CONTRE

La publication par *The Field* de l'intéressante lettre de Mr. Hamilton-Snowball en avait aussitôt suscité une autre, envoyée par Mr. J.R.T. Pollard, de St-Andrews, et qui parut le 13 novembre 1948 :

J'ai été très intéressé par la référence que Mr. Hamilton-Snowball a faite au livre de feu Mr. Gandar Dower, The Spotted Lion. *J'ai eu la bonne fortune de rencontrer ce dernier alors que je me trouvais au Kenya pendant la guerre, et il maintenait toujours (en dépit de la pauvreté des preuves matérielles) qu'une race de lions tachetés hantait les Aberdares.*
Je connais très bien Mr. Raymond Hook, le chasseur blanc qui accompagnait l'expédition de Mr. Gandar Dower, et dont la connaissance des hautes terres de la colonie du Kenya est absolument unique, et j'ai eu avec lui de nombreuses conversations sur ce sujet. Selon lui, le Marozi *(tout comme l'Ours nandi) est en grande partie mythique, mais il ne lui paraît cependant pas impossible, théoriquement parlant, que survive dans des régions restreintes une race de petits lions, descendant sans doute de ceux (toujours présents à certains endroits) qui hantent les plaines, et que l'occupation européenne pourrait avoir poussé à chercher refuge dans la forêt des hauts plateaux.*
Une telle sous-espèce, si elle existe, peut alors avoir subi une mutation de couleur, adaptée à son nouveau milieu. Cela dit, Hook considérait tout de même que les preuves de l'existence d'une telle race sont encore insuffisantes pour permettre ce verdict. Il n'a certainement jamais rien vu lui-même qui ressemblât à un marozi, *ni au cours de l'expédition même du « Lion tacheté », ni au cours d'aucune autre. D'autre part, Mr. Powys Cobb, d'Elementeita, qui connaît très bien les grands carnivores d'Afrique, m'a dit être convaincu qu'une bête encore inconnue de la Science hante la forêt primitive du Mau. Celle-ci est extrêmement dense et n'a jamais été convenablement explorée. Il fondait son opinion sur le fait suivant : un jour, il avait pourchassé une bête étrange, d'une taille intermédiaire entre celle du Léopard et du Lion, qui s'était attaquée au bétail en train de brouter dans un coin de sa ferme près de l'orée de la forêt. Il avait poursuivi la bête à cheval dans la forêt même, mais n'était pas parvenu à la voir de plus près. Ses empreintes de pas ressemblaient à celles d'un petit lion.*
Ma propre opinion, fondée sur les conversations que j'ai eues avec des Kikuyus, dont beaucoup affirment que les lions visitent parfois les hautes landes du mont Kenya, est qu'il se peut fort bien qu'un membre inconnu de la tribu des félins hante la haute forêt des pluies, car des zones étendues de celle-ci n'ont jamais été pénétrées par l'Homme. Il faut également se rappeler que des bêtes aussi grandes et caractéristiques que l'antilope Bongo et l'Hylochère sont restées dissimulées dans ces forêts jusqu'à une époque assez récente.

Cette lettre aux termes pourtant mesurés et nourrie de faits précis et significatifs
n'eut pas l'heur de plaire, semble-t-il, à un lecteur écossais du *Field*, Mr. G. Flett,
d'Aberdeen, dont la lettre péremptoire fut publiée le 15 janvier 1949 :

Après avoir lu la lettre de Mr. J.R.T. Pollard relative aux lions tachetés (13 novem-
bre), je commence à comprendre avec quelle facilité un animal mythique peut naître.
L'étrange animal observé et chassé par l'ami de Mr. Pollard n'est rien d'autre
qu'un jeune lion tout ce qu'il y a d'ordinaire se livrant sans doute à sa première ten-
tative d'obtention de son dîner.
A deux occasions, au cours des deux années que j'ai passées d'affilée dans les coins
les plus éloignés du Kenya, j'ai rencontré des lions de très près au milieu de la jour-
née. Chaque fois le corps des animaux était marqué par les ombres projetées par les
feuilles des arbres et l'effet d'ombrage était vraiment saisissant. J'ai alors cru avoir
vu une espèce de lions inconnue de la Science et je comprends fort bien comment
l'ami de Mr. Pollard a pu être illusionné.
Ma propre expérience, très considérable, de la brousse d'Afrique orientale m'oblige
à couvrir de ridicule la croyance selon laquelle un carnivore aussi gros qu'un lion,
et encore inconnu de la Science, existe où que ce soit dans l'Est africain.

On aimerait que Mr. Flett expliquât par quel phénomène bizarre les taches d'ombres
portées par des feuilles avaient bien pu rester imprimées sur la peau des spécimens
abattus par le fermier Trent et expertisés par un naturaliste de l'envergure de Pocock.
Le pelage des mammifères serait-il parfois photosensible ?

LE RÉQUISITOIRE DU MAJOR FORAN PROFITE À LA DEFENSE

L'avis de personnes qui invoquent avant tout un argument d'autorité fondé au surplus sur
leur « propre expérience, très considérable » doit toujours être accueilli avec les plus
grandes réserves. L'opinion toutefois la plus surprenante qui ait été portée sur l'énigme en
question est assurément celle du Major W. Robert Foran, d'ailleurs bien connu pour son
incrédulité systématique. Dans un article du *Field* publié le 30 septembre 1950 et intitulé
significativement *Le lion tacheté légendaire*, il entendait en effet démontrer, comme l'indique le sous-titre, qu'*Il n'y a aucune preuve décisive qu'une telle sous-espèce existe*, mais
il n'allait cesser d'apporter de la farine au moulin des partisans du *marozi*.

Pour commencer, le major Foran insistait sur l'ancienneté des rumeurs qui couraient
sur son existence :

En fait, le mythe du prétendu « lion tacheté » n'est pas du tout d'origine récente : il
ressurgit périodiquement au Kenya depuis près de cinquante ans. Mais l'affaire n'a
été vraiment prise au sérieux qu'il y a quelques années. En 1903 et jusqu'en 1908,
le capitaine (aujourd'hui colonel) R. Meinertzhagen, qui servait alors dans le 3ᵉ
Régiment des King's African Rifles, n'a cessé de recueillir auprès des Africains des
rumeurs insistantes sur un type particulier de lion, mais il n'a jamais pu obtenir la
moindre preuve concrète de son existence. Les rumeurs n'en ont pas moins persisté :
et, en 1931, un intérêt bien plus étendu pour la question s'est éveillé au Kenya et

dans les pays avoisinants, ce qui n'a pas empêché cependant qu'il se soit au-jourd'hui dissipé. Il est cependant quasi certain qu'il va se ranimer sous peu. C'est dans l'ordre des choses pour ce genre d'histoires.

Après avoir rappelé ensuite la rencontre, sur le mont Kenya, de lions de petite taille par le capitaine Dent, qu'avait corroborée la capture par ses boys d'un fauve équi-voque dont ceux-ci n'avaient — hélas ! — pas conservé la dépouille, après avoir évoqué l'observation par Mr. Nimmo de petits lions de couleur foncée sur le plateau de Kinangop, et avoir enfin parlé de l'obtention par le fermier Trent d'une « preuve concrète » sous forme de deux peaux nettement tachetées, le major Foran n'en res-tait pas moins inébranlable dans sa conviction :

*Feu Blayney Percival a rapporté en 1924 avoir abattu une lionne accompagnée de ses lions, qui **tous** étaient exceptionnellement tachetés. A deux occasions en 1906, j'ai tué moi-même un lion et une lionne sur les versants du mont Kenya, qui ni l'un ni l'autre n'étaient à coup sûr âgés de moins de cinq ans : des taches étaient nette-ment visibles chez eux sur le ventre, les flancs et les pattes. Tous deux étaient un peu plus petits qu'un lion moyen, et le mâle n'avait absolument pas de crinière. Il m'avait frappé que ces animaux fussent anormaux par la rétention tardive de leurs taches, mais ce pouvait être là un phénomène rare.*

On peut se demander sur quoi le major Foran se fondait pour considérer qu'il devait s'agir là d'une double variation individuelle et non — ce qui est tout de même plus vraisemblable — d'un caractère racial.
Il prétendait aussi qu'après avoir examiné les peaux des deux spécimens du fermier Trent — une fois de plus une double variation individuelle ? — Pocock leur avait prêté trois ans d'âge environ, mais qu'en dépit de leurs taches très nettement mar-quées « il ne pensait pas qu'elles provinssent d'une espèce nouvelle ». Voilà qui est tout à fait inexact, et qui prouve que le major Foran n'avait pas bien lu le rapport de Pocock, s'il l'avait lu. D'abord, le grand spécialiste des félins n'avait examiné qu'**une seule** des peaux de Trent, et puis il s'était simplement montré **réservé**, dans l'attente, d'ailleurs impatiente d'un matériel d'étude plus abondant. Il avait même apporté lui-même « des preuves indépendantes de l'existence d'un petit lion au Kenya » sous forme de crânes d'adultes d'une taille anormalement réduite.
Aveuglé par ses préjugés, Foran ne pouvait pas davantage prêter de poids au fait que les Kikuyus distinguaient nettement *simba*, le lion, et *marozi*, le lion tacheté, ni au fait que le « guépard léonin des forêts » eût été décrit au major G.St J. Orde-Brown. Pourtant il résumait le problème non sans clarté.

Les questions qui excitaient l'esprit des sportifs et des naturalistes étaient les sui-vantes : a) les deux peaux de lions de Trent provenaient-elles d'individus « mons-trueux » (freaks animals) ? ; b) ces peaux appartenaient-elles à des bêtes normales qui, à cause d'un milieu étranger, avaient retenu leurs taches juvéniles plus long-temps que de coutume ? ; c) des lions avaient-ils, en terrain montagneux, acquis de nouveaux caractères au bout de nombreuses générations ? ; d) ces lions consti-tuaient-ils une race tout à fait nouvelle de l'espèce ?

Contentons-nous de faire remarquer que l'évolution, la spéciation en l'occurrence, étant un phénomène graduel, on ne pourrait fixer avec précision, sinon de manière arbitraire le moment où la situation décrite en c) devient celle formulée en d). Et voyons quelle réponse Foran propose lui-même à ces questions :

Les zoologues n'admettent que deux types de lions en Afrique orientale : le Lion massaï (masaica) et le Lion des Somalies (somalica) [54]. *Ce dernier est plus petit que l'autre, pratiquement dénué de crinière, et doté d'oreilles plus grandes, et il est toujours d'un fauve plus clair. On peut fort bien concevoir que des lions des Somalies aient migré vers le sud jusqu'au Kenya. Si cela se vérifiait, cela expliquerait tous les rapports relatifs à un lion en miniature et privé de crinière, que les Wa-Kikuyu appellent* marozi. [...]
Pour ce qui est des taches, il paraît plus sûr de supposer que tous les animaux en question étaient des individus soir immatures soit « monstrueux », ayant retenu leurs taches juvéniles au delà de l'âge normal. Il semble peu douteux en effet que, dans les Aberdares et sur les versants du mont Kenya, certains lions, d'une taille inférieure à la moyenne, gardent leurs taches jusqu'à un âge plus élevé que les trois ans habituellement admis.
A ce jour, il n'y a pas l'ombre d'une preuve qui établisse la réalité d'un « lion tacheté » en tant que sous-espèce nouvelle de la race [S'il avait été plus zoologue que sportif, le major Foran aurait écrit « de l'espèce »]. *C'est plutôt le contraire qui serait vrai. Comme bien d'autres, je préfère attendre de nouveaux développements dans les tentatives de résoudre définitivement cette énigme.*

Je ne pense pas que même la capture de quelques lions tachetés ferait changer d'avis un major Foran, car qu'est-ce qui pourrait lui prouver que ce ne seraient pas des monstres, eux aussi ?
En somme, notre distingué officier colonial voudrait nous faire croire que de petits lions des Somalies, exceptionnellement égarés dans les districts montagneux du Kenya, et non ailleurs, y conserveraient parfois anormalement leurs taches juvéniles et y formeraient par hasard des couples ou des familles. A quel extraordinaire concours d'exceptions, d'anomalies et de coïncidences ne doit-il pas recourir pour expliquer ce qui saute aux yeux, à savoir qu'il s'est développé dans le cadre écologique si particulier des hautes landes du Kenya une sous-espèce ou race géographique nouvelle de lions !

LE BON SENS DU MAJOR WHITE

Avant de procéder à une analyse plus pondérée de l'ensemble des données du problème, terminons la lecture du dossier du Lion tacheté par celle de la dernière lettre que *The Field* ait reçue à son sujet. Elle émanait d'un autre major, connaissant aussi bien le Kenya que le précédent, mais doté d'un esprit plus ouvert, le major F. E. White, du 1er Bataillon du *Staffordshire Regiment*. Et elle fut publiée le 12 mars 1959 :

Quand j'étais enfant au Kenya, il y a trente-six ans, mon père avait coutume de me lire des extraits d'un livre sur les animaux avant de m'envoyer au lit. Comme nous nous trouvions alors dans un coin retiré de la province du Nyanza, je pouvais, une

(54) Comme nous le verrons plus loin, les véritables noms scientifiques de ces deux formes sont *massaicus* et *somaliensis*.

*fois couché, écouter un grand nombre des animaux évoqués, car ils vivaient en effet
dans la région avoisinant la maison.*

*Une nuit, le livre étant terminé, mon père me parla de la rencontre qu'il avait faite dans
les forêts des Aberdares avec un animal étrange, que ni lui, qui était pourtant un expert,
ni personne d'autre consulté à son sujet, n'était jamais parvenu à identifier.*

*Je m'en suis souvenu à mon retour au Kenya en 1940, et, en consultant à nouveau
mon père à ce propos, j'ai soigneusement pris note de la description de l'animal, et
des circonstances exactes dans lesquelles il avait vu celui-ci. A cause de la guerre,
je n'ai guère eu l'occasion d'enquêter sur le problème. Cela dit, j'ai entendu de première main Mr. Raymond Hook, de Nanyuki, spécialiste reconnu des animaux sauvages du Kenya, me parler de sa recherche, en compagnie de Mr. Gander [sic]
Dower, du « lion tacheté », qui, d'après certaines personnes et selon la superstition indigène, existerait dans les forêts des Aberdares.*

*Il y a quelques années, vous avez publié la lettre d'un certain Mr. Snowball, qui dé-
crivait comment naguère il avait vu et abattu un animal étrange. L'endroit était si
proche et les circonstances de l'incident si semblables à ce que m'avait rapporté
mon père, que j'écrivis à Mr. Snowball. J'ai ainsi appris de lui que ni la description,
ni la peau de l'animal ne correspondaient à celles d'aucune bête connue des experts
consultés. La dernière chose que j'aie entendue à ce sujet est que la peau avait été
confiée à un taxidermiste, mais j'ignore ce qu'il en est advenu.*

*De fait, l'animal en question, le « lion tacheté », ou toute autre bête étrange, pas en-
core vue par un Blanc, pourrait fort bien être ce qu'on appelle l'« Ours nandi ».
Personne n'en sait encore rien. Toutefois, jusqu'à ce que tout cela soit éclairci, j'ai
le sentiment qu'il n'est pas sage de se montrer trop dogmatique quant à l'inexistence de bêtes étranges dans ces vastes régions impénétrées.*

Il convient ben sûr de distinguer nettement le *damasia*, le grand léopard sombre
abattu par Mr. Hamilton-Snowball, le *marozi*, le petit lion tacheté de Mr. Gandar
Dower, et l'Ours nandi, en vérité protéiforme, des colons kenyans [55]. Mais ce
qu'on ne peut certes refuser au major White c'est le caractère infiniment judicieux
de sa conclusion.

COMBIEN EXISTE-T-IL DE RACES DE LIONS ?

Comme l'indique notamment le point de vue équivoque du major Foran, le problème du *marozi* ne semble pas toujours avoir été posé avec toute la clarté désirable.
Avant de se demander ce que peut bien être le Lion tacheté des forêts, il faudrait en
effet définir avec exactitude ce que représente le Lion tout court dans la
Systématique zoologique et quelle formes diverses de lions on peut distinguer. Or,
il faut bien reconnaître que les zoologues les plus éminents ne s'entendent pas toujours sur ces questions apparemment simples.
Je ne tiens pas à entrer ici dans la vieille discussion relative au grade qu'il faut réserver au Lion — et d'ailleurs aux autres félins — dans la hiérarchie du Règne animal : c'est une affaire d'estimation personnelle. Pour Linné (1758), le Lion n'était
qu'une des espèces du seul genre *Felis*, à savoir *Felis leo*. Depuis lors, les genres
linnéens ont pris la valeur de familles, et le genre *Felis* est devenu la famille des

(55) Cf. à ce sujet mon livre *Les Ours insolites d'Afrique* (à paraître dans cette collection).

Félidés. D'après le Russe Sévertzov (1857), pratiquement chaque félin au mode devait être rangé pour le moins dans un sous-genre particulier, ainsi entre autres, *Felis (Leo) leo*. L'anglais Pocock (1917) poussa d'ailleurs cette promotion plus loin en faisant de chacun d'eux un genre différent : le Lion devint donc *Leo leo*. Aujourd'hui on s'accorde plus ou moins pour grouper tous les grands félins, ceux qui rugissent — le Lion, le Léopard, le Tigre, le Jaguar et l'Once (ou Panthère des neiges) — dans le genre *Panthera* — tandis que les plus petits, ceux qui ronronnent, sont inclus dans les genres *Felis* et *Lynx* [56]. Le guépard, à cause de ses griffes de chien, a droit à un genre à part, *Acinonyx*, pour lui tout seul. Il en est de même pour la Panthère nébuleuse ou longibande de l'Orient, à laquelle est réservé le genre *Neofelis*, à cause entre autres, de la longueur de ses canines supérieures qui sont en passe d'évoluer vers le stade des félins à dents en sabre. Bref, le Lion a fini par devenir *Panthera leo*. Rangeons-nous à cette classification qui a été adoptée par une très large majorité de zoologues.

C'est plutôt sur le nombre de sous-espèces ou races géographiques de l'espèce Lion que les spécialistes se sont entre-déchirés comme de vrais fauves. Songez qu'on a décrit près d'une quinzaine de celles-ci, une douzaine pour l'Afrique seule. En faisant le tour de ce continent dans le sens opposé des aiguilles d'une montre, nous aurions ainsi rencontré autrefois :

Panthera leo	*leo* (Linné), dans l'Atlas et toute la Berbérie, *Panthera*
Id°	*senegalensis* (Meyer), au Sénégal,
Id°	*kamptzi* (Matschmie) , au Cameroun,
Id°	*azandicus* (J.A. Allen), dans la région de l'Ouellé,
Id°	*bleyenberghi* (Lönnberg), au Katanga,
Id°	*vernayi* (Roberts), dans le Kalahari,
Id°	*melanochaitus* (H. Smith), dans la province du Cap,
Id°	*krugeri* (Roberts), dans le *Kruger Park*,
Id°	*massaicus* (Neumann), en Afrique orientale,
Id°	*hollisteri* (J.A. Allen), à l'est du lac Victoria,
Id°	*nyanzae* (Heller), en Ouganda,
Id°	*somaliensis* (Noack), en Somalie.

Après avoir franchi la mer Rouge, nous aurions encore pu observer :

Panthera leo	*persicus* (Fischer), en Mésopotamie et en Iran,
Id°	*goojratensis* (Smee), en Inde.

Ce temps est révolu. Les lions ont disparu à la fois de l'extrême nord et de l'extrême sud du continent africain, ainsi que de tout le Moyen Orient. Et un grand nombre des sous-espèces restantes, qui ne se différenciaient en principe que par la taille et par l'extension, l'abondance et la couleur de la crinière chez le mâle, sont tombées en synonymie.

Le Dr Serge Frechkop, qui fut mon maître, était lui-même un disciple de Sévertzov. Aussi, resté attaché aux conceptions de ce dernier en matière de classification, tenait-il encore en 1943 à classer le Lion dans un genre particulier. Il le justifiait d'ailleurs entre autres par le port de tête élevé du Lion — également caractéristique du

(56) La possibilité de rugir est liée à la manière dont sont joints par un ligament les petits os hyoïdes qui unissent le larynx à la base du crâne.

Guépard, autre félin de savane — qui contraste de manière frappante avec la manière dont les félins forestiers, tels que le Tigre et le Léopard, tiennent en général la tête basse quand ils se déplacent. Le Lion est aussi le seul félin à avoir une touffe de crins au bout de la queue, pinceau dans lequel se dissimule même une petite griffe chez le mâle. Cela dit, Frechkop ne pensait pas qu'on pût « actuellement distinguer plus **d'une espèce** du genre *Leo* sauf, peut-être, si les différences entre les lions d'Afrique et les lions qui se sont encore conservés dans une région de l'Inde s'avéraient suffisamment importantes pour attribuer à ces derniers la valeur d'une espèce (*Leo goojratensis*) différente de celle vivant en Afrique (*Leo leo*). »

« Quant aux lions africains [poursuivait-il], il est certain qu'il doit y avoir des différences assez maquées entre les lions qu'on trouve en Algérie [...] et ceux qu'on trouve dans la colonie du Cap [...], ainsi qu'entre ceux qui vivent au Sénégal [...] et ceux de l'est de l'Afrique. »

Toutefois, pour ce qui était de formes telles que *azandicus, nyanzae, hollisteri, massaicus* et *bleyenberghi*, qui se côtoyaient dans le centre et l'est du continent, et qu'on présentait comme des sous-espèces distinctes, Frechkop ne voyait en elles que des « exagérations de systématiciens qui ne se rendent pas compte de la vie des bêtes, ni du jeu complexe des facteurs de l'hérédité et de la variabilité individuelle ». Il s'en expliquait :

Il arrive que des lions d'une région voisine pénètrent dans l'aire habitée déjà par une autre bande de lions. Si les intrus ne sont pas immédiatement chassés du territoire de chasse par les anciens détenteurs de celui-ci, des rapprochements de sexes peuvent se produire et il y a alors apport de « sang nouveau » dans le « cheptel » du territoire donné. Avec ce « nouveau sang » sont introduits alors évidemment des caractères de la race vivant dans la région voisine.

Comme Frechkop le soulignait judicieusement, pour qu'on puisse parler de sous-espèces différentes « il faudrait encore que **chaque spécimen** provenant d'une région ait les caractères qu'on attribue à la race prétendue propre à cette région » Et de montrer qu'au Congo belge, le Zaïre actuel, on distinguait dans le seul Parc national Albert, dont il étudiait les mammifères, deux types extrêmes de lions entre lesquels on trouvait cependant tous les intermédiaires possibles : d'une part le Lion à crinière faiblemet développée, limitée au cou et constituée de crins fauves, auxquels ne se mêlent que de rares crins noirâtres, d'autre part le Lion à opulente crinière foncée, s'étendant jusqu'au delà du garrot et tout le long du ventre et formant même des touffes sur les coudes. Il est bien évident qu'on peut difficilement parler, dans de tels cas, de races géograhiques distinctes, ni même de races vivant côte à côte dans une même région : il s'agit de toute évidence, de différences individuelles.

Au Cameroun, dont il avait plus particulièrement étudié les mammifères sauvages, le Dr Albert Jeannin a trouvé presque côte à côte des lions qui répondaient parfaitement à la description des sous-espèces *senegalensis, kamptzi, somaliensis* et *massaicus*. C'est dire qu'il ne croyait guère à la validité de ces formes. Pour ce grand connaisseur de la faune africaine, même le fameux « Lion de l'Atlas » n'appartiendrait pas à une race particulière :

Celle-ci a pris naissance dans l'imagiation tumultueuse de Jules Gérard [surnommé « le tueur de lions » !] et dans les préoccupations publicitaires de certains propriétaires de ménageries.

D'ailleurs, comment aurait-on distingué une variété spéciale au félin d'Algérie alors qu'on ignorait à l'époque les caratères de ceux du Congo, du Cameroun, du Kenya, du Tchad... de tout le reste de l'Afrique, à l'exception de la partie australe du continent ?
Le succès de cette dénomination fantaisiste repose sur une consonance harmonieuse des mots. Les termes « grand lion de l'Atlas » s'associent heureusement et permettent une évocation majestueuse.

Peut-être ce nettoyage par le vide de l'espèce *Panthera leo* est-il quelque peu excessif. Il serait en effet tout à fait normal, quasi obligatoire, que des populations d'animaux ayant été isolées les unes des autres depuis de nombreux millénaires — comme le Lion de Berbérie, le Lion d'Asie mineure et le Lion de l'Inde l'ont été de ceux d'Afrique noire — aient fini par acquérir un ensemble de caractères originaux, et puissent donc être tenus pour de bonnes « races géographiques ».

Voilà qui est loin d'être vrai des lions qui hantent les régions tropicales d'Afrique ou leurs abords immédiats, et dont les territoires se touchent, s'interpénètrent et se confondent, du Transvaal, et même du Natal, jusqu'au Sénégal, en passant par la Somalie, et en remontant jusqu'au Gabon. Pourtant, il est encore maints naturalistes qui admettent parmi eux l'existence d'au moins certaines sous-espèces. Ainsi C. A. W. Guggisberg, qui a consacré en 1961 une excellente monographie au Lion, en arrive-t-il à conclure, à l'issue d'un tri qu'il estimait sans doute sévère :

Il semble possible que, de toutes les sous-espèces mentionnées, seuls le Lion indien, le Lion du Cap, le Lion de Berbérie, le Lion du Sénégal, le Lion massaï, peut-être aussi le Lion du Kruger et le Lion du Kalahari (vernayi) puissent être distingés en fait avec quelque certitude.

Cela n'empêche qu'à la page suivante de son ouvrage, ce même Guggisberg, si accueillant pour certaines races plus que discutables, écrira en persiflant :

Je ne conseillerais toutefois à aucun chasseur de gros giber d'organiser un safari à seule fin de capturer un Marozi, *un* Tkimizi, *un* Bakanga *ou un* Wobo, *car toutes les histoires de « lions tachetés » se fondent sur de jeunes lions tout à fait normalement marqués de taches, des léopards exceptionnellemnt grands ou des hyènes tachetées indûment féroces.*

LE PROBLÈME NE SE LIMITE PAS AU KENYA

Il est douteux que le *Wobo* des basses terres d'Ethiopie, souvent décrit avec un cou allongé et des raies longitudiales, ait grand-chose en commun avec le *Marozi* des hauteurs du Kenya, mais peut-être en est-il autrement du féroce *Abasambo* des massifs montagneux de ce pays, qui tiendrait à la fois du Léopad et du Lion. En tout cas, C.A.W. Guggisberg est venu nous rappeler à point nommé que l'existence de lions forestiers ou montagnards, ayant acquis de ce fait des traits originaux, n'est pas un phénomène limité à l'Est africain. Souvenons-nous de quelques-uns des félins aberrants passés en revue au début de ce livre : du *Bung-bung*, le lion à longue barbe noire, mais non tacheté des forês du Cameroun, du *Bakanga*, le lion roux, à ocelles, bas sur pattes et aboyeur, de l'Oubangui-Chari (de quelle région du pays ?), de l'*Ikimizi*, le lion gris, tacheté et barbu des volcans du Rwanda, peut-être aussi de l'*Uruturangwé*, qui tient du Léopard sans être un léopard, d'un autre secteur de ces mêmes hauteurs, voire du *Ruturargo*, mi-lion mi-léopard, de la province ougandaise du Kigezi, contigü aux montagnes du Rwanda.

Constatons que, sauf pour le *Bakanga* dont l'habitat n'a pas été précisé, tous ces fauves sortant de l'ordinaire sont liés soit à la montagne, soit à la forêt, soit plus généralement à une heureuse combinaison des deux. Et sauf pour la patrie du *Bakanga*, encore une fois, qui n'est guère accidentée, toutes les régions où ces félins insolites ont été sigalés, au Cameroun, en Ethiopie, en Ouganda, au Rwanda et au Kenya, sont précisément les plus montagneuses de l'Afrique tropicale. Est-ce parce que ces massifs élevés ont fini par servir de refuge à des félins repoussés par l'avance calamiteuse de la colonisation, ou parce qu'ils ont toujours représenté un abri plus sûr pour les représentants plus farouches, moins entreprenants, de l'espèce, il est difficile d'en décider. Il est toutefois manifeste que les conditions locales ont eu tendance partout à favoriser l'apparition de traits inhabituels : taille plus réduite, taches, coloration anormale, pilosité différente. Que cela soit dû à un phénomène d'isolation accroissant les chances de consanguinité et dès lors de production de dérèglements génétiques, de mutations, ou que cela résulte de la survivance par sélection des individus les mieux adaptés aux exigences d'un milieu nouveau, importe peu. Les deux processus sont de règle en matière d'évolution et peuvent d'ailleurs avoir joué concurremment. Et tous deux ont pour effet d'engendrer à la longue la naissance de races locales ou, si l'on préfère, de sous-espèces.

Peut-être, en ce qui concerne l'*Abasambo*, le *Bung-bung*, le *Bakanga*, l'*Ikimizi*, l'*Uruturangwé* et l'*Enturargo*, sur lesquels nous n'avons encore que des renseignements sommaires, s'agit-il simplement de noms réservés par les gens du cru à des anomalies frappantes mais individuelles. Il faudrait approfondir l'enquête. De toute façon ces anomalies pourraient être les signes avant-coureurs d'une spéciation en train de s'esquisser, mais toujours susceptible d'avorter. Ne critiquons pas les indigènes : les zoologues eux-mêmes n'ont-ils pas baptisé parfois hâtivement d'un nom latin des sous-espèces et même des espèces de lions, en se fondant sur des caractères tout aussi variables et fragiles que la taille, le degré de développement de la crinière ou la couleur plus ou moins sombre de celle-ci ?

Dans le cas du *Marozi* toutefois, sur lequel nos possédons tout un faisceau d'informations indépendantes et néanmoins concordantes, réparties sur plusieurs décennies, il semble peu douteux qu'une sous-espèce nouvelle se soit créée.

UNE RACE NOUVELLE APPAREMMENT VALIDE

Pour moi le signe le plus évident de la réalité d'une telle genèse n'est pas tant la rétention définitive, par atavisme, des taches juvéniles, que l'acquisition de traits de comportement inhabituels.

Tous ceux qui connaissent bien les lions pour les avoir fréquentés nous diront que lorsqu'on en rencontre dans la nature ils ne manifestent jamais le moindre effroi, pas même de l'inquiétude. Sûrs de leur puissance, ils paraissnt ignorer avec superbe tout le reste de la Création, l'Homme compris, sauf bien sûr quand ils se décident à attaquer leurs proies d'élection. Comme j'ai pu le constater moi-même à plusieurs reprises, ils poursuivent calmement leur chemin, du même pas lymphatique, quand ils sont en marche. Et s'ils sont couchés, ce qui semble être leur position favorite, il faut vraiment les approcher de très près (de préférence en voiture !) pour les voir réagir, et surtout pour les inciter à se lever, ce qu'ils feront d'ailleurs avec une mauvaise grâce évidente. Quand on parvient à quelques pas à peine de leur troupe, c'est en général l'une ou l'autre lionne qui marque le coup en abaissant les oreilles, en fronçant le mufle tout en découvrant les crocs et en se mettant à souffler, voire en lançant un coup de patte d'avertissement. Sur quoi il est plus prudent de ne pas insister : il vaut mieux s'arrêter et même reculer lentement. Pendant ce temps le lion dominant n'aura, lui-même, pas cessé de sommeiller, en apparence du moins.

En réalité, comme l'explorateur suédois Andréas Sparrman l'avait déjà noté avec subtilité, dans la régon du Cap au XVIIIe siècle, l'apathie des lions n'est qu'une manœuvre d'intimidation :

Lorsque le lion aperçoit des chasseurs à grande distance, on admet universellement qu'il prend ses jambes à son cou aussi vite que possible afin de se soustraire à leur regard. Mais si ces chasseurs ont la chance de le découvrir à courte distance, on dit que dans ce cas il s'éloigne certes mais avec hargne, et sans se presser, comme s'il était au dessus de sa dignité de manifester de la peur quand il se trouve surpris et pourchassé. Voilà qui explique aussi que lorsqu'il se sent poursuivi à cheval avec énergie, il est bientôt acculé à la résistance, ou il répugne du moins à continuer de fuir. Il ralentit alors son allure et à la longue il ne fait plus guère que se glisser pas à pas, sans jamais cesser de surveiller ses pousuivants du coin de l'œil. Et puis il finit par faire soudain volte-face, et se dispose à les affronter : tout en s'ébrouant il pousse un rugissement aigu afin d'exprimer sa fureur, prêt en fait à se jeter sur eux et à les mettre en pièces.

On le voit, la réaction normale du lion témoigne d'une parfaite maîtrise de soi : ne perdre la face à aucun prix ! Et poussé dans ses derniers retranchements il attaquera toujours. Le chasseur avisé aura intérêt dès lors à le foudroyer avant qu'il n'ébauche sa détente, car on a parfois vu des lions charger leur bourreau et abattre celui-ci, même avec une balle en plein cœur, avant de tomber mort.

Or, comment, à en croire leurs témoins, les lions tachetés des hauteurs kenyanes, se sont-ils comportés face à l'Homme ?

Le couple de ceux venus opérer une razzia sur le bétail de Michael Trent avaient fui tous les deux quand celui-ci les avait pris sur le fait, et le fermier n'était parvenu à abattre le mâle qu'à l'issue d'une longue poursuite fertile en incidents.

Le lion blessé au ventre par Mr Nimmo avait, en dépit de sa blessure, disparu aussitôt dans la broussaille.

La première fois qu'Ali, le pisteur-piégeur de Raymond Hook, était tombé sur un couple de lions tachetés, ceux-ci s'étaient enfuis à la seule vue des hommes.

La seconde fois que cela lui était arrivé, les deux *marozis* rencontrés au détour d'une route s'étaient précipitamment retirés dans les fourrés.

Les deux félins semblables aperçus par Mr. Hamilton-Snowball avaient disparu dans la ceinture forestière devant laquelle on les avait surpris. Et les boys Kikuyu du chasseur lui avaient dit que ces animaux, bien distincts des lions, s'observaient d'ordinaire par couples, ce qui était aussi plutôt rare pour les lions ordinaires.

Enfin, la bête étrange, d'une taille intermédiaire entre celle du Léopard et du Lion, que Mr. Powys Cobb avait surprise en train de s'attaquer à son bétail à l'orée de la forêt du Mau, devait s'être éclipsée à une vitesse singulière pour que le fermier ait dû la pourchasser à cheval, sans d'ailleurs parvenir à la rattraper.

Je ne suis pas de ceux qui prêtent aux animaux des réactions « presse-bouton » stéréotypées, toujours parfaitement prévisibles. J'ai pour cela une trop haute idée de leur psychisme et de la complexité de leur comportement suivant les circonstances, et j'ai d'ailleurs eu maintes occasions de vérifier la malléabilité de leurs facultés d'adaptation à des situations nouvelles. Je mesure notamment toute la différence de réactions que des lions peuvent avoir dans une région où ils sont impitoyablement chassés, dans une réserve où ils sont depuis longtemps protégés et dans une zone où l'Homme ne s'aventure guère, et où il ne fait figure ni de concurrent, ni d'ennemi.

Cela dit, il me paraît néanmoins significatif que dans tous les cas où de petits lions tachetés ont été rencontrés à une grande altitude dans la forêt, que ce soit de près ou de loin, et qu'ils aient été simplement observés, pourchassés avec insistance ou mitraillés et éventuellement blessés ou frappés à mort, ils ont chaque fois réagi d'une manière inhabituelle pour des lions ordinaires.

Sur la foi de telles particularités de mœurs, aussi bien que de taille, de coloration et d'habitat, j'avais proposé dans *Sur la piste des bêtes ignorées* (1955) de créer pour les petits lions tachetés des hautes landes du Kenya « une espèce nouvelle, à laquelle on ne pourrait donner de meilleur nom de baptême que celui de *Leo maculatus*.». A l'époque toutefois, j'étais encore très imprégné de l'enseignement de mon maître Frechkop, et de sa conception des différences génétiques entre les divers Félidés.

J'étais allé jusqu'à me demander alors si l'on n'avait pas affaire avec une forme véritablement « pygmée », puisqu'on avait souvent prêté au Lion tacheté une taille intermédiaire entre celle du Lion et celle du Léopard. « De ce fait [écrivais-je], il mériterait, au même titre que les formes naines de l'Hippopotame (*Chœropsis*), du Rhinocéros (*Dicerorhinus*), du Gibbon-siamang (*Hylobates klossi*) et du Chimpanzé (*Pan paniscus*), d'être élevé **au moins** au rang d'une espèce distincte. Son rang dans la hiérarchie zoologique dépendra des différences éventuelles que pourrait révéler l'étude de son squelette, voire de son anatomie interne. »

Aujourd'hui, rendu plus circonspect par l'expérience et influencé par le courant quasi général d'agglutination croissante des espèces et sous-espèces de mammifères, je ne réclamerai certes pas, pour le lion tacheté des Aberdares et du mont Kenya (dont le type est conservé au Département d'Histoire naturelle du *British Museum* — la peau du lion abattu par Michael Trent) plus que le statut d'une simple sous-espèce, *Panthera leo maculatus*. Celle-ci en tout cas, est assurément aussi valide, sinon plus, que la plupart de celles reconnues pour les diveses races géographiques de lions d'Afrique et d'Asie.

UNE ENQUÊTE PERSONNELLE SUR LES LIEUX

Lorsque je séjournais au Kenya en 1967, je n'ai pas manqué bien sûr de visiter les monts Aberdares, mués dans l'entre-temps en parc national, afin de vérifier *de visu* s'ils pouvaient vraiment héberger une forme particulière de grand félin. Au mois de mai de cette année, je les ai traversés d'abord de part en part le long de la route qui mène du village de Nyeri au merveilleux lac Naivasha, couronné par la mousse rose de millions de flamants. Puis je les ai survolés, à bord du Cessna de mon hôte, Michael Pettejohn, de Mweiga, avion qu'il fallait emprunter pour aller rapidement d'un bout à l'autre de la réserve privée de celui-ci — un véritable paradis terrestre regorgeant de zèbres, de girafes réticulées, de rhinocéros, de buffles et de bubales de Jackson. Au cours de ce vol, Mike m'a montré du doigt la clairière sur flanc de montagne, où peu auparavant il avait observé à basse altitude une troupe de quelque trente-cinq bongos : tout zoologue se sentirait béni des dieux s'il avait la chance d'apercevoir **une seule** de ces superbes antilopes rousses, forestières et nocturnes, aussi élusives que l'Okapi lui-même ! Enfin, toujours en compagnie de Mike Pettejohn, d'un médecin de ses amis et d'un garde-forestier kikuyu, je me suis enfoncé en Toyota dans les profondeurs des Aberdares. Quand la voiture, qui, en dépit de ses quatre roues motrices, patinait sur la glaise rouge des pistes encaissées, se fut mise à tournoyer sur place tout en dévalant la pente, s'embourba et refusa d'encore nous mener plus haut, nous poursuivîmes notre ascension à pied jusqu'à une clairière, où nous devions délicieusement pique-niquer. De là, je devais rayonner toute l'après-midi à travers la forêt de bambous et de cèdres, humide et fraîche, ornée comme pour une fête de lianes et d'usnées chevelues, et bourgeonnant littéralement de champignons orangés pareils à des lampions. J'aurais dû dire « j'ai tenté de rayonner », car la végétation quasi explosive se présentait partout soit sous forme de grilles de cannes étroitement serrées, soit comme un entrelacs embrouillé de draperies et de cordages, et rares étaient les pistes frayées par quelque bulldozer vivant, où il n'était d'ailleurs guère indiqué de s'aventurer. Les Aberdares sont notoirement hantés en effet par des colosses tels que l'Eléphant, le Rhinocéros noir, le Buffle, l'antilope Bongo, dont le poids approche parfois 300 kilos, et l'Hylochère, le sanglier géant des forêts, qui peut atteindre 1,20 m au garrot, dépasser 2 m de long et peser dans les 200 kilos. Bref, tout ce qui peut donner lieu à ce qu'on appelle « de mauvaises rencontres ». J'ai relevé de grandes empreintes apparemment fraîches, mais peu nettes, car marquées sur un lit de mousse et de végétaux pourrissants. J'ai même trouvé quelques tas d'excréments dont certains fumaient encore. Mais dans les trouées lumineuses qui perçaient la pénombre, parmi les rayons obliques tombant des vitraux du dais feuillu, je n'ai pas entrevu le moindre animal de taille même moyenne. Je n'ai même pas entendu un seul d'entre eux, car ce qu'il y avait de plus impressionnant dans ces cathédrales végétales était la pureté angoissante du silence. Un néant seulement cinglé de temps en temps par un cri d'oiseau, qui éclatait alors comme un coup de tonnerre.

Si je n'ai aperçu aucun des énormes ongulés du massif des Aberdares, on ne s'étonnera point que je n'y ai pas rencontré non plus de ses lions tachetés. Peut-être me trouvais-je d'ailleurs à trop basse altitude pour cela. C'est, semble-t-il, dans la lande à hagénias, située au-delà de la ceinture de cèdres et de bambous, et gardée comme par autant de sentinelles fantomatiques par les seneçons monstrueux, pareils à des choux arborescents, et par les cierges floraux velus issus des lobélies géantes, que vit le roitelet tacheté des animaux. En somme, dans une région encore plus difficile d'accès, mieux isolée des basses terres, plus secrètes.

Avant de partir sonder les Aberdares, j'avais rencontré à Langata, chez mes amis Jolyon et Stafford Halse, qui me logeaient, un guide de chasse professionnel, organisateur de safaris pour potentats américains ou arabes et armateurs grecs, et qui s'enorgueillissait du nombre de bongos qu'il avait eu l'occasion de trucider. Surmontant mon antipathie, je m'étais enquis auprès de lui, pour les besoins de mes recherches, des difficultés d'accès de l'habitat de ces antilopes. Mon interlocuteur, un grand gars carré et rougeaud comme un boucher suralimenté, n'avait pas manqué de gonfler au maximum le caractère malaisé de leur approche pour mettre en valeur ses qualités de courage et d'endurance. Cela dit, il ne s'était pas gêné pour ricaner quand je lui avais déclaré que je m'efforçais d'enquêter au Kenya sur les animaux encore inconnus.

Je lui avais donc fait remarquer qu'on venait tout juste de découvrir dans ce pays l'existence du Guib à dos jaune, le plus grand de tous, dans la forêt de Mau, à plus de 600 kilomètres de son aire connue d'Afrique centrale, et qu'il en était de même du Chat doré, trouvé depuis peu, isolé lui aussi, sur le Mau et dans les Aberdares. A quoi le gaillard avait répliqué en s'esclaffant : « Oui, mais ça, c'est des animaux **connus** ! »

J'ai alors tenté de lui faire comprendre que si un animal connu (mais ailleurs) peut passer inaperçu jusqu'à nos jours dans une certaine région, un animal inconnu a évidemment tout autant de chances de le faire que lui. Mais cet argument-là était vraiment trop subtil pour pouvoir pénétrer son crâne épais de tueur sportif.

Le gaillard allait d'ailleurs achever de se couvrir de ridicule en parlant d'une forêt que mon ami Jolyon, géologue de son état, désirait prospecter mais qu'il estimait lui-même « absolument impénétrable ». Ce qui ne l'empêchait d'ailleurs pas de considérer que toute la faune devait en être forcément connue…

Les négateurs systématiques ne devraient jamais oublier ceci. On compte uniquement parmi les victoires de la Cryptozooogie la découverte d'espèces tout à fait inconnues. Mais en fait, chaque fois qu'une espèce connue est trouvée loin de son aire de distribution jusqu'alors admise, c'est une preuve éclatante de la légitimité des prétentions cryptozoologiques. S'être aperçu en 1900 que le plus grand des rhinocéros, le Rhinocéros blanc qu'on croyait confiné en Afrique du Sud au-delà du Zambèze, vivait aussi dans les savanes ouvertes des confins du Soudan, du Tchad, de Centrafrique et du Zaïre actuels, est pour le moins aussi stupéfiant et significatif que d'avoir découvert l'Okapi dans les Ténèbres de la forêt vierge équatoriale.

ET S'IL S'AGISSAIT D'HYBRIDES ?

Si d'aventure le Lion tacheté des hautes landes n'était pas vraiment une race géographique bien établie — ou du moins en voie de formation au Kenya, comme ailleurs, une explication un peu plus fantastique s'imposerait. Celle de l'hybridation.

K.C. Gandar Dower avait eu beau dire « qu'aucun zoologue ne tient pour imaginable un croisement avec le léopard dans la nature », je m'étais inscrit en faux contre cette affirmation dans mon ouvrage de 1955. Car j'étais en l'occurrence l'exception qui confirme la règle. A l'époque pourtant, il n'avait pas encore été prouvé de manière indiscutable que l'hybridation de la lionne et du léopard était possible en captivité, ni que des croisements entre espèces différentes pouvaient se produire dans la nature, notamment parmi les Primates, et pas seulement dans certaines situations de crise [57].

Dans le cas de l'hybridation, dans la presqu'île de Malacca, de macaques crabiers et de macaques à queue de cochon, il a été souligné que c'est parce que les derniers étaient systématiquement massacrés par les chasseurs que certaines femelles ayant échappé à l'holocauste avaient sans doute dû s'intégrer à des troupes de singes de l'autre espèce. Mais dans le cas des cercopithèques à diadème qui, en Ouganda, s'étaient croisés fructueusement avec des cercopithèques pain-à-cacheter, on a constaté que les deux espèces, aussi florissantes l'une que l'autre dans la forêt de Budongo, où pratiquement personne ne les chassait jamais, n'avaient pu subir aucune pression extérieure.

Pourquoi de semblables idylles ne seraient-elles pas possibles également entre félins ? C'est d'autant plus vraisemblable en l'occurrence que dans la haute montagne, les léopards semblent être plus grands qu'ailleurs et les lions au contraire plus petits. Voilà qui, en tout cas, atténuait considérablement une différence de taille qui aurait pu constituer un obstacle. Dans mon livre en 1955, j'avais souligné à ce propos qu'un croisement réussi entre un lion et une femelle de léopard avait moins de chances de se produire que l'inverse, la trop grande taille des nouveau-nés risquant de déchirer la mère. J'avais rappelé à ce sujet que cela arrivait souvent aux chattes siamoises, engrossées par des matous de gouttière, d'une taille en général supérieure. Ainsi avait d'ailleurs péri ma toute première compagne féline. La naissance de *léopons* dans un zoo japonais devait en tout cas confirmer en 1969 qu'une lionne pouvait fort bien être enceinte des œuvres d'un léopard quand les circonstances s'y prêtaient. Mais puisqu'en forêt de montagne se dessinait une tendance au nivellement de la taille des deux plus grands félins d'Afrique, peut-être une union entre le lion mâle et le léopard femelle était-elle également susceptible de produire des rejetons sans risque d'accidents. Ainsi certains lions tachetés observés dans les hautes landes pourraient-ils être de ces *liopards* qu'on n'est pas encore parvenu à produire en captivité.

En 1955, après avoir rappelé qu'il y avait certains endroits, aussi bien en pleine savane qu'en haute montagne où lions et léopards pouvaient fort bien se rencontrer, j'avais écrit : « Plus en sécurité, avec leur pelage tacheté, dans la forêt que sur un terrain plus ouvert, les rejetons hybrides opteraient tout naturellement pour l'habitat forestier. » Je suis tenté aujourd'hui de penser que c'est plutôt parce qu'ils étaient devenus forestiers, peut-être en fuyant les savanes de plus en plus colonisées, que certains lions des deux sexes ont pu à l'occasion s'unir à des léopards et engendrer des descendants marqués de rosettes. La réduction de leur taille, produite en forêt de montage tant par pression sélective du milieu que par une moindre abondance du gibier, a contribué à réduire la largeur du fossé qui les séparait des léopards. Peut-être aussi une rétention plus tardive des taches juvéniles chez les lions forestiers, favorisée elle aussi par la nature particulière de l'habitat, a-telle achevé de combler ce fossé. Il est bien évident qu'une petite lionne nettement tachetée ressemble assez à un léopard femelle et aurait de quoi tenter un mâle énamouré de cette espèce, tout comme une léoparde doit paraître non moins séduisante à un lion lui-même marqué

(57) Cf. *Les Bêtes humaines d'Afrique*, pp. 435-437.

d'ocelles. Voilà qui aurait en définitive multiplié considérablement les chances de
croisements fortuits entre les deux espèces dans un milieu où, en plus, ils y étaient
encouragés sans doute par une pénurie relative de partenaires sexuels normaux.
En somme, un certain nombre de petits bâtards tenant à la fois du lion et du léopard
pourraient ainsi être apparus dans les landes de haute montagne, non seulement au
Kenya, les *marozi*, mais aussi au Rwanda, les *ikimizi* ou les *uruturangwé*, et dans
l'Ouganda voisin, les *enturargo*, ainsi qu'en Ethiopie, les *abasambo*, voire dans certains massifs montagneux mois élevés de Centrafrique, les *bakanga*. A la longue, ces
produits hybrides auraient été favorisés par la sélection naturelle, sinon par rapport
aux léopards, parfaitement adaptés à la vie forestière, et même arboricoles, du moins
par rapport aux lions eux-mêmes, plus aptes à vivre et à se multiplier en savane.
Ainsi, à certains endroits, une véritable race de petits lions tachetés se serait-elle peu
à peu développée en haute montagne, ou serait en passe de le faire.
En vérité, que la présence de taches chez le Lion adulte soit due à une hybridation
avec le Léopard, une mutation fortuite ou une persistance de la livrée juvénile liée à
des facteurs écologiques n'a qu'une importance secondaire. Le fait est qu'une robe
tachetée favorise un meilleur camouflage en milieu forestier et que les individus qui
en sont revêtus ont plus de chances de survivre et de se multiplier dans un tel environnement que les autres.
Ici aussi, comme dans le cas tout à fait parallèle du Guépard royal, nous assistons en
somme à la naissance probable d'une espèce nouvelle qui est en passe de conquérir
les forêts. L'affaire du Guépard tigré étant aujourd'hui résolue, nous savons que celui-ci n'existe encore que sous forme d'individus éparpillés. Il n'en est pas de même
du Lion tacheté : nous ne savons toujours pas si celui-ci ne forme pas déjà une sous-
espèce voire — qui sait ? — une espèce distincte.
Qui reprendra le flambeau que K.C. Gandar Dower a laissé tomber au fond des
océans ?

Le cahier d'illustrations que vous allez voir évoque fort bien, pensons-nous, les fauves auxquels Bernard Heuvelmans a consacré son ouvrage. En effet, celui-ci n'ayant pas laissé d'instructions pour l'illustration de ce livre, nous avons surtout choisi des gravures extraites de divers ouvrages, à commencer par *La Guerre du feu* et *Le Félin géant*, les chefs d'œuvre de J.H. Rosny Aîné, le grand maître du roman préhistorique.

Ces documents prouvent à quel point ces félins ont fait rêver les hommes, alors même que l'on n'envisageait pas leur survivance.

Nous remercions Joseph Altairac et Guy Costes qui nous ont ouvert leurs collections, nous permettant de trouver ces rares illustrations, et nous ont prodigué leurs conseils.

Jean-Jacques Barloy

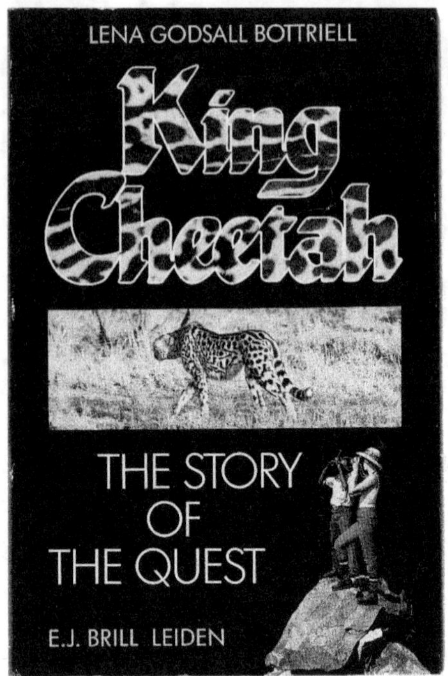

Couverture du livre de Lena Godsall Bottriell

Photo tirée de l'ouvrage de Lena Godsall Bottriell, *King Cheetah. The Story of the Quest*,
montrant une peau de guépard royal. (p. 159)

Illustration de Jean Chieze pour une réédition (1953)
du roman de J.H. Rosny Aîné, *La Guerre du feu*

Bernard Heuvelmans

Illustration de Manuel Orazi pour *La Guerre du feu*, de J.H. Rosny Aîné (édition de 1909)

Illustration de J.P. Ariel pour une réédition (1956) du roman *Le félin géant*, de J.H. Rosny Aîné

Illustration de J.P. Ariel pour une réédition (1954) du roman *Le félin géant*, de J.H. Rosny
(Bibliothèque verte n° 84, Hachette)

Illustration tirée de l'essai de J.H. Rosny Aîné, *Les Origines* (1895)

Illustration de *La création de l'homme et les premiers âges de l'humanité,*
de Henri du Cleuziou (1887)

Illustration de Ernest Prater pour *The Lost Continent,* de Cutcliffe Hyne (*Pearson's Magazine,*
juillet-décembre 1899)

Dessin de F. Bourdin pour l'ouvrage d'Elie Berthet, *Paris avant l'histoire* (1884)

Illustration de G. Nikolski pour le roman de Vladimir Afanassievitch Obroutchev (1863-1956), *Plutoniia* (Leningrad, 1924 ; traduit par M. Arsenieva : *La Plutonie*, Littérature soviétique pour l'enfance et l'adolescence, Editions en langues étrangères, Moscou, 1954 ; collection *Aventure et Science-Fiction*, Editions Radouga, Moscou, 1987)

La nuit, tous les chats sont gris.

(Dicton populaire)

Chapitre VIII

« Mngwa », la bête étrange de Tanzanie

Le cri aigu d'une femme a brutalement troublé la paix du petit village côtier du Tanganyika. Dans l'aube blême, sur le sable encore frais de la place du marché, gît une masse informe de chairs et d'os, le corps méconnaissable d'un homme, broyé, lacéré, réduit en bouillie par quelque inconcevable machine à tuer.

Le hurlement de terreur a fait fuir à grands coups d'ailes les charognards arrivés les premiers sur les lieux, mais l'un après l'autre les villageois sont accourus et ils forment à présent un cercle stupéfait autour de ces lambeaux humains. Leur silence durera jusqu'à ce que l'un d'eux, plus impatient, ait recueilli parmi les croûtes de sang séché quelques poils grisâtres.

« Mngwa ! »

Il a poussé une exclamation étouffée, répétée en écho par les assistants, dont les corps se mettent soudain à frissonner comme des palmes, sous le coup de la peur.

« Mngwa ! » répète plus loin un autre, après s'être penché avec anxiété sur la marque de larges coussinets imprimés dans le sable mou. Et ce mot va se propager de bouche en bouche jusqu'aux confins du village. Partout où il passera, les femmes serreront instinctivement contre elles leurs enfants rieurs et les hommes lèveront un regard inquiet vers les forêts de cocotiers où leurs oreilles terrifiées croient percevoir le ronronnement du monstre repu.

Mngwa a fait une nouvelle victime.

Mngwa, c'est le mystère africain par excellence. Tout à fait ignoré des Blancs, il est à peine connu des Noirs eux-mêmes puisque son nom vient du kiswahéli *mu-ngwa*, ce qui signifie « l'étrange ».

Bien souvent les colons de l'Est africain confondent avec l'ours Nandi cette créature énigmatique que les indigènes appellent aussi le *nunda* [58]. Mais la terreur n'a pas qu'un seul visage. Alors que le *chemosit* des Nandi est une bête pataude et au pas lourd, qui fait penser à l'ours ou à un énorme babouin, le *mngwa* est nettement félin : une mécanique silencieuse de muscles précis, qui se détendent soudain pour l'assaut, comme des ressorts d'acier, en faisant jaillir de toutes parts un hérissement de crocs et de griffes. Et tandis que le théâtre des exploits du premier s'étend sur tout l'intérieur de l'Est africain, voire jusqu'au Transvaal, les récits se rapportant au second se localisent toujours le long de la côte du Tanganyika. S'il fallait rapprocher le *mngwa* d'un monstre inconnu hantant le haut pays, ce serait plutôt du *ndalawo* des forêts de

---

(58) D'après le capitaine Hichens, les noms de *mngwa* et de *nunda* « sembleraient identiques en dépit de leur orthographe différente, car *mu-nunda* peut, par transposition sonore, devenir *mu-ngwa* ». Si cela ne paraît pas évident à une oreille occidentale, on peut faire confiance ici au capitaine Hichens car il est vraiment orfèvre en la matière. On doit en effet à cet administrateur britannique longtemps attaché aux services de renseignement, la traduction annotée de l'*al-Inkishafi* d'Abdalla ibn Ali ibn Nasir, à savoir *Le Réveil de l'âme*, une sorte de *Miroir du Monde des Swahili*, c'est-à-dire des « gens de la côte ».

l'Ouganda un féroce carnassier tueur d'homes, qui aurait la taille et la forme d'un léopard, mais dont le dos serait recouvert d'une fourrure noire virant au gris vers le dessous du corps.

Dans ce même genre, le *mngwa* paraît plus impressionnant encore puisque, selon les indigènes qui l'ont aperçu, il est aussi gros qu'un âne et rayé de gris comme un tigre. Un tigre africain couleur de muraille… Un félin inconnu de la taille du lion…

C'est par ces quelques paragraphes, d'un ton plutôt dramatique et d'une facture franchement romanesque, que j'avais fait débuter le chapitre consacré au *Mngwa* dans mon livre *Sur la piste des Bêtes ignorées*, publié en 1955. Plus d'un quart de siècle s'est écoulé depuis lors. Les colons ont déserté l'Est africain. Le Tanganyika est devenu la Tanzanie, et beaucoup d'eau a coulé le long de la côte souvent bordée d'une impénétrable forêt de palétuviers. De plus en plus épris de rigueur, laissant toujours la parole aux témoins oculaires eux-mêmes, je ne recours plus dans mes écrits cryptozoologiques à des descriptions où l'imagination joue un certain rôle. Mais le mystère du *mngwa*, lui, reste entier. Aucun fait nouveau n'est venu jeter sur lui la moindre lueur. La bête étrange continue de provoquer à l'occasion une flambée de terreur qui se propage comme le feu sur une traînée de poudre. Et mon vieux préambule, fût-il imaginaire, aura gardé, je crois, toute son efficacité pour nous plonger d'emblée dans le climat de l'affaire.

LA LÉGENDE DU SULTAN MAGNÚN

A quoi qu'il doive son étrangeté, le *mngwa* semble aussi connu des pêcheurs de la côte tanzanienne que le loup blanc dans nos régions. Ou plus exactement que le loup-garou. Il figure en effet dans maints contes traditionnels, voire dans des poèmes épiques. Le capitaine William Lionel Hichens, que nous connaissons déjà et qui sera notre témoin principal dans cette affaire, cite en l'occurence ce passage d'une chanson guerrière attribuée au héros swahili Liongo Fumo wa Ba-Uriy :

Sikae muyini hawa kitu duni
Nangia mwituni haliwa na mngwa
(Je n'habite pas la ville pour y devenir un vaurien désœuvré. Je m'enfonce dans la forêt pour y être mangé par la bête étrange).

Ce chant date de 1150 environ. Aujourd'hui, après plus de huit siècles, le *mngwa* est toujours aussi redouté des indigènes, qui se gardent bien de pénétrer dans la forêt quand il y est signalé.
Si l'on prend connaissance de la légende du sultan Magnún, rapportée par Mgr Edward Steere, évêque de Zanzibar, dans ses *Swahili Tales*, on se rendra compte que cette bête, parfois sous le nom de *nunda* , tient dans le folklore de l'Afrique orientale, la place que le Dragon occupait en Europe au Moyen Age. Qu'on en juge.
Un jour, dit la légende, le chat du sultan Magnún s'échappe et va opérer des ravages dans le poulailler de son maître. Les soldats demandent au sultan la permission de tuer le chat, mais le monarque répond : « Le chat est à moi, et les poules sont à moi. »

Le chat dévore alors des moutons et des chèvres, et (il faut supposer qu'un tel régime l'engraisse et le fait croître) il s'en prend bientôt aux vaches, aux chevaux et aux chameaux. Chaque fois cependant, Magnún fait remarquer que l'agresseur, aussi bien que ses victimes, lui appartient et qu'il n'y a pas lieu dès lors d'abattre le chat. Jusqu'au jour où le félin dévore goulûment trois des fils du sultan. Cette fois celui-ci change tout à fait de politique : « Ce n'est plus un chat, déclare-t-il avec solennité, son nom est le *nunda*. »
Du coup, le septième fils du roi, héros astucieux et impavide, décide de partir à la recherche du monstre et de l'occire. Il tue un gros chien et revient à la maison en chantant triomphalement :

Mamà wee, niulàga
Nunda mla wàtu
(O maman, j'ai tué
Le Nunda, mangeur d'hommes !)

Sa mère toutefois le détrompe. Alors, le jeune homme tue d'affilée une civette, un zèbre, une girafe, un rhinocéros et un éléphant, croyant chaque fois avoir affaire avec le *nunda*. Mais chaque fois sa chère maman lui fait comprendre sa méprise. Enfin, après avoir annoncé avec gravité qu'il ne reviendra plus sans le cadavre du *nunda*, le garçon s'enfonce dans la forêt avec ses serviteurs. Et, un beau jour, il aperçoit le monstre dont il donne une description détaillée : « Ceci doit être le *nunda*. Ma mère m'a dit que ses oreilles sont petites et celles-ci sont petites. Elle m'a dit que le *nunda* est large et non pas allongé et celui-ci est large et il n'est pas allongé. Elle m'a dit qu'il a deux taches comme la civette et celui-ci a deux taches comme une civette. Elle m'a dit que sa queue est épaisse et cette queue-ci est épaisse. Et tous les caractères qu'elle m'a cités se retrouvent ici. »
Convaincu cette fois de ne plus se tromper, le jeune homme abat le monstre à coups de fusil. A son retour, il est accueilli par sa mère, qui lui chante enfin :

Mwanangu, ndiyiyi
Nunda, mla wàtu
(O mon fils, c'est bien lui,
Le Nunda, mangeur d'hommes !)

La fin de cette comédie musicale est classique : le cadet triomphant héritera le pays de son père, il épousera une ravissante jeune fille, dont il aura beaucoup d'enfants, et il vivra très vieux, aimé de son peuple.

Cette légende est significative à plus d'un titre. Elle semble constituer entre autres un avertissement à quiconque aurait tendance à confondre le *nunda* avec toute autre bête plus familière. Il s'agit apparemment d'un grand félin aussi puissant que glouton, tenu en quelque sorte pour l'incarnation de ce qu'il y a de plus redoutable au monde.

Dans une note relative à sa traduction des contes swahili, Edward Steere le définissait comme suit :

Le Nunda *est une sorte de bête mythique, sur laquelle courent maintes histoires. J'en ai entendu raconter une dans laquelle elle mangeait tout ce qu'il y avait dans le pays sauf le héros lui-même : une fois que celui-ci l'avait eu trucidée, tout avait repris vie.*

Cette histoire rappelle furieusement celle du *Khadumadumo* des Ba-Sotho, dont le jeune héros Sankatana devait ouvrir le ventre, libérant ainsi l'humanité engloutie. Il s'agit par conséquent une nouvelle fois, comme dans l'histoire du sultan Magnún d'ailleurs, du mythe omniprésent du fils sauveur, qui est aussi celui de la victoire sur le Dragon, ou, moins spécifiquement, sur le Mal personnifié.

LE « NUNDA » S'EN PREND À LA POLICE

En somme, le *Nunda* alias *Mngwa* a toutes les apparences de quelque bête fabuleuse, née de l'imagination combien fertile des Africains. C'est ce que chacun croyait du moins jusqu'aux années 20 de ce siècle. A ce moment, comme le fit remarquer avec humour Frank W. Lane dans sa *Nature Parade*, « une série d'événements, survenus dans certains villages de pêcheurs sur la côte du Tanganyika, eurent pour effet de transférer le *nunda* du royaume des fantasmes indigènes à celui des rapports gouvernementaux ».

Le compte rendu établi par le magistrat local est des plus détaillés. En substance il a paru en octobre 1927 dans le *Chambers's Journal* sous la signature peu explicite de « Fulahn ». On devait apprendre toutefois, dès l'année suivante, à la lumière d'un article semblable publié cette fois dans *Wide World*, que sous ce pseudonyme se cachait en fait le capitaine William Hichens. Sans doute l'appartenance récente de celui-ci aux services de renseignement d'Afrique orientale l'avait-elle incité d'abord à une certaine discrétion.

Comme il allait aussi se révéler par la suite, les événements qui vont nous être rapportés ici sont survenus en 1927 dans le village côtier de Lindé :

Les commerçants indigènes avaient coutume, chaque soir, de laisser leurs affaires sur la place du village, prêtes pour le marché du lendemain. Afin d'éviter les vols et empêcher en même temps les vagabonds de dormir sur les lieux, un askari, à savoir un agent de police indigène, assurait avec deux de ses collègues des gardes d'une durée de quatre heures chacune.

Un soir, à la relève de minuit, le policier de la garde montante constata que son collègue n'était pas là. Parti à sa recherche, il finit par le retrouver, atrocement mutilé, sous un étal. L'homme se précipita chez son chef, l'officier européen, avec lequel je me rendis aussitôt au marché. Il était manifeste que l'askari avait été attaqué et tué par quelque bête, sans doute un lion.

La main de la victime était refermée sur une touffe de poils grisâtres, comme ceux qui auraient été arrachés à la crinière d'un lion au cours d'un combat violent. Depuis bien des années toutefois on n'avait pas vu entrer un lion dans l'agglomération !

Le lendemain, nous discutions de l'affaire au boma, *quand le vieux* Liwali *arabe, c'est-à-dire le gouverneur indigène du district, fit irruption dans notre bureau avec deux hommes épouvantés sur les talons. Tard dans la nuit, dirent-ils, ils s'étaient glissés en catimini le long de la place du marché, par crainte que l'askari ne les vît et ne les prît pour des malfaiteurs. Et comme ils se faufilaient ainsi, ils avaient été horrifiés de voir un gigantesque chat bringé — le grand et mystérieux* nunda, *craint dans tous les villages de la côte — surgir d'un bond, de l'ombre, et terrasser le policier.*

Le Liwali, *homme vénérable et cultivé, nous assura que, de mémoire d'homme, le* nunda *avait plusieurs fois rendu visite au village. Ce n'était ni un lion, ni un léopard, mais une sorte de chat énorme, aussi gros qu'un âne et marqué comme un tabby* [un de nos chats de gouttière à robe tigrée, marquetée ou mouchetée]. *J'avais déjà entendu cette histoire, et l'avais mise sur le compte de quelque superstition ridicule, mais l'affirmation du* Liwali *jetait sur l'affaire un jour nouveau.*
Cette nuit-là, nos veillâmes sur le marché avec deux askaris en armes, mais il ne se passa rien. Le lendemain au rassemblement, nous fîmes une conférence aux policiers indigènes sur la stupidité des superstitions.
Il semble que notre discours ait été un peu prématuré. La nuit même, un autre policier était mis en pièces. Entre ses doigts crispés, et accrochés aux boucles de son uniforme, il y avait, cette fois encore, les mêmes touffes de poils gris. Dans l'entretemps, les villageois terrifiés avaient payé un célèbre sorcier-guérisseur afin qu'il pratiquât la dawa, *ou médecine magique, pour faire fuir le* nunda *au loin. Le village, qui mijotait dans un climat de peur, de colère et de sorcellerie, était en pleine ébullition. J'envoyai les poils au Q. G. aux fins d'expertise. On me répondit en demandant de quel animal ils provenaient « car c'est de la fourrure et non des crins comme vous le disiez : probablement les poils de quelque chat. »*
Il s'ensuivit un mois de tragédies dans de petits villages éparpillés de part et d'autre le long de la côte : des chefs accablés de tourments accouraient de loin pour venir annoncer qu'un énorme animal tigré de gris comme un chat, mais aussi gros qu'un âne, s'emparait des hommes la nuit. Des pièges furent tendus, des appâts empoisonnés disposés çà et là, et des policiers armés patrouillèrent à travers toute la région. Et puis, un jour, aussi soudain qu'ils avaient commencé, les raids du nunda *prirent fin. La bête mystérieuse ne fut pas retrouvée. Comme dans le cas du* chimisit [l'Ours nandi], *maintes battues ont été organisées pour le débusquer, mais bien qu'elle eût été vue et combattue, jamais elle n'a été abattue ni capturée.*

LE TÉMOIGNAGE DE DEUX GRANDS EXPERTS

C'est en décembre 1928, dans le magazine populaire *Wide World*, qu'après avoir jeté le masque du pseudonyme, le capitaine Hichens fit une nouvelle fois le récit de ses démêlés avec l'insaisissable *Nunda*, qu'il appelait aussi *Nondo* :

A diverses occasions, l'auteur a été imploré par des indigènes de rendre visite à leur village et d'abattre cet horrible chat géant.

Les seuls détails originaux donnés sur celui-ci dans cet article sont les suivants :

Il hante les forêts et les marais à palétuviers de la côte d'Afrique orientale, razziant périodiquement les villages de pêcheurs, où il s'attaque aux hommes et aux femmes et où il pille le produit des coups de filets.

Et, à propos de l'askari qui avait été « attaqué, hideusement déchiqueté et mis à mort », Hichens donna cette précision significative : « L'exécuteur n'était ni un lion, ni un léopard, mais une bête qui **ronronnait** tout en fonçant à travers les plantations de cocotiers. Elle abandonna sur les sentiers de sable blanc de celles-ci une énorme piste d'aspect félin et, dans la main de sa victime, une poignée de fourrure mouchetée. »
Le moment est venu de se souvenir que les zoologues classent les félins dans des genres différents suivant certaines de leurs manifestations vocales : ceux qui rugissent d'une part, à savoir les cinq grands (le guépard étant excepté), et ceux qui ronronnent d'autre part, c'est-à-dire tous les autres, en général de moindre taille. Ainsi le *Nunda* serait-il donc un très grand félin, mais qui serait incapable de rugir comme ceux d'une taille comparable. En quoi il serait semblable au guépard. Bref, un félin **vraiment** étrange.
Le capitaine Hichens n'est pas le seul connaisseur de la faune africaine à avoir eu une expérience personnelle avec le *Nunda*. L'article qu'il avait fait paraître dans *Wide World* devait en effet en susciter bientôt un autre, dû, lui, à un chasseur chevronné, Patrick Bowen, qui avait surtout parcouru le sud du continent. Et voici ce qu'on pouvait y lire :

Plus au nord de la même côte [du Mozambique], *j'ai relevé pendant la guerre* [de 1914-1918] *des traces de ce qui pourrait bien être le chat géant, ou* Inundu [à savoir nundu, précédé de l'article I]. *Un rapport m'était parvenu d'un village indigène suivant lequel un* nundu *avait razzié celui-ci la nuit précédente et enlevé un garçonnet préposé à la garde d'une bonne pêche.*
En compagnie d'un vieux chasseur boer très réputé et nommé Sarel Dupont, je suis allé visiter le village. Nous avons repéré sans peine la piste du pillard, qui à première vue, paraissait être celle d'un très grand lion. En la suivant sur une certaine distance, nous sommes parvenus à une étendue de sable humide assez dure, sur laquelle les pelotes plantaires étaient très nettement distinctes. Un bref examen m'a convaincu que la bête qui avait laissé ces empreintes **n'était pas** *un lion, et Dupont, bien meilleur pisteur que moi, était tout à fait d'accord avec moi.*
En dehors même de la taille, la piste d'un lion diffère de celle d'un léopard par un détail petit mais significatif : l'écart entre les pattes de devant du Lion est bien plus grand que celui entre les pattes de derrière, alors que chez le Léopard, ces deux distances sont à peu près égales. La piste que nous suivions semblait être celle d'un léopard aussi grand que le plus grand des lions.
Un peu plus tard, nous avons dû abandonner la poursuite, à cause de l'épaisseur de la brousse. Au village où nous étions rentrés, le chef nous a montré quelques poils qu'il avait trouvés sur les pieux de la clôture du kraal à poisson. Ils étaient bringés, contrairement à ceux du Léopard !
*Cette preuve est loin d'être concluante, mais quant à moi je suis convaincu que l'*Inundu *n'est pas un mythe.* [59]

(59) « Mythe » est pris ici dans son sens journalistique, totalement inacceptable, de « fiction ».

Il ne s'agit pas ici, nous le savons, du témoignage de quelque Tartarin de bistrot tarasconais, ni d'ailleurs de l'opinion d'un amateur crédule, avide de merveilleux. C'est ce même Patrick Bowen qui rejetait l'histoire du fauve inconnu de Graaffreinet comme étant l'œuvre d'un sorcier confectionneur de pistes truquées.

LES ARGUMENTS DU CAPITAINE HICHENS

En somme le signalement de la Bête étrange s'est, de légendes et de traditions en observations circonstanciées, peu à peu précisé. Il s'agit en définitive d'un félin d'une taille comparable à celle du Lion, mais d'une anatomie plus proche de celle du Léopard, et qui d'ailleurs n'est marqué ni comme l'un ni comme l'autre, étant plutôt tigré, marbré ou moucheté comme un chat de gouttière. Au surplus, il ne rugit pas comme les autres grands félins, le guépard excepté, mais ronronne en revanche comme les plus petits. Il paraît enfin aussi friand de poisson que de chair humaine. Un bien étrange cocktail en vérité, mais parfaitement cohérent.
Aussi comprend-on que dix ans après la parution de son premier article, exactement en décembre 1937, le capitaine William Hichens soit encore revenu à la charge pour défendre la réalité du monstre dont il avait eu maintes occasions de constater les forfaits. Ce fut cette fois dans la revue scientifique anglaise *Discovery*, et — sans doute avait-il essuyé dans l'entre-temps bien des critiques et des sarcasmes — avec toute une brassée nouvelle d'arguments de poids :

Il serait facile de faire fi de toutes ces histoires comme de pures émanations nées des terreurs nocturnes de l'homme noir, enfantées par une superstition imbécile ou — pourquoi pas ? — comme les fantasmes dûs à une station trop prolongée auprès du feu de camp et à une proximité excessive d'un pot tiède de bière ntulu. *Ce serait là une conclusion hâtive. Car ces bêtes du « mystère » sous une forme ou une autre, existent bel et bien. Ainsi, bien qu'on puisse dire que l'horrible* mngwa, *tel que le décrivent les indigènes terrifiés des kraals de pêche côtiers,* **doit** *être un mythe, il ne faut pas se dissimuler qu'une pleine civière de chair humaine déchirée, broyée et mutilée, qu'on vous décharge devant la tente, n'a rien d'un mythe, et, que vous l'appeliez* mngwa *ou comme vous le voulez, la bête qui est responsable de cela n'est pas non plus un mythe, mais, de toute évidence un animal avec lequel il est préférable de s'expliquer avec le canon d'un calibre de 450.*
De toute façon, l'Africain n'a rien d'un sot quand il est question de la vie de la brousse et de ses bêtes. Jamais il n'affirmera que l'une d'elles est un mngwa *quand n'importe quelle vieille femme du kraal pourrait déterminer d'un seul coup d'œil à sa piste, ou à sa manière d'attaquer, s'il s'agit d'un lion, d'un léopard ou d'une hyène. Le folklore cynégétique local distingue très nettement les bêtes de la brousse. Un chant de chasse bien connu parle, dans un seul verset, tout à la fois du* simba *(le lion), du* nsui *(le léopard) et du* mngwa, *ce qui démontre clairement qu'il n'y a pas de confusion possible entre ces trois grands carnivores dans l'esprit des indigènes.*

Ce qu'est ce *mngwa*, ce « troisième chat », le capitaine Hichens va nous le répéter avec des précisions inédites, et toute la force d'une vie consacrée à l'étude de l'Est africain, de sa nature, de sa faune, de sa population humaine et de l'âme de celle-ci, telle qu'elle se manifeste dans ses traditions, sa science et sa culture :

A en croire les indigènes des villages de pêcheurs alignés le long de la côte orientale de l'Afrique, le Mngwa *est un chat gigantesque, rayé comme un tabby, mais aussi grand qu'un âne et bien plus féroce et redoutable que n'importe quel lion. On peut prétendre qu'une telle bête est « impossible », mais moi qui ai parcouru maints kilomètres dans les contrées qu'il hante, et qui ai aidé à rafistoler plus d'une de ses victimes déchiquetées, j'ai la ferme conviction qu'une bête répondant au signalement du* mngwa, *se dissimule dans la jungle dense qui borde certaines sections de la côte. Quelques zones de cette jungle obscure n'ont pas été foulées par le pied de l'Homme pendant des centaines d'années. La preuve en est qu'une grande ville composée d'édifices de pierres tombés en ruine se trouve depuis plus de cinq siècles en pleine brousse, à moins d'une après-midi de voyage en voiture de Mombasa, et a été complètement oubliée jusqu'à ce qu'on la découvrît à nouveau, il y a environ quatre ans [soit vers 1933]* [60]
Quels autres secrets cette bande forestière recèle-telle ? Les indigènes jurent qu'elle est hantée, et il se peut bien qu'elle le soit : par d'étranges bêtes. De toute façon, le Mngwa, *en tant qu'espèce distincte du Lion et du Léopard, est connu des indigènes de la côte depuis plus de dix siècles. Une chanson d'un de leurs fameux sultans-chasseurs et qui remonte au XIIIe siècle, contient les vers suivants :*

« Je ne flâne pas dans les villes, mais je me rue dans la forêt pour y être dévoré par le mgnwa !
Et si le mngwa_s'empare de moi et mange ma chair, ce sera le lot de la chasse ! »

Au cours des années la bête a figuré dans maints récits et n'importe quel habitant de la côte peut raconter des histoires horribles sur la férocité et les raids périodiques du Mngwa. *Tout cela ne peut être rejeté à la légère comme un tissu de « foutaises ». Il n'y a pas longtemps, à Mchinga* [ou Mehinja] *(un petit village côtier du Tanganyika), on m'a amené sur une civière un homme qui avait été terriblement malmené par une bête de forte taille. Il m'apprit qu'il s'agissait en l'occurrence d'un* mngwa. *Or l'homme était un brave, un chasseur indigène expert qui avait souvent pisté des lions, des léopards et d'autres « tueurs », tant avec moi qu'avec d'autres Blancs. Aussi, pourquoi diable voulez-vous que dans ce cas particulier, il se soit trompé en prenant un lion ou un léopard pour quelque autre bête ? Il n'aurait rien eu à gagner à me raconter des mensonges. Bien au contraire, en tant que chasseur, son gagne-pain dépendait de sa sincérité absolue, et de la confiance qu'on pouvait lui accorder. Une autre fois, à Lindi, une autre localité du Tanganyika, un* mngwa *était venu rôder dans le village de nuit, y avait tué plusieurs habitants, et pour finir, un policier en faction au marché. Pendant des nuits, toute l'agglomération vécut dans la terreur, et, bien que nous eussions doublé le nombre de vigies de la police, nous eûmes bien de la peine à convaincre les hommes de se rendre à leur poste. Pourtant j'avais vu ces mêmes individus débusquer un lion d'un taillis avec de simples bâtons ! Ils assuraient que cette bête-ci n'était ni un lion, ni un léopard, mais un* mngwa. *Nous avons fait tout ce qui était possible pour lui tendre une embûche, mais, hélas ! sans succès, et nous n'avons pas davantage attrapé un lion, ce que nous aurions sans doute fait, si c'en avait été un.*

(60) Il s'agit de la mystérieuse ville arabe qu'on appelle aujourd'hui Gedi et qui se trouve à 16 kilomètres au sud de Malindi. Fondée sans doute au XIIe ou XIIIe siècle, elle fut en partie détruite et reconstruite aux XVe et XVIe siècles, puis totalement désertée.

LE « MNGWA » NE SERAIT-IL PAS UN CHAT DORÉ AGRANDI ?

Depuis la parution de mon livre de 1955, je n'ai plus recueilli aucun écho de l'existence du *Mngwa*, sauf un récit de seconde main rapporté à une de mes correspondantes par un pilote français, topographe de brousse. Dans cette histoire, aussi vaguement circonstancié dans l'espace que dans le temps, le *Mngwa* était décrit comme « un tigre gris à dents en sabre », mais le monstre qui aurait décimé un village Kikuyu s'était révélé, une fois abattu sans trop de peine, un vieux lion solitaire. Rien à retirer en somme de ce rapport confus.

En revanche, il m'est venu peu à peu, en approfondissant l'étude des félins d'Afrique, une inspiration quant à l'identité possible du *Mngwa*. En effet, si l'on excepte la taille énorme prêtée à la « bête étrange », à savoir celle du lion, et même du plus grand des lions, le signalement de celle-ci se rapporte jusque dans ses moindres détails (l'incapacité de rugir) à celui de la phase grise et quasi rayée du Chat doré, celle que Temminck avait appelée *calidogaster* en la prenant pour une espèce distincte.

Comme je l'ai dit au chapitre III, le Chat doré, qu'on classe ordinairement parmi les félins africains de petite taille, excède en réalité celle des espèces de taille moyenne. Adulte, il a 50 cm de hauteur au garrot et entre 1 m et 1,40 m de longueur totale, dont une quarantaine de centimètres seulement pour la queue. Ivan T. Sanderson disait du Chat doré, dans son ouvrage sur les mammifères vivants du monde, qu'il « atteint les dimensions d'un léopard de taille moyenne ». Feu mon vieil ami Ivan était toujours enclin à exagérer : c'était chez lui une tendance irrésistible. Soyons précis. La longueur totale d'un léopard se situe entre 2 et 3 m, dont un tiers est occupé par la queue. Cela fait de lui un félin dont la taille est deux fois supérieure à celle du Chat doré. Il est plus juste de dire que celui-ci atteint presque la taille d'un petit puma (d'environ 1 m de long pour la tête et le corps), ce qui est déjà appréciable. Le Chat doré a d'ailleurs la tête relativement petite et les pattes épaisses de ce félin américain (ce qui explique les empreintes de pas un peu démesurées qu'il laisse), tout en ayant cependant la queue un peu plus brève.

Quoi qu'il en soit, ceux qui ont eu le rare privilège de rencontrer un chat doré dans sa phase grise et tachetée, presque tigrée, ont dû être frappés avant tout par son énormité, du fait qu'il se présente comme un chat tabby ordinaire, mais deux fois plus grands que nature. Il ne peut être décrit que comme un chat démesuré, gigantesque, exactement comme l'a toujours été le fabuleux *Nunda*. Selon le processus classique de l'exagération par surenchère, cela a fort bien pu entraîner à la longue une comparaison avec le léopard d'abord — rappelez-vous Sanderson ! — le lion ensuite, voire l'âne…

Ne l'oublions pas, nous ne savons pratiquement rien des mœurs du Chat doré, hôte par excellence de l'obscure forêt des pluies africaine. L'aire de distribution géographique que nous lui connaissons aujourd'hui, est de ce fait même discontinue, par suite de l'amenuisement et du morcellement progressifs des régions forestières. A l'ouest, le Chat doré occupe une zone côtière allongée allant de la Gambie au Togo ; au centre, une zone rectangulaire bien plus large s'étendant sur toute l'Afrique centrale, du Cameroun au seuil de l'Ouganda et à la frontière de l'Angola ; et, à l'est enfin, une toute petite zone isolée, limitée, semble-t-il, aux forêts du Mau et des Aberdares, au Kenya.

En somme, le royaume du Chat doré se superpose pratiquement à l'aire d'extension de la grande forêt hygrophile. Or, sur le continent africain, celle-ci ne se limite pas uniquement à ces trois zones. Il s'en trouve encore maints lambeaux sur toute la côte de l'Océan Indien, depuis l'Equateur jusqu'au Tropique du Capricorne, plus particulièrement le long des divers fleuves qui débouchent là-bas, entre autres, en descendant vers la sud, le Tana, le Galana, le Pangani, le Matanu, le Ruvuma et le Zambèze, sans compter toute la région côtière du Mozambique. Les chats dorés seraient dans leur élément naturel au sein de ces forêts humides, souvent bordées de mangroves, et il ne serait donc pas surprenant qu'on y découvrît encore une population locale, comme cela a d'ailleurs été le cas il n'y a pas si longtemps, pour celle du Kenya. Il est même possible que cette population de la côte orientale, isolée depuis bien plus longtemps de l'aire de distribution principale du Chat doré, ait fini par former là-bas une race géographique de taille plus élevée. Cela pourrait être dû à diverses circonstances favorables, notamment à une plus grande abondance de nourriture, peut-être enrichie par la présence de poissons, de capture assez facile parmi les palétuviers.

Remarquons que tout le nord de l'aire forestière fragmentée de la côte orientale (la région comprise entre le Tana et le Ruvuma, à savoir la bande côtière de la Tanzanie, ex-Tanganyika) est précisément le théâtre des exploits du *Mngwa*, alias *Nunda*. On ne peut rêver une sorte de preuve par neuf plus convaincante de la réalité de celui-ci que sa parfaite conformité aux lois et aux normes de l'écologie, preuve circonstancielle par excellence.

DES CHATS DORÉS PEUVENT-ILS ÊTRE COUPABLES ?

Cela dit, des chats dorés seraient-ils capables des méfaits attribués au *Mngwa*, et notamment de la mise à mort d'hommes adultes ?

Theodor Haltenorth définissait ainsi leur régime alimentaire dans son guide de terrain des bêtes d'Afrique (1977) : « Mammifères jusqu'à la grosseur d'une petite antilope, oiseaux jusqu'à la grosseur de la pintade, à l'occasion aussi de la volaille domestique. »

Rien de bien impressionnant en somme. Et pourtant, en 1906 déjà, dans son livre consacré au Liberia, Sir Harry H. Johnston avait souligné la férocité toute particulière du félin en question : « Ce chat est d'une inclination extrêmement sauvage et indomptable, bien qu'on en voie parfois dans des ménageries et qu'il puisse vive en captivité. Les Libérians disent qu'il est sanguinaire au plus haut degré et qu'il fait autant de dégâts dans les basses-cours et parmi les animaux domestiques que le léopard : en fait on l'appelle souvent « le frère du léopard ». »

En 1942, un lieutenant honoraire de chasse belge, René van Saceghem, décrivit sous le nom de *Felis maka* un félin uniformément brun du Rwanda, aussi gros qu'un chien, et qu'il tenait pour une espèce encore inconnue Ce chat était connu localement sous le nom de *Maka*. Van Saceghem, qui avait reçu plusieurs peaux du félin (dont l'une de 1,25 m de long, du nez au bout de la queue) disait à son propos :

« C'est un animal nocturne. Il grimpe aux arbres et gîte dans des trous et des cavernes ; Il attaque les antilopes et même l'homme lorsqu'il se trouve blessé et traqué. D'après les indigènes, il existerait des spécimens plus grands que ceux dont j'ai la peau. »

En fait, le zoologue suédois Nils Gyldenstolpe avait révélé dès 1928 que *Makka* était le nom donné par les Pygmées Ba-Twa des monts Birunga au Chat doré, dont ils disaient d'ailleurs qu'il était très féroce et qu'il tuait les chèvres et les moutons des indigènes. Après son exploration du Parc National Albert (au Zaïre actuel), mon maître Serge Frechkop devait confirmer en 1943 que le nom de *Maka* ou *Imaka* était en effet utilisé à Kibati pour désigner le Chat doré, mais aussi les spécimens mélaniques du Serval, bref les félins vraiment « hors du commun ». En 1950, dans son étude sur certains mammifères du Kenya, Hugh Copley écrivit que le Chat doré, qu'il appelait « *The Red Tiger Cat* » (Le Chat-tigre roux) « est presque aussi grand que le guépard mais bien plus lourdement bâti, surtout aux épaules et aux lombes, et il a les pattes beaucoup plus courtes et grosses ». Les vieux Kipsigis qui avaient eu la chance exceptionnelle d'en voir un, le décrivirent comme « puissant et féroce ».
Armand Denis résumait judicieusement l'opinion générale dans son ouvrage *Cats of the World* (1964) en écrivant : « Le Chat doré a la réputation d'être un tueur impitoyable, apte à razzier les basses-cours ». Mais c'est dans la monographie que deux zoologues hollandais, P. J. A. van Mensch et P. J. H. van Brée, lui ont consacré en 1969, qu'on trouve les renseignements les plus précis sur le mystérieux chat-tigre, dont ils avaient pu étudier 186 peaux et 46 crânes.
Pour ce qui est de la taille, ils ont pu établir que la longueur tête + corps peut dépasser chez lui un mètre et celle de la queue 35 cm, ce qui fait de lui, sans conteste, le plus grand des félins africains de taille moyenne. Ils ont pu confirmer aussi que les stupéfiantes variations de coloration du Chat doré sont sans doute dues à des facteurs génétiques et n'ont pas le moindre rapport avec la distribution géographique, le climat, la saison, l'âge, la taille ou le sexe. L'espèce se trouve dans les forêts humides à travers toute la zone équatoriale d'Afrique, depuis la Gambie au Kenya, mais elle n'a pas encore été repérée en Tanzanie. Cela dit, elle semble fréquenter volontiers la mangrove, notamment à Banana, au Zaïre, ce qui rendrait sa présence plausible dans celle particulièrement bien développée de la côte orientale. Le mode de vie du Chat doré est presque entièrement nocturne. Ajoutez à cela qu'il est réputé partout pour sa férocité extrême, et vous ne vous étonnerez plus de la terreur qu'il inspire.
Pour qui connaît bien les Félidés, il va de soi que **tout** représentant de la famille ayant la taille du Chat doré ou du Puma pourrait fort bien mettre un homme à mal. Louis Lavauden disait par exemple dans son *Essai sur l'Histoire naturelle du lynx* (1930), à propos de celui d'Europe qui est à peu près de cette grosseur :

Un homme vigoureux, ayant courage et sang-froid, pourrait à la rigueur, sans armes, triompher de l'attaque d'un vieux loup. Dans un combat avec un lynx, il succomberait à coup sûr.

Le plus surprenant en vérité dans le cas du Chat doré serait le fait même de l'agression. Les plus grands félins s'en prennent rarement aux êtres humains, qui sont pourtant pour eux des proies faciles. Quand ils acquièrent une réputation justifiée de mangeurs d'hommes, le fait est si peu commun qu'il entre dans l'Histoire : les lions de Tsavo [61], les tigres de Kumaon, les léopards de Rudraprayag et les jaguars poursuivis par la fureur de Sasha Siemel sont encore sur bien des lèvres. A l'autre bout

(61) Dans *Sur la piste des bêtes ignorées* (T. II, p. 180, de l'édition de 1955), Bernard Heuvelmans évoque les crises d'anthropophagie qu'auraient présentées les lions de la plaine de Rwindi-Rutshuru (Congo belge à l'époque) en 1860 et de 1904 à 1909. On peut rappeler aussi l'affaire des lions mangeurs d'hommes de Tsavo, au Kenya, à la fin du XIXe siècle, lesquels, lors de la construction d'une ligne de chemin de fer, auraient attaqué les travailleurs indiens engagés pour l'occasion — au point que le chantier dut être interrompu. Voir, à ce sujet, le récit qu'André Demaison fait de cet épisode dans *Fauves* (Paris, Flammarion, 1935, p. 47). Celui-ci a inspiré le film *L'Ombre et la Proie* (*The*

de l'échelle des grandeurs, on peut aussi citer quelques cas, vraiment exceptionnels ceux-là, d'attaques sans provocation d'hommes par des chats de faible taille, des chats sauvages d'Europe entre autres. Ce qui est certain, c'est qu'il existe plusieurs exemples bien authentifiés d'agressions et de mise à mort d'êtres humains, surtout d'enfants ou d'adolescents, par un félin aussi timide et généralement inoffensif que le Puma. Il s'agissait presque toujours d'individus exaspérés, et rendus follement téméraires, par une faim trop prolongée, ou bien atteints tout simplement de la rage.[62]

Bref, il serait parfaitement possible à un « tueur impitoyable » comme le Chat doré, même de la taille moyenne qu'on lui connaît, de devenir un prédateur redoutable pour l'homme dans des conditions sans doute inhabituelles. Imaginons par exemple la réaction qu'on pourrait déclencher en dérangeant un de ces fauves affamés en train de se repaître du produit d'une pêche, surtout s'il se sent acculé. Il faut noter enfin que les cas qu'on a pu résumer ici d'agressions inopinées du *Mngwa* sont tout de même assez rares.

Que celui-ci puisse n'être autre que le Chat doré, resté incognito en Tanzanie, me paraît confirmé par le nom même qu'on lui donne.

Si, en kiswahili, celui du Léopard.(*chui, tsui, nsui,* signifie « le tacheté » et celui de l'Hyène (*fisi*) non moins judicieusement « le secret, celui qui se cache », à qui mieux qu'au Chat doré, le plus mystérieux, le moins connu des fauves d'Afrique, pourrait-on en effet réserver l'appellation de *mngwa*, « l'étrange ». Il faut d'ailleurs remarquer que même dans les régions qu'il fréquente notoirement, et où le swahili est langue véhiculaire, le Chat doré n'a pas de nom spécifique dans celle-ci. A moins que celui-ci soit précisément *mngwa*…

Que ce terme soit entré depuis longtemps dans la légende des Swahili où il désigne une bête fabuleuse, l'équivalent du dragon terrassé par Mardouk, Saint Georges, Siegfried et une kyrielle d'autres héros sans peur et sans reproches, ne doit nullement nous désarçonner. Partout dans le monde, tout animal vraiment insolite ou d'une férocité inhabituelle, si rare que sa rencontre a l'air d'un présage de malheur, est invariablement affublé bientôt du nom de l'un ou l'autre monstre traditionnel ou démon maléfique. C'est là un processus tout à fait normal.

Aussi, tout comme j'ai fait débuter ce texte consacré au *Mngwa* par l'exorde que j'avais donné à un chapitre sur le même sujet, dans mon ouvrage général de 1955, je le terminerai par la péroraison de celui-ci, qui garde en effet son caractère judicieux.

Superstition, ce *nunda* ? Mythe poétique ? Tartarinade de nemrod avide de briller ? Mise en scène de magicien ? Il faudrait un aplomb singulier pour le prétendre. Citons plutôt, pour clore cet intermède swahili sans faillir à la couleur locale, cette maxime qu'un Hamlet particulièrement ténébreux adressa sans doute un jour à quelques Horatio non moins noirs que lui :

Si taajabuni, waana Adanu, mambo yalio duniam.

(Ne vous étonnez pas, enfants des hommes, des choses qui sont dans ce monde.)

Ghost and the Darkness, 1996). L'examen de deux crânes de ces lions a montré qu'ils ne pouvaient avaler de proies normales… La presse a encore rapporté des affaires de lions anthropophages en Tanzanie (2002 et 2003), au Malawi (2003) et au Mozambique (2004). En fait, les zoologistes modernes ne croient guère que les lions puissent commettre de tels massacres… (JJB)

(62) Qui lit l'anglais et voudrait s'informer plus complètement sur ces problèmes lira avec le plus grand profit l'excellent ouvrage de Roger A. Caras *Dangerous to Man* (Dangereux pour l'Homme) (1964).

Troisième partie
La surprenante survivance des fauves à dents en sabre

L'habit ne fait pas le moine.

(William Shakespeare, *Henri VIII*)

CHAPITRE IX

UN REPTILE ÉQUIVOQUE À DÉFENSES DE MORSE

Depuis qu'au siècle dernier la Paléontologie a révélé au monde ahuri l'existence passée des Dinosaures qui ont ravivé la flamme devenue vacillante du mythe du Dragon, les esprits romantiques se sont bien entendu demandés s'il ne pouvait plus s'en trouver quelques-uns dans un coin perdu de notre planète. Et sur quel continent croyez-vous qu'ils fondaient le plus d'espoir en l'occurrence ? Sur l'Afrique, bien sûr, puisque conformément au vieux dicton inusable, elle est censée produire des monstres nouveaux à la chaîne, ave une ardeur vraiment stakhanoviste.

UN MONSTRE PEUT EN CACHER UN AUTRE

Le fait est que, de temps en temps, à travers tout le continent africain, de vagues rumeurs mais aussi des observations circonstanciées, des légendes indigènes mais aussi d'anciennes traditions dénotant une science prophétique, quelques canulars insidieux mais aussi des témoignages d'une bonne foi indiscutable, sont venus alimenter l'espérance de voir arriver là-bas quelque grand reptile rescapé de l'ère secondaire. Dans mon livre *Les Derniers dragons d'Afrique* (1978), j'ai passé en revue, analysé, filtré et tenté d'interpréter le matériel d'information en vérité pléthorique qui s'est accumulé peu à peu sur cette question. Il m'a fallu constater que, si vif était le désir de prouver l'existence actuelle de dinosaures, tout animal un peu bizarre, méconnaissable ou insolite a été le plus souvent considéré d'emblée comme un « saurien préhistorique », quoi que cette expression malheureuse veuille dire. Un énorme python se dressait-il par dessus des broussailles, un silure géant sortait-il la tête de l'eau au bord d'un lac, on croyait aussitôt avoir observé l'avant-train de quelque Sauropode : Diplodocus, Brontosaure ou Brachiosaure de préférence. Un varan d'une taille supérieure à la normale était-il surpris au bain comme la chaste Suzanne, on voyait en lui un monstre amphibie, surgi des tréfonds de l'abîme du Temps. Un gros crocodile venait-il engloutir en catimini une lavandière imprudente, un hippopotame mal luné renversait-il une pirogue pleine de gens, un éléphant traversait-il un fleuve en ne laissant émerger que la trompe et le dessus de la tête, un lamantin timide, aperçu lézardant en surface, s'éclipsait-il en créant un remous considérable, chaque fois on criait au dinosaure ! Et il en était de même quand, sur un marais embrumé, on entrevoyait à fleur d'eau une grande tortue à carapace molle et à col démesuré, ou même un anhinga, sorte de cormoran à cou de serpent, qui nage avec le corps pratiquement submergé. Bref, poissons, oiseaux et mammifères, aussi bien que reptiles les plus divers, **tout** a fait farine au moulin de ceux qui espèrent le retour du Dinosaure avec encore plus d'impatience et de ferveur que d'aucuns attendent celui du Messie.

Le résultat de cet excès d'empressement aveugle est plutôt désastreux. Dans le dossier ventru, débordant de partout, des dinosaures attardés, les rares pièces significatives et probantes ont fini par être submergées sous le flot des méprises, voire des fumisteries ; et il leur faut vraiment bien chercher pour arriver à les dégager et à les mettre à jour. Autre conséquence, non moins grave, de ce brouillamini, et qui nous concerne plus particulièrement ici : une occultation quasi totale des informations relatives à d'**autres** animaux encore inconnus. Parmi eux, je suis parvenu à reconnaître au moins un gros poisson, allié aux silures ou aux protoptères, et une espèce particulière de siréniens différant du Lamantin, et même, en dépit des déformations qu'on leur a imposées pour les faire entrer de force dans un moule dinosaurien, des félins à dents en sabre. Oui, vous avez bien lu.

Comment diable a-t-on pu confondre des animaux aussi différents que de grands chats et des reptiles ? C'est ce qui s'expliquera peu à peu au cours des pages à venir. Il est toutefois bon de se rappeler dès l'abord que les chats en question possèdent des défenses de morse ou d'éléphanteau, ce qui n'est tout de même pas ordinaire, et que les dinosaures en question comptent dans leurs rangs hétéroclites des êtres qui ressemblent à des crocodiles, des tortues ou des lézards à crête gigantesques, mais également à des dindons ou des autruches, des kangourous ou des tatous, des rhinocéros ou des girafes, à n'importe quoi en somme. Alors, pourquoi pas à des lions ou des léopards à canines monstrueuses ?

UN ANIMAL AQUATIQUE À DÉFENSES RECOURBÉES

Les toutes premières rumeurs relatives à une bête inconnue d'Afrique, qui pourrait être un félin à dents en sabre, remontent à ce qu'on a appelé la Belle Epoque. Toutefois, l'animal, décrit au surplus comme aquatique, était dépeint de manière si vague que personne — et c'est bien naturel — ne songea alors à le rapprocher d'un grand chat.

Ce qui avait déclenché la publicité donnée, dans une publication scientifique, à des rumeurs si brumeuses, était en fait une pièce anatomique on ne peut plus concrète, mais combien déconcertante. Au cours de son voyage d'exploration à travers l'Ethiopie et l'Afrique orientale anglaise, le baron Maurice de Rothschild, qu'accompagnait entre autres un excellent zoologue du Muséum de Paris, Henri Neuville, avait en effet eu l'occasion d'acquérir chez les marchands indiens d'Addis-Abeba une défense d'ivoire non fossilisée qu'il était impossible de rapporter à une espèce connue.

Dès son retour d'Afrique, le Dr Neuville l'avait présentée, le 14 janvier 1905, à la Société Philomatique de Paris. Le baron de Rothschild l'exhiba lui-même à l'Académie des Sciences, le 11 décembre suivant, après l'avoir soumise à l'examen de savants aussi éminents qu'Albert Gaudry, à Paris, et qu'à son cousin anglais, éloigné, l'honorable Walter Rothschild, à Londres.

Cette défense énigmatique, légèrement recourbée, ne mesurait pas moins de 56 cm en ligne droite, de 72 cm en suivant la courbure. Elle était tout à fait lisse sur sa face convexe, la plus étendue, et cannelée au contraire sur sa face postérieure, concave.

Rothschild et Neuville lui ont consacré une étude approfondie en 1907, sans parvenir d'ailleurs à en situer le propriétaire avec une grande exactitude. Ils ont conclu avant tout qu'aussi extraordinaire que cela puisse paraître « cette dent ne peut provenir que de quelque grand quadrupède africain, d'un genre récemment éteint, ou qui a échappé jusqu'à ce jour aux recherches des explorateurs ». Et, d'après certains caractères de la structure intime de l'ivoire, elle devrait appartenir le plus vraisemblablement à quelque Proboscidien non identifiable. Comme elle ne peut de toute façon pas provenir de l'un ou de l'autre des fauves à canines démesurées (celles-ci ne dépassaient d'ailleurs jamais une vingtaine de centimètres), je n'entrerai pas ici dans le détail de cette étude remarquable [63]. Je me contenterai d'en citer un passage qui intéresse notre propos :

... certaines traditions indigènes semblent permettre de faire un rapprochement entre cette dent et un animal fort singulier à mœurs très probablement aquatiques, qui existerait, dit-on, dans la région des lacs et serait porteur de défenses incurvées à pointes peut-être dirigées vers le sol.

Il existe, en effet, dans toute l'Afrique orientale, une tradition générale d'après laquelle il se trouverait, dans les lacs, un animal de grande taille plus ou moins comparable à un hippopotame ; elle nous fut spécialement corroborée par des chasseurs Somalis très au courant de la faune de ces contrées. Des chasseurs et des chameliers Somalis de la caravane ont prétendu en particulier avoir vu un de ces animaux dans le lac Marguerite [le lago Margherita, appelé aujourd'hui lac Abaya].

D'autre part, l'Hon. Walter de Rothschild, à qui notre dent fut communiquée et qui en apprécia tout l'intérêt, a également eu connaissance de ces traditions, l'animal étant signalé cette fois dans une région plus méridionale.

Voici, en substance, les renseignements parvenus à ce sujet à M. W. de Rothschild : un officier de l'Etat du Congo aurait vu tuer et manger, par des indigènes, une jeune femelle de cet animal ; un agent de police du Sud-Africain anglais en aurait également vu un dans le voisinage de la partie sud du Tanganyika ; on aurait trouvé, enfin, près de ce dernier lac, des gravures sur roc, faites par des indigènes, et représentant ce même animal, sur lequel des traditions ont été recueilles du sud de l'Abyssinie au nord de l'Angola et dans le Congo.

En dehors de la mention des « défenses incurvées à pointes peut-être dirigées vers le sol », rien dans ces descriptions ne rappelle évidemment quelque félin préhistorique à dents en sabre. On penserait plutôt à un Proboscidien comme l'Eléphant ou le Dinothérium. Pourtant lorsqu'on verra inlassablement comparer certains fauves à canines démesurées à l'Hippopotame pour ce qui est de la taille et situer le plus souvent leur habitat dans l'eau, ce texte apparaîtra sous un jour tout à fait différent. Et quand on aura enfin l'occasion d'examiner une peinture rupestre bochimane représentant manifestement l'animal en question, on perdra ses dernières réticences.

En attendant, gardons précieusement ces révélations ingénues de Rothschild et Neuville dans un coin de notre mémoire. Elles constituent sans doute les premières pièces, apparemment insignifiantes, d'un puzzle immense, dont les éléments disparates vont s'agencer de façon très graduelle pour en révéler le dessin stupéfiant.

(63) Je renvoie ceux qu'elle intéresse à *Les Derniers dragons d'Afrique*, pp. 144-48.

JOHN ALFRED JORDAN, UN LAWRENCE DU KENYA

Un nouvel écho, un peu plus significatif, mais encore ambigu, sur la survivance possible de machairodontes africains a pu être recueilli en 1910 dans un livre devenu aujourd'hui quasi introuvable dans le monde entier. Il est intitulé *In Closed Territory* (En pays interdit) et dû à la plume d'un Américain aventureux, Edgar Beecher Bronson.
Celui-ci avait parcouru l'année précédente une des régions les plus inhospitalières du Kenya, dans le sud-ouest du pays. Même les détachements de l'armée de Sa Majesté britannique ne se risquaient guère dans ce coin. Les rares Blancs qui eussent reçu l'autorisation de séjourner par là ne pouvaient être des enfants de chœur. Massacreurs d'éléphants et braconniers de haut vol, trafiquants d'ivoire, de cornes de rhinocéros et de peaux de panthères, ils étaient en butte aux tracasseries et aux poursuites non seulement des autorités locales, mais aussi des askaris à la solde des troupes allemandes occupant le Tanganyika voisin. Ces aventuriers souvent sans scrupules manifestaient cependant un courage extraordinaire et, en dépit des communiqués officiels, ils semblent avoir beaucoup contribué à faire régner la paix entre des tribus qui se combattaient depuis des millénaires. Qu'ils l'eussent fait parce que cela arrangeait leurs petites affaires n'a qu'une importance secondaire.
Parmi ces Lawrence de l'Est africain, il faut citer John Boyes et John Alfred Jordan. Le premier œuvra si habilement pour amalgamer par sa seule autorité trente-cinq tribus Kikuyu, jusqu'alors désunies et perpétuellement en conflit que la nation entière finit par le porter sur le trône. Le second s'enfonça un jour tout seul dans la région de Sotik, et il en ramena à Kéricho, dans le camp militaire britannique, une poignée de chefs indigènes qui avaient jusqu'alors refusé énergiquement d'y venir malgré les sommations réitérées du gouvernement. C'est le Jordan en question que Bronson avait vu surgir dans son camp d'Engabaï après y être parvenu le 31 janvier 1909. Il a donné de ce grand gaillard anguleux, à fine moustache et à barbiche bifide, une description minutieuse dont je me contenterai de reproduire la chute : « ... il ressemblait remarquablement, au repos, à Robert Louis Stevenson. »
Il semblait même, en dépit d'un style assurément moins académique, aussi bon conteur que l'auteur de *L'Ile au Trésor* et du *Cas étrange du Dr Jekyll et de Mr Hyde*, à cette différence près qu'il ne rapportait que des histoires vécues sur le monde de la brousse qu'il connaissait si bien. Aussi, les nuits passées en sa compagnie auprès du feu de camp étaient-elles toujours passionnantes. Par une nuit d'orage, alors que Bronson et lui étaient étroitement calfeutrés dans une petite tente, avec pour toute lumière le faible rougeoiement de leurs pipes, Jordan dit d'un ton méditatif :

– Je me demande combien de temps s'écoulera encore avant que le dernier des types de mammifères et de reptiles étranges d'Afrique ne soit attrapé et classifié...
– Que voulez-cous dire ? lui demanda l'Américain. En reste-t-il donc beaucoup qui aient été vus mais non capturés ?
– Dieu seul sait combien, répliqua Jordan.

Et de raconter comment il avait été le tout premier Blanc à se procurer une peau complète de la rarissime antilope Bongo — peau qui avait d'ailleurs été saisie sur ordre de l'administrateur provincial Charles William Hobley, cette espèce venant d'être placée sur la liste des animaux dont la chasse était soumise à une licence. Et de parler bientôt de l'Okapi, récemment découvert en 1901, et dont seul, deux ou trois spécimens avaient pu être abattus depuis lors. Mais l'aventurier n'allait pas s'en tenir aux seuls animaux dûment catalogués...

LE « DINGONEK » DU FLEUVE MIGORI

Et puis [poursuivit Jordan], *il y a l'infernale horreur de ce salopard de reptile, qui remonte le fleuve Maggori* [(64)] *à partir du lac* [Victoria] *et que les Lumbwa ont baptisé du nom de* Dingonek. *Un vrai gros lot que cette beauté-là rapporterait — cinq ou dix mille livres pour le moins ! C'est vous dire si je poste toujours mes Wanderobo et mes Lumbwa aux aguets quand le Maggori est en crue.*
Si j'en ai jamais vu un ? Je veux ! Mataia, le boy que voici, et Mosoni étaient avec moi. Ça s'est passé il y a un an à peine. Mataia jure en avoir vu deux depuis. Je serais bien en peine de vous dire s'il les a vraiment vus, ou s'il les a rêvés — probablement que la deuxième explication est la bonne, car je puis vous dire qu'en ce qui me concerne, des dingonek *ont cherché à sa faufiler entre mes draps pendant des semaines après que nous ayons vu un de ces salauds-là !*
Comment ça s'est passé ? Bah, on s'approchait à pied du Maggori, et j'étais resté en arrière avec mes porteurs et avec les moutons. Mes Lumbwa, je les avais envoyés en éclaireurs pour tenter de découvrir un gué où nous pourrions passer — mais le fleuve était en train de monter et nos chances étaient faibles. Et voici que j'entends soudain un grand remue-ménage dans la brousse et que mes Lumbwa s'amènent en trombe, les yeux hagards, et aussi gris qu'une peau noire peut l'être. Et ils se mettent à dégoiser qu'ils ont vu sur la berge une drôle de bête, qui à leur vue, a plongé dans l'eau — à les entendre, une sorte de croisement entre un serpent-de-mer, un léopard et une baleine ! Imaginant qu'ils étaient devenus dingues ou qu'ils se foutaient de moi, je leur ai dit que je les croirais s'ils me montraient cette bête, mais pas avant.
Après une longue chauri [palabre] *entre eux, ils se sont finalement résolus à retourner sur les lieux, et ils sont revenus une demi-heure après pour m'annoncer qu'ELLE était visible de tout son long dans l'eau, au beau milieu du courant.*
Je me suis précipité dare-dare jusqu'au Maggori et, ma parole ! leur sacrée saloperie était là en effet !
Bon Dieu ! Quel spectacle ! D'à peu près quatorze à quinze pieds de long [4,25 m à 4,60 m], *la tête aussi grosse que celle d'une lionne, mais formée et marquée comme celle d'un léopard, avec deux longues défenses blanches dirigées vers le bas, qui lui sortaient tout droit de la mâchoire supérieure. Elle avait le dos aussi large que celui d'un hippo, mais écailleux comme celui d'un tatou, et coloré et tacheté comme un léopard. Et grâce aux coups de fouet, lents et paresseux, de sa large queue natatoire, elle arrivait à se propulser sans trop de peine à contre-courant, en dépit de la rapidité de celui-ci.*
Sacrebleu ! c'était un être de cauchemar bien hideux que ce poisson-bête : à vous faire souhaiter l'arrivée vite faite d'un avion qui vous emporterait au loin ! Faut-il dire qu'alors qu'il se trouvait déjà en amont, j'avais été entraîné sur la rive précisément là où il était entré dans l'eau, et qu'à cet endroit-là, tout autour de moi, il y avait, dans la boue molle et dans la glaise, des traces de pas d'un diamètre compa-

(64) Ou Gori, ou encore Migori, rivière qui coule à une vingtaine de kilomètres de la frontière tanzanienne, et qui, parallèlement à elle, arrose Macalder's Mine et se jette enfin dans la baie de Karungu.

rable à celui des pieds d'un hippopotame, avec des griffes de reptile, des traces de pattes dont on comprenait d'emblée qu'elles devaient lui permettre de pas mal se débrouiller à terre, et des grifffes dont on pouvait être assuré qu'aucun homme, une fois agrippé, ne saurait s'échapper.

Et les foutus crocs de ce bestiau ! Ils avaient l'air assez long pour pouvoir vous transpercer un homme de part en part !

Il ne m'avait encore ni vu, ni entendu, et je ne pourrais dire combien de temps je suis resté là à le regarder. N'empêche que quand je me suis mis à craindre qu'il ne pivote sur lui-même ou qu'il ne se retourne et me voie, je lui ai envoyé illico un pruneau de calibre 303 derrière son oreille de léopard — et puis vogue la galère !

Il a jailli tout droit hors de l'eau, aussi droit que s'il s'était dressé sur sa foutue queue — à croire qu'il allait carrément s'arracher de celle-ci, ma parole !

Moi ? oh moi, j'ai pas arrêté de galoper un seul instant jusqu'à ce que je me sois trouvé juché sur la berge, et fourvoyé dans la broussaille encore bien ! — le sprint le plus foudroyant qu'aucun éléphant blessé ait jamais réussi à me faire faire, ça, je vous le jure !

Un moment, ma présence d'esprit n'a pas réussi à me suivre depuis le poteau de départ, et, quand elle a fini par me rattraper et que j'ai eu les nerfs assez détendus pour pouvoir m'arrêter et prêter l'oreille, la brousse devant moi grouillait encore toujours de Lumbwa en plein vol, mais, derrière moi, c'étai le silence absolu...

A quoi ses pattes ressemblaient-elles ? Que je sois damné si j'en sais quelque chose ! La seconde même où il s'était soulevé sur sa queue, j'ai été trop occupé de mes propres jambes pour pouvoir me soucier des siennes.

Un sacré fortiche que ce mec-là ! Placée là où elle l'avait été, une balle de 303 aurait foudroyé n'importe qui ou quoi, car ma cible se trouvait à moins de dix mètres quand j'ai tiré. Et pourtant, on a eu beau quadriller les eaux et les rives sur plusieurs milles pendant deux jours d'affilée, on n'a pas trouvé l'ombre d'une trace de lui ou de ses empreintes.

Tenez, demandez plutôt à Mataia, ou à Mosoni ou à ce gars là-bas, ce qu'ils ont vu.

C'est ce que Bronson n'avait pas manqué de faire avec l'aide de son propre interprète, un nommé Dalem, et, comme il le dit : « J'ai eu de chacun d'entre eux une description volubile de la bête et de l'incident, qui ne différait par aucun détail essentiel du récit de Jordan. »

ÉVOCATION INTEMPESTIVE DU « LUKWATA »

On l'aura remarqué, John Alfred Jordan avait prêté à son *Dingonek* la forme d'un énorme félin, aussi écailleux qu'un tatou et armé de formidables défenses. Outre les divers « noms d'oiseaux » dont il l'avait accablé, il l'avait d'ailleurs appelé aussi bien « poisson-bête » que « salopard de reptile ». Edgar B. Bronson semble n'avoir retenu de tout cela que la dernière dénomination puisqu'il ajouta :

Au surplus, si besoin était, ce que je ne crois pas utile quant à moi, on peut obtenir autant de confirmations qu'on le désire de la présence, dans le Victoria-Nyanza, d'un reptile ou d'un serpent de taille énorme, jamais capturé et non classifié. Quand je me trouvais en Ouganda, au mois de novembre dernier, en compagnie de l'ex-

capteur d'animaux James Martin [65], *celui-ci m'a dit qu'il était bien connu dans le temps que parfois, à des intervalles d'habitude assez longs, un grand serpent ou reptile aquatique se laissait voir sur la rive septentrionale du lac ou près d'elle. Il était l'objet d'un culte de la part des indigènes, qui croyaient que son apparition présageait des récoltes abondantes ou un accroissement appréciable de leurs volailles ou de leur cheptel bovin.*

D'autre part, en décembre [1908], la veille même de mon départ en safari, alors que je dînais avec le sous-préfet C. W. Hobley, Compagnon de l'Ordre de Saint-Michel et Saint-Georges, à sa résidence de Nairobi, mon hôte, évoquant les causes de la maladie du sommeil, me dit que les Baganda, les Wasoga et les Kavirondo de la côte septentrionale du lac sacrifiaient du bétail ou des moutons, depuis des temps immémoriaux, à un reptile lacustre de grande taille et d'aspect terrible qu'ils appellent Luquata *et qui se montre de temps en temps le long du rivage ou tout près de lui. Il ajouta que, comme la dernière apparition dudit* Luquata *avait précédé de peu la première épidémie de maladie du sommeil, les indigènes croyaient dur comme fer que le* Muzungu [l'Homme blanc] *avait tué le* Luquata *pour qu'ils fussent victimes du terrible fléau. De l'existence réelle, dans le lac, d'un tel reptile non classifié, Mr. Hobley disait qu'elle était incontestable.*

J'ai montré dans *Les Derniers dragons d'Afrique* que le nom de *Luquata* (orthographié d'ordinaire *Lukwata*) était donné indifféremment par les Baganda à **tous** les « monstres » insolites qui s'observaient parfois à la surface du lac Victoria-Nyanza. D'après les descriptions y associées, il se rapportait généralement soit à de très gros pythons, soit à de grands poissons serpentiformes peut-être inconnus. Jamais en tout cas, son signalement n'a inclus les traits combien caractéristiques du *Dingonek*. C'est donc bien inconsidérément que Bronson voyait une confirmation de l'existence de ce dernier dans les rumeurs relatives au *Luquata*, et dans l'opinion portée sur lui par un expert tel que Hobley.

L'administrateur Hobley, celui-là même qui avait fait saisir la peau du bongo abattu par Jordan, n'était d'ailleurs pas tombé dans ce travers. Il devait même apporter des arguments sérieux en faveur de la nature mammalienne du *Dingonek*.

L'« OL-UMAINA » DU MARA ET LE « NDAMATHIA » DU TANA

Voici ce que Hobley déclara en effet en 1913, dans une étude consacrée à quelques bêtes non identifiées de l'Est africain, après avoir cité le témoignage du célèbre aventurier anglais, tel que Bronson l'avait rapporté :

A l'époque où cette histoire fut publiée, on considéra qu'il s'agissait, selon toute vraisemblance, d'une tartarinade à l'usage des novices. Mais, depuis lors, j'ai rencontré un homme qui, il y a quelques années, a parcouru la région du fleuve Mara, ou Ngare Dubash, lequel prend sa source du côté de Sotik, franchit la frontière anglo-allemande et se jette dans le lac Victoria en territoire allemand [l'actuelle Tanzanie]. Cet homme m'a affirmé catégoriquement avoir vu cette bête. A ce moment, il se trouvait à peu près là où le Mara traverse la frontière, et le fleuve était en crue. La bête se laissait flotter à la dérive sur un gros tronc d'arbre, et il avait estimé sa longueur à seize pieds envi-

---

(65) Ce James Martin, après avoir été aide de camp du général Mathews, avait lui-même guidé le célèbre explorateur écossais Joseph Thomson (qui a donné son nom à une chute d'eau et à une gazelle) de Mombasa aux sources du Nil, en 1883. Après Speke, Grant et Stanley, il a été un des premiers Blancs à contempler le Victoria-Nyanza.

ron [4,90 m] : il n'était pas certain cependant de cette mesure car la queue trempait dans l'eau. Il décrivit la bête comme tachetée à la manière du léopard, couverte d'écailles et dotée d'une tête ressemblant à celle d'une loutre ; il n'avait pas vu les crocs décrits par Mr. Jordan. Il tira sur l'animal et l'atteignit : celui-ci se laissa glisser du tronc d'arbre dans l'eau et ne réapparut point.

Je me suis renseigné auprès du Commissaire régional de Kisii, Mr. Grampton, et il m'a écrit tout récemment pour me dire qu'il avait visité la région du fleuve Amala [66] *et s'y était livré à une enquête auprès des Massaï du voisinage. Ceux-ci connaissaient bien la bête qu'ils appelaient Ol-Umaina. Ils en donnent la description suivante : longue d'environ quinze pieds [4,50 m], une tête comme celle d'un chien, de petites oreilles formées un peu comme les cornes d'une vipère heurtante, des griffes, de courtes pattes et un cou bref. Elle lézarde, dit-on, au soleil, sur le sable des rivages, et elle se laisse glisser dans l'eau aussitôt qu'on la dérange : une fois plongée dans l'onde, seule sa tête reste visible. Cette histoire n'est pas en contradiction flagrante avec les autres, de sorte qu'il semble bien qu'un autre gros lot zoologique, de caractère sensationnel, attende d'être touché. La survivance de quelque race éteinte de sauriens est une chose qui a le don d'exciter l'imagination du monde scientifique.*

Pas seulement du monde scientifique. Plus encore du grand public profane ! Et cette mode n'est pas près de disparaître. Même de nos jours, quand on parle d'un animal « préhistorique » ou de la découverte à l'état vivant d'une espèce qu'on croyait disparue depuis longtemps, les gens pensent aussitôt à l'un ou l'autre des grands reptiles du Secondaire, ceux-ci étant d'ailleurs tous englobés dans le terme pourtant restrictif de « dinosaures ».

Telle était évidemment la raison profonde pour laquelle tout le monde s'ingéniait à faire du *Dingonek* un reptile, en dépit d'indices sérieux du contraire. Ces indices, Hobley les transforma lui-même en preuves éclatantes dans la conclusion de son étude :

En rapport avec cette bête, je me permets d'attirer l'attention sur les histoires concernant le reptile mystérieux appelé Ndamathia, *qui apparaît dans la description des cérémonies de l'itwika chez les Kikuyu, et dont on dit qu'il vivait autrefois dans le cours supérieur du fleuve Tana.*

Cette allusion au *Ndamathia* est de la plus haute importance, comme on en jugera par ce que Hobley disait de lui dans un article sur les croyances et les coutumes des Kikuyu et des Kamba, paru en 1911 :

Autrefois, les anciens qui s'occupaient d'une itwika, *avaient coutume, vers la fin des festivités, d'envoyer deux délégués vers un certain point d'eau d'un fleuve appelé Kikira dans la province du Kenya, fleuve qu'on disait habité par un mystérieux reptile du nom de* Ndamathia. *Celui-ci n'était absolument pas décrit comme un serpent, mais plutôt comme une sorte de crocodile. Les délégués étaient censés donner de la bière à boire à cet animal, et, celui-ci une fois ivre, ils lui arrachaient certains poils de la queue. Un appendice caudal velu n'est d'évidence pas un trait caractéristique de reptile, mais tout le monde s'accordait néanmoins pour dire que ces poils étaient bel et bien obtenus.*

(66) Amala est le nom que le fleuve Mara prend du côté de son embouchure car c'est ainsi que les Ja-Luo prononcent mara tout en y adjoignant un préfixe.

Il est bon de rappeler ici que le mot kikuyu *Ndamathia* n'a rien d'un nom spécifique. Dérivé du massaï *En-Diamasi*, qui peut désigner n'importe quel monstre, il était appliqué dans les Aberdares par les boys de M. Hamilton-Snowball, à un fauve distinct du Léopard.

Les sources du fleuve Tana, habitat du *Ndamathia* sacré, ne sont guère éloignées de celles du Gori, habitat du *Dingonek*. Comme ce dernier ne semble pas, de par son anatomie, être strictement aquatique, il se pourrait fort bien que son aire de distribution s'étendît au système fluvial voisin.

Il n'est pas impossible en somme que le *Dingonek* des Lumbwa, l'*Ol-Umaina* des Massaï et le *Ndamathia* des Kikuyu soient une seule et même espèce. En revanche, à en juger par leurs descriptions, les représentants de celle-ci n'avaient pas grand-chose de commun avec les monstres présumés reptiliens qui hanteraient le lac Victoria. De toute façon, s'il existe maints mammifères pourvus d'écailles, il n'y a pas aujourd'hui un seul reptile au monde qui possède des poils.

LE « DINGONEK » TENU POUR UN DINOSAURE

Bien des années après sa mémorable rencontre avec le *Dingonek*, et dès que l'occasion lui en fut offerte à son retour en Angleterre, John Alfred Jordan fit enfin paraître sa propre version des faits dans le passionnant mensuel londonien *The Wide World*, dont le sous-titre indiquait clairement le programme : *The true adventure magazine for men* (le magazine masculin de l'aventure véridique). Son article intitulé « Les animaux inconnus des régions sauvages d'Afrique » fut publié dans le numéro de novembre 1917. Dans l'entre-temps, la fascination qu'exercent les reptiles en général, les dinosaures en particulier, n'avait fait que croître. C'est en 1912 notamment qu'avait paru le nouveau roman de Sir Arthur Conan Doyle, *Le Monde perdu*. On y voit une équipe de savants et d'explorateurs découvrir au sommet d'un plateau sud-américain, isolé du reste du continent, toute une faune relictuelle, dont les dinosaures et les reptiles volants d'autrefois sont bien entendu les vedettes. L'œuvre a connu, et connaît encore, le succès que l'on sait. Aussi ne s'étonne-t-on guère de l'identification à peine ambiguë du *dingonek* à laquelle Jordan procéda dans son article de caractère sensationnel. Ecoutez plutôt :

Le Dingonek *est un énorme monstre aquatique non encore classifié. Par maints traits caractéristiques, il ressemble au dinosaure aujourd'hui éteint, un énorme reptile du Mésozoïque, dont les débris fossiles ont été découverts dans les couches de grès des continents africain et américain.*

Le Dingonek *est probablement un peu plus petit que l'amphibien disparu en question : il mesure approximativement de quinze à dix-huit pieds [4,60 m à 5,50 m].*

Il vit dans lac Victoria-Nyanza, ainsi que dans ses nombreux affluents, et l'on n'a enregistré aucune observation de ce monstre dans d'autres régions du monde. Qu'il soit un descendant d'un des énormes sauriens préhistoriques qui, par un processus d'adaptation — vivant comme il le fait dans des régions impénétrables, loin des empiètements de l'Homme civilisé —, se serait propagé sans modifications majeures à travers des âges prodigieux jusqu'au temps présent ou qu'il ne soit qu'un reptile ou un amphibien non encore classifié, il est impossible de le dire, car on ne possède au-

*cun exemplaire ni de ses os, ni de sa peau. Mais que ce monstre **existe** bel et bien, ne peut faire l'ombre d'un doute, car l'attestation de témoins oculaires compétents ne saurait raisonnablement être récusée.*

Glissons miséricordieusement sur les erreurs scientifiques contenues dans ce passage. Il est d'une grande naïveté de parler « **du** dinosaure » comme d'un certain reptile énorme, alors qu'il s'agit de tout un groupe immense, diversifié à l'infini, aussi bien par la taille que par la forme. Dans leur majorité, les restes de dinosauriens ont été trouvés, non dans des sédiments siliceux comme le grès, mais dans des roches calcaires et argileuses, et pas seulement en Afrique et en Amérique, mais dans le monde entier. Enfin les Dinosaures ne sont pas, du point de vue systématique, des Amphibiens, même si certains d'entre eux étaient « amphibies », c'est-à-dire menaient une double vie, à la fois aquatique et terrestre. Après tout John A. Jordan n'était pas zoologue, et ce n'est pas son degré d'instruction scientifique qui nous intéresse ici, mais sa situation privilégiée de témoin oculaire.

LE RÉCIT PERSONNEL DE JORDAN

Laissons donc à notre Lawrence du Kenya le soin de nous raconter lui-même son expérience, que nous ne connaissions jusqu'à présent que par le truchement du livre d'Edgar B. Bronson. Cela nous permettra d'ailleurs une confrontation significative entre deux versions d'un même incident, séparées par une dizaine d'années :

En 1905 [67], *j'avais organisé une expédition de chasse et de transactions commerciales chez les Massaï Loïta, près de la frontière des anciennes possessions allemandes de l'Est africain. J'avais à franchir un fleuve appelé le Magore, un large affluent à courant rapide du lac Victoria-Nyanza. Quand j'atteignis le cours d'eau, celui-ci était en crue, et il était impossible de le passer à gué. Aussi décidai-je de camper sur la berge, tout en construisant un pont de fortune. Après avoir dressé mon campement, je me mis à longer la rive à la recherche d'un bon arbre à étendre en travers du fleuve, et je trouvai bientôt ce que je cherchais. Je dis à des boys d'entreprendre de l'abattre et envoyai quelques-uns de mes guerriers Lumbwa suivre le rivage pour tenter de repérer un endroit propice où faire passer à la nage les mulets de bât. En attendant je m'assis et allumai la pipe, l'esprit serein.*
Je devais être resté comme ça une heure à peu près, quand certains de mes Lumbwa surgirent en trombe dans un état de terreur indescriptible. Ils cherchaient tous à me parler en même temps d'un très étrange animal d'aspect bizarre qu'ils avaient découvert endormi sur la rive. D'après leurs dires, il semblait que l'animal fût un croisement entre un serpent, un crocodile et un léopard ! Comme je connaissais bien les indigènes, je ne prêtai guère attention à leurs descriptions, mais je conclus qu'ils étaient tombés sur quelque bête rare qu'ils ne connaissaient point. Je leur dis de retourner voir si elle était toujours là : si c'était le cas, l'un d'entre eux devait rebrousser chemin et venir me chercher, tandis que les autres resteraient aux aguets, au cas où la bête viendrait à se déplacer.
Au bout d'une demi-heure environ, un homme revint pour dire que le monstre était entièrement visible sur l'eau en plein milieu du fleuve. Je me saisis de ma carabine et me hâtai à travers la forêt avec mon boy jusqu'à l'endroit où les autres faisaient

(67) Jordan semble avoir mauvaise mémoire. Quand il s'était ouvert de son histoire à Bronson, en févier 1909, il avait tenu à préciser : « Ça s'est passé il y a un an à peine. » L'avenir nous en apprendra davantage sur la date réelle de l'incident.

le guet. Ils me désignèrent la bête du doigt, et je dévalai la berge pour aller me planter au bord de l'eau. Lorsque j'eus pris position avec une grande circonspection, je portai mon regard sur l'animal et vis un monstre énorme étendu dans le sens de la longueur au milieu du cours d'eau, à quelque trente pieds de moi [9,15 m]. Je me livrai à de minutieuses observations pendant quelques minutes, et vais à présent m'efforcer de dire à quoi il ressemblait.

La bête mesurait de quinze à dix-huit pieds de long [4,60 m à 5,50 m]. Sa tête massive avait un peu la forme de celle d'une loutre : deux grands crocs lui descendaient de la mâchoire supérieure, comme chez un morse. Le dos de cette bête étrange était aussi large que celui d'un hippo, mais il était écailleux à l'instar du tatou, et la lumière qui se reflétait sur les écailles le faisait paraître marqué comme un léopard. La bête avait une large queue, avec laquelle elle fouettait paresseusement l'eau, cette action semblant l'aider à rester sur place alors qu'elle nageait vers l'amont dans un courant extrêmement rapide.

Ce que j'éprouvais est difficile à décrire. Je ressentais une sorte d'effroi voluptueux. Devant moi s'étendait un monstre totalement inconnu que je pouvais être le premier à inscrire à mon tableau de chasse : l'excitation de la possession m'envahissait. Visant avec soin, j'expédiai en pleine tête une solide balle de calibre 303. La bête se retourna et faisant face au rivage, elle bondit tout droit en l'air, se dressant, comme il m'apparût, de dix ou douze pieds [3,05 m à 3,65 m] sur toute sa longueur.

J'ignore ce qui se passa ensuite, car, perdant mon sang-froid, je grimpai à quatre pattes sur la berge et en compagnie des Lumbwa, je fonçai sur quelque deux cents mètres à travers la forêt avant de parvenir à me ressaisir. Nous nous sommes trouvés plantés sur place, chuchotant, frissonnant de peur et n'osant pas revenir en arrière. Je finis pourtant par me calmer, et nous retournâmes sur les lieux, mais sans retrouve l'ombre de l'animal. Sur toute la rive, dans la boue molle, la piste de la bête était nettement imprimée : des empreintes énormes, à peu près de la taille de celles laissées par un hippopotame, mais avec la trace de griffes comme celles d'un reptile.

Je campai plusieurs jours auprès du fleuve, à rechercher le cadavre, mais en vain. Pourtant, la bête ne pouvait pas avoir survécu si ma balle avait pénétré là où j'avais visé. Les indigènes appelaient ce monstre bizarre le Dingonek, *nom sous lequel il était connu des Wanderobo. Je me suis livré à une enquête auprès de ceux-ci : ils semblaient tout savoir de ce étrange animal, et m'ont fait savoir qu'ils en avaient vu plus d'un.*

Dans l'ensemble, on l'aura constaté, si le ton diffère — ce qui tient au style personnel des deux narrateurs — il n'y a pas de contradictions flagrantes entre le récit de Jordan, tel que Bronson l'avait noté en 1909 puis restitué à sa manière, et celui qu'il venait de rédiger lui-même. Tout au plus la taille de l'animal avait-elle un peu augmenté au cours des ans passant de « quatorze à quinze pieds » à « quinze à dix-huit pieds », ce qui est tout à fait normal, et classique. Le temps dilate les corps autant que la chaleur, d'autant plus qu'il s'agit du souvenir d'une simple estimation. Rien d'autre part ne s'oublie plus vite que les dates, ce qui explique l'erreur faite par Jordan dans son article.

Celui-ci contient en revanche une rectification utile. L'aventurier anglais avait dit à son interlocuteur américain que c'étaient les Lumbwa qui avaient baptisé l'animal du nom de *Dingonek*. Et voici qu'il en faisait à présent un terme utilisé plutôt par les

Wanderobo. Rien de plus naturel en fait. Sans doute l'avait-il appris en interrogeant ces derniers au cours de l'enquête qu'il avait menée après ses conversations avec Bronson.

LE « DINGONEK » DANS LA PRESSE ET L'HISTOIRE

Au cours d'interrogatoires policiers, il arrive qu'on fasse inlassablement répéter sa déposition à un suspect ou à un témoin jusqu'à épuisement total, afin d'y déceler le cas échéant quelque contradiction. Aussi allait-on avoir une nouvelle occasion, en 1919, de vérifier la constance, la cohérence et l'immuabilité du témoignage de John Alfred Jordan, et partant, sa sincérité. Cette année-là en effet un ou plusieurs mystificateurs — sans doute belges — étaient parvenus à infiltrer dans la presse une assez extravagante histoire de dinosaure ressuscité, cornu comme un rhinocéros, aussi bossu qu'un chameau, et qu'on avait bientôt affublé du nom totalement inapproprié de « Brontosaure ». Sans doute le moment avait-il paru idéal à Jordan pour apporter à ces rumeurs tout le poids de son expérience personnelle, ce qui, par effet « boomerang », devait avoir aussi l'avantage de corroborer sa propre histoire et lui donner un regain d'actualité.

Toujours est-il qu'on put lire dans le *Daily Mail* du 16 décembre 1916 le compte rendu de l'interview accordée à un représentant du journal « par Mr. John A. Jordan, un chasseur d'Afrique ayant vingt ans d'expérience » :

En 1907 [68], *Mr. Jordan, membre de la* Royal Geographical Society *et de la* Zoological Society, *chassait sur le fleuve Magorie, à quelque vingt milles* [32 km] *du Victoria-Nyanza : « Vers trois heures, un après-midi, a-t-il dit, j'avais envoyé mes boys à la recherche d'un gué au long des rives du fleuve qui était en crue. Ces boys appartenaient à la tribu des Wanderobo, les meilleurs chasseurs d'Afrique, qui vivent en forêt et se vêtent uniquement de peaux de bêtes. Quelques minutes plus tard, ils revinrent vers moi en trombe, dans un grand état d'excitation :*

« — Maître, dirent-ils, une bête étrange est en train de s'abreuver.

« Je me saisis de la carabine — une arme de 303, du modèle de l'armée — et, me ruant à travers le feuillage, je parvins aux traces de pas de la bête. Celles-ci auraient pu être produites par un hippopotame, mais elles montraient des marques très nettes de griffes. En suivant la piste, je découvris que l'animal était entré dans l'eau et, tombant soudain sur lui, je fis feu à une distance qui ne dépassait pas dix mètres.

« Il avait comme une tête de lion, avec deux défenses pareilles à celles du morse, qui lui sortaient de la bouche. Son corps — je devrais dire que la bête mesurait environ dix-huit pieds [5,50 m] *d'un bout à l'autre — avait la forme de celui de l'hippopotame, mais était couvert d'écailles. Ce qu'il y avait toutefois de plus remarquable était ses taches, qui étaient aussi marquées et presque aussi nettes que celles du léopard.*

(68) Telle devait être la date véritable de l'incident, qui s'est sans doute produit vers la fin de l'année. Cette époque correspond en effet à la déclaration de Jordan, faite en février 1909 à Bronson, selon laquelle cela s'était passé à peu près un an auparavant.

« Mes observations postérieures furent interrompues par la charge soudaine de l'animal. Le lendemain, nous nous sommes livrés à une prospection très soigneuse des rives, mais nous n'avons pu découvrir la moindre trace de l'animal, et je crois qu'il a dû rentrer dans l'eau et y mourir.
« D'indigènes que je rencontrai par la suite, j'appris qu'ils connaissaient la bête sous le nom de bingoeck *[sic], alors que les indigènes du Victoria-Nyanza l'appelaient* nuquta *[re-sic]. »*

L'orthographe fantaisiste des divers noms cités indique que le récit a dû être reconstitué à partir de notes griffonnées par le représentant du *Daily Mail* pendant que Jordan débitait son histoire. Cela explique aussi certaines divergences mineures de celle-ci par rapport au déroulement des événements tels que Bronson les avait racontés dans son livre et Jordan lui-même dans son article du *Wide World*. Mais ce sont précisément ces légères variantes dans les trois versions du même récit — versions qui en vérité se complètent et s'éclairent l'une l'autre — qu'on peut tenir pour la preuve la plus éclatante de la bonne foi du narrateur. Un caractère parfaitement stéréotypé eût trahi une fabrication.

On pourrait croire qu'une nouvelle et dernière occasion de vérifier l'authenticité de l'histoire en question allait se présenter en 1959, quand John Alfred Jordan, octogénaire, publia l'essentiel de ses souvenirs, dans un livre intitulé *The Elephant Stone* (La Pierre de l'Eléphant). En réalité, il n'avait pas rédigé lui-même cet ouvrage fascinant, mais un écrivain professionnel, George Leith, s'en était chargé pour lui, après avoir religieusement recueilli de ses lèvres le récit coloré de ses aventures. Il me paraît tout à fait inutile de reproduire ici le passage consacré au *Dingonek*, car il a été manifestement copié de l'article que Jordan avait fait paraître en 1917 dans le *Wilde World* [69]. Cela ressort entre autres du fait que l'erreur relative à la date de l'incident a été elle-même reproduite servilement. George Leith s'est contenté à vrai dire de réécrire le texte de Jordan, le plus souvent phrase par phrase, en lui donnant un tour plus littéraire, par l'addition notamment de quelques touches pittoresques. Cela n'avait strictement rien changé au fond.

CE NE PEUT ETRE QU'UN MAMMIFÈRE

Le cas du *Dingonek* des Wanderobo, qui pourrait bien être aussi l'*Ol-Umaina* des Massaï, voire le *Ndamathia* des Kikuyu, pose un vrai problème au point de vue zoologique.
Résumons-nous. Il s'agit d'une bête, généralement aquatique, mais parfois terrestre, décrite avec une certaine unanimité comme aussi épaisse qu'un hippopotame, entièrement couverte d'écailles, et tachetée, semble-t-il, comme une panthère. Elle est munie d'une large queue souple, dont elle se sert comme d'une godille pour progresser dans l'eau, à la manière en somme de la loutre ou du ragondin.
D'un bout à l'autre, l'animal mesurerait entre 4,25 m et 4,60 m ou 4,70 m, la longueur maximum de 5,50 m qu'on a fini par lui prêter relevant d'une exagération manifeste. Bref, sa taille serait très supérieure à celle du plus grand lion connu (3,25 m), mais nullement comparable à celle des Sauropodes géants (jusqu'à 27 m !) dont d'aucuns ont cherché à le rapprocher.
Sa tête a été comparée pour la forme et la structure à celle d'une lionne, d'un léopard, d'une loutre et d'un chien, avec de petites oreilles pointues faisant penser, suivant d'aucuns, aux cornes d'une vipère heurtante. Elle est armée, à la mâchoire su-

(69) Quiconque voudrait néanmoins en prendre connaissance le trouvera reproduit in extenso dans *Les Derniers dragons d'Afrique* (pp. 179-181).

périeure, de deux crocs puissants, véritables défenses dirigées vers le bas comme celles du Morse. Tous les témoins n'ont pas remarqué ces dents énormes, mais cela peut s'expliquer par un dimorphisme sexuel : dans maintes espèces, ces crocs ou défenses sont le privilège des mâles, ou sont, de toute façon, bien moins développés chez les femelles.

Les empreintes de pas qu'on a relevées de la bête sont aussi grandes que celles d'un hippopotame (donc d'une vingtaine de centimètres de diamètre), mais marquées de traces de griffes. A titre de comparaison, disons qu'une empreinte de lion mesure une quinzaine de centimètres.

Détail qui a son importance, l'apparence tachetée des téguments pourrait, à en croire le témoin principal, être due aux jeux de la lumière sur les écailles.

C'est à cause de celles-ci essentiellement qu'on a parlé de cet animal comme d'un reptile. Pourtant, l'aspect de la tête, toujours décrite comme celle de l'on ou l'autre carnivore, le caractère velu de la queue, sur laquelle on prélève en effet des poils à des fins religieuses, et, par-dessus tout, les défenses font penser bien davantage à un mammifère.

Chez les Reptiles, les dents sont en général toutes semblables ou presque, sauf dans le cas très particulier des serpents venimeux, chez qui deux dents supérieures sont transformées en aiguilles à injection, les crochets à venin. A part cela, il y a tout de même, dans maintes espèces carnassières — aussi bien les crocodiles que les dinosauriens Théropodes, comme l'effroyable Tyrannosaure — une tendance au développement et à l'allongement d'une ou plusieurs séries de dents situés vers l'avant de la mâchoire. Chez les Crocodiliens, par exemple, cette ébauche de formation de « canines » culmine chez la troisième et la neuvième dents à la mâchoire supérieure, chez la première, la quatrième et la onzième à la mâchoire inférieure. Ce n'est que dans le groupe fossile des reptiles Thériodontes, ancêtres présumés ou prétendus des Mammifères, qu'une dent particulière s'est spécialisée dans chaque demi-mâchoire pour faire office de croc capable d'agripper [70]. Il n'y a toutefois jamais, chez les Reptiles, de paires de **très** grandes canines, ni de paires d'incisives démesurées d'ailleurs, comme les défenses de l'Eléphant.

En revanche, il existe des écailles dans maintes espèces de Mammifères. On en trouve chez tous les tatous, et il y en a même qui sont disposées en tuiles, comme dans la classe des Poissons, chez les pangolins. Une tendance à l'acquisition d'écailles est même plus répandue qu'on ne le croit chez les porteurs de mamelles. Sans même parler de celles, minuscules, qui couvrent la queue de Rongeurs terrestres, tels que les rats, on en découvre dans la peau des grands paresseux terrestres et même dans celle de certains dauphins archaïques.

Tout bien pesé le *Dingonek* a un maximum de chances d'être un mammifère, pratiquement aucune d'être un reptile.

IL DOIT S'AGIR D'UN FÉLIN À DENTS EN SABRE

Pour tenter de préciser l'identité la plus plausible du monstre de la province kenyanne du Nyanga, et du Mara adjacent, en Tanzanie, passons en revue les mammifères qui possèdent des défenses ou des crocs aussi spectaculaires que les siens. On en repère dans les groupes les plus divers. Dans celui, si diversifié, des Ongulés tout d'abord. Parmi les Proboscidiens, les porteurs de trompe, il y a de nos jours, à tout seigneur tout honneur, les Eléphants, dont les incisives à croissance continue ont

(70) Ces reptiles à allure de chiens, comme le Cynognathe et le Dicynodonte, ont vécu de la fin du Permien au Trias et sont portés disparus depuis quelque 190 millions d'années, depuis une époque où les Dinosauriens commençaient seulement à se développer.

toujours suscité les plus grandes convoitises. Mais il y avait aussi autrefois — il n'y a pas bien longtemps en Afrique même — le Dinothérium, chez qui les défenses, recourbées vers le sol, sortaient de la mâchoire inférieure, contrairement à la règle. Dans d'autres espèces d'Ongulés, ce sont les canines et non les incisives, étrangement, qui présentent un développement considérable, comme il serait normal de la part de carnassiers mais non de paisibles végétariens. Ainsi, à l'Eocène, il y a quelque 40 millions d'années, en Amérique du Nord, les Dinocérates, sortes de rhinocéros aberrants à trois paires de cornes, étaient dotés en outre de crocs impressionnants. Notez qu'il y a d'ailleurs l'ébauche de cette tendance à l'allongement des canines chez certains Ruminants actuels, comme les chevrotains et quelques cerfs (le Muntjak, l'Elaphode et le Porte-musc).

C'est bien entendu dans le groupe des Carnivores que le développement des crocs atteint son point culminant. Parmi les Pinnipèdes, à savoir les carnivores marins à pattes palmées, le champion à cet égard est sans conteste le Morse. Parmi les Carnivores proprement dits, les challengers les plus sérieux de celui-ci ont été ceux qu'on appelle les Tigres à dents en sabre. Pourquoi « tigres » ? Par simple habitude de langage. Comme on ne sait rien de l'aspect de leur robe, on aurait pu aussi bien les appeler lions, léopards ou pumas à dents en sabre. Pour être rigoureux il vaut mieux s'en tenir prudemment à « félins à dents en sabre », ou avec plus de concision à « Dents-en-sabre ».

Parmi les Carnivores les plus archaïques, les Créodontes, on trouvait déjà, chez certains d'entre eux — les Hyaenodontidés qui vivaient il y a 40 à 50 millions d'années — une tendance à un accroissement intempestif des crocs. Par la suite celle-ci s'est manifestée à deux reprises, et avec une exubérance incroyable, chez les félins eux-mêmes. D'abord parmi les Nimravidés (appelés plus significativement les Paléofélins ou félins anciens, par le professeur Piveteau), qui ont commencé à s'épanouir il y a 37 millions d'années, puis, dans la branche divergente des Félidés (les Néofélidés, ou félins nouveaux, de Piveteau), apparus seulement il y a 25 millions d'années environ. La première de ces deux familles a produit toute une série d'espèces à dents en sabre, qu'on a groupées dans la sous-famille des Eusmilinés : ses derniers représentants semblent s'être éteints il y a quelque 5 millions d'années. Quant à la seconde famille, elle a fini par donner naissance aux célèbres *Machairodus* [71] et autres Machairodontinés, il y a 12 millions d'années. Certains, comme le *Smilodon*, dont une espèce dépassait la taille du Lion, ont sûrement vécu jusqu'à 10 000 ans avant J. C., en Amérique. On estime que d'autres ont pu survivre ailleurs jusqu'à une époque aussi récente.

Il y a même eu jadis, parmi les Marsupiaux, le pendant des félins à dents en sabre, le *Thylacosmilus*, qui avait la taille d'une panthère. C'était en Argentine, et cela se passait il y a entre 8 et 4 millions d'années.

De toute évidence, les bêtes à défenses puissantes qui nous intéressent le plus ici sont les Machairodontes : ils avaient la silhouette générale du monstre d'Afrique orientale, ils ont vécu entre autres dans l'Ancien Monde, et leur extinction ne se serait produite qu'au cours de la dernière des périodes géologiques, le Pléistocène.

Se pourrait-il que le *Dingonek* fût un de ces félins attardé jusqu'à nos jours ? Le fait est qu'il en possède maints traits caractéristiques. La tête assurément, toujours rapprochée de celle de l'un ou l'autre carnivore, entre autres la lionne et le léopard.

(71) *Machairodus*, du grec *machaïra*, poignard, et *odous*, dent.

Ainsi, bien sûr, que les crocs énormes, pareils à ceux du morse. Les larges pattes armées de griffes également : la plupart des Machairodontes avaient les membres antérieurs courts et extrêmement massifs, et ils devaient donc laisser des empreintes relativement plus grandes que les félins actuels. La queue, peut-être : si certains Machairodontes avaient l'appendice caudal bref du lynx, d'autres l'avaient plus long, et, de toute façon, une queue souple et nerveuse, utilisée comme un fouet, fût-ce pour cingler l'eau, fait penser inévitablement à l'un ou l'autre chat.

DES MACHAIRODONTES ÉCAILLEUX ET AQUATIQUES

Si le *Dingonek* doit être classé parmi les Machairodontinés, cela signifierait-il que certains d'entre eux étaient écailleux comme lui ?

Certes il ne serait pas totalement impossible que des félins eussent été couverts d'écailles, surtout à l'ère Tertiaire, époque à laquelle un grand nombre de mammifères s'étaient cuirassés. Mais c'était précisément, pense-ton, pour se défendre contre les agressions des fauves aux canines transformées en poignards. De toute façon, un prédateur n'aurait aucun avantage à blinder son tégument protecteur, alors que son efficacité dépend essentiellement de sa rapidité, et donc de sa souplesse et de sa légèreté relative.

D'après le récit personnel de Jordan, l'apparence tachetée du *Dingonek* semblait due au scintillement du soleil sur les écailles. Mais n'est-ce pas l'inverse qui était vrai ? N'est-ce pas plutôt l'apparence écailleuse qui serait due aux jeux de la lumière sur une fourrure tachetée, aux poils agglomérés par petites touffes à force d'être mouillés ? Quiconque a jamais retiré de l'eau un chat, qui y est tombé par accident, connaît l'aspect chatoyant qu'un pelage plutôt soyeux peut acquérir en l'occurrence. On dirait que la lumière y joue comme sur les multiples facettes d'un diamant… ou d'une carapace écailleuse. Une tacheture régulière n'a pu que parfaire cette illusion.

D'ailleurs si grand était le désir de l'aventurier anglais d'identifier « son » monstre à quelque reptile du Secondaire qu'il ne pouvait avoir vu que des écailles où il **désirait** en voir. Et il devait en avoir été de même pour l'informateur de l'administrateur Hobley. Lui aussi avait décrit la bête du Mara, qu'il avait vue dériver sur un tronc d'arbre, comme « tachetée à la manière du léopard », mais aussi comme « couverte d'écailles ». Personne dans le monde occidental n'échappait à la vogue du Dinosaure, alors particulièrement vive à cause de sa relative nouveauté. Ce dont on ne s'avisait pas encore à ce moment c'est que certains d'entre eux pouvaient ne pas être écailleux. Pourtant, sur la carcasse d'un *Trachodon* du Kansas, découverte en 1908 miraculeusement momifiée, on avait pu constater que la peau n'était pas couverte d'écailles, ni de plaques osseuses, comme chez les crocodiles, mais que, pareille à du cuir, elle était renforcée simplement par une mosaïque de tubercules cornés. Les dinosaures les mieux adaptés à la vie aquatique pouvaient bien avoir eu la peau aussi lisse que celle des dauphins et des baleines.

Même si l'on admet que le *Dingonek* n'est qu'apparemment écailleux et qu'il pourrait donc faire bonne figure de Machairodonte, est-il possible que les Félins à dents en sabre, certains d'entre eux du moins, aient passé le plus clair de leur temps dans l'eau ? Rien ne s'y oppose. Il est absurde de croire que les félins, grands et petits, craignent l'eau. C'est là une idée reçue fondée sur l'observation du comportement de nos chats domestiques, originaires de régions sèches, plutôt désertiques. Déjà les chats siamois, dont l'origine paraît bien distincte, ont bien moins horreur de l'eau que les autres. Ils marchent délibérément dans l'onde d'un ruisseau s'ils y voient des poissons. J'en ai même eu un comme compagnon qui n'hésitait pas à entrer dans l'eau tiède pour venir se jucher sur mon épaule quand je prenais mon bain. Il est bien connu que les léopards pêchent dans les eaux basses. Quant au Jaguar, il passe tant de temps à nager dans les forêts inondées d'Amérique tropicale que, dans certaines régions, on le surnomme *tigre de agua* (tigre d'eau).

CONFUSION AVEC LE PANGOLIN GÉANT

Ce n'est pas, je le crains, dans la région située à cheval sur l'ouest de la frontière kenyo-tanzanienne que nous aurons jamais l'occasion de vérifier si certains Machairodontes étaient amphibies ou non. En effet, lorsqu'en février 1978, j'ai prié mon ami, l'herpétologue américain James H. Powell Jr., d'enquêter là-bas sur le *Dingonek*, alias *Ol-Umaina*, alias *Ndamathia*, il a recueilli sur lui des renseignements qui m'ont paru plutôt alarmants.

Ses informateurs étaient trois vieux Siria de Lolgorien, un village proche du fleuve Migori. Les Siria sont un mélange de Massaï et de Kipsigis. Ils lui apprirent tout d'abord qu'*Ol-Umaina* n'est pas le nom d'un animal, mais bien celui d'un homme. *Maina* (si l'on supprime l'article *Ol*) est en effet un prénom masculin très répandu chez les Massaï. En revanche, ces vénérables Siria parlèrent à notre enquêteur d'une bête qui vivait dans le Mara et le Migori et n'était pas sans rappeler le *Dingonek*, mais qu'ils appelaient *Ol-Maima*. Sans doute était-ce là le nom que le commissaire régional Grampton avait compris *Ol-Umaina*.

Comment les Siria avaient-ils dépeint l'*Ol-Maima* à James Powell ? Avant de vous lire l'extrait de sa lettre du 2 mars 1978, je dois préciser qu'à l'époque, il caressait encore l'espoir que le monstre en question pût être un dinosaurien attardé. Il était encore sous l'influence de tout ce qui avait été écrit sur lui, et je ne lui avais pas encore communiqué les conclusions auxquelles j'étais arrivé personnellement quant à son identité. Aussi James soumettait-il toujours à ses informateurs un ouvrage pour la jeunesse, abondamment illustré de reconstitutions de reptiles du Secondaire, en leur demandant s'ils ne reconnaissaient pas dans l'un ou l'autre, l'animal sur lequel il les interrogeait.

*L'*Ol-Maima [m'écrivit-il] *a été décrit comme un animal aquatique couvert d'écailles plutôt que de poils. L'image du Tyrannosaure a été identifiée comme étant celle de l'*Ol-Maima. *Taille : six pieds environ* [1,80 m]*, répartis à peu près également entre le corps et la queue (plus précisément, un de mes informateurs a pris sa canne, dont j'ai estimé la longueur à trois pieds* [0,90 m] *et il m'en a désigné deux fois la longueur, disant la première fois « autant pour le corps » et la seconde fois « autant pour la queue »). Pattes antérieures courtes, pattes postérieures longues. Ne se dresse pas sur ses pattes de derrière : ne marche qu'à quatre pattes. Possède une longue bouche molle et flexible comme une trompe d'éléphant. N'a pas de dents. Mes informateurs ne savaient pas ce qu'il mangeait. Ce n'est pas un poisson, il a des pattes (mes informateurs étaient formels à de sujet). Possède des griffes. Quitte parfois l'eau et s'en éloigne sur une courte distance. Vit dans les fleuves Mara et Migori. Il est dit qu'« on ne le voit plus », en sorte qu'il est soit très rare, soit éteint.*

En fait, il s'agit là d'une description minutieuse, et d'ailleurs excellente, du Pangolin géant, cet extraordinaire mammifère à écailles, totalement édenté, qui ne se nourrit que de fourmis et de termites. La « longue bouche molle et flexible » qui lui est prêtée ici désigne en réalité sa langue gluante et démesurée pareille à une anguille. S'il est vrai qu'il se déplace seulement à quatre pattes, il se dresse néanmoins souvent sur ses membres postérieurs quand il est arrêté. Sans doute est-ce pourquoi les Siria ont pu lui trouver une ressemblance avec le Tyrannosaure, toujours bipède, lui.

Le Pangolin géant pénètre-t-il dans l'eau ? Que diable irait-il y faire ? Voici ce que Rennie Bere, autrefois Directeur et Inspecteur en chef des Chasses des Parcs nationaux de l'Ouganda, écrivait à ce sujet dans son ouvrage classique sur les mammifères sauvages de ce pays (1962) :

*Il y a aussi un pangolin géant (*Manis gigantea*) de six pieds* [1,80 m] *de long ; il vit d'ordinaire près de l'eau, dans laquelle il aime à s'immerger, restant sous la surface pendant des périodes assez prolongées.*

Peut-être le Pangolin agit-il ainsi pour se débarrasser des fourmis et des termites qui se seraient glissés sous ses écailles pour le mordre tandis qu'il opérait une razzia sur leur nid. En tout cas, le portrait de l'*Ol-Maima* ne saurait être plus ressemblant. Le Pangolin géant hante toute la grande forêt tropicale et les savanes richement arborées depuis le Sénégal à l'ouest jusqu'au lac Albert à l'est, et donc à l'Ouganda, « mais peut-être aussi [ajoute Theodor Haltenorth dans son guide précieux] jusqu'à l'ouest du Kenya et de la Tanzanie. » Bref, si le grand fourmilier écailleux se trouve à l'occasion dans cette région, qui est celle des fleuves Mara et Migori, ce doit être très exceptionnellement. Voilà qui justifie les réserves du zoologue allemand, comme celles d'ailleurs des informateurs Siria de James Powell.

LE POURQUOI DES ÉCAILLES INCONGRUES

Que les Massaï puissent aujourd'hui confondre le Pangolin géant avec le *Dingonek*, d'une taille deux à trois fois supérieure, et qui est doté, lui, de défenses peu discrètes, ne doit pas nous surprendre outre-mesure. Cela peut s'expliquer par le fait qu'ils sont aussi rares, et donc aussi mal connus, l'un que l'autre. Il est même à craindre que cela ne soit dû à une disparition progressive du *Dingonek* au cours du demi-siècle écoulé, par suite peut-être de la destruction progressive de son habitat, lié autant à la forêt dense qu'à l'eau. Le monstre puissant et redoutable ayant fini par s'éteindre, sa fabuleuse réputation n'en survivrait pas moins dans les mémoires, puis dans la tradition orale. Aussi était-il naturel, quasi forcé, qu'on rapprochât de lui le premier animal peu familier qui présentât avec lui quelques traits de ressemblance : un habitat aquatique, une silhouette de mammifère, une couleur fondamentale orangée, un aspect réticulé dû dans un cas à des taches rondes et dans l'autre à des écailles en tuiles, des griffes puissantes et une large queue.

En tout cas, la confusion actuelle donne la clé du seul détail qui nous déroutait dans le portrait du *Dingonek* : la présence d'écailles, si peu compatibles avec une nature féline.

Reprenons les diverses versions du récit de John A. Jordan : nous allons y découvrir une évolution significative.

Dans la description qu'il avait faite à Bronson, un an à peine après l'incident, Jordan avait dit du *Dingonek* qu'il avait le dos « écailleux comme celui du tatou, et coloré et tacheté comme un léopard ». Par la suite, onze ans plus tard, il devait répéter tout cela avec plus d'insistance encore au journaliste du *Daily Mail* en dépeignant son monstre comme simplement « couvert d'écailles » et en parlant de « ses taches qui étaient aussi marquées et presque aussi nettes que celles du léopard ». Alors pourquoi, dans son récit personnel de 1917, avait-il écrit, certes, qu'il était « écailleux à l'instar du tatou », mais avait-il ajouté que « la lumière qui se reflétait sur les écailles le faisait **paraître** marqué comme un léopard » ? A quoi ce revirement était-il dû ?

On le devine sans peine. Il est manifeste que Jordan avait reconnu d'emblée un mammifère dans l'étrange animal dont il s'était approché d'une dizaine de mètres. Dans ses descriptions, pratiquement tous ses points de comparaison sont empruntés à des mammifères : l'hippopotame, la lionne, le léopard, la loutre, le morse, le tatou. Seules les griffes de l'animal ont été comparées à celles d'un reptile. Si, dans son esprit, c'en avait été un, il aurait tout naturellement dit qu'il était couvert d'écailles, comme un crocodile, un lézard ou un serpent. Or il a rapproché celles-ci des écailles du tatou !

Quand, après les événements, Jordan s'était informé auprès des Wa-Ndorobo et des Lumbwa locaux sur l'identité de la bête inconnue qu'il avait affrontée, certains d'entre eux avaient sans doute cru reconnaître le Pangolin géant dans sa description, et avaient donc précisé que c'était un animal couvert d'écailles. C'est alors seulement, de toute évidence, que l'aventurier anglais s'était imaginé que ce qu'il avait pris pour des taches de léopard, marquant un pelage mouillé, était en réalité les écailles en question. D'autant plus qu'en même temps s'était alors imposée à lui l'idée combien séduisante du grand Saurien rescapé de la Préhistoire…

Il n'empêche que dans son récit, fait tant au voyageur américain qu'au journaliste londonien, Jordan en était revenu spontanément à sa première impression, à savoir que l'animal était tacheté comme un léopard, et que, s'il avait des écailles, ce devaient être des écailles de tatou, donc de mammifères. Et sa première impression devait, comme c'est généralement le cas, être la bonne.

Sans doute n'aurons-nous plus la possibilité de le vérifier du côté du Migori ou du Mara, puisque, comme on le dit aujourd'hui du *Dingonek*, « on ne le voit plus. » Par bonheur pour le cryptozoologue, et pour tous les gens friands d'animaux de grande taille à découvrir encore, il semble exister, dans maintes autres régions d'Afrique, des êtres semblables au *Dingonek* et qui, contrairement à lui, font toujours parler d'eux de nos jours. [72]

---

(72) En 1941 déjà, un romancier avait évoqué la survivance du Machairodus, mais en la situant en Asie. C'est Pierre Benoit, dans *Le Désert de Gobi*. Il nous montre une expédition qui y recherche un tigre gigantesque, grand comme un taureau, au pelage blanc, et qui semble être un spécimen unique. Il est tantôt considéré comme un machairodus, tantôt appelé *Felis alba*.

L'expédition cherche à le capturer pour un zoo. Elle y parvient après bien des difficultés. Mais, à l'escale de Singapour, le fauve a perdu sa livrée blanche pour prendre celle d'un tigre ordinaire : une action fort rapide du climat sur l'aspect d'un animal… Mais rendons justice à Pierre Benoit, si passionné par les énigmes scientifiques : il a fait, avec ce roman, œuvre de précurseur. (JJB)

... ils se trouvèrent en face d'un spectacle
qui frappa tous les assistants d'une terreur
non moins grande que leur étonnement.

(Edgar A. Poe, *Double assassinat dans la rue Morgue*)

CHAPITRE X

INCULPATION DES MACHAIRODONTES

L'affaire qui va nous occuper ici tient à la fois du roman policier, car il y est question de crimes en série perpétrés par un tueur insaisissable, et du film d'horreur, du genre *Meurtres à la tronçonneuse*, car ces crimes se sont traduits par de sanglantes boucheries. Les faits se sont déroulés de part et d'autre du 10e parallèle Sud, et presque d'un bout à l'autre du continent noir, mais il n'est pas sûr du tout qu'ils soient étroitement liés. Les plus fins limiers en sont encore réduits à des conjectures.

LE MYSTÈRE DES HIPPOS MANQUANTS

Cela a commencé en 1907, comme beaucoup d'énigmes policières, par une disparition, ou plus exactement par un constat d'absence. Le 31 juillet de cette année, le grand explorateur allemand Hans Schomburgk, qui parcourait déjà l'Afrique de long en large depuis le siècle dernier, avait atteint pour la première fois le mystérieux lac Bangouélo (généralement orthographié Bangweolo par les Allemands et Bangweulu par les Anglais) dans ce qui était alors le nord de la Rhodésie britannique, la Zambie actuelle. C'est en 1868 que Livingstone avait découvert cet immense lac marécageux, de cinq mille kilomètres carrés d'étendue. On ne savait encore trop, soixante ans plus tard, s'il était un vrai lac ou bien une dépression récemment inondée, ni même s'il appartenait au système fluvial du Congo ou à celui du Zambèze. Le Bangouélo contient toute une constellation d'îles, qu'on devrait qualifier d'heureuses, car grâce à un isolement exceptionnel leurs habitants étaient sans doute les seuls Noirs à avoir toujours échappé aux raids des esclavagistes arabes. Comme il devait le rapporter en 1910, dans un livre de souvenirs, Schomburgk avait fait une étrange constatation dans ce monde authentiquement perdu :

C'est entre Ndoba et la Mission que nous avons vu pour la première fois des hippopotames dans le lac Bangwéolo.
Il est vraiment singulier qu'il n'y ait presque pas d'hippos dans ce lac. Du côté occidental cela s'explique encore, car, comme je l'ai dit, les rives y sont sableuses, ce qui n'est pas spécialement attrayant pour les hippopotames, encore qu'ils apparaissent souvent aussi dans des fleuves qui ne sont pas davantage garnis de roseaux. Cela dit, tout le côté oriental du lac, ainsi que le côté austral, se fond en d'immenses marais, et ceux-ci constituent tout de même un habitat idéal pour les hippopotames : cela n'empêche qu'on les y rencontre tout aussi rarement.

Qu'ils n'aient pas été exterminés par la chasse dans le lac Bangwéolo est bien certain. Ce que les indigènes prétendent est que le lac contient un animal plus petit que l'hippopotame, mais qui néanmoins se nourrit uniquement de sa chair. Il doit s'agir d'un animal tout à fait amphibie [73]*, puisque d'après les déclarations des gens, il ne s'aventure pas à terre et qu'on n'y a d'ailleurs jamais relevé l'empreinte de ses pas. Malheureusement, j'ai consi-déré tout cela à l'époque comme une fable, et je n'ai guère cherché à recueillir de plus am-ples renseignements. Toutefois, j'en ai parlé par la suite à Carl Hagenbeck, et j'ai acquis la conviction qu'il s'agit ici d'un saurien. Si j'en suis arrivé à cette conclusion, c'est surtout parce que les renseignements qu'Hagenbeck a recueillis à d'autres sources concordent en-tièrement avec mes propres observations et avec les récits des indigènes.*

Quand Schomburgk parle d'un « saurien », il veut dire de toute évidence un grand reptile appartenant à un groupe du Secondaire, présumé disparu, bref un Dinosaurien. J'ai raconté dans *Les Derniers dragons d'Afrique* comment quelques déclarations publiques du directeur du parc zoologique de Hambourg, le grand Hagenbeck, qu'on surnommait « le Roi des zoos », finirent par déclencher à travers l'Afrique une véritable chasse au dinosaure, qui se poursuit encore de nos jours.
En tout cas, l'expédition lancée dans ce but par Hagenbeck même vers le Bangouélo ne devait jamais parvenir jusqu'au lac, décidément inapprochable ou presque.

LE TUEUR D'HIPPOPOTAMES DU LAC BANGOUÉLO

Le bruit fait autour de toute cette affaire dans la presse suscita cependant, pendant bien des années, des témoignages susceptibles de raffermir les convictions de Schomburgk et de Hagenbeck. Ce dernier s'éteignit, hélas !, le 14 avril 1913, à soixante-neuf ans, sans être parvenu à percer le mystère zoologique qui l'obsédait. Mais vingt ans après, en 1933, Joseph Edward Hughes, un Anglais qui avait non seu-lement atteint le lac Bangouélo, mais passé dix-huit ans sur ses rives, publia dans un livre de souvenirs maints détails précieux sur le « monstre » qui le hanterait :

Depuis bien des années circule une rumeur persistante selon laquelle un énorme animal préhistorique se trouverait dans notre lac Bangweulu. Il est bien certain que les indigènes parlent d'une telle bête, et que Chipekwé *ou* Chimpekwé *est le nom qu'ils lui donnent. Le fait est, je crois, que Herr Hagenbeck a monté une expédition pour atteindre cet ani-mal, mais qu'aucun de ses hommes n'est jamais parvenu à atteindre le Luapula, ou le lac même, à cause de fièvres, etc. ; il faut dire qu'ils étaient partis à une saison défavorable pour de nouveaux venus.*
Mr. H. Groad, le magistrat en retraite, est enclin à croire qu'il y a quelque chose de vrai dans cette légende. Il m'a dit qu'un jour, alors qu'il campait au bord d'un petit lac très profond, il avait entendu un prodigieux bruit d'éclaboussement au milieu de la nuit, et que, le matin, il avait découvert sur la berge une piste qu'on ne pouvait attribuer à aucun animal connu. Et pourtant, il les connaît vraiment tous.
Un autre élément de preuve est l'histoire que m'a racontée Kanyeshia, le fils de Mieri-Mieri, chef suprême des Wa-Ushi. Son grand-père lui avait dit se souvenir fort bien qu'un de ces animaux avait été tué dans le Luapula, dans les eaux pro-fondes situées en aval de l'endroit où la Lubwé s'y jette.

(73) L'utilisation du mot « amphibie » n'est pas très heureuse ici, puisqu'un être « à double vie » vien-drait au contraire parfois à terre. Schomburgk a, de toute évidence, voulu parler d'un animal qui, tout en n'étant pas un poisson, vit entièrement dans l'eau.

Une excellente description de la chasse a été transmise par voie de tradition. Cela prit toute une journée à bien des meilleurs chasseurs de transpercer l'animal au moyen de leurs grands harpons Viwingo — ceux-là même dont ils se servent aujourd'hui pour chasser l'hippopotame. On a décrit la bête comme ayant le corps sombre et lisse, dépourvu de crins, et armé d'une corne unique et blanche, plantée comme celle du rhinocéros, mais faite d'un ivoire lisse, très fortement poli. Il est bien dommage qu'ils n'aient pas conservé celle-ci, car j'aurais donné tout ce qu'ils désiraient pour l'avoir.

Hé oui ! il était vraiment déplorable que les Wa-Ushi n'eussent pas précieusement gardé la « corne » en question. La description de celle-ci aurait toutefois dû suggérer qu'elle ne pouvait pas provenir d'une sorte de rhinocéros aquatique. L'ivoire est en effet la matière essentielle dont sont faites les dents, et celles-ci ne poussent jamais sur la tête, ni sur le nez. Il y avait gros à parier que la pointe ivoirine en question état en réalité une défense ou une canine démesurée, brandie à l'époque comme un trophée de chasse prestigieux entre tous, et dont on avait parlé de génération en génération quand elle avait disparu, l'objet de trop de convoitises. Sans doute était-ce pour se conformer au mythe universel de la Licorne qu'on avait fini par croire que cette dent garnissait le nez de la bête.

Cette explication laisserait entendre que l'animal en question aurait lui-même disparu dans l'entre-temps. Or c'est précisément à cette conclusion que J.E. Hugues devait être amené. Ecoutez-le plutôt :

Je note dans le livre Beasts and Men *de Carl Hagenbeck* […] *que le* Chipekwé *a été représenté sur des peintures Bushman. Voilà qui est intéressant, car cela semble corroborer la légende indigène se rapportant à une telle bête.*

Le lac Young doit son nom sur les cartes à celui qui l'a découvert, Mr. Robert Young, le sous-officier autrefois chargé de l'Administation de Chinsali. Le nom indigène de ce lac est Shiwa Ngandu [ou encore Ishiba Ngandu]. *Alors qu'il explorait cette région aux temps héroïques de l'Administration naissante, Young tira un jour un coup de feu sur un objet, qui faisait penser à un canard, au milieu d'une sorte d'écume flottante : l'objet plongea et s'en fut en laissant un sillage aussi important qu'un bateau à hélice ! Ce lac alimente le fleuve Manshya, qui se jette dans le Chambézi. Il se situe juste à mi-chemin entre Mpika et Chinsali.*

Mr. Young m'a raconté qu'un jour des indigènes avaient halé leurs pirogues pour remonter le Manshya à pied jusqu'au lac en question. C'était un groupe d'hommes, de femmes et d'enfants, partis en expédition de chasse aux hippos au moyen de harpons. Les gens du cru ont dit que l'esprit gardien du lac s'opposait à une telle entreprise et qu'il manifesta son mécontentement en renversant et en détruisant hommes et pirogues. Les femmes et les enfants restés sur le rivage, assistèrent tous à cet anéantissement. Pas un homme ne survécut. Les femmes et les enfants rentrèrent seuls au Chambézi. Young ajoute que, depuis lors, on n'a jamais plus vu une pirogue sur le lac. Le fait est que, pour ma part, je n'en ai jamais vue une seule là-bas. Young pense que le Chipekwé *survit encore par là.*

Une autre parcelle de preuve, mais de seconde main, m'a été communiquée également par Mr. Groad. Elle lui a été donnée par Mr. R.M. Green, qui, il y a bien des années de cela, édifia son ermitage solitaire sur notre Lulimana, en pays Ilala : c'était vers 1906. Green a dit qu'un jour les indigènes lui ont rapporté qu'un hippo avait été tué par un chipekwé *dans le Lukulu, le fleuve voisin. Sa gorge avait été arrachée.*

Je me suis rendu maintes fois au Lukulu, et je l'ai exploré, depuis sa source, via le mont Lavusi jusqu'à l'endroit où il se perd dans les roselières du Grand Marais, sans trouver le moindre indice d'une telle survivance des âges préhistoriques.

Quand j'ai entendu parler de cet animal pour la première fois, j'ai fait savoir alentour que j'offrirais une récompense de cinq livres ou un ballot de tissus pour toute preuve établissant son existence, que ce soit un os, une corne, un fragment de peau ou une empreinte de pas. Pendant une quinzaine d'années, des acheteurs indigènes ont sillonné tous les cours d'eau de la région afin de récolter des peaux de loutres pour moi. Pas la moindre trace de chipekwé *n'a jamais été produite.*

Ma théorie est que cet animal a réellement existé autrefois, mais qu'il est à présent éteint. Sans doute a-t-il disparu quand le Luapula s'est frayé un chemin jusqu'à un niveau inférieur, réduisant ainsi le niveau du grand lac qui existait auparavant, ce dont témoignent les versants couverts de galets des montagnes éloignées.

Une nouvelle fois, comme pour le *Dingonek* du Kenya, il semble que nous arrivions trop tard pour avoir une chance d'en apprendre davantage sur le mystérieux tueur d'hippopotames du lac Bangouélo.

Cela dit, il convient de rappeler qu'en 1911, Hugues avait déjà déclaré, dans un article du *Field*, qu'il croyait à l'extinction du *chipekwé*, mais qu'il admettait en revanche la survivance d'un des autres habitants étranges dont le folklore peuplait l'immense marais : « un énorme léopard noir à queue courte, qui se nourrit de *lechwé* et de *situtunga* [deux grandes antilopes palustres] ». En effet, ajoutait-il, « la réalité du léopard du marais est attestée par un préfet indigène qui en a rencontré un, lequel a blessé certains de ses enfants et s'est enfui. »

Ce grand félin noir à queue courte (un trait caractéristique, nous le verrons, des félins à dents en sabre) ne serait-il pas, comme l'est la panthère noire, une phase mélanique du *dingonek* kényan, et, par conséquent, le coupable tout indiqué de la disparition des hippopotames locaux ?

LE « COJE YA MENIA » DU HAUT CUANGO

C'est du côté opposé de l'Afrique australe, en Angola, que nous allons enfin recueillir des nouvelles plus fraîches sur un semblable massacreur d'hippos. Nous le devons à une dame nommée Ilse von Nolde, qui fit part de ses révélations, en 1939, dans le journal des ex-colons nostalgiques d'Allemagne, le *Deutsche Kolonial-Zeitung* :

J'ai vécu pendant dix ans en Angola oriental, dans le bassin du Cuango. Il est question là-bas, parmi les indigènes, d'un grand animal que les tribus locales appellent en général Coje ya menia, *ce qui en Kimbundu signifie « Lion des eaux ». Je m'empresse d'ajouter que j'ai parlé de cet animal avec d'innombrables indigènes, aussi bien des Noirs de la brousse, qui n'ont pratiquement jamais vu un Blanc, que d'autres ayant vécu longtemps parmi les Blancs, et qui étaient donc plus « éduqués » et connaissaient bien la mentalité de ceux-ci, au point d'avoir adopté jusqu'à leurs modes de pensée. Chez tous cependant les rapports sur le* Coje ya menia *étaient absolument concordants.* [...]

Il s'agit d'un très grand animal, à peine plus petit que l'hippopotame. Il vit dans les fleuves et les lagunes, mais vient aussi à terre comme ce dernier. Par temps de crue, à la saison des pluies, il sort du Cuanza [74] *pour aller hanter les affluents moins importants et les marais. La nuit, on entend alors ses rugissements extrêmement puissants. Il poursuit les hippopotames, dont il est l'ennemi le plus terrible, et ceux-ci fuient devant lui et préfèrent quitter les lieux.*

Cette fuite de l'hippopotame devant le Coje ya menia, *je l'ai entendue mentionner maintes et maintes fois, et elle concorde avec ce que Schomburgk rapporte. Voilà qui rend tout à fait invraisemblable l'hypothèse selon laquelle les rugissements nocturnes et la mise à mal de l'hippo s'expliqueraient par la période de rut des hippopotames mêmes, qui se manifesterait de manière semblable. En fait, il se produit alors une poursuite effrénée entre l'agresseur et un hippo en fuite, qui est pourchassé aussi bien sur terre que dans l'eau. Le* Coje ya menia *le tue mais ne le dévore ps. D'après les descriptions, il le réduit en lambeaux au moyen de ses défenses ou de ses crocs, comme poussé par une inexplicable fureur meurtrière.*

Un jour, j'ai rencontré sur le Lui, un affluent du Cuango un indigène chaussé de sandales en peau d'hippopotame. Je lui ai demandé s'il avait lui-même tué ce dernier, à quoi il m'a répondu tout de go, comme si c'était la chose la plus naturelle du monde : – Non, je l'ai trouvé, le Coje ya menia *l'avait tué.*

Etant donné l'habileté avec laquelle l'indigène interprète les pistes — j'ai vu des Noirs s'accroupir devant certaines et, d'après de simples grains de sable, des herbes brisées et des traces de pas, y lire les diverses phases d'un combat ou d'une poursuite avec autant de réalisme que nous vivons une histoire passionnante au cinéma — on ne peut pas admettre que sur les lieux du meurtre d'un hippopotame, ils soient capables de tirer des conclusions erronées sur la manière dont la victime a péri.

Toutes les populations riveraines des affluents du Cuango connaissent le Coje ya menia : *tous les habitants ont entendu ses rugissements la nuit, mais aucun n'en a vu, du moins aucun de ceux auxquels j'ai parlé et qui m'ont fourni des informations sur lui. Ils pensent qu'il ne vient à terre que la nuit et que, de jour, il vit caché dans l'eau.*

Leur description de l'animal semblait toujours se rapporter à un pachyderme muni de dents puissantes, dont il se servirait comme d'armes blanches.

L'ENQUÊTE DE FRAU VON NOLDE

J'ai rencontré [poursuit Frau von Nolde] *deux Blancs — des Portugais — qui avaient des renseignements à donner sur la bête fabuleuse. L'un d'eux était un propriétaire de camion, qui s'occupait de transports routiers le long du Cuango. C'était à tous égards un homme de culture moyenne, et il s'exprimait de manière très objective, sans aucune affabulation, en sorte que, s'il ne s'était pas agi d'une bête fabuleuse, on lui aurait forcément accordé une confiance absolue. Des Noirs lui avaient un jour signalé que, sur le Cuango, au sud-est de Loanda, par neuf degrés de latitude Sud, le* Coje ya menia *avait poursuivi un hippopotame,*

(74) Ne s'agit-il pas d'un lapsus calami, et ne faudrait-il pas lire Cuango, comme partout ailleurs dans l'article de Frau von Nolde ? Le Cuango se jette en effet dans le fleuve Congo, et nous verrons que c'est pratiquement toujours dans le cours supérieur d'affluents de celui-ci qu'on signale de ces animaux dénommés « lions d'eau ». Le Cuanza, lui, est indépendant et se déverse directement dans l'Atlantique. Cela dit, ses sources sont très proches de celles du Cuango, et un animal amphibie pourrait sans peine être passé d'un bassin fluvial à l'autre.

la nuit précédente, le long du fleuve. Accompagné de plusieurs indigènes, il avait suivi la piste. Les herbes piétinées, la terre retournée et les traces de pas très nettes dans le sol mou de la rive, lui avaient montré la route empruntée par l'hippopotame au cours de sa fuite éperdue. Le Portugais avait suivi également la piste du Coje ya menia : il décrivait ses traces de pas comme plus petites que celles de l'hippopotame et rappelant plutôt par la structure celle de l'éléphant, donc comme des empreintes circulaires mais, ainsi qu'il le disait, avec la marque des orteils sous la plante du pied. Au bout de plusieurs heures, ils avaient enfin découvert le corps de l'hippopotame tué, au milieu d'une zone d'herbes et de buissons piétinés, qui faisait penser à un champ de bataille. D'après la description du camionneur, le corps énorme de l'hippopotame était complètement déchiqueté, la chair sillonnée de longues entailles, comme si elle avait été lacérée à coups de catana — *la machette locale. C'était tout. De la bête fabuleuse elle-même, il n'y avait pas la moindre trace.*
Mon second garant est un administrateur portugais qui m'a raconté que, dans cette même région, un Anglais était un jour parti à la chasse au coje ya menia. *Une nuit, il était parvenu à tirer sur la bête dans la pénombre. La longue poursuite ultérieure avait toutefois dû être interrompue sans résultat, et le chasseur avait quitté la région non sans avoir auparavant offert une grosse récompense aux Noirs au cas où ils découvriraient le cadavre de l'animal blessé par lui. Il avait déposé cette somme chez le chef de poste. Après quelque temps, des Noirs auraient rapporté quelques os, dont plus personne ne sait ce qui en est advenu. De deux choses l'une : ou bien le chef de poste s'est désintéressé de l'affaire ou bien les os avaient été amenés par les Noirs dans un dessein trompeur et provenaient de quelque animal connu. Voilà à peu près tout ce que je puis rapporter sur le* Coje ya menia. *Je tiens toutefois à préciser qu'une confusion du nom de* Coje ya menia *avec celui de n'importe quel autre animal ne peut être prise en considération. Par pur intérêt cynégétique, les noms Kimbundu de pratiquement tous les animaux comparables me sont connus, et jamais le nom de* Coje ya menia *n'a été associé à l'un ou l'autre d'entre eux. Il ne saurait être question non plus d'une confusion avec le Crocodile, qu'on serait tenté de tenir pour allant de soi. Dans toutes les tribus locales, le Crocodile est appelé* Gandu, *l'hippopotame* Gufu [75].*

Ce rapport remarquable par sa sobriété et difficile à révoquer en doute, aurait dû susciter sur l'heure bien des remous dans les milieux zoologiques. Hélas ! l'article de Madame von Nolde avait été publié en 1939. La drôle de guerre était sur le point de s'amorcer comme un pétard mouillé, mais pour céder bientôt la place à un autre conflit qui n'avait vraiment plus rien de drôle. Aussi les réactions attendues se perdirent-elles dans les fracas et les tourments de la Seconde Guerre mondiale.

Il fallut attendre l'an de grâce 1947 pour voir un des meilleurs zoologues allemands tenter d'analyser le problème dans toute son ampleur et sa subtilité à la faveur d'un article intitulé : *Qu'est-ce que le « Lion des eaux » ?* C'était le Dr. Ingo Krumbiegel, du *Landesmuseum* de Hanovre, un chercheur aussi versé en phylogénie et en écologie qu'en mammalogie, et auteur en surplus de maints ouvrages faisant autorité.

LE DR. KRUMBIEGEL SUR LA PISTE DU « LION D'EAU »

Au rapport très détaillé de Frau von Nolde sur le *Coje ya menia* angolais, qu'on pourrait surnommer le « hache-hippos », le Dr. Ingo Krumbiegel vint enfin ajouter les commentaires zoologiques qui s'imposaient et dont la rigueur enchante :

[75] Plus correctement *Ngandu* et *Ngufu*.

Que des indigènes aient pris part à la recherche [du spécimen dont l'exploit s'était inscrit en lettres sanglantes sur le sol] est de la plus haute importance : ce sont les meilleurs pisteurs qui soient. De simples marques d'empreintes de pas, ils tirent des conclusions qu'un Blanc serait bien incapable de même soupçonner.

L'Eléphant d'Afrique laisse deux empreintes de pas différentes : celles des pattes antérieures sont presque circulaires, celles des pattes postérieures d'un ovale allongé. La piste de l'Eléphant est bien connue dans toute l'Afrique. La particularité notée par le camionneur fait penser à un pied comme celui du membre antérieur d'un fourmilier tamanoir, qui a en effet les griffes repliées en dedans et qui marche en quelque sorte en s'appuyant « sur le dos de la main ». Il serait possible aussi qu'une sorte de membrane natatoire ou une amorce d'évolution vers la nageoire ait pu arrondir l'empreinte du pied, lequel dans ce cas ne pourrait évidemment s'imprimer que dans un sol mou.

La mention « au bout de plusieurs heures » est malheureusement imprécise, car elle ne nous apprend rien sur la longueur du chemin parcouru : elle pourrait se rapporter à une distance relativement courte en pays impraticable, mais beaucoup plus grande en pays dégagé. Connaître exactement la distance parcourue est surtout important d'un autre point de vue. L'Hippopotame ne peut maintenir à terre une vitesse de pointe que pendant un temps assez court, notamment quand il est furieux ou effrayé. Ses adaptations biologiques ne lui permettent pas de conserver longtemps une allure rapide. Si la bête poursuivie avait vraiment parcouru une grande distance, cela témoignerait d'une lenteur bien définie chez son poursuivant mystérieux.

La poursuite s'est déroulée le long du fleuve : il est bien étonnant qu'un hippopotame n'ait pas cherché refuge dans l'eau. Seul l'Hippopotame nain du Liberia, moins bien adapté à la vie aquatique, fuit ainsi à terre. On peut penser toutefois que le poursuivant se trouvait plus près du fleuve que l'hippopotame, ce qui aurait empêché celui-ci de regagner l'eau. Il se peut aussi que la rive du fleuve ait été hérissée d'une végétation épaisse. Quand c'est le cas, les hippopotames empruntent en général des passages bien déterminés pour atteindre l'eau. A force d'être utilisés, ceux-ci finissent même par créer de véritables ruelles en contrebas, dont les buffles et autres animaux se servent également et qu'ils élargissent chaque fois qu'ils vont boire. Peut-être aussi la continuité du mur végétal côtier, à cet endroit, a-t-elle empêché la bête poursuivie de se jeter dans l'eau, et que c'est en vain qu'elle y a cherché une faille : le fait est que les hippopotames s'éloignent parfois la nuit du fleuve et peuvent s'égarer en vagabondant à l'intérieur des terres. Sans une description plus précise de la rive en question, on ne peut, en tout cas, rien déduire de plus.

Il est surprenant que le poursuivant n'ait pas dévoré sa proie ou qu'il n'ait fait au plus que la grignoter. Le rapport du Portugais ne dit pratiquement rien à ce sujet, et pourtant il n'aurait pas dû omettre les considérations alimentaires dans sa description. L'abstention de toute viande d'hippopotame, chez l'animal en question, est en général mentionnée même par les indigènes, mais la possibilité de succion ou de lapement du sang, qu'il faudrait manifestement prendre en considération, n'a jamais été soulevée. Nous pourrions aussi conclure que si les hippos ne sont pas nécessairement la proie de l'animal mystérieux, ils déclenchent chez lui, pour l'une ou l'autre raison, une rage meurtrière. Que les hippopotames soient particulièrement visés n'est peut-être qu'une conclusion fondée sur des apparences. Il se peut que les *proies les plus diverses de l'eau et des zones riveraines — gros poissons et autres proies mobiles — soient **toutes** attaquées de la sorte quand elles sont assez grandes pour provoquer la folie destructrice du Lion-des-eaux. Et la poursuite ne pourrait-elle pas être déclenchée précisément par le mouvement de fuite de l'animal, sans que le poursuivant s'intéresse pour cela à la chair de l'animal, sa peau épaisse lui paraissant immangeable ?*

SERAIT-CE UN TIGRE À DENTS EN SABRE ?

Le brillant détective — qu'il se nomme Dupin ou Holmes, Maigret ou Marlowe — s'efforce en suivant sa méthode d'investigation personnelle de circonscrire de plus en plus étroitement la personnalité du coupable d'un crime et finit de la sorte par le démasquer. Ainsi reste-t-il au brillant zoologue à émettre une hypothèse ou deux sur l'identité la plus vraisemblable de la bête inconnue sur la piste de laquelle il s'est lancé :

De telles réflexions [poursuit donc le Dr. Krumbiegel] finissent par vous entraîner dans le domaine de la pure spéculation. Il vaut mieux en revenir aux faits, et, notamment, là où nous nous étions arrêtés dans la description du témoin : à savoir aux terribles dispositifs tranchants au moyen desquels l'hippopotame avait été littéralement mis en pièces comme à coups de sabre. Un prédateur de telles dimensions et d'une telle puissance pourrait, si l'on passe en revue les diverses classes d'animaux supérieurs, parfaitement se trouver parmi les mammifères, et en particulier au sein des Carnivores : une sorte de lion ou de tigre en quelque sorte. Les pistes pourraient se rapporter à une forme encore inconnue, adaptée à l'eau et aux fonds vaseux, et dont les pattes seraient devenues palmées pour l'empêcher de s'enfoncer dans un sol aussi mou. Une telle adaptation est fréquente parmi les mammifères. Dans cette hypothèse cependant, la nature des blessures infligées soulève une difficulté : du fait de ses dimensions, une sorte de lion aurait fort bien pu déchirer la proie en question, mais jamais il ne serait parvenu à littéralement la mettre en lambeaux. Cela dit, on connaît un groupe de félins, non plus actuels mais d'un âge révolu, qui se caractérisent par une spécialisation particulière : ce sont les lions et les tigres à dents en sabre. Le genre Machairodus a dû comprendre les bêtes de proie les plus terrifiantes qui aient jamais existé. A côté de leurs crânes, celui du lion actuel, avec ses canines pas plus grosses que le pouce, paraît, pour ainsi dire, inoffensif. Les tigres à dents en sabre, qui méritent bien leur surnom, possédaient des canines allongées d'une manière monstrueuse. Ces véritables poignards devaient gêner considérablement l'ouverture de la gueule.
A l'issue de recherches minutieuses, on est arrivé à la conclusion que le mode d'articulation de la mandibule permettait une ouverture particulièrement ample de la gueule et que la musculature de la mastication était décalée vers l'arrière. La question qui se pose ici pour tout le monde est la suivante : que faisaient ces animaux d'une arme qui constituait presque un handicap pour eux ? On a de bonnes raisons de croire que, grâce à cette démesure des canines, un seul coup de poignard suffisait pour entraîner la mort chez les ongulés pachydermiques du Tertiaire, qui avaient imposé un véritable tournant à l'évolution pendant cette période géologique. En Europe, les Machairodus ont vécu jusqu'à l'époque diluvienne [le Quaternaire]. En

*Amérique du Sud s'est développée une lignée tout à fait semblable, dont les repré-
sentants peuvent avoir utilisé leurs armes pour tuer les énormes Glyptodontes et les
gigantesques Paresseux terrestres. Il se peut fort bien que l'extinction des Tigres à
dents en sabre ait été provoquée à la longue par l'anéantissement de leurs proies.
On peut très bien imaginer qu'un animal de cette sorte, un parent de ces tigres à dents
en sabre, disparus il n'y a pas si longtemps d'Europe, se soit propagé à travers
l'Afrique, voire conservé jusqu'à nos jours dans le centre et l'ouest du continent. Peut-
être même est-il déjà là-bas en voie d'extinction et n'a-t-il échappé jusqu'à présent à
l'investigation scientifique qu'à cause de ses mœurs nocturnes, dont nous avons parlé :
en tant qu'hôte de régions marécageuses impraticables, il a parfaitement pu échapper
à toute capture. En tout cas, les blessures constatées ont pu être infligées par un tigre
à dents en sabre, et ces curieuses entailles sont rapportées unanimement par les indigènes. A l'appui de l'hypothèse du Carnivore viennent aussi les rugissements nocturnes, également décrits de façon concordante. Il va de soi que les indigènes connaissent bien les sons émis par les grands félins, les hippopotames et les crocodiles : aucune
confusion n'est possible. Le fait est que les grands carnivores ont « de la voix » (qu'on
songe aux rugissements du lion, un des cris les plus puissants qui soient).
Pour toutes ces raisons, l'agression d'un tigre à dents en sabre a été représentée sur
une illustration : pure fantaisie, sans doute, mais qui, du point de vue zoologique, a
tout de même une base possible.*

OU SERAIT-CE UN GRAND REPTILE ?

C'était en fait la première fois qu'à propos des déprédations attribuées en Afrique à
l'un ou l'autre « saurien », rescapé de l'ère Secondaire, quelqu'un se permettait d'in-
criminer plutôt un mammifère carnivore, ayant survécu, lui, à l'ère Tertiaire. Aussi
Krumbiegel ne pouvait-il tout de même pas se passer de prendre en considération
l'explication devenue traditionnelle :

*Sur cette hypothèse [ajoute-t-il donc], nous pouvons prendre congé des mammifères
en tant que coupables présumés. Du fait que la bête énigmatique se déplace sur
terre, un Cétacé de proie* [comme l'Orque ou Baleine tueuse] *ne saurait entrer en
ligne de compte, d'autant plus que les régions marécageuses en question ne com-
muniquent pas du tout avec la mer. Les poissons sont, eux aussi, à éliminer, car l'hypothèse d'une anguille géante, ou de quelque autre poisson capable de s'aventurer
sur terre, nous entraînerait sûrement à faire fausse route.
En somme, il ne peut plus guère être question que d'un reptile. Il y a parmi eux des
prédateurs puissants, armés de becs cornés propres à déchirer, ne fût-ce que parmi
les tortues : des animaux aquatiques qui se tiennent aux aguets pour chasser les
poissons et qui peuvent facilement vous trancher un doigt d'un seul coup, mais que
toute leur organisation rend impuissante à poursuivre une proie à terre. Il faut penser plutôt à un assez gros lézard. Le Varan géant de l'île perdue de Komodo, dans
l'océan Indien, n'est, pense-t-on, qu'une relique, de format réduit, d'un genre qui
vivait autrefois sur le continent. On pourrait bien voir dans un tel animal, mais avec
des mâchoires aussi effilées que des rasoirs ou un bec tranchant, le mystérieux
« tueur d'hippos ». Il y a eu, surtout au cours de la préhistoire, une grande quantité*

de tels prédateurs d'une souplesse peu ordinaire. Et l'agression de proies vivantes et mouvantes est précisément très caractéristique de reptiles de cette sorte, mais cela nous ramène au point que nous avons soulevé plus haut, à savoir que si la bête a poursuivi et tué l'hippopotame, elle en est restée là...
Existe-t-il encore en Afrique une espèce de saurien prédateur de petite taille ? L'animal en question doit-il être classé parmi les reptiles actuels, dont il serait simplement une forme de plus grande taille d'une espèce ou d'un genre déjà connu ? Pour ce qui est des fossiles, dont l'une ou l'autre espèce dérivée aurait pu se maintenir jusqu'à notre époque, une forme naine de brontosaure entre en tout cas en ligne de compte. La présence d'un bec aussi tranchant qu'un couteau à la place des dents est assez commune chez les animaux de cette sorte, par exemple chez le saurien à bec de canard appelé Hadrosaure. Cela dit, l'hypothèse suivante selon laquelle l'un ou l'autre saurien du Jurassique pourrait encore subsister de nos jours, est tout de même plus tirée par les cheveux que les possibilités discutées plus haut.

Cette hypothèse est surtout inacceptable en l'occurrence car les indigènes du Cuango ont toujours écrit le *Coje ya menia* comme « un pachyderme muni de dents puissantes dont il se servirait comme d'armes blanches ». Une telle description ne peut absolument pas se rapporter à un grand reptile, aucun d'entre eux n'ayant jamais développé de dents aussi spécialisées que les canines des mammifères carnivores de terre et de mer ou les incisives transformées en défenses de certains ongulés. Ainsi l'hypothèse du Machairodonte attardé n'est pas seulement moins « tirée par les cheveux », elle est à tous égards en parfaite harmonie avec les faits.
A cette nuance près, l'argumentation du Dr. Krumbiegel constitue un vrai modèle d'analyse cryptozoologique.

LES MACHAIRODONTES ONT VÉCU EN AFRIQUE

L'article du zoologue allemand avait même un côté prophétique. La possibilité y est en effet évoquée qu'un parent des tigres à dents en sabre « se soit propagé à travers l'Afrique voire conservé jusqu'à nos jours, dans le centre et l'ouest du continent ». Or, au moment de la parution de ces lignes, l'existence passée de félins à dents en sabre dans les régions tropicales africaines était encore tout à fait inconnue.
En 1926, certes, l'Anglais Hopwood avait rapporté à un Machairodonte un débris d'humérus provenant du Pléistocène, de Kaïso, au lac Albert. Mais la légitimité de l'identification d'une pièce si peu caractéristique pouvait être discutée. Ce n'est qu'en 1947, l'année même où Krumbiegel faisait paraître son article, que le professeur Camille Arambourg décrivit sous le nom de *Homotherium ethiopicum* les restes indiscutables d'un tel animal recueillis en Ethiopie : un fragment de mandibule avec deux dents incomplètes et un morceau d'humérus.
Auparavant, divers genres de félins à dents en sabre n'étaient connus en Afrique que dans l'extrême nord et l'extrême sud : du Pliocène moyen du Wadi Natron, en Egypte, d'où Stromer avait exhumé en 1913 un fragment de mandibule, et des grottes à australopithèques du Transvaal, où Broom avait découvert de maigres vestiges de ces fauves en 1937 et en 1939.

Sur le plan prophétique, il y a plus extraordinaire encore que la clairvoyance d'Ingo Krumbiegel en ce qui concerne la distribution géographique des Machairodontes. En effet, avant même que Hopwood eût fait connaître sa découverte du tout premier fragment de l'un d'entre eux en Afrique noire, quelqu'un avait déjà présumé qu'il y en existât autrefois en ces lieux, mais en outre qu'ils dussent avoir été connus de l'Homme. C'est un chirurgien-dentiste, le Dr. Marcel Baudouin, et ses surprenantes conjectures étaient fondées sur l'étude d'une mutilation dentaire rare pratiquée dans certaines populations africaines : la dent en crochet.

L'opération rituelle en question porte presque exclusivement sur les incisives médianes de la mâchoire supérieure. Elle n'a, selon le Dr. Baudouin, qu'un seul but : « Faire ressembler le mutilé dentaire à un **Carnassier** ! ». L'effet est obtenu par l'ablation d'une partie de la dent qui prend ainsi la forme d'un L renversé, bref d'un crochet.

Pourtant [faisait remarquer l'auteur], *dans certains pays, le crochet peut être transformé en une sorte de virgule, c'est-à-dire de* spirale, *très courte, à base épaisse et large et à sommet très aigu. C'est ce qu'on appelle alors la* Dent de Tigre.

La dent, dite de Tigre, a été observée surtout au Cameroun (Toute ; Batschenga-Samara ; etc.).

Elle est limitée aux incisives supérieures médianes, forcément. Mais tantôt la courbure est interne, tantôt externe. Les dents travaillées sont alors affrontées ou opposées.

Cette mutilation a pour but de faire ressembler l'incisive à une canine supérieure ; mais pour qu'elle soit bien visible, il faut que la dent « simulée » soit reportée vers le milieu de la face.

Quelle sorte de canine supérieure cette dent en virgule est-elle donc censée rappeler ? A cette question, le Dr Baudouin répond par une discrète note infrapaginale :

Il existe en Amérique une sorte de Tigre fossile, dont les dents ont la forme d'un sabre ! On l'appelle le Smilodon. Or, il est paléolithique, comme le Tigre des Cavernes. Peut-être un animal de ce genre existait-il en Afrique ?

Il suffirait pour expliquer les Dents en virgule, *ou de* tigre, *du Cameroun.*

Si les habitants de ce pays avaient un jour pris pour modèle de leurs dents dites de Tigre celles de forme si particulière des Machairodontes, ils devaient forcément avoir connu certains d'entre eux. En tout cas, c'est l'année même où le Dr Baudouin faisait paraître ce texte inspiré dans *La Semaine dentaire*, à savoir en 1926, que Hopwood vint apporter un début de confirmation à cette hypothèse en décrivant un fragment de félin à dents en sabre, trouvé près du lac Albert, en Ouganda.

Depuis lors, il a pu être établi que divers Machairodontes, ainsi d'ailleurs que des Nimravidés à grandes canines, plus anciens, ont vécu à travers toute l'Afrique, de la Libye, l'Egypte et l'Ethiopie à l'extrémité sud du continent, et qu'ils y ont été contemporains de certains hommes fossiles.

LE « NTAMBUE YA MAÏ » DU KASSAÏ

Tout comme le *Dingonek* devait finir par m'apparaître comme une sorte de Machairodonte vivant surtout dans l'eau, le Dr. Krumbiegel, bien avant moi, avait conclu que le *Coje ya menia* avait le plus de chances d'être, lui aussi, une forme de félins à dents en sabre adaptée à la vie aquatique.

S'il en est bien ainsi, quel meilleur nom pourrait-on d'ailleurs donner à de tels animaux que celui de « Lion d'eau » ? Or des « lions d'eau » n'ont pas été seulement décrits sur le cours supérieur du Cuango : on en signale autour de maints autres affluents du fleuve Congo. C'est ce que nous allons pouvoir vérifier d'abord pour ceux de la rive gauche, en nous déplaçant d'ouest en est, de l'Angola à la Zambie en traversant le sud du Zaïre.

Arrêtons-nous pour commencer sur les rives du Kassaï. En octobre 1958, m'était parvenue, suite à la parution de *Sur la piste des bêtes ignorées*, une lettre du comte J. L. Montandon de la Brévine, qui représentait alors au Congo belge une compagnie de vente d'automobiles et d'avions. Dans cette missive en provenance de Luluabourg, dans le Kassaï occidental, il me disait avoir un jour relevé, dans cette région, la piste d'une bête qui lui était tout à fait inconnue, mais qui lui semblait, d'après ses empreintes, être une sorte de saurien énorme. Et il ajoutait :

Il existe ici une légende parmi les indigènes de la région qui dit que cette bête sort à des intervalles réguliers : ils donnent d'elle une description sommaire. […] Le nom qu'emploient habituellement les indigènes pour désigner cet animal est Ntambue ya maï, *ce qui veut dire approximativement, dans la langue locale, « Lion des eaux ».*

M. Montandon de la Brévine avait rencontré à Luluabourg une personne — qu'il appelait M. Beckers — à laquelle il s'était ouvert de sa découverte, décrivant les empreintes de pas examinées par lui, ainsi que les légendes recueillies sur place. Son interlocuteur, qui connaissait déjà ces dernières et s'y intéressait prodigieusement, lui dit que, selon sa description, l'animal en question devait être le Tricératops, ce dinosaure à allure de rhinocéros à trois cornes, depuis longtemps disparu.

M. Beckers [poursuivait mon correspondant] *me charge de vous écrire pour vous demander ce que vous en pensez. Les précisions sont légères. Les preuves de l'existence de cet animal aussi. Seuls les récits des indigènes, les cadavres de Noirs déchiquetés, trouvés récemment (il y a trois mois) dans cette région, et les traces de pas que j'ai pu voir, semblent faire croire qu'il s'agirait d'une espèce de Saurien, dont la taille atteindrait celle de deux hippos, et dont les pattes antérieures, plus courtes que les postérieures, seraient munies de griffes énormes. Je vous remets en annexe un croquis, avec mesures approximatives, de l'empreinte vue par moi.*

Ce dessin figurait une empreinte de quarante centimètres de long sur vingt centimètres de large, dans laquelle une pelote plantaire triangulaire s'allongeait sur vingt centimètres et se prolongeait par trois traces de doigts grêles, longues de dix-huit centimètres chacune.

En fait l'empreinte en question ne rappelait en rien celles d'aucun dinosaure : nous en possédons maintes pistes fossilisées. La pelote plantaire faisait penser plutôt à celle de quelque mammifère, en particulier à celle d'un carnivore, d'un lion qui serait trois fois plus grand que la normale. Quant aux traces de doigts, elles ressemblaient beaucoup à celles que laisse un oiseau comme le Marabout, mais en trois fois plus grand aussi. Bref une empreinte qui paraissait résulter de la superposition de deux traces de pas très différentes, mais qui, étant donné sa taille, avait de plus fortes chances d'avoir été fabriquée entièrement, peut-être par quelque Noir facétieux.

En dépit d'une réponse assez rapide, je n'entendis plus parler de cette affaire pendant bien des années. Je ne m'en étonnai pas outre mesure, car, outre l'aspect suspect de l'empreinte, la mention d'une ressemblance avec le Tricératops m'avait rendu méfiant. Elle me rappelait en effet la description d'un dinosaure congolais abondamment cornu qui aurait été rencontré en 1919, s'il fallait en croire un canular retentissant. Cette histoire quelque peu oubliée n'avait-elle pas filtré parmi les informations recueillies par mon correspondant ?

Et puis soudain, treize ans plus tard, « M. Beckers », qui s'appelait plus exactement M. Gabriel Becker, m'écrivit, de la Procure de Scheut, à Kananga (Kassaï occidental), pour se rappeler à mon bon souvenir. En plus des troubles qui avaient accompagné la proclamation de l'indépendance du Congo belge, devenu le Zaïre, une longue maladie l'avait empêché de poursuivre ses recherches sur l'animal mystérieux. A présent rétabli, il comptait se livrer à une enquête systématique.

Lorsque j'eus souhaité bonne chance à M. Gabriel Becker, celui-ci m'écrivit de nouveau, en février 1974 : « Mes recherches ont abouti à me donner la certitude de l'existence du « Lion d'eau » ici, au Kassaï. Maintenant il faut l'abattre pour prouver son existence. J'ai eu des ennuis sérieux à cause de mon enquête. L'animal est tabou. Il est protégé par un mur d'ésotérisme infranchissable. »

Au fil de notre correspondance, je finis par apprendre en 1978 que M. Becker résidait depuis 1953 au Kassaï, qu'il n'avait plus quitté depuis. Il y était conseiller musical de son état et réparateur des instruments de musique des Forces armées zaïroises. Sur le « Lion d'eau », qu'il se proposait d'abattre, il me donna les renseignements suivants :

Reptile passant la majorité de son existence dans l'eau. Taille au garrot : 1,67 m. Longueur : environ 8 m. Poids estimatif : environ 2 tonnes. Couleur de la peau (lisse) : un noir sinistre à l'âge adulte ; avant, dans la jeunesse, la couleur est d'un fauve foncé, tirant sur le roux. A une corne sur le devant de la tête, que n'ont pas tous les spécimens de l'espèce. Se déplace sur l'eau et sur terre à une vitesse hallucinante. Si vous avez vu courir un hippopotame sur un terrain même vaseux et accidenté, vous pourrez vous faire une idée de ce que cela veut dire. Le « Lion d'eau » chasse les hippos dans l'eau, les poursuit sur terre et les tue. Le cri de l'animal ressemble à un cri d'oiseau, strident, métallique et puissant à la fois, et à ce cri-là, tout autochtone détale à toute vitesse si grande est sa terreur de cette bête.

A ce signalement détaillé de ce qui ressemblait à certains égards à quelque dinosaure cornu — Cératosaure ? Monoclonius ? — M. Becker avait toutefois joint une figuration locale du *Ntambue ya maï*, imprimée sur un tissu pour boubous. Or ici l'animal en question était représenté comme une sorte de lion, artistement stylisé, portant au front une très mince corne — peut-être une simple mèche folle !

Il était manifeste que la description recueillie par notre réparateur d'instruments de musique se rapportait en fait à deux bêtes différentes, apparemment confondues, sans doute parce qu'elles étaient toutes deux inconnues ou rarissimes. Cela expliquait d'ailleurs certaines contradictions. Il y avait d'une part un animal aquatique de très grande taille, à peau lisse et noirâtre, doté d'une corne sur le devant de la tête, et qui pouvait être à la rigueur un dinosaurien. Et de l'autre il y avait le fameux « Lion d'eau », bien plus menu, d'une couleur fauve roussâtre, orné de crocs puissants, que les Noirs pouvaient avoir comparé à des cornes, un animal très rapide à la course et persécuteur traditionnel des hippopotames, qu'il tuait sans les manger. Il était peu vraisemblable qu'il fût le jeune du précédent.

Même si Mr. Becker parvenait à se procurer tout l'arsenal auquel il aspirait pour aller en découdre avec le *Ntambue ya maï*, je ne pense pas qu'il puisse mener son entreprise à bien en s'engageant à la fois sur deux pistes divergentes.

LE « NTAMBO WA LUY » DE LA LUEMBÉ ET CONSORTS

Poursuivant notre course vers l'est autour du 10e parallèle, nous atteignons bientôt, au Katanga, les rives de la Luembé, qui se jette dans le Sankuru, lui-même affluent du Kassaï et donc en définitive du fleuve Congo.

Sur le « Lion d'eau » de cette région et de celle qui lui est adjacente, de précieuses informations nous ont été données en 1965 par Charles Mahauden dans son *Kisongo kimo — chasse et magie chez les Balubas*. Dans ce livre de souvenirs, l'auteur se dépeint lui-même sous le nom de Kakwanda que les Noirs lui ont donné. Ainsi, au cours de sa vie aventureuse, Kakwanda s'enquiert-il un jour auprès des anciens d'un village du sud sur la possibilité de descendre la rivière Luembé jusqu'à Kasanji. Comme les notables baissent la tête d'un air gêné en évitant de lui répondre, il leur demande si quelque tabou interdit d'emprunter cette voie fluviale. Comme on lui dit que non, il n'insiste pas davantage, répugnant en effet à forcer les indigènes à dévoiler certains aspects de leurs croyances. Il cherche au contraire à les tranquilliser en leur disant :

– Si vous ne pouvez me donner vos raisons, nous allons parler d'autre chose.

Et c'est alors que la vérité se fait jour et que s'amorce un dialogue significatif :

– Nous n'avons pas de secret pour toi, maître de la chasse, un *Ntambo wa luy, mukatampe nyata* (un énorme lion d'eau) vit dans une partie de la rivière et dévore tous ceux qui viennent à y passer.

– Celui qui l'a vu peut-il le décrire ?

– Seuls nos pères l'ont aperçu à plusieurs reprises : il saisit les passagers dans les plus grandes pirogues et les dévore.

– Ressemble-t-il au crocodile ou à l'hippopotame ?

– Au crocodile, mukelenge, mais il est aussi gros qu'un hippopotame et aussi agile que le lion.

– A-t-il tué des hommes de votre village ?

– Oui, il en a tué trois, c'était à l'époque de nos pères et beaucoup de saisons des pluies ont passé.

– Vous n'avez plus jamais tenté de descendre la rivière depuis ces accidents ?

– Non, les sorciers l'ont défendu il y a bien longtemps.

Ce n'est pas la première fois [commente Mahauden] *que le coureur de brousse entend parler d'un monstre aquatique ; déjà dans une autre région les habitants lui avaient exposé le danger de voyager sur la rivière Lubudi dont un tronçon était hanté par un* Simba ya mail *(lion d'eau) qui renversait les pirogues et avalait les occupants.*

Empressons-nous de préciser que la Lubudi va se jeter dans le Lualaba, qui est une nouvelle fois un affluent du Congo. Et laissons Kakwanda, alias Charles Mahauden, reprendre son interrogatoire.

– Avez-vous jamais relevé des traces ou découvert des fumées du « lion de rivière » ?
– Non, personne n'a jamais vu de traces ni de fumées ; sans doute reste-t-il dans l'eau ; mais nous avons définitivement abandonné la chasse et la pêche dans ce secteur, et le chemin de Kasanji évite ce passage dangereux.
– Pourtant la rivière vous serait bien utile pour les déplacements et le commerce ?
– Oui, Mukelenge.
– Pouvez-vous me fournir des hommes et une pirogue pour descendre la rivière ?
– Nous ne voulons pas que tu meures, Mukelenge Kakwanda.
– Pouvez-vous me fournir des pisteurs pour explorer, par terre, le secteur où sévit le « lion d'eau » ?
–Nous ne voulons pas qu'il t'arrive malheur sur nos terres, Mukelenge Kakwanda.

Craignant qu'il ne s'agisse d'un tabou, dont la non-observance plongerait les indigènes, selon leurs croyances, dans les pires malheurs, Kakwanda n'insiste plus et décide d'aller se rendre compte, seul, de l'existence du monstre aquatique.
Auparavant, toutefois, il a demandé aux notables de bien vouloir lui indiquer l'endroit où demeure le *Ntambo wa luy,* afin de pouvoir éventuellement l'éviter au cours de ses déplacements.
– Il vit en aval entre le troisième et le quatrième affluent de la rivière, lui est-il répondu.
Faut-il dire qu'à la première heure, le lendemain, notre intrépide broussard ira longer la rivière, son 375 à la main, jusqu'au delà du troisième affluent :

Le gibier pullule dans ce coin perdu et les tranchées creusées par les hippopotames de la rivière aux pâturages se succèdent régulièrement jusqu'au quatrième affluent. La présence des hippopotames tout au long du parcours démontre que les grosses bêtes n'ont rien à craindre d'un monstre capable de mettre leur vie ou celle de leurs petits en danger et Kakwanda en déduit que le « lion de rivière » est un mythe tout comme le fameux serpent de mer des pêcheurs et marins européens.

Par acquit de conscience, le coureur de brousse franchira encore la rivière sur un gros arbre jeté en travers, afin d'aller examiner le sol de la rive d'en face. N'y ayant découvert aucun indice susceptible de prouver l'existence du « lion de rivière », il acquerra la certitude « qu'il doit s'agir d'un crocodile ou d'un hippopotame plus grand et plus agressif que ses congénères. »

LE « NZÉFU-LOÏ » DU LUALABA

Sans nous appesantir sur le caractère peut-être un peu hâtif de telles conclusions, poursuivons notre progression vers l'est tout en descendant cependant le Lualaba sur une certaine distance en direction du nord, jusqu'à atteindre une immense région marécageuse constellée de petits lacs. Nous allons faire connaissance là-bas avec un animal qui n'est certes pas nommé localement « lion d'eau » — peut-être parce que le Lion ne fréquente guère les alentours — mais qui ressemble néanmoins à s'y méprendre à tous ceux qui ont été affublés ailleurs de ce nom.

Je dois tous mes renseignements sur cette bête inconnue du haut Lualaba au professeur Paul Bonnivair, de l'Institut agronomique de Gembloux (Belgique), avec lequel j'ai correspondu, avec grand fruit, de 1955 à 1962. Il s'apprêtait alors à prendre sa retraite à Wemmel, où il devait — hélas ! — s'éteindre prématurément. Le professeur Bonnivair avait vécu de 1910 à 1932 au Congo belge, où il avait terminé sa carrière comme Inspecteur général de l'agriculture et des forêts.

C'est par un de ses collègues, et aussi ami de longue date, Maurice Vermeesch, que Paul Bonnivair fut mis au courant de l'existence du *Nzéfu-loï* vers la fin de la Première Guerre mondiale. Ce colon chevronné, arrivé au Congo dès 1906, alors que celui-ci était encore l'Etat indépendant du Congo, connaissait admirablement les Ba-Luba. Aussi fit-il donner l'essentiel des détails sur l'animal mystérieux à son ami Bonnivair par le Mu-Luba qui lui servait depuis six ans d'auxiliaire de chasse, et en qui il avait pleine confiance. Cela se passait au Sankuru, où Bonnivair était sur le point de reprendre le service de Vermeesch.

Le nom de *Nzéfu-Loï* signifie littéralement « Eléphant d'eau », ce qui ne veut pas dire, bien sûr, qu'il se rapporte à une sorte particulière d'éléphant. Au Gabon, par exemple, on donne le nom de *Nsok-Nyen*, qui a exactement le même sens, à l'Hippopotame. Tous les peuples du monde nomment les animaux d'après les éléments de comparaison dont ils disposent et qui leur semblent les plus appropriés. Pour en rester à l'Hippopotame, ce sont les Grecs qui lui ont donné ce nom, qui veut dire « Cheval du fleuve » alors que les Arabes préfèrent l'appeler « Buffle de rivière », *Djamous el-Bahr*, et les Afrikaners « Vache d'eau », *Seekoei*. Cette propension à baptiser tout animal nouveau ou peu connu d'après un animal plus familier entraîne de grandes confusions au point de vue zoologique, mais elle est inévitable, et ne devrait pas nous embarrasser.

Disons tout de suite que le *Nzéfu-loï* n'est nullement confondu par les Ba-Luba avec l'Hippopotame, qu'ils appellent *Tshiboko* dans leur langue, le Tshilula (en Kiswahéli, on dit *Kiboko*).

Il m'a été décrit par le Noir précité [m'écrivit le professeur Bonnivair] *comme un animal amphibie, ayant à peu près le corps d'un hippopotame et un cou très allongé. Il aurait une queue poilue comme celle d'un cheval (mon informateur connaissait les chevaux : il y en avait alors à Lusambo et dans diverses fermes de la région). Il était armé de défenses d'ivoire, courtes et massives (sans doute comme celles du morse, je suppose).*

Il y a gros à parier que c'est à ces défenses caractéristiques que l'animal devait son nom d'« éléphant d'eau ».

L'informateur Mu-Luba ajoutait à sa description ce qu'on dit en général en Afrique de **tout** animal rarement entrevu mais jugé extrêmement dangereux (peut-être précisément à cause de la peur de l'Inconnu) : « Quand on le voit, on meurt. » Mais il précisait néanmoins : Nos pères cependant tuaient le *Nzéfu-loï* dans des pièges que nous ne savons plus construire et ils faisaient le commerce de son ivoire. Un jour, un Portugais est parti en pirogue chasser le *Nzéfu-loï*. Il n'est jamais revenu. »

Le *Nzéfu-loï* hanterait tout le Kamolondo, nom qu'on donne au Lualaba entre Bukama et Ankoro, c'est-à-dire dans toute la région où ce fleuve est flanqué de part et d'autre de nombreux lacs. Il y en a près d'une vingtaine entre Bukama et Kaniambé : les plus grands sont l'Upemba, où d'importantes pêcheries sont installées, et le Kisalé, véritable mer de papyrus, très semblable aux marais du haut Nil blanc. Tout le Kamolondo est d'ailleurs extrêmement marécageux.

A l'énoncé de la description du monstre, l'Inspecteur Bonnivair n'avait pu s'empêcher de penser bien entendu qu'il pourrait s'agir de quelque dinosaurien semblable au Brontosaure. Le fait est que si l'on représente le *Nzéfu-loï* avec un très long cou planté sur un corps massif de pachyderme, il rappelle presque irrésistiblement un des reptiles Sauropodes de l'ère Secondaire. La mention d'une queue garnie de poils comme celle d'un cheval aurait dû inspirer au moins quelques doutes quant à la justesse d'une telle hypothèse. La description des défenses de morse du monstre aurait même dû en démontrer l'inanité. Et peut-être eût-il fallu aussi se demander si l'informateur Mu-Luba, quand il avait prêté à l'Eléphant d'eau « un cou très allongé », n'avait pas simplement voulu dire par là que, **pour une sorte d'éléphant**, cet animal à défenses d'ivoire avait le cou plutôt long...

Ainsi le *Nzéfu-loï* se serait-il dessiné dans l'imagination de Paul Bonnivair, comme bien plus semblable à un Machairodonte qu'à un Brontosaure. A l'époque toutefois, l'existence passée en Afrique de félins à dents en sabre était encore totalement inconnue, et l'idée combien plus séduisante de la survivance possible d'un dinosaurien avait dû s'imposer avec beaucoup plus de force. Aussitôt après son entretien avec le guide de chasse indigène, Bonnivair s'en était ouvert à son ami Maurice Vermeesch. Et l'on comprend que la possibilité en question ait fait rêver nos deux jeunes agronomes, tout en leur suggérant des pensées malicieuses.

Comme je l'ai montré dans les *Derniers dragons d'Afrique*, Maurice Vermeesch, parti en vacances au Transvaal en avril 1918 a sans doute été à l'origine du fameux canular du Brontosaure ressuscité, qui devait se déchaîner dans la presse l'année suivante. Je rappellerai seulement ici que la bête était décrite avec « un long museau pointu orné de défenses pareilles à des cornes ». Pour déclencher toute l'affaire, il avait suffi, pour mystifier peut-être quelques Tartarins sud-africains, d'accuser cette sorte de *Nzéfu-loï* transcendé de semer la terreur dans un village congolais proche des sources du Lualaba...

L'IDENTITÉ DU PRINCIPAL SUSPECT

Il nous reste, pour achever notre voyage vers l'est en quête de « lions d'eau », à revenir au lac Bangouélo que Hans Schomburgk avait trouvé si étrangement pauvre en hippopotames, et où J. E. Hughes avait eu vent de l'existence passée d'un égorgeur d'hippos — et parfois de piroguiers — armé d'une « corne » d'ivoire, qui rappelait diablement une canine de Machairodonte. Pour les besoins de notre enquête, il y aurait en effet avantage à en savoir un peu plus sur ce mystérieux tueur que les gens du cru avaient nommé *Chipekwé* ou *Chimpekwé* [76]. L'occasion va nous en être donnée par la lecture d'un article consacré en 1938 à quelques mystères africains et dû à la plume de F. B. Macrae, un fonctionnaire britannique chargé des affaires indigènes en Rhodésie du Nord, la Zambie actuelle. Voici ce qu'il dit entre autres des animaux encore inconnus de ce pays :

Je suis une de ces rares personnes qui aient jamais recueilli un rapport de première main sur une de ces bêtes, de la bouche même d'un témoin oculaire. Il est assez facile d'obtenir des naturels toutes sortes d'histoires sur des monstres fabuleux qui vivent dans les marais, les forêts et les fleuves, mais le récit provient presque toujours d'un oncle, d'un père ou de quelque autre vieillard, à présent décédé, qui a vu la bête au cours de sa jeunesse. Dans ce cas-ci pourtant, l'histoire émanait d'un indigène d'âge moyen qui prétendait avoir vu la bête lui-même, non pas une seule fois mais à plusieurs reprises. Le monstre en question était le Chipekwé, *un nom bien familier à tous ceux qui connaissent la Rhodésie du Nord.*

Je travaillais dans ce qui était alors le bureau du Commissaire aux affaires indigènes, à Broken Hill, département que dirigeait feu Mr. E. B. H. Goodall, lequel était devenu par la suite Commissaire provincial en chef pour la Rhodésie du Nord. Mr. Goodall bavardait avec un indigène à l'autre bout du bureau, quand il me fit signe de venir pour me dire que l'homme qui était là prétendait avoir vraiment vu un Chipekwé. *Cela devait se passer au début de 1928. L'homme parlait Chiwemba, langue que je ne connaissais pas mais que Mr. Goodall possédait à fond. Je parvins tout de même à suivre le fil de son exposé à cause de la connaissance que j'avais des autres langues bantoues. Il décrivit le* Chipekwé *comme un peu plus grand que l'hippopotame, couvert de poils hirsutes, et muni de palettes natatoires plutôt que de membres terminés par des pieds. Il ajouta encore qu'il avait deux grandes dents dirigées vers le bas comme celles du Tigre à dents en sabre. Enfin, il dit que cet animal pouvait tuer l'hippopotame et qu'il avait souvent vu, non pas un, mais deux ou trois de ces monstres s'ébattre dans les eaux basses du marais, près du bord du lac Bangouélo.*

Je dois dire qu'aucun de nous deux ne le crut à ce moment-là, et les années qui se sont écoulées n'ont apporté aucune preuve corroborante capable de me rendre moins incrédule. Mais le rapport était intéressant du fait surtout que l'homme prêtait des palettes natatoires au monstre, plutôt que des pattes, et qu'il décrivait l'animal en train de patauger dans des marais peu profonds comme on pense que les sauriens disparus de la Préhistoire le faisaient à longueur de journées.

Ce rapport est surtout intéressant parce qu'il nous apporte enfin la solution entière du mystère des hippos qui manque au lac Bangouélo. Il montre que, tout comme le *Coje ya menia* du Cuango et le *Ntambue ya maï* du Kassaï, le *Chipekwé*, qui pratique là-bas des coupes claires dans les rangs des hippopotames, ne ressemble guère à quelque « saurien » préhistorique, ainsi que Mr. Macrae semble le suggérer après bien d'autres. Avec ses longs poils en bataille, comme ceux de la queue du *Nzéfu-loï* du Lualaba et du *Ndamathia* du Tana, avec ses défenses de *Dingonek* kenyan ou de *Nzéfu-loï* zaïrois, pareilles — et pour cause ! — aux crocs du Tigre à dents en sabre, il tient plutôt du mammifère, et en particulier du félin. Et comme les divers

(76) *Chipekwé* n'a rien d'un nom spécifique. Le terme s'applique indistinctement à tout animal redoutable, aussi bien au serpent Mamba dont la morsure ne pardonne pas, qu'à un poisson comme l'*Hydrocyon*, le « piranha » local. Sa meilleure équivalence en français serait donc « monstre ».

« lions d'eau », si proprement nommés, il a même tout du Machairodonte. Enfin puisque Krumbiegel pense qu'un félidé de cette sorte pourrait fort bien s'être adapté à une vie aquatique et avoir développé entre autres des palmures aux extrémités, même la mention de palettes natatoires ne constitue pas une fausse note.

Une nouvelle fois, l'obsession dinosaurienne a brouillé les cartes, et lancé les enquêteurs sur une fausse piste.

Bref, nous sommes parvenus à établir ici que des animaux ayant toutes les apparences de Machairodontes vivaient encore il y a peu, non seulement dans les eaux basses de rivières du Kenya, mais dans celles du cours supérieur de la plupart des affluents de la rive gauche du fleuve Congo. S'il en est ainsi, ces animaux ne devraient-ils pas se trouver **également** près des sources des affluents de la rive droite de ce fleuve, et notamment de la Sanga ou de l'Oubangui ?

C'est ce que nous devons tenter de découvrir à présent, et nous allons aller de surprise en surprise.

> *– C'est une erreur capitale que de proposer une théorie avant*
> *d'avoir réuni toutes les preuves.*
> *– La singularité vous met presque invariablement sur la*
> *piste. Plus un crime est dénué de traits marquants et banaux,*
> *plus il est difficile d'en découvrir l'auteur.*

(Sherlock Holmes, dans respectivement *Une étude en rouge*
et *Le Mystère du Val de Boscombe*, d'Arthur Conan Doyle)

CHAPITRE XI

DENTS LONGUES ET PATTES DE VELOURS

Puisque le Lion, broussard par excellence, n'est pas précisément un félin en partie aquatique, comme le Tigre ou le Jaguar, on est bien obligé de conclure que ce qu'on appelle çà et là en Afrique le « Lion d'eau » ne peut pas être un lion ordinaire. On est même justifié à se poser des questions si d'aventure on signale un « lion » dans une région en permanence inondée.

Telle est pourtant l'information surprenante qui fut communiquée en 1964 par un commerçant d'Impfondo à un jeune topographe français, Christian Le Noël, devenu depuis lors un guide de chasse réputé et même l'auteur d'un envoûtant roman exotique *Le Chasseur blanc*. Impfondo est une petite ville de la République du Congo et se trouve au seuil de l'immense région marécageuse de la Likouala-aux-Herbes : près de 80 000 km^2 insérés entre l'Oubangui et la Sanga. Comme cette zone est enfouie au plus profond de la Grande Forêt Equatoriale, il n'y a pas un lion à trouver à moins de 500 kilomètres à la ronde. Or, d'après M. Leau, le commerçant en question, l'un d'eux aurait été capturé et tué là-bas par les Bomitaba. « … il est pratiquement impossible [m'écrivit Le Noël en juillet 1981] qu'un lion puisse venir dans cette région qui n'est qu'un vaste marais. On peut penser à un animal qui aurait suivi des troupeaux de bœufs et se serait égaré à leur suite, mais c'est peu probable dans cette région où les éleveurs Bororos ne vont jamais. »

UN LION CAPABLE DE TUER DES ÉLÉPHANTS ?

Il n'est pas normal non plus — ni même croyable ! — qu'un lion puisse s'attaquer à des animaux d'une taille très supérieure à la sienne. Si l'on vous parle donc, dans maints pays d'Afrique, d'un monstre enclin à massacrer les hippopotames et qui pourrait être un félin, vous êtes en droit de vous dire que ce n'est sûrement pas un lion, du moins pas un lion comme les autres. Quand ceux-ci s'en prennent à des hippopotames, ils les choisissent toujours en bas âge, ou alors ils s'y mettent à plusieurs, et cela même n'est pas commun.

Charles A. W. Guggisberg, qui s'est efforcé de faire le point sur la question dans sa monographie consacrée au Lion, écrit notamment :

Le 31 mai 1949, près de Mzima Springs, dans le Parc National du Tsavo, deux hippos tout à fait adultes ont été attaqués par plusieurs lions. Ils furent renversés sur le dos et tués par des morsures à la poitrine et à la gorge. En Ouganda, où les hippos sont particulièrement nombreux, de tels incidents se produisent, dit-on, fréquemment. Parfois cependant de terribles bagarres s'ensuivent, et il arrive que l'hippopotame non seulement s'en sorte vivant mais qu'il inflige la plus cuisante défaite à son ou ses assaillants.

Que penser dès lors quand il est question de l'agression d'éléphants adultes par un lion ? A un autre moment de sa carrière, en République centrafricaine cette fois, où il opère d'ailleurs toujours aujourd'hui [77], le chasseur professionnel Christian Le Noël entendit parler à deux reprises d'un lion qui tuait les éléphants dans le Parc de la Gounda, au nord de Ndélé, près de la frontière du Tchad. Une des mises à mort avait été observée par les gardes mêmes du Parc. L'autre fois, un touriste européen avait vu le lion auprès d'une de ses victimes, qu'il venait apparemment d'abattre.
Il faut savoir que, s'il arrive à des lions de tuer des éléphanteaux, quand l'occasion leur en est exceptionnellement offerte, les cas d'agression d'éléphants adultes sont quasi inexistants, tant ils sont d'ailleurs invraisemblables. Que nous dit Guggisberg à ce sujet ?

Le chasseur boer Michael Engelbrecht a rapporté à Selous [le célèbre chasseur et explorateur anglais Frederick Courtenay Selous] *avoir assisté à l'attaque d'un éléphant femelle par un lion. Le combat avait duré plusieurs heures : le fauve s'efforçait d'agripper l'éléphante à la gorge, mais toutes ses tentatives avaient été déjouées. Il avait dû renoncer finalement, mais l'éléphante présentait des blessures sans doute assez profondes à la trompe et aux pattes.*
Près du lac Mweru [ou Moëro, à la frontière du Zaïre et de la Zambie], *les indigènes ont montré à F. C. Arnot, le missionnaire, la carcasse d'un éléphant ayant atteint les trois-quarts de son développement, et qui, disaient-ils, avait été tué par six lions. Arnot releva de nombreuses pistes de lions autour du cadavre, mais il n'y avait aucune preuve certaine que les grands chats fussent responsables de la mort de l'éléphant.*
Selous, qui était toujours très prudent dans ses affirmations, ne croyait pas impossible — à en juger par les exemples ci-dessus et quelques autres — que des lions pussent à l'occasion s'attaquer à de grandes éléphantes.

C'est dire qu'il est impossible pour un lion isolé d'en découdre avec un éléphant adulte, fût-ce même une femelle. Pour y arriver il devrait être d'une grandeur très supérieure à la normale et doté au surplus, comme les *Machairodus* de la Préhistoire, de canines démesurées, le rendant capable de tuer rapidement un gros pachyderme au cuir épais, en le poignardant à un point vulnérable de son individu. Jugez de la stupéfaction de Christian le Noël quand il se mit à récolter, aussi bien au Tchad qu'en Centrafrique, des rumeurs insistantes sur l'existence d'énormes félins dont les crocs dépassaient fort de la mâchoire supérieure et dont certains du moins vivaient dans les cours d'eau. Voilà qui, enfin, expliquait à la fois la présence signalée de « lions » dans des zones marécageuses, et la mise à mort, par d'autres, de grands éléphants !
N'anticipons pas. De telles histoires circulent en effet depuis longtemps. Nous savons déjà qu'on en recueille d'une part à l'est du lac Victoria et d'autre part dans une large bande territoriale allant de l'Angola à la Zambie à travers le sud du Zaïre. Nous allons voir à présent qu'elles sont tout aussi courantes au-delà du nord du Zaïre, d'un bout à l'autre de la République centrafricaine et même jusqu'aux confins septentrionaux du Tchad.

(77) Depuis que ces lignes ont été écrites, Christian Le Noël est revenu en France. (JJB)

LE « DILALI » DES BAYA, « MOUROU-NGOU » DES BANDA, « MAMAÏMÉ »
DES ZANDÉ

Tout à l'est du Cameroun d'autrefois, dans ce qui est devenu l'ouest de la
République centrafricaine actuelle, les indigènes semblent craindre un monstre
aquatique qui rappelle, au moins par le nom, le *Coje ya menia* de l'Angola et les autres « lions d'eau » du sud du Zaïre. Cela a été révélé à mon collègue allemand, le
Dr Ingo Krumbiegel, par un de ses compatriotes, ancien colonial, Herr Naumann,
d'Ulm, qui faisait partie autrefois de la *Kaiserliche Schutztruppe* (Compagnie impériale de défense) au Cameroun :

*Au nouveau Cameroun, que nous avions repris en 1912 aux Français, je me trouvais
dans le territoire des Kaja, au nord de l'Ouham, qui se jette dans le Tchad. Les Kaja,
qui vivaient parmi les roches granitiques, étaient très surpris de me voir monter à
cheval. Ils n'en avaient jamais vu. Voilà ce qu'ils ont raconté à mon interprète. Chez
eux aussi, il y a un animal de grande taille doté d'une abondante crinière, mais qui
vit dans l'eau. C'est une bête très dangereuse et un prédateur redouté. On ne la voit
que très rarement. Son nom, dans la langue des Baya est* Dilaï*, ce qui signifie « Lion
d'eau ».*
*Malgré la promesse d'une prime de cinquante marks, on n'est pas parvenu à me
montrer un tel animal. Dans une autre région, on l'appelait « Léopard d'eau ».
Dans la langue Foulbé, il existait aussi un mot pour le désigner.* [78]

En 1955, ces informations relatives au territoire centrafricain m'ont été confirmées
de manière tout à fait indépendante, et d'ailleurs considérablement complétées, par
Lucien Blancou, autrefois Inspecteur en chef des chasses en Afrique Equatoriale
Française. Les divers renseignements que ce remarquable naturaliste de terrain a
bien voulu me donner, au cours des nombreuses années pendant lesquelles nous
avons correspondu, m'ont considérablement aidé à mettre de l'ordre dans maintes
situations cryptozoologiques parfois complexes.

A travers tout l'Oubangui-Chari [m'avait-il écrit tout d'abord, suite à la parution de
Sur la piste des bêtes ignorées] *il existe une tradition et des récits concernant au
moins deux animaux inconnus jusqu'à présent.*

L'un est le *Dilali* (et non *Dilaï*) des Baya, nom qui signifie en effet « Lion d'eau ».
Celui-ci est aussi appelé *Mourou-ngou*, à savoir « Panthère d'eau », par les Banda,
et *Mamaïmé*, ce qui a exactement le même sens, par les Azandé. En tout cas, il est
décrit par tous comme une sorte de félin aquatique. « Le *Dilali* [précisait Blancou]
aurait été recherché en vain par un lieutenant allemand pendant l'occupation du pays
par les Allemands, de 1912 à 1914. » Peut-être bien s'agissait-il de notre Herr
Naumann, d'Ulm…
Oublions ici l'autre grand animal inconnu de la région, et qui aurait tout, lui, d'un
dinosaure Sauropode, pour nous concentrer, sous la conduite éclairée de Lucien
Blancou, sur le cas du mystérieux fauve aquatique.

(78) Krumbiegel (1950), p. 66.

L'ENQUÊTE DE L'INSPECTEUR (DES CHASSES) BLANCOU

Le 26 mai 1930, dans la soirée, Blancou, alors adjoint des services civils de l'A. E. F., avait tué son premier hippopotame dans la petite rivière Mbari (ou Bali), affluent de la Ouaka, au nord de la subdivision d'Ippy. Cela se passait vraiment au cœur de l'Oubangui-Chari, en pleine brousse, à plusieurs journées de marche de la zone des villages.

L'animal ne flottant pas encore à la tombée du jour [raconte Blancou], nous campâmes à proximité jusqu'au lendemain, en attendant la remontée de la car-casse. La nuit, il y eut un grand vent et une petite pluie. A l'aube, les porteurs et pisteurs me dirent qu'ils avaient entendu un mourou-ngou *crier près de l'hippo-potame mort. L'animal une fois amené à terre, je ne pus constater que des traces de morsures, apparemment produites par des crocodiles, sur le cadavre. Cependant, tous mes hommes connaissaient bien les crocodiles. Mais malheu-reusement ils n'avaient pas jugé utile de me réveiller pour me faire entendre le cri de la « panthère d'eau ».*

Intrigué, Lucien Blancou ne manqua plus une occasion, désormais, de se renseigner sur l'énigmatique animal qu'ailleurs, chez les Baya, on connaissait sous le nom, as-sez voisin, de « lion d'eau ».

Ainsi, en 1932, à Bozoum, dans l'Oubangui-Chari occidental, un interprète nommé Ghazi lui décrivit le *Dilali*, sans cependant l'avoir vu personnellement, comme ayant le corps du cheval (c'est-à-dire, à ses yeux, celui d'un petit mulet) et des griffes de lion. Un garde d'origine Zandé qui assistait à l'entretien, ajouta qu'il avait de fortes défenses, comparables, selon Blancou, à celles du Morse. Il prétendait que l'animal se nourrissait de poisson alors que, pour les Baya, il man-geait uniquement des feuilles. Le caractère non carnassier du *Dilali* parut confirmé, en tout cas, par le récit d'un vieux chef, qui raconta qu'à trois ou quatre kilomètres de là, on avait retrouvé un hippopotame et un crocodile, mordus au cou, mais à part cela intacts.

En 1934, alors que Lucien Blancou se trouvait à Ndélé, dans le nord du pays, un garde Banda nommé Abdoulaye lui apprit que le *Mourou-ngou* tuait même les éléphants, no-tamment à la rivière Ioamba (ou Youhamba). (Celle-ci n'est pas très éloignée de la Mbari (ou Bali), où Blancou avait pour la première fois entendu parler de la »panthère d'eau » : d'une quarantaine de kilomètres seulement, là où elles se jettent toutes deux dans la Ouaka, et de quelques kilomètres à peine, plus près de leurs sources).

Cette étrange information lui fut répétée, quatre ans plus tard, par un autre garde-chasse africain : selon certains habitants du sud de la subdivision de Ndélé, il exis-tait à la source de la rivière Bamingui (une des branches-mères du Chari occiden-tal) un *mourou-ngou* qui tuait les éléphants et les entraînait dans une caverne en pleine forêt. Comme la région là-bas est plus ondulée et bien moins aquatique, on peut se demander s'il n'y a pas ici une confusion avec un **autre** fauve, plus terrestre mais non moins inconnu, appelé, selon Blancou, *Gassingrâm* [79] par les Youlou de la région d'Ouanda-Djallé. Située au nord-est de l'Oubangui-Chari, celle-ci est plus montagneuse encore, dominée, comme elle l'est, par le massif des Mongos (ou Bongos). Au village même d'Ouanda-Djallé, le chef, en 1937, avait décrit le

(79) D'après le professeur Pierre Alexandre, grand spécialiste des idiomes bantous, le nom de *Gassingrâm* est improbable en Youlou, car non conforme à la structure de la langue. Il pourrait s'agir, selon lui, d'une courte phrase mal notée. Blancou s'éleva contre cette dernière interprétation et se demanda s'il ne s'agirait pas plutôt d'un terme emprunté à quelque langue nilotique.

Gassingrâm à Blancou comme plus grand que le lion, roux, et laissant d'ailleurs des empreintes de pas plus larges. Il emporterait ses proies dans des cavernes de montagne, mais on ne le voyait guère circuler de jour. La nuit, ses yeux étaient « comme des lanternes. »

Nous reviendrons plus loin à ce grand fauve manifestement distinct des lions et des panthères d'eau. Impossible bien sûr de faire endosser à ce montagnard le meurtre sanglant d'hippopotames. Comme il semble toutefois apparenté aux machairodontes d'eau et qu'il est de toute façon aussi peu connu qu'eux, il mérite toute notre attention.

LA *PANTHÈRE D'EAU* S'ATTAQUE MÊME AUX HOMMES

Toujours en 1934, le vieil interprète Moussa VII, ancien tirailleur, amena à Lucien Blancou un représentant de la tribu des Banda, appelé lui aussi Moussa, et qui paraissait âgé à l'époque d'une soixantaine d'années. Le vieil homme fit au « chef blanc » le récit que celui-ci m'a rapporté à son tour en ces termes :

En 1911 (date vérifiée par recoupements), étant porteur pour un détachement de tirailleurs allant de Fort-Crampel à Ndélé, Moussa vit saisir un de ces soldats par un mourou-ngou *au confluent des rivières Bamingui et Koukourou. L'animal était conformé comme une panthère, un peu plus grand qu'un lion, mais avec des rayures, et long de quatre mètres environ. Le fond de sa robe était de la couleur d'une panthère également, mais l'empreinte du pied m'a été bizarrement décrite comme comportant un « cercle » au milieu (?).*

Le tirailleur se trouvait dans une pirogue, quand l'animal sortit du Koukourou, juste au confluent, « comme un hippo », saisit l'homme dans la pirogue et l'emporta dans l'eau en culbutant l'embarcation, ressortit encore une fois avec le tirailleur dans la gueule, et disparut à jamais. Le pagayeur de la pirogue se sauva à la nage, mais le fusil et l'équipement du tirailleur restèrent au fond de l'eau. Après ce drame, le détachement renonça à traverser la rivière et alla la passer plus en amont (à environ trois jours de marche vers l'est).

Moussa me dit n'avoir jamais revu le Mourou-ngou *ni ses empreintes. Il avait trouvé de celles-ci auparavant, à peu près au même endroit, en allant conduire, à Fort-Crampel, des bœufs du sultan Sénoussi. Elles se trouvaient à côté du Koukourou, plus grandes que celles d'un lion. Moussa n'avait jamais entendu cet animal crier, ni d'ailleurs entendu parler de son cri. L'affaire se serait passée en pleine saison des pluies, vers le mois d'août.*

Ce récit me frappa sur le moment, car, compulsant à l'époque les archives du poste de Ndélé, je trouvai trace de la disparition d'un tirailleur vers la même date, semble-t-il.

En 1936, à Fort-Crampel, en Oubangui-Chari central, on rapporta encore à Lucien Blancou que le *Mourou-ngou* avait enlevé des hommes, sans laisser de traces, dans la rivière Gribingui, au village de Dogolomandji. Cela avait incité une partie des villageois à s'éloigner de la rivière, au confluent de la Doukoumi. Les Banda de ce secteur n'avaient jamais vu de « panthère d'eau », et ils ne pouvaient donc pas la décrire, mais ils la distinguaient des crocodiles par le fait qu'elle ne laissait pas le moindre débris de ses victimes.

Près de dix ans plus tard, en 1945, le porte-fusil de notre Inspecteur des chasses, un certain Mitikata, brosse pour l'édification de celui-ci le portrait suivant du *Mourou-ngou*. Il est long de deux mètres cinquante environ. Il a la tête plutôt petite, des crocs comme ceux du lion, un gros corps brunâtre par dessus comme par dessous, et une queue de panthère. Il vit en permanence dans l'eau, ne sort la tête de l'onde que le soir, et il tue les hommes en les entraînant dans l'eau profonde. Mitikata ajoutait qu'il n'avait jamais vu lui-même la « panthère d'eau », mais que des vieux la lui avaient décrite. Elle aurait existé dans les rivières Ouaka et Kotto, deux affluents de l'Oubangui baignant le centre du pays. [80]

LE « VASSOKO », FÉLIN MONTAGNARD À DENTS EN SABRE

En mai 1960, j'ai encore recueilli des renseignements du plus haut intérêt sur un félin inconnu de la République centrafricaine, auprès d'un autre de mes correspondants, M. H. R. Maudry, alors chef du district autonome de Birao, dans le nord-est du pays. Ils concernent un fauve tout à fait terrestre, lui, le *Vassoko*, qui rappelle singulièrement le *Gassingrâm* évoqué par mon ami Blancou. Il faut dire que le village d'Ouanda-Djallé, dont le chef Youlou avait informé celui-ci sur le *Gassingrâm* en question, se trouve précisément à l'orée du district de Birao. Or, voici ce que celui qui en était à l'époque le chef administratif me dit du *Vassoko* sous une forme concise :

Habitat : vit plutôt en montagne, dans un terrier ou plus précisément une caverne, au sein des pierrailles.
Allure : gros comme un cheval — cela correspond à un âne d'Europe. Cri voisin de celui de l'Eléphant. Oreilles petites « un peu comme celles d'un chien ». Pied très poilu (c'est pour cela qu'il ne laisserait pas de traces lisibles, mais la précision est aberrante, la quasi totalité des informateurs disant qu'il ne laisse pas d'empreintes car sa queue très touffue les efface). Tête portée plutôt basse. Crocs longs (très longs même, et dépassant les babines, d'après une autre série de précisions recueillies par un ami dans une autre partie du district). Aperçu seulement la nuit.

(80) En décembre 1993, Eric Joye, président de l'ABEPAR (Association Belge pour l'Etude et la Protection des Animaux Rares) s'est rendu en RCA pour enquêter sur le *Mourou-ngou*. Il a recueilli les informations suivantes. Un ancien prospecteur de diamants, du nom de Denis, a vu cet animal près de la Ouaka, vers 1962-63. Il était dans l'eau. Sa tête était assez semblable à celle de la panthère. Les autres témoignages concernent la région de Bamingui. Un pisteur appelé — encore — Moussa, lui, ne l'avait pas vu. Mais il affirma que le Mourou-ngou avait le pelage et, à peu près, la taille de la panthère. D'après lui, un individu attend, dans l'eau, la proie qu'un congénère lui rabat.
Ce comportement fut confirmé par Marcel, un guide de chasse africain. Celui-ci raconta avoir vu un spécimen en février 1985. Il pêche lorqu'un Mourou-ngou arrive et saute à l'eau. Sa taille est celle d'un guépard. Son pelage, plutôt brun, montre des taches blondes (?), bleues (?) et noires. Il a une longue queue. Sa tête évoque celle d'une Civette et ses dents sont plutôt grosses « à partir de la troisième ». Marcel trouvera une piste du fauve ; les traces de griffes y sont visibles. La femme d'un pisteur, pour sa part, attribue à cette espèce des pattes palmées.
Enfin, Eric Joye entendit parler d'une peau bizarre conservée par un chasseur africain. D'après une photo, qu'il recevra peu après, il s'agissait d'une peau de Chat doré. Sur tous ces éléments, Bernard Heuvelmans portera cette appéciation : « [...] il s'agit de toute évidence d'un carnivore distinct de ceux qu'on connaît (je ne dis pas un félin). Mais il faut songer néanmoins au Chat doré, dont on ne sait rien (*Felis aurata*) tant il est discret, mais il est de **forte** taille pour un chat. La mention de griffes non rétractiles est curieuse, ainsi que celle de pattes arrière palmées (« comme un canard »).
La mention de dents de la taille de la troisième dent du lion indique que les canines sont **particulièrement grandes** pour un animal de la taille du guépard ». Voir Joye (Eric) : « Le *Mourou-ngou* se porte bien !!! » (*Cryptozoologia*, Bruxelles, 6, pp. 1-4, septembre 1994). (JJB)

Personne ne peut donc décrire sa robe ni sa couleur, mais il est toujours précisé qu'il a de grands yeux phosphorescents « qui éclairent comme des phares ».
Mœurs *: carnassier. Très méchant. Porterait aisément sa proie sur son dos.*
D'après les descriptions, il paraît s'agir d'un grand félin. C'est aussi l'avis de cet ami qui s'intéresse beaucoup aux animaux de par son métier.
Je connais deux Africains, dont un braconnier garanti, qui ont aperçu l'animal. Il est d'ailleurs très rare. D'après le dernier, des papillons d'une certaine sorte suivraient le sillage de ce fauve. […]
Sans qu'on puisse en toute légitimité rapprocher les deux faits, je signale qu'un de mes interprètes européens m'a précisé qu'il avait lui-même, il y a une vingtaine d'années, vu à la halte du soir, à une cinquantaine de kilomètres d'ici [la ville de Birao] bondir un félin qu'il n'avait pu identifier. En tout cas, ce n'était d'après lui ni une hyène, ni un léopard (animaux très courants par ici). Cet exemplaire plus long qu'une panthère n'était d'ailleurs pas de la taille de l'âne.

Je ne suis pas encore parvenu à découvrir si le terme de *Vassoko* a un sens particulier dans une des langues locales. Il convient toutefois de remarquer que le nom, très voisin, de *Vassako* est celui donné à une des rivières formant la limite de la Réserve naturelle intégrale de Vassako-Bolo, dans la subdivision de Ndélé. Soit dit par parenthèse, cette réserve fut classée comme telle en 1941 au cœur du Parc National du Bamingui-Bangoran, sur la proposition de l'Inspecteur des chasses Lucien Blancou. Celui-ci m'a dit n'avoir aucune raison de supposer que le terme de *Vassoko* ou *Vassako* soit d'un autre dialecte que Banda : les Africains de Ndélé et d'Ouanda-Djollé se rattachent tous à cet idiome dans la zone en question. En tout cas, j'ai pu faire vérifier par Christian Le Noël que, pas plus que l'énigmatique *Gassingrâm*, le mot *Vassoko* ou *Vassako* n'est d'origine youlou.

Quoi qu'il en soit, il ne serait nullement étonnant que le nom d'un animal aquatique eût été donné à une des rivières qu'il hantait.

Ce qu'il y a toutefois de plus important dans le cas du *Vassoko* est qu'il semble suggérer l'existence, en Centrafrique, de deux types distincts de félins à canines démesurées, l'un de mœurs en grande partie aquatiques dans l'ouest et le centre du pays, l'autre plutôt montagnard et amateur de cavernes dans le nord-est du pays. L'affaire se corsait !

INTERMÈDE SOUDANAIS : LE FAUVE À CROCS LONGS DES ACHOLI

En fait, on savait depuis quelques années déjà qu'il pouvait exister en Afrique une forme montagnarde de Machairodonte. Mais personne ne s'en était avisé. C'est que la pièce qui l'établit ne figure pas, comme pour la forme aquatique, dans le dossier des dragons du bassin congolais, soupçonnés d'être des dinosaures attardés, mais dans celui, tout aussi inattendu, de l'Ours nandi [81]. Le péché capital des cryptozoologues amateurs est de confondre étourdiment les êtres inconnus les plus disparates, qui n'ont en commun que le mystère dont ils sont entourés, et ils ne le font pas seulement, bien entendu de ceux ayant une silhouette vaguement humaine, comme le *Yéti* de l'Himalaya, l'Homme sauvage et velu d'Asie tempérée et froide, et le *Sasquatch* ou *Bigfoot* d'Amérique du Nord.

(81) Cf. mon livre *Les Ours insolites d'Afrique* (à paraître dans cette collection).

Ainsi donc on découvre dans le numéro de décembre 1950 de la revue bisannuelle *Sudan Wildlife and Sport*, éditée pendant une période éphémère à Khartoum, un article consacré à la vie animale dans les monts Imatong. Ceux-ci s'élèvent dans l'extrême sud du Soudan, près de la frontière ougandaise, dans le pays des Acholi, une peuplade nilotique de chasseurs occupant d'ailleurs surtout le nord de l'Ouganda. Et voici comment l'auteur, J. K. Jackson, terminait son panorama de la faune locale :

Enfin, il circule, dans les montagnes, des rapports sur une bête mystérieuse apparentée à l'« Ours nandi » du Kenya. Certains hommes de peine qui s'occupent, dans les hauteurs des monts Acholi, à pratiquer des pare-feu, sont venus me trouver pour raconter qu'ils avaient vu un grand animal, plus gros qu'un lion et très large. Sa tête était grosse, avec un museau pointu et une gueule noire, armée de longues canines. Sa couleur générale est brunâtre, avec sur les flancs des raies verticales d'un blanc jaunâtre. Il laisse des traces de pas allongées, de la taille et de la forme de celles d'un garçonnet, mais avec des griffes. La bête était tout à fait inconnue de ces travailleurs et ils étaient terrifiés par elle. J'ai envoyé sa description au major Anderson, alors Inspecteur-adjoint des chasses à Torit [dans la province équatoriale du Soudan], *et celui-ci m'a dit que, comme la plupart des « ours nandi », c'était sans doute quelque forme aberrante d'hyène tachetée.*
Voilà qui paraît très vraisemblable et peut-être est-il douteux qu'un carnivore de n'importe quelle taille ait pu rester inconnu dans cette région jusqu'à ce jour. Il est néanmoins très probable que d'intéressantes formes de petits mammifères et de reptiles restent à trouver dans ces montagnes, qui forment en fait un massif isolé, plutôt éloigné d'autres zones d'une hauteur et d'une végétation similaires. Sans aucun doute y a-t-il toujours là-bas un champ d'action pour une quantité de recherches.

Ces recherches eussent certainement été plus actives et fiévreuses, si l'on ne s'était empressé d'enterrer avec une hâte suspecte le tigre à longues dents du « monde perdu » des monts Imatong !

LE « HADJEL » DES HADJERAY DU TCHAD

Par bonheur, nous le savons déjà, des fauves semblables paraissent hanter d'autres massifs montagneux, notamment dans le nord-est de la Centrafrique. Et nous allons même apprendre que leur aire de distribution géographique, au demeurant très morcelée, s'étend bien plus au nord encore.
Cette révélation, nous la devons avant tout à une ethnologue française, Jeanne-Françoise Vincent, chargée de recherches au C. N. R. S. et, incidemment, femme de l'éminent professeur de géologie de l'Université de Clermont-Ferrand. En 1961, après des études au Musée de l'Homme, à Paris, elle était partie, encore toute jeune, en mission au Tchad, pour y faire des recherches sur une population de montagnards animistes, les Hadjeray, dispersés à travers un vaste massif situé au cœur du pays. Au cours des dix années suivantes, elle devait séjourner à plusieurs reprises parmi eux. A propos de leur croyance en la métempsycose, elle eut évidemment l'occasion de discuter souvent avec eux des divers animaux dans lesquels leur âme était censée s'incarner après leur mort. C'est ainsi qu'à Temki, à 250 kilomètres au nord de Fort-

Archambault (ou Faya), elle recueillit parmi les Sokoro « une affirmation surprenante et excitante du point de vue scientifique ». Elle s'en est ouverte dans une simple note infrapaginale de son ouvrage magistral sur *Le Pouvoir et le Sacré chez les Hadjeray du Tchad* (1975) :

A Temki, les membres d'un clan particulier de « gens de la chefferie » — en voie de disparition d'ailleurs — sont censés, nous a-t-on dit, s'incarner non pas dans un lion à proprement parler mais dans une sorte de lion, un hadjel*. A nos questions concernant la nature de cet* hadjel*, les gens de Temki répondirent qu'il s'agissait d'un animal existant seulement dans les montagnes du pays Hadjeray. Là-dessus ils nous firent la description suivante : le* hadjel *est une bête qui ressemble beaucoup à un lion mais qui est nettement plus grosse que lui. Il a une grande crinière. Il se différencie surtout du lion par deux traits : sa queue est beaucoup plus courte et « ressemble à celle d'une hyène », disent les uns, « d'une petite jument », disent les autres. « Et surtout ses crocs sont différents : ils sont tellement longs qu'il a de la peine à ouvrir la bouche. Il lui faut longtemps, aussi il ne se nourrit que de petites proies qu'il mange tout doucement. C'est une bête qui a très peu de petits, un par ci, un par là. » Plusieurs des habitants de Temki nous affirmèrent avoir vu un* hadjel *de leurs yeux et connaître la localisation de sa tanière dans la montagne. « On a peur quand on le rencontre à cause de « sa grande taille, et pourtant il est moins dangereux qu'un lion à cause du temps qu'il met à ouvrir la bouche ! »*
D'une façon très curieuse cette description correspond exactement à celle d'un « machairodus » ou tout au moins d'un « lion machairodontoïde ». Bien sûr le « machairodus » proprement dit a disparu depuis des millénaires, mais ne serait-il pas possible qu'une branche apparentée ait survécu en Afrique en cette région de montagnes isolées ? On sait en tout cas que certaines parties d'Asie et d'Amérique ont connu des lions « genre machaidorus » contemporains de l'Homme. [...]
L'existence de ce « lion » particulier mériterait, nous semble-t-il, d'être vérifiée par les zoologistes.

Comme Madame Vincent devait avoir l'amabilité de me le faire savoir en 1981, il était dans son programme « de reprendre et d'approfondir les enquêtes sur le *hadjel*, avec Jean Dragesco, alors professeur de zoologie à Yaoundé, et qui s'était montré vivement intéressé par les affirmations des gens de Temki… » Hélas ! La situation politique troublée du Tchad avait fait échouer ces projets.
Souhaitons que, lorsque la paix règnera dans ce pays, Jeanne-Françoise Vincent pourra retourner parmi les Hadjeray et y reprendre avec fruit ses investigations sur le Machairodonte, si précisément décrit. Ne serait-il pas moral qu'un succès triomphal couronnât cette femme, qui a montré autant d'audace dans ses vues zoologiques que de courage physique dans ses explorations ?

RETOUR À LA « PANTHÈRE D'EAU » DE CENTRAFRIQUE

De nouveaux renseignements récents sur le Machairodonte aquatique de la République centrafricaine me sont parvenus en 1979 grâce à l'intervention active d'un de mes lecteurs suisses, Robert Kirch, naturaliste amateur érudit avec lequel je corresponds régulièrement depuis plus d'un quart de siècle.

Stimulé par la récente publication de mes *Derniers dragons d'Afrique*, il s'était longuement entretenu du problème des animaux encore inconnus du cœur du continent avec un de ses amis français qui connaissait bien celui-ci, Marc Péchenart, président de la Société des Grandes Chasses. Celui-ci était en effet bien familiarisé avec la faune et la population humaine de la République centrafricaine, où il avait participé à maints safaris cynégétiques. Fort sceptique, en ce qui concernait surtout la survivance possible de grands reptiles, mais d'un esprit très ouvert, Marc Péchenart avait accepté de s'informer sur ces questions auprès d'un de ses bons amis, l'évêque de Rafaï, P. van Horne. Quelle ne fut sa surprise, et son ravissement, quand il reçut de cet ecclésiastique d'origine hollandaise une lettre datée du 12 mars 1979. Dans celle-ci, Mgr van Horne lui résumait tous les renseignements qu'il avait pu recueillir en pays Zandé sur les bêtes non identifiées de cette région, située à cheval sur la frontière de la République centrafricaine et du Zaïre. J'en détacherai uniquement ici les lignes relatives à celles dont nous nous occupons pour le moment et sans rien changer à la syntaxe un peu boiteuse du prélat, que ses origines d'ailleurs excusent :

LION D'EAU, en Zandé : Mamaïmé.
Il a ses pattes couvertes de poils. Sa longueur serait de 1,60 m et sa hauteur de 1 m.
Il a pris et tué un homme, le nommé Segui, frère à Songa, de Dano. Il a pris aussi
Mada, qui vit encore. Il a pris Segui à l'embouchure de la Aka et de l'Ali.
Il dort dans l'eau. Il est mangeur des animaux et des hommes.
ELEPHANT D'EAU, en langue Zandé : Ngoroli.
Bête énorme avec des petites défenses très pointues. Poilue ? Elle est toujours dans
l'eau. Elle tue les hippos et les kaïmans, les poissons.
Sa longueur serait de 3 m et sa hauteur de 1,50 m. Se trouve dans le Vovodo.

Mgr van Horne précisait que ses informateurs étaient René Guinipai, de Baroun, et Vermon Gbali, de Rafaï.

Ces informations capitales, puisqu'elles mentionnent entre autres certains incidents récents, mais dues seulement à deux rapporteurs, appellent quelques rectifications. Si, ainsi que nous le savions déjà, notre « Lion d'eau » est en effet appelé *Mamaïmé* par les Zandé, c'est littéralement « Panthère d'eau » que ce nom signifie dans leur langue. En effet, « panthère » se dit *mama* en zandé, alors que le lion est nommé *bangourou* ou *bohu*.

D'autre part, il ne me semble pas possible que *Ngoroli* signifie « Eléphant d'eau » en zandé, puisque « éléphant » se dit *Guimbala* ou *M'bara* dans cette langue. En revanche *N'go* — par quoi *Ngoroli* débute — est le nom que les Baya donnent à la Panthère, ainsi d'ailleurs que les Balalé et les M'béti. Ne s'agirait-il pas dès lors d'un nom d'origine étrangère circulant en pays Zandé et qui signifie peut-être « Panthère d'eau » ? Il désignerait en somme le même animal que celui de *Mamaïmé*. La taille exceptée (celle-ci pourrait avoir été exagérée par les descripteurs du *Ngoroli*), les signalements respectifs semblent d'ailleurs se rapporter tous deux à notre Machairodonte aquatique, et même se compléter l'un l'autre.

LES DEUX RENCONTRES DU GUIDE DE CHASSE LE NOËL

De tous ceux qui ont tenté de s'informer en Afrique sur l'existence de l'un ou l'autre félin à dents en sabre, Christian Le Noël est certainement celui dont l'enquête a porté sur le territoire le plus vaste. En effet, outre le Cameroun, où il avait fait ses premières armes, ce guide de chasse normand, aujourd'hui quadragénaire, a vécu de longues années au Gabon, au Congo-Brazzaville, en Centrafrique et au Tchad, en y exerçant divers métiers.
En 1965, alors qu'il était chef de travaux aux Parcs nationaux tchadiens, il avait eu vent pour la première fois de l'existence d'un félin encore inconnu.
Envoyé en mission dans la région d'Oum Chalouba, au pied du massif de l'Ennédi, avec le professeur Hubert Gillet, directeur du laboratoire d'ethno-botanique au Muséum de Paris, il avait fait la connaissance là-bas d'un ancien sous-officier méhariste devenu chef d'inspection des parcs nationaux. Converti à l'Islam, marié à une Zagaoua de la région de Fada, le dénommé Jules Lande avait eu maintes occasions de s'informer sur les bêtes les plus rares de la faune locale dans les milieux musulmans du pays dont sa femme était originaire. Ainsi les parents de celle-ci lui avaient-ils parlé d'un grand fauve rouge qui n'avait rien à voir ni avec le lion, ni avec la panthère. Il vivait, disait-on, dans certaines grottes des régions montagneuses du Tibesti, de l'Ennédi et du Ouadaï, en somme de toute la chaîne de montagnes morcelée qui s'aligne du nord au sud en longeant la frontière Tchad-Soudan et même Centrafrique-Soudan. Fait le plus troublant, les Toubou du Tibesti prétendaient qu'il y en avait encore toujours de vivants…
En tout cas, dans leur ouvrage de 1969 consacré au Tibesti, Pierre Beck et le général Pierre Huard devaient rapporter de leur côté que les Tedda de cette région parlaient à l'occasion d'un carnivore inconnu, également rouge, et dont, au surplus, les habitudes alimentaires rappellent celles que d'aucuns — nous le verrons plus loin — attribuent précisément aux félins armés de dents en sabre : « Le *nisi* ou *noso*, sorte de chat sauvage de teinte rousse, mangerait les poules et égorgerait les chèvres sans les manger, ce qui, si cet animal existe réellement, laisse supposer que comme le lynx ou le serval, il peut se contenter du sang de ses victimes. Une légende veut qu'il possède sept langues. »
Ce dernier trait, emprunté d'évidence au mythe, comment ne pas le rapprocher de la légende Sotho du *Khadumadumo*, la bête aux sept langues qui avait dévoré tous les êtres vivants de la Terre, et faisait ainsi figure de monstre féroce et glouton par excellence. Ce n'était sûrement pas par hasard que les Tedda prêtaient une de ses caractéristiques fondamentales au *nisi* ou *noso*. Comment ne pas s'émerveiller à ce propos de retrouver le même motif folklorique aux deux extrémités de l'immense continent africain !
Quoi qu'il en soit, l'information de Beck et Huard venait opportunément corroborer les résultats de la première « rencontre » de Christian Le Noël avec le félin énigmatique du nord du Tchad, tout en l'additionnant d'un piment significatif.
Deux ans plus tard, devenu chasseur professionnel au Tchad, mais dans la région d'Am-Timan — Haraz — Mangueigne, c'est-à-dire plus au sud, il apprit que les Hadjeray des massifs du cru parlaient aux aussi d'un « Lion de montagne » particulier. On aura reconnu le *Hadjel* sur lequel Jeanne-Françoise Vincent a fourni des renseignements d'une grande précision en 1975.
C'est l'année même où paraissait le livre de cette pénétrante ethnologue, que Le Noël eût enfin l'occasion d'approcher de plus près une de ces bêtes prodigieuses. A

l'époque, il exerçait son métier de guide de chasse encore plus au sud, en République centrafricaine à présent, sur la Vakaga, qui avait été longtemps le domaine d'un prédécesseur illustre, le chevalier d'Orgeix (mieux connu des amateurs de cinéma sous le nom de Jean Paqui). Il s'était même assuré l'appui du vieux pisteur youlou de celui-ci, Djemé, du village d'Ouanda-Djallé, un vrai personnage de légende, respecté de tous, tant pour son courage que pour sa connaissance incomparable des « choses de la brousse ».

Laissons à Christian Le Noël le soin de nous raconter lui-même sa troublante aventure :

Djemé chassait depuis plus d'un an avec moi quand, un jour, avec des clients, nous nous sommes enfoncés dans une sorte de petite vallée, à proximité de la rivière Ouandja [qui limite au nord la réserve de faune de l'Ouandja-Vakaga], *où nous avions établi notre camp. Nous traquions des élands de Derby depuis deux heures. En passant près de deux crêtes, mon regard avait été attiré par une sorte de ravin très encaissé, couvert de végétation. Le vent ayant tourné, les élands nous avaient sentis et ils s'étaient enfuis. Nous avons donc abandonné la poursuite, et, au retour, les deux clients sont partis en avant rejoindre la voiture avec les porteurs d'eau, pendant que Djemé et moi allions jeter un coup d'œil vers ce ravin. J'espérais y trouver quelque abri avec des vestiges préhistoriques, dont je suis curieux.*

Nous gravissions le côté droit du ravin et allions arriver à l'entrée d'une cavité qui me paraissait être une vaste grotte, ou un abri sous roche, lorsque nous avons entendu un hurlement épouvantable. Je ne suis pas particulièrement émotif, mon métier étant de traquer les fauves, mais j'avoue avoir été impressionné par ce rugissement. Djemé, lui, était gris de peur, et il me dit : « Patron, il ne faut pas avancer : c'est la bête, c'est trop dangereux. »

J'avais une carabine 375 magnum, et Djemé savait que j'y suis tout à fait habitué. Il est au surplus loin d'être peureux. Je l'avais vu faire face à des buffles blessés et chargeant ou affronter des fauves, et témoigner toujours d'un sang-froid parfait. Aussi sa réaction me surprit. Je n'ai pas réussi à lui faire faire un pas de plus.

Djemé s'est alors mis à parler du « tigre de montagne », fauve plus gros que le lion, rouge avec des rayures verticales blanches — comme une antilope bongo ou certains guibs — et assez fort pour saisir dans ses mâchoires une antilope-cheval de 300 kilos et l'emporter. Ses crocs lui dépassaient de la gueule.

J'ai fait remarquer qu'on ne trouvait aucune trace d'animaux de cette sorte. Djemé a répondu qu'ils vivaient parmi les rochers, dans des cavernes profondes, qu'ils ne sortaient que la nuit, et que leurs pattes étaient recouvertes de longs poils gris qui les empêchaient de marquer le sol.

Bien entendu, j'ai demandé à Djemé qu'il en avait vu lui-même, et il m'a dit que cela lui était arrivé quand il avait douze ou treize ans, au cours d'une chasse avec son père. Ils venaient de tuer une antilope-cheval, quand ils avaient vu sortir de la brousse deux de ces fauves énormes, qui avaient emporté leur gibier sans effort. L'un d'eux, dit Djemé, était tout noir. Or Djemé est totalement illettré, et ignore tout d'un phénomène comme le mélanisme. Il faut ajouter qu'on n'a jamais signalé de panthères noires en Centrafrique.

Après un moment passé à discuter sur notre éboulis, et voyant que je n'arrivais pas à convaincre mon pisteur de me suivre, je l'ai décidé à faire demi-tour, à redescendre le ravin pour le traverser, et à remonter du côté gauche pour pouvoir surplomber la grotte, et voir ce qui en était. La caverne était très grande et, chose curieuse dans cette falaise de roches grises, tapissée de plusieurs dizaines de mètres carrés de sable blond clair. Pas trace de fauve rouge, mais trois grosses hyènes s'enfuirent à notre approche. J'ai fait remarquer à Djemé que le cri devait être celui des hyènes amplifié par l'écho de la grotte, mais il n'a rien voulu entendre et s'est contenté de répéter que « c'était la bête très méchante ». Moi-même j'avais d'ailleurs reconnu un rugissement, or les hyènes tachetées ne rugissent pas : elles poussent un cri lugubre et plaintif, que je connais bien, ou ricanent quand elles se disputent une proie. Cependant, je ne saurais en juger absolument, l'écho de la grotte et du ravin ayant pu déformer le son.

Après cet intermède, j'ai voulu aller voir jusqu'à l'entrée et y suis descendu seul, Djemé refusant toujours de me suivre. La grotte avait la forme d'un toit-abri très large, une espèce de plateforme rocheuse formant comme une table et, sur le côté, un vaste boyau qui s'enfonçait en tournant dans le sol en pente douce. Le sable était couvert de traces, mais indéchiffrables, car il était trop fin et trop sec pour bien les garder. Je n'avais pas de lampe et ne pouvais donc entreprendre d'explorer plus avant le boyau. Je suis donc revenu en arrière, et là s'arrête ma deuxième « rencontre » avec cette histoire de fauve inconnu.

Christian Le Noël n'avait plus eu l'occasion depuis lors de retourner dans ce ravin. Il tenta cependant une expérience avec Djemé. Il fit venir de France toute une série d'illustrations zoologiques, représentant le lion, la panthère, le tigre, le puma, le machairodus, etc.

Sans lui dire quoi que ce soit, je les ai étalés devant Djemé, et lui ai demandé si son « tigre des montagnes » figurait parmi elles. Il m'a désigné sans hésitation le dessin représentant le machairodus. Je dois rappeler qu'il est illettré, qu'il n'a jamais pu voir de documents de cette sorte, et qu'il n'a d'ailleurs aucun accès à des moyens d'information tels que le cinéma ou la presse.

Remarquons simplement que le ravin du Tigre, comme Le Noël devait bientôt l'appeler, fait partie du massif des Bongos (ou Mongos) qui prolonge vers le sud, et termine d'ailleurs, la chaîne montagneuse discontinue qui s'étend depuis le Tibesti.

DU « TIGRE DE MONTAGNE » YOULOU À LA « PANTHÈRE D'EAU »

Quand notre guide de chasse, un homme au demeurant cultivé et charmant, vint me rendre visite au cours de l'été de 1981 dans mon centre de Dordogne, je lui manifestai ma surprise de voir utiliser le nom de « tigre » par des Africains qui ne pouvaient évidemment connaître ce grand chat asiatique.

Une fois rentré en Centrafrique, Christian le Noël parvint à établir en interrogeant des Youlou de la région d'Ouanda-Djallé que le nom vernaculaire du fauve mystérieux se prononçait *Coq-ninji* ou *Coq-djinjé* dans leur langue — nom que les Youlou cultivés orthographient d'ailleurs *Kongue-tchendjé*. *Coq* veut dire en fait « panthère ». Quant à *ninji* (ou *djinjé*), c'est un terme désignant quelque chose de tout à la fois rouge, dangereux, se déplaçant sur le sol et dont les yeux brillaient comme des phares d'auto. Sans doute le nom de « tigre » utilisé en français était-il lié au fait que le fauve étant marqué de rayures, les Européens, auxquels il avait ainsi été décrit, n'avaient jamais pu s'empêcher d'évoquer le grand félin rayé d'Asie et de prononcer son nom.

Christian Le Noël s'était aussi livré, à ma demande, à des recherches actives sur la forme aquatique de fauves à dents en sabre, dont on parlait dans toute la zone centrale et le sud-est de la République centrafricaine. Outre les indigènes Banda qu'il avait lui-même interrogés du côté de la rivière Ouaka, il comptait parmi ses informateurs des personnalités aussi variées qu'un ingénieur des Eaux et Forêts appelé Thomassey, marié à une des filles du sultan Sénoussi, de Ndélé, le père Le Drogo, un missionnaire en poste dans cette même ville, un zoologue de formation, Jean-Marc Froment, professeur à l'école des gardes-chasses de Bamingui, un vieux planteur du nom de Cormon, qui avait passé quarante ans sur les bords de la Mbomou, entre Mboki et Obo, et le guide de chasse Alain Mousis, opérant dans la même région, du côté de Baroua. Ainsi se révéla-t-il, ou se confirma-t-il, qu'au cœur du pays, parmi les populations vivant entre Kaga Bandero et Bamingui, le fauve en question était appelé *Mourou-ngou* (panthère d'eau) en banda et *Ze ti ngou*, ce qui a la même signification, en sangho.

Les Banda se sont montrés formels [m'écrivit Le Noël en décembre 1981], *l'animal vit encore dans les rivières Gribingui et Bangoran. Ils en auraient tué un il y a quelques années* [1976] *de la manière suivante. A la hauteur du village de Kanga, les habitants de celui-ci, qui avaient élevé un barrage à poisson sur la Gribingui, surprirent un matin un « lion d'eau » à proximité. Saisi, le fauve se jeta dans la rivière pour fuir, mais le courant était si fort qu'il fut entraîné dans la nasse disposée au centre du barrage et qu'il s'y coinça. Les villageois tuèrent la bête à coups de harpons. Son crâne se trouverait toujours à Kanga.*

Ces renseignements m'ont été fournis par un témoin oculaire de l'incident : la femme d'un de mes employés, originaire de ce village. Je suis allé trouver le chef de celui-ci, mais me suis heurté à un mur de silence. J'ai donc offert une forte somme pour le trophée en question — moyen vénal mais très efficace pour briser une conspiration de ce genre — mais cela n'a encore donné aucun résultat.

Tout à fait au nord du pays, à Niameré, où vivent les Sara-Docas [82], le révérend père Demoustier, en traversant le lit à sec de la rivière Niameré, a vu par deux fois, de nuit, dans la lueur des phares de sa voiture, un fauve noir, de la taille d'une panthère. La bête avait été désignée par les occupants africains de son véhicule comme une « panthère d'eau ». Et Christian Le Noël de préciser : « Les indigènes de cette région, où j'organise des safaris depuis quinze ans, sont parmi les meilleurs traqueurs d'Afrique centrale, et ils savent parfaitement faire la différence entre un lion, une panthère et autre chose. »

De l'est du pays, mon correspondant apprit que le père van Horne, de la Mission catholique de Rafaï, possédait un dossier de témoignages, que nous connaissons déjà, sur le fauve en question, et, par le truchement d'Alain Mousis, il fut informé que les Azandé lui donnaient là-bas le nom de *Mama-himé* (panthère d'eau), ce que nous savions aussi.

---

(82) Ce sont les cousins des Sara-Kabas, installés, eux, de l'autre côté de la frontière, à Kyabé, au Tchad. Les femmes de ceux-ci ont eu autrefois leur heure de célébrité sous le nom de « négresses à plateaux », à cause d'une déformation rituelle aujourd'hui abandonnée.

DEUX TYPES DISTINCTS DE FÉLINS À DENTS LONGUES

En se fondant sur l'ensemble des témoignages recueillis en définitive à travers toute la République centrafricaine et le Tchad, Christian Le Noël finit par établir les deux « diagnoses », ou descriptions abrégées, que voici :

FAUVE DU TYPE N° 1

Taille : 1 m à 1,50 m au garrot.
Couleur : rouge, taché ou rayé de clair ; certains sujets sont tout noirs.
Dents : canines dépassant de la gueule vers le bas.
Habitat : grottes de régions montagneuses (Tibesti, Ennédi, au Tchad ; massif des Bongos, en R. C. A.).
Mœurs : nocturne ; s'en prend aux plus grandes antilopes (antilope-cheval, élands) mais non aux buffles ; n'attaque pas l'Homme.
Témoignages : Tchad : indigènes Toubou (région de Faya-Largeau au Tibesti), Zagaoua de Fada (Ennédi) et Ouadayens de Biltine (Ouadaï).
R. C. A. : indigènes Youlou d'Ouanda-Djallé (massif des Bongos), entre autres Djemé, ancien pisteur de Jean d'Orgeix.
Nom vernaculaire youlou : *Coq-ninji* (c'est-à-dire panthère rouge, dangereuse, terrestre, aux yeux luisants comme des phares), interprété par les Youlou francophones comme « Tigre de montagne ».

FAUVE DU TYPE N° 2

Taille : variable, allant de la grosseur du Lion à celle d'un grand chien, en passant par celle d'une panthère plus ou moins grosse.
Couleur : roux clair, marqué de blanc ; quelquefois décrit comme uni (confusion avec la loutre ?) et souvent comme tout noir.
Dents : dépassant de la gueule.
Habitat : l'eau en général, mais plutôt l'eau courante : rivières, fleuves. Tanière dans les berges, dont l'entrée se trouve au ras de l'eau ou sous elle.
Mœurs : nocturne, se nourrit souvent de poisson, n'attaque généralement pas l'Homme.
Témoignages : — Est de la R. C. A. :
Baroua : indigènes Zandé. Nom vernaculaire : *Mama-himé*, transformé en « panthère d'eau » ou « lion d'eau » en français.
Rafaï : indigènes Zandé (dossier du père van Horne).
— Centre de la R. C. A. (sous-préfecture de Bakala) :
Région de la Ouaka : indigènes Banda.
Nom vernaculaire : *Mourou-ngou*, littéralement « panthère d'eau ».
Région des M'brès : indigènes Banda et Mandjia. Capture d'un « liond'eau » dans un barrage à poisson en 1976 dans la rivière Gribingui.
Région de Bamingui : rapport d'un officier de l'époque coloniale relatif à l'attaque d'un fauve aquatique au passage de la rivière Koukourou [Incident de 1911, déjà rapporté par Blancou].

— Nord de la R. C. A. :
Région de Niaméré : indigènes Sara-Docas. Nom vernaculaire
traduit en français par « panthère d'eau ». Fauve noir observé
deux fois par le père Demoustier dans le lit asséché de la rivière
Niaméré.

Si l'on ajoute à ces deux tableaux déjà lumineux, toutes les informations, parfois
plus précises dans le détail, fournies par Lucien Blancou, H. R. Maudry, J. K.
Jackson, Jeanne-Françoise Vincent et Mgr van Horne, on finit par obtenir des descriptions assez complètes des deux types de félins à dents en sabre (races, espèces
ou genres différents ?) qui semblent hanter encore l'Afrique, entre l'équateur et le
tropique du Cancer. Et l'on pourra utilement les confronter avec les informations
tout à fait semblables obtenues au sud de l'équateur, du moins sur la faune du type
n° 2, de mœurs aquatiques. Il semble en effet que l'aire de distribution géographique
du fauve de type n° 1, montagnard et cavernicole, ne s'amorce que dans l'extrême
nord de la République centrafricaine, où il n'empiète d'ailleurs nulle part sur le territoire de l'autre, avant de s'étendre à travers tout le Tchad.

UN LION D'EAU ET UN LION DES CAVERNES DANS L'OUEST ?

Nous ne sommes pas encore au bout de nos surprises. A en juger par certaines infor-
mations que j'ai reçues, il se pourrait que la répartition géographique des « lions
d'eau » fût bien plus étendue encore que nous ne l'imaginons jusqu'à présent.
Voici par exemple ce que me faisait savoir en juin 1981 mon correspondant Robert
Kirch, en rapportant les propos d'un de ses amis, M. J. M. Cointre, pharmacien au
Plessis-Bauchard et grand chasseur de gros gibier devant l'Eternel :

*Il m'a raconté ceci, à quoi il n'avait encore guère prêté d'attention, car cela se passait il
y a deux ans* [donc avant qu'il eût entendu parler de l'existence en Afrique d'animaux in-
connus] ; *il était allé chasser à la frontière du Mali et du Sénégal , du côté de Missira et
de Kédougou, donc au-delà du Parc de Niokolo-Koba, dans une région très marécageuse. Il parvint ainsi à la rivière Phalémé. Là, de différents côtés, des éleveurs du pays
lui dirent que, parfois, et à des endroits très divers, des bœufs étaient tués par d'énormes
lions, qui sortaient, la nuit, des rivières. Leur présence se remarquait surtout aux traces
qu'ils laissaient, car elles étaient nettement plus grandes que celles des lions ordinaires.*

Puisque nous nous trouvons dans cette région frontalière du Mali, le moment est
bien choisi pour nous rappeler le gigantesque « Lion des cavernes » signalé dans ce
pays par un informateur de M. Paul Cazard, et dont j'ai brièvement parlé dans le premier chapitre de cet ouvrage. Se pourrait-il qu'il y eût également en Afrique occidentale, tout comme en Centrafrique, l'existence à proximité l'un de l'autre de félins
à longues dents des deux types distingués plus haut ?
En l'absence de témoignages plus circonstanciés, il pourrait s'agir là-bas de
connaissances traditionnelles venues du fond des âges, ou bien transférés sur place
à la faveur de déplacements de populations.
Affaire à suivre en tout cas. Et à approfondir.

LE « N'YAMALÉ » DES ORUNGU DU GABON

L'existence près du golfe de Guinée d'une sorte de « Lion d'eau » est déjà plus compatible avec ce que nous savons.

Suite à la parution des *Derniers dragons d'Afrique*, une jeune Gabonaise éprise de Préhistoire, Anne Avaro, m'écrivit, en mars 1980, qu'elle croyait pouvoir m'apporter des renseignements différents de ceux que j'avais reçus de mon ami James H. Powell Jr. sur le *N'yamala*. Il s'agissait d'un monstre aquatique du Gabon en qui l'herpétologue américain croyait, d'après la description qui lui avait été faite localement, reconnaître quelque Dinosaure à long cou. A la lumière des informations qu'elle avait recueillie elle-même de la bouche de certains de ses compatriotes, Mademoiselle Avaro me dit que le *N'yamala* ou *N'yamalé* ne serait nullement à rapprocher d'un brontosaure mais plutôt d'un cynognathe, reptile à traits de mammifères carnivores, disparu d'Afrique australe depuis le début de l'ère Secondaire :

On m'a dit que le N'yamalé *serait plutôt comme un grand lion (ou chien) et que ses pattes étaient tournées vers l'intérieur de son corps. Autrement dit, les pattes de l'animal pointeraient dans la direction opposée à celle dans laquelle il se dirige, et il se dissimulerait dans les lacs ou les rivières pour saisir les proies qui s'aventureraient dans l'eau, soit pour la traverser soit pour y boire.*
Donc, nous pouvons qualifier cet animal de « Lion des eaux » et nous ne pouvons nous empêcher de penser au Coje Ya menia *de l'Angola.*
J'ai reçu ces renseignements chez quelques Orungu, et cette tribu [apparentée aux M'Pongwé] s'est installée au Gabon avant les Fang ; donc ils auraient été plus sujets à voir cet animal ou à en entendre parler.

Il est certain, vu la description donnée par ces Orungu, que si le *N'yamala* [83] était un reptile, il aurait le maximum de chances d'être quelque Thériodonte, comme le Cynognathe ou le Dicynodonte. Ces reptiles en effet, que l'on tient souvent pour les ancêtres des mammifères, sont ceux qui leur ressemblent le plus sans aucun doute, tant par leur silhouette que par leurs dents différenciées en canines. Voilà qui témoignait en tout cas de la perspicacité de ma correspondante gabonaise.

Celle-ci toutefois avait été non moins avisée en rapprochant le *N'yamala* du *Coje ya menia* et des autres « Lions d'eau », ce qui, dans ce cas, en faisait plutôt, à mon sens, un mammifère, et plus particulièrement un Machairodonte. Mademoiselle Avaro devait d'ailleurs m'en apporter bientôt confirmation en poursuivant son enquête auprès de ses compatriotes tant en France qu'au Gabon. En effet parmi les renseignements qu'elle parvint encore à glaner figure la mention : « Il est poilu ». Deux personnes avaient même rapporté que la bête avait une poche ventrale, ce qui n'en faisait pas pourtant un Marsupial, qui eût été bien incongru en Afrique. Peut-être voulaient-elles parler de simples replis de la peau, bien fréquents chez les Mammifères, en particulier dans les formes aquatiques.

Il avait été question aussi de la laideur de la bête, d'où une expression courante : « laid comme un *n'yamalé* ».

D'intéressantes informations avaient surtout été apportées sur les mœurs de l'animal. Le *N'yamalé*, avait-on dit, vit, solitaire, dans les régions accidentées, vallonnées, dans les grandes forêts et les lacs. On le voit très rarement. En revanche, on

(83) J'ai pu vérifier qu'en fang, nya mala veut dire littéralement « mère des pirogues ». Cela peut signifier soit « animal ressemblant à une énorme pirogue », soit « divinité-mère à laquelle il est prudent de sacrifier quand on navigue ». Il se pourrait que ce nom désignât deux animaux aquatiques également dangereux, d'où la confusion.

l'entend parfois parce qu'il pousse de puissants gémissements qui portent au loin. Il ne craint pas l'Homme, ce qui le rend redoutable. Il tue aussi d'autres animaux. Il semble pourtant être surtout végétarien. A ce propos, il dispose les mangues sauvages ou les noix en tas, signalant ainsi sa présence. Cela sert de repère aux chasseurs qui parviennent de la sorte à l'éviter.

L'HIPPOPOTAME SABRÉ ET PERCÉ DE MAURICE HALLEY

Des félins à dents en sabre vivraient-ils encore au Gabon, ou n'étaient-ils connus dans ce pays que par des traditions peut-être très anciennes, déformées et agrémentées de détails saugrenus ?

Il est certain en tout cas, comme je devais l'apprendre un an plus tard, qu'une sorte de « hache-hippos » sévissait encore il y a peu dans la région. L'information devait m'en être apportée en avril 1981 par un grand connaisseur de la faune gabonaise : Maurice Halley, né en 1902, qui avait passé quarante ans au Gabon, dont les trois quarts en pleine brousse où il s'occupait d'exploitation forestière. Une des illustrations de mon livre *Les Derniers dragons d'Afrique*, représentant un félin aux dents en sabre en train de déchiqueter un hippopotame (figure empruntée à l'étude du Dr Krumbiegel sur le « Lion des eaux ») avait fait sursauter mon lecteur. Elle avait soudain fait remonter à la surface de ses souvenirs un événement resté pour lui inexplicable, qui s'était produit bien des années auparavant, le 5 avril 1958, en saison des pluies. Voici en quels termes il me l'a conté :

A quelques kilomètres au sud de Port-Gentil, dans la zone des plaines marigoteuses, forêt moyenne abritant des marigots profonds quasi inaccessibles, existe un petit lac, bien dégagé, lui, de toute végétation [le lac Akori]. *Les hippos de la région viennent volontiers et souvent s'y baigner de jour, mais, en cas d'alerte, ils courent se réfugier à l'abri des marigots sous brousse, où il est pratiquement impossible de les suivre. Voilà pour le décor.*

Un jour, je rentre de la chasse en fin d'après-midi. Les deux hommes qui m'accompagnent traînent à quelques dizaines de mètres derrière moi. Pourtant, par habitude, j'ai conservé ma carabine à l'épaule. Je longe alors une mare herbeuse de vingt à trente mètres de longueur formée au creux d'une dune, en ayant ma gauche l'océan avec le grondement des rouleaux qui déferlent sur la plage.

Avant d'aller plus loin, je dois signaler qu'à plusieurs reprises dans cette région, j'ai vu les hippos se baignant en mer, là où se forment les rouleaux, disons à une centaine de mètres du rivage. Flottant plus qu'en eau douce, ils paraissaient prendre un certain plaisir à la chose [84].

Soudain, mon attention est attirée par des espèces de gémissements ou de gros soupirs, qui partent du milieu des roseaux emplissant la mare. Je m'approche, intrigué et arrive à apercevoir un hippo qui émerge à moitié, car la mare n'est pas assez profonde pour lui permettre de faire mieux. Il remue peu et pousse ces gémissements qui ont attiré mon attention. Que fait là cet animal ? Je n'y comprends rien. Il devrait, sous la protection de la brousse, être à un ou deux kilomètres de là. Se rend-

(84) En fait, les hippopotames peuvent accomplir de vrais voyages en mer, où on les surprend parfois au large des côtes. Cela m'a été assuré par Nicolaas van Niekerk, Conservateur du Zululand Lake Complex, en Afrique du Sud, quand j'ai visité en 1967 la réserve du lac Saint-Lucia, si riche en hippopotames. Ce serait par de telles croisières que les gros pachydermes sont arrivés à peupler peu à peu toute la merveilleuse côte du Zoulouland entre Kosi Bay et Richards Bay au aud.

il compte de ma présence ? Je n'en sais rien. D'une balle tirée de deux mètres, je l'expédie ad patres. *Les hommes qui me suivaient accourent. Eux non plus ne comprennent rien à cette présence insolite en ce lieu.*

Le lendemain matin, je reviens sur place avec mon épouse et quelques hommes. Je disposais alors d'un vieux 4 x 4 Dodge, surplus de la dernière guerre, doté à l'avant d'un petit treuil. Mes hommes se sont mis à l'eau — ils en ont eu jusqu'à la poitrine seulement – et en un tournemain ils ont passé le filin autour de l'hippo mort. Et je l'ai hissé à terre.

Nous constatons alors qu'il a le corps, à l'exception de la partie ventrale, littéralement couvert d'estafilades d'une longueur de vingt à trente centimètres, limitées dans la plupart des cas à l'épaisseur de l'épiderme. Mais, et c'est là l'extraordinaire, au centre de la poitrine, il y a un trou où j'enfonce la plus grande partie de mon avant-bras. Nous pensons tout de suite à un coup de pointe d'un éléphant. Mais les éléphants et les hippos en arrivent-ils à de tels affrontements ? Et qu'en est-il des estafilades ?

Maurice Halley avait joint à sa lettre une première photo de l'hippopotame, renversé sur le dos dans sa mare. On y distingue très bien la blessure circulaire parfaitement nette qui lui troue le haut de la poitrine. Par la suite, mon correspondant devait m'en envoyer encore deux autres montrant la bête hissée à terre et couchée cette fois sur le flanc droit. Sur ces photos, on peut observer, outre une seconde plaie profonde au dessus de l'épale gauche, que M. Halley avait oubliée de mentionner dans son récit original, l'incroyable entrelacs d'estafilades qui marquait tout le dos et les côtés. On eût dit que quelque Jean-Christophe Averty colossal et monstrueux avait tenté de passer le pauvre hippopotame à la moulinette comme un vulgaire bébé en celluloïd.

Qui diable ! pouvait bien l'avoir « arrangé » de la sorte ?

DES SUSPECTS À ÉLIMINER

Je savais, c'est notoire, que les éléphants et les hippopotames vivent généralement en bonne intelligence, parfois à proximité les uns des autres, car ils n'ont à se disputer ni le même habitat ni la même nourriture. Et si un grand éléphant mâle avait pu d'une de ses défenses infliger le plaie profonde ouverte dans le poitrail, je ne voyais pas comment ni pourquoi il serait parvenu à le transformer même superficiellement en steak haché.

Cela dit, je savais aussi que les hippopotames mâles se livrent, à l'époque du rut, des combats épiques, au cours desquels ils s'infligent les plus horribles blessures. Sur une photo que le colonel Hoier avait prise en 1934 sur les bords de la Rutshuru, quand il était conservateur du Parc national Albert au Congo encore belge, on voit de ces plaies atroces sur les flancs d'un vieil hippopotame. Aussi grandes que des assiettes et creusées comme des cratères, on aurait pu y introduire la tête…

Je m'empressai donc de poser à mon correspondant, ex-vétéran du Gabon, toute une série de questions insidieuses sur la bête suppliciée dont il avait abrégé les souffrances. Il me répondit tout d'abord qu'il s'agissait « d'une grosse femelle ». Cela me fit penser, sur le moment, qu'on pouvait éliminer la possibilité d'un conflit intra-spécifique.

Pas plus que son épouse, M. Halley n'avait constaté de parallélisme constant entre les estafilades du dos et des flancs, comme il serait résulté de coups de pattes armées de griffes ou de coups de défenses ou de crocs jumeaux. Mais il y avait tant de sillons entrecroisés sous tous les angles qu'il était quasi impossible de les démêler et d'y distinguer des séries. Maurice Halley ajoutait : « Il n'y a au surplus aucun fauve dans la région, sauf quelques panthères, aucun capable à mon sens de s'attaquer à une proie de cette dimension. » Dans les eaux douces du Gabon, il n'y avait pas davantage d'agresseur possible, à son avis : ni le minuscule crocodile à museau court dans les marigots, ni, dans les fleuves, le plus grand crocodile à museau allongé, peu féroce, ni le lamantin, tout à fait inoffensif, ne faisaient le poids.

Si mon correspondant, dans son premier récit, avait parlé de la proximité de l'océan et des baignades que les hippopotames se plaisaient à y faire, ce n'était pas sans raison. Il s'était demandé, à l'époque, si les estafilades n'avaient pas été infligées au gros pachyderme par des requins ou par les espadons qui passaient à certaines saisons, voire par les deux opérant de conserve. Il avait toutefois repoussé ces possibilités, car il s'était livré auparavant à une enquête sur la prétendue férocité des squales hantant les eaux gabonaises et n'était pas parvenu à découvrir le moindre cas authentifié d'agression d'un être humain. A plus forte raison, pourquoi ces requins s'en seraient-ils pris à une proie d'une taille encore supérieure ? D'ailleurs, si un espadon avait pu, à la rigueur, produire au moyen de son rostre effilé le trou profond de la poitrine, voire la plaie pourtant plus irrégulière du flanc, un requin n'aurait certainement pas laissé de simples lacérations superficielles. Il aurait arraché de grands lambeaux de viande. Et puis, surtout, il ne se serait sûrement pas limité au dos et aux côtés : il aurait même choisi de préférence la chair plus tendre du ventre. Or celle-ci était restée intacte.

Il fallait trouver une autre explication.

LE DUEL À MORT DES CHEVAUX DU FLEUVE

Le sexe de la bête examinée par les Halley me paraissait en tout cas prouver sans équivoque que celle-ci ne pouvait pas avoir été mutilée si atrocement par un de ses propres congénères. Jusqu'au jour où je me suis mis à relire l'excellent ouvrage du lieutenant-colonel Charles R. S. Pitman dans lequel il dressait le bilan de ses activités d'Inspecteur général des chasses en Ouganda. Dans ce livre publié en 1942, je découvris le paragraphe suivant, depuis longtemps oublié, relatif aux duels d'hippopotames :

La peau est terriblement épaisse, excédant deux pouces [5 cm.] sur le dos des vieux mâles, ce qui n'est pas un luxe eu égard à la nature désespérée des combats livrés à la saison des amours, et au cours desquels ce cuir coriace est balafré et entaillé sur tout le corps. Je suis tombé sur les cadavres de mâles qui avaient été tués par un congénère d'un coup de défense enfoncée en plein cœur. Les femelles s'adonnent, elles aussi, à de féroces batailles.

Les armes redoutables utilisées par les hippopotames au cours de leurs joutes entre rivaux sont leurs deux défenses inférieures : des canines acérées, recourbées en forme de yatagans. Elles mesurent en moyenne une soixantaine de centimètres chez les mâles, dont les trois quarts restent dissimulés dans la mâchoire, mais elles peu-

vent dépasser le double de cette longueur. Seulement, quand elles atteignent une grandeur si extravagante — le record est de 1,63 m ! — elles sont toujours enroulées sur elles-mêmes et rendues inefficaces comme poignards.
Les défenses des femelles sont d'une taille très inférieure. Il n'empêche qu'elles doivent être capables, elles aussi, d'infliger de sévères blessures au cours de bagarres. Cela dit, les éclaircissements apportés par le lieutenant-colonel Pitman sur la technique des combats en question m'apportaient la conviction que ceux-ci ne pouvaient pas être à l'origine des dégâts constatés sur l'hippopotame femelle de M. Halley. Jugez-en plutôt :

Un hippopotame grièvement lacéré ou tué par un des siens n'est pas un spectacle réjouissant. Les affrontements sanglants peuvent durer des heures. Il est exceptionnel qu'ils se terminent avant qu'un des deux combattants ne soit tué. Ces duels terribles, qui sont extrêmement bruyants, se déroulent à terre, d'ordinaire la nuit [85]. *[…] Si graves sont les blessures infligées que le vainqueur lui-même succombe fréquemment dans l'heure même qui suit son triomphe.* [...]

Ces combats sont de curieux engagements dont la majeure partie se passe à se toiser l'un l'autre et à se remettre de la perte d'énergie subie au cours de chaque passe. Tête baissée, les adversaires se font face en se regardant de travers, les yeux étincelant de fureur. Soudain, avec un rugissement puissant, ils chargent, mais ne se heurtent nullement de front. Ils passent en trombe le long du flanc l'un de l'autre, et, au moment où chacun arrive à la hauteur du cœur de son rival, il balance sa tête massive d'une violente botte latérale, et la grande canine taillade cruellement le corps de l'adversaire. Les combattants portent leur coup et se croisent, puis, après chaque escarmouche, ils s'immobilisent pour reprendre des forces. Plus les heures passent, plus cette période de récupération se prolonge. Les corps énormes sont de plus en plus déchiquetés, l'épuisement atteint son comble, mais en général seule la mort met fin aux hostilités. Parfois un coup heureux infligé au début du combat pénètre profondément à travers la peau et les tissus jusqu'à atteindre le cœur, provoquant de la sorte une mort quasi instantanée.

Les coups d'estoc et de taille portés dans ces duels sans merci, qui font penser aux tournois du Moyen Age par leurs règles, pourraient rendre compte de la grave blessure à l'épaule de l'hippopotame de M. Halley, ainsi que de quelques rares estafilades longitudinales qui lui lacéraient le flanc. Mais ils ne pouvaient expliquer ni le trou profond creusé dans la poitrine, ni les innombrables estafilades, le plus souvent transversales, marquant toute la surface du dos.
Ces dernières blessures semblaient avoir été infligées par une meute de félins en furie qui se seraient longuement acharnés à coups de dents et surtout de griffes sur le dos et les flancs. Quant à la plaie circulaire et profonde ouverte sous la gorge, on eût dit qu'elle avait été produite par une longue défense pour tenter d'achever la bête, quand elle avait basculé sur le dos, par suite peut-être du coup sévère porté à l'épaule.
En somme, seul un animal à la fois armé de griffes puissantes et de défenses, bref un félin à dents en sabre, pouvait être tenu pour responsable de cette effroyable boucherie.

(85) Ces affrontements terrestres ne doivent pas être confondus avec ceux, bien moins graves, qui se déroulent dans l'eau, souvent pour des questions de territoire, et qui se terminent d'habitude, après de spectaculaires tentatives d'intimidation, par un geste de soumission d'un des deux antagonistes.

LE COUPABLE EST ENFIN DÉMASQUÉ.

J'ai longuement observé des hippopotames en Afrique, et, surtout, j'ai minutieusement scruté à la loupe les photographies de centaines de ces « chevaux du fleuve » dans maints ouvrages de ma bibliothèque. J'ai pu ainsi en repérer quelques-uns qui présentaient sur les flancs de grandes plaies encore béantes et j'en ai vu beaucoup, parmi les mâles, qui, à l'instar des étudiants allemands d'autrefois, portaient fièrement les témoignages de duels féroces, sous forme de cicatrices zébrant longitudinalement leurs côtés. Jamais cependant je n'en ai trouvé un seul couvert d'innombrables griffures sur le dessus du corps comme l'hippopotame martyr de M. Halley, aucun même qui fût orné de quelques balafres transversales...

Jusqu'au jour où Christian Le Noël est venu m'apporter toute une série de photos d'un hippopotame mâle, qu'il avait tué en 1970 en face de Fort-Lamy, donc dans une région très marécageuse de l'ouest du Tchad. La bête avait dû être abattue parce que, ayant été gravement blessée — par un autre hippo, pensait-on — elle était devenue dangereuse pour les piroguiers. Quelle ne fut ma surprise de constater sur ces documents excellents, où l'hippopotame en question était montré couché, tantôt sur le côté droit, tantôt sur le gauche, qu'il était marqué presque exactement, du moins sur le dos et les flancs, comme le spécimen du Gabon. La plaie béante qu'il portait, lui, au dessus de l'épaule gauche, aurait pu, certes, lui avoir été faite par un rival, ainsi d'ailleurs que quelques-unes des entailles qui lui avaient sabré les flancs en long. Mais, encore une fois, qui donc lui avait tailladé en travers **tout le dessus du corps**, du garrot jusqu'à la queue ? On semblait l'avoir fait avec la rage froide et déterminée d'un bourreau lacérant méthodiquement à coups de fouet le dos d'un condamné. Le même sadique qu'au Gabon avait frappé ici.

Il n'eût pas fallu l'oublier : dans l'ouest du Tchad, on se trouve à quelque 300 ou 400 kilomètres à peine du pays du *Hadjel*, le lion montagnard à dents démesurées des Hadjeray. Ici aussi, comme dans l'est de la République centrafricaine — et peut-être même dans l'ouest du Mali — les deux types de félins à dents en sabre occuperaient, suivant leur spécialisation, des régions adjacentes.

En somme, la boucle est bouclée. Au long des deux derniers chapitres, nous avons, pour les besoins de notre enquête quasi policière sur le mystère des hippos manquants, été appelés à parcourir un itinéraire énorme à travers toute l'Afrique tropicale. A partir du lac Bangouélo, en Zambie, nous avons prospecté successivement tout le sud puis tout le nord du bassin du Congo, avant d'aller nous égarer vers le nord, depuis l'Ouganda jusqu'aux confins du Tchad. Au cours de ce voyage, après n'avoir constaté au départ que d'inquiétantes disparitions d'hippopotames, puis avoir entendu parler d'une pièce à conviction — la défense d'ivoire d'un *Chipekwé* — nous avons d'abord recueilli des témoignages de deuxième main sur le meurtre sauvage de certains hippos en Angola, et nous avons ensuite retrouvé, çà et là, la trace de suspects manifestes, connus sous le nom de « lions d'eau » ou de « panthères d'eau ». Nous avons même suivi la fausse piste de leurs frères réfugiés en montagne, en espérant découvrir ainsi certains éclaircissements sur eux. Enfin nous avons établi de manière indiscutable le corps du délit sous forme de cadavres mutilés, dûment photographiés, au Gabon comme au Tchad.

Si le coupable n'a pas encore été arrêté, nous en savons tout de même assez sur lui pour dresser son portrait-robot avec assez de précision. Celui-ci va donc pouvoir être diffusé à travers le monde à l'intention des amateurs de primes : ces auxiliaires des cryptozoologues, ou plutôt leurs continuateurs, que sont les naturalistes de terrain, les capteurs d'animaux et les chasseurs — d'images, il faut ardemment le souhaiter. [86]

(86) Les blessures relevées sur des hippopotames peuvent trouver d'autres explications. Comme le fait remarquer Michel Raynal dans *La Gazette Fortéenne* (voir note 91, page 249), elles pourraient être le fait d'un autre hippo, ainsi que le suggère Bernard Heuvelmans (la description du coje ya menia d'Angola peut d'ailleurs évoquer un hippo). Autre hypothèse avancée par M. Raynal : le « coupable » pourrait bien être un éléphant. En effet, il est arrivé que des éléphants africains – de jeunes mâles agressifs – tuent à coups de défense des rhinocéros blancs ou noirs... Et peut-être aussi, à l'occasion, des hippopotames. (JJB)

– Ma mère-grand, que vous avez de grandes dents !
– C'est pour te manger !

(Charles Perrault, *Le Petit chaperon rouge*)

Chapitre XII

Portrait des tueurs

Puisque les Dents-en-sabre ont coexisté avec des carnivores à canines courtes pendant des millions et des millions d'années, ils n'appartiennent certainement pas à un type inférieur, et peut-être devons-nous à un simple coup de chance de n'avoir plus de ces Dents-en-sabre aujourd'hui parmi nous.

Telle est une des réflexions auxquelles ont été conduits deux naturalistes américains, Leonard Radinski et Sharon Emerson, à la suite d'une étude d'ensemble sur les grands fauves à canines monstrueuses, parue en avril 1982 dans *Natural History*.

Ce n'est pas, que je sache, du hasard que dépendent l'épanouissement et l'extension ou le déclin et l'extinction des espèces animales, mais du jeu sélectif des facteurs innombrables du milieu. Aussi eût-il fallu conclure plutôt : « Il n'est pas dans la logique de l'évolution que les Dents-en-sabre aient disparu de nos jours. Ils doivent être encore parmi nous. Sans doute ne les avons-nous pas recherché avec assez de persévérance. »

Rien d'étonnant dès lors qu'en y mettant un peu d'ardeur et d'opiniâtreté nous ayons fini par retrouver leurs traces à travers toute l'Afrique tropicale.

PROSPÉRITÉ ET LONGÉVITÉ DES DENTS-EN-SABRE

En dépit du caractère extravagant et apparemment unique de leur originalité, les fauves à canines démesurées n'ont rien d'un groupe homogène. Il s'agit en réalité d'une spécialisation courante, d'une tendance irrésistible presque banale, qui a fini par se développer indépendamment dans tous les groupes de mammifères carnassiers, pour le moins quatre fois.

Comme je l'ai dit auparavant, elle est d'abord apparue au début du Tertiaire parmi les Créodontes, qu'on pourrait surnommer les Proto-Carnivores. Au cœur du Tertiaire, elle a bientôt frappé de nombreux membres de la famille des Nimravidés, qu'on a appelés aussi les Paléofélidés ou Félidés anciens, des félins qui avaient déjà les griffes rétractiles de nos chats, mais n'étaient pas encore digitigrades comme eux : ils marchaient en s'appuyant sur toute la plante du pied, comme les ours. Dès l'aube du Pliocène, la dernière période du Tertiaire, elle s'est peu à peu ébauchée, puis épanouie, parmi les Néofélidés ou Félidés nouveaux, dont font partie tous les félins actuellement connus. Et au milieu du Pliocène, elle a même contaminé les Marsupiaux, les mammifères à poche, en Amérique du Sud.

En somme, chez **tous** les animaux dont les canines ont commencé à s'allonger par rapport aux autres dents, ce qui les a aidés à capturer et à tuer plus facilement leurs proies, et à assouvir en définitive leur appétit de viande, cet accroissement de taille s'est toujours poursuivi, et parfois jusqu'aux limites du possible. Au-delà en tout cas de ce qui nous semble fonctionnel, utile et confortable.

Il n'empêche que ces formes à dents **trop** longues à nos yeux se sont épanouies avec succès, parallèlement aux formes dotées de dents d'une taille modérée. Les Créodontes dits à dents d'hyène ont vécu au moins dix millions d'années aux côtés des autres. Les Nimravidés à dents longues, et parfois extra-longues, ont petit à petit supplanté ceux moins bien partagés au long de plus de trente millions d'années, et, quand les Félidés sont apparus, ils ont même côtoyé ceux-ci pendant une vingtaine de millions d'années. Parmi ces félidés proprement dits, les machairodontes et les félins à canines normales ont coexisté quelque quinze millions d'années au moins. Enfin, sur le Continent vert, le tigre marsupial à dents en sabre, le *Thylacosmilus*, a prospéré pendant quatre millions d'années au minimum avec son cousin machairodonte, le *Smilodon*, et assez longtemps en outre avec les ancêtres du Jaguar et du Puma.

Voilà qui prouve à satiété deux choses. En premier lieu que les fauves à dents disproportionnées n'étaient pas en compétition avec ceux à dents plus modestes. Les uns et les autres devaient donc occuper des niches écologiques différentes, comme on dit aujourd'hui. Cela revient à dire soit qu'ils ne vivaient pas dans le même habitat, soit qu'ils ne convoitaient pas du tout les mêmes proies, soit encore qu'ils ne chassaient pas au même moment de la journée et ne se rencontraient donc point. En second lieu, cela montre que l'allongement apparemment excessif des canines est en réalité une adaptation très favorable à la perpétuation d'une espèce, et doit donc remplir une fonction déterminée, avoir une utilité particulière et originale.

En dépit de ces évidences, paléontologues et zoologues se sont longtemps demandés comment diable les plus généreusement pourvus de ces prédateurs pouvaient se servir d'armes si encombrantes. Et après s'être déchirés pendant des décennies sur ce point (contrairement à ces fauves eux-mêmes) ils ne sont pas encore parvenus à s'entendre sur l'usage que ceux-ci faisaient de leurs canines hors de pair.

DES ARMES ENCOMBRANTES ET FRAGILES ?

Les Dents-en-sabre semblaient en effet avoir la mâchoire inférieure trop réduite et trop faible pour leur permettre de mordre et donc d'arracher des morceaux de chair. Ils paraissaient même incapables d'ouvrir assez grand la gueule pour y arriver. A croire qu'ils se servaient de leurs crocs, la bouche fermée, ceux-ci dépassant sous la mandibule dans certaines espèces. Mais même s'il leur était donné d'infliger des coups meurtriers, comment faisaient-ils ensuite pour dévorer leur proie ?

On suggéra par conséquent qu'ils se contentaient donc de laper le sang après l'avoir fait jaillir en tranchant une carotide ou quelque autre artère vitale. Il était toutefois peu vraisemblable qu'un fauve de la taille du lion, du léopard ou même du chat pût se sustenter en ne buvant que du sang, comme une menue chauve-souris vampire, ou une vulgaire puce.

En fin de compte, on a tout de même pu établir, à la suite d'études relevant autant de la compétence de l'ingénieur que de celle du zoologue, que les Dents-en-sabre étaient parfaitement capables de mordre ou, du moins, de se servir avec efficacité de leurs canines. Grâce à l'architecture particulière de leur crâne et surtout de leur mandibule, ainsi qu'à la disposition des muscles actionnant celle-ci, ils arrivèrent à ouvrir suffisamment la gueule pour amener les paires de canines en opposéion et même à un écart normal. En tout cas, la mâchoire inférieure s'effaça ainsi pour permettre aux énormes canines supérieures de frapper librement. Si nos félins familiers n'arrivent en bâillant qu'à écarter leurs mâchoires sous un angle de 65 à 70°, certains Dents-en-sabre dépassaient ainsi l'angle droit (90°) et pouvaient même atteindre l'ouverture-record de 115° ! Bâiller à s'en décrocher la mâchoire n'était, dans leur cas, qu'un euphémisme.

Au moins pouvait-on enfin comprendre comment ces êtres hors du commun parvenaient à manger leurs victimes. L'usure des carnassières de certains montrait d'ailleurs qu'ils se servaient beaucoup de ces dents latérales, fortes et coupantes, pour déchiqueter la viande avant de l'avaler.

Restait à trouver comment au préalable ces fauves tuaient leurs proies. L'opinion qui prévalut longtemps, et dont le grand Simpson s'était fait l'avocat, est qu'ils se servaient de leurs dents en sabre comme… des sabres, ou plus exactement de poignards. Par analogie avec le mode d'agression tenu pour traditionnel chez les félins actuels, on croyait que les divers fauves à longues canines bondissaient sur le dos de leurs proies et les poignardaient à la base du crâne ou dans la nuque. On pensait même que ces dents s'étaient allongées de la sorte pour permettre d'atteindre un organe vital après avoir transpercé le cuir épais de gros pachydermes (comme les éléphants, les rhinocéros, les hippopotames, les buffles et maints autres ongulés encore plus monstrueux du Tertiaire), et même, dans le Nouveau Monde, pour perforer la peau, renforcée de nodules osseux, des énormes paresseux terrestres.

D'aucuns, notamment le Suédois B. Bohlin, s'élevèrent avec véhémence contre une telle explication. Quoi ! ces canines démesurées, pouvant dépasser vingt centimètres dans certains cas, étaient bien trop fragiles pour remplir un tel office ! Elles se briseraient la plupart du temps sur les os robustes de la région du garrot.

Il était bien plus vraisemblable, selon Bohlin, que ces fauves excentriques fussent de simples charognards. Plutôt que de leur servir d'épées de torero, leurs frêles dents en sabre semblaient faites pour découper des chairs faisandées, attendries par la putréfaction, et en prélever de grosses tranches…

DE L'ASSASSINAT CONSIDÉRÉ COMME UN DES BEAUX-ARTS

Quelques paléontologues avisés, dont le Finnois Björn Kurtèn, optaient pour une solution de compromis.

Certes, ces dents allongées étaient trop grêles pour être opposées à des armatures ou des boucliers osseux comme ceux qui protègent dorsalement les organes vitaux. Elles étaient même trop recourbées pour pouvoir être enfoncées profondément dans les tissus plus tendres du dessous du corps. Pour ce faire, une épée bien droite est plus appropriée qu'un cimeterre ! Et elle est plus facile à retirer. Cela dit, des sabres turcs naturels pouvaient tout de même servir à larder les zones les plus vulnérables du corps, de blessures, pas très profondes, mais néanmoins fatales. A cause précisément du caractère plutôt blindé du dos des proies potentielles, d'autres paléontologues, comme S. Schaub et G. G. Simpson lui-même, ainsi que Léonard Ginsburg en France, avaient d'ailleurs pensé bientôt que les Dents-en-sabre, loin de bondir par derrière sur leurs victimes, leur faisaient plutôt face ou les attaquaient de flanc. Ce qui leur importait était de les immobiliser en s'agrippant solidement à elles au moyen de leurs griffes rétractiles, tout en les frappant de leurs canines.

Ces idées ont été développées et quelque peu raffinées tout récemment par les Américains Radinski et Emerson, cités au début de ce chapitre. D'après eux, l'hypothèse la plus vraisemblable est que les Dents-en-sabre « tuaient en pratiquant une longue entaille en travers de la gorge ou du bas du cou. Dans cette région, les canines ne risquent pas de rencontrer un os, et un seul coup bien appliqué suffit pour sectionner un vaisseau sanguin important et entraîner une mort rapide. »

En somme, les canines démesurées auraient donc été utilisées non comme des poignards mais vraiment comme des sabres, ainsi que leur aspect l'avait fait soupçonner d'emblée. Elles coupaient, tranchaient, lacéraient les chairs comme des faux, par des mouvements latéraux de la tête. C'étaient des armes construites pour frapper de taille, non d'estoc.

Bien entendu, ces pronostics sur le mode d'agression le plus efficace pour des fauves à dents longues étaient étayés souvent par une étude soigneuse de l'anatomie toute entière. Dans l'ensemble, ces super-prédateurs d'aspect terrifiant — ils nous font penser à ces chars d'assaut égyptiens aux roues garnies de faux ! — étaient bâtis en force. Trapus plutôt qu'élancés, ils avaient dû sacrifier la souplesse et la rapidité à la puissance. Au surplus, ils étaient souvent restés plantigrades, ce qui ajoutait à leur lourdeur. Incapables donc de rattraper une proie rapide, ils chassaient sûrement à l'affût, devant viser avant tout à clouer leur victime sur place au plus tôt. La puissance de leurs pattes antérieures par rapport à un arrière-train plutôt faible témoignait au demeurant de leur aptitude à embrasser étroitement et paralyser un adversaire d'une taille même très supérieure.

Tout bien pesé, les Dents-en-sabre paraissaient destinés à remplir une fonction nouvelle dans le monde vivant. Celle de limiter les populations de proies disproportionnées par rapport à leurs prédateurs, et surtout celle des herbivores géants, parfois titanesques, qui s'étaient épanouis sur tous les continents au cours du Tertiaire, et auxquels les plus grands carnassiers ordinaires ne pouvaient plus s'attaquer.

À CHACUN SA BOTTE FATALE

Cela dit, n'est-il pas naïf d'imaginer que tous les fauves à canines démesurées mettaient leurs victimes à mort d'une manière immuable ? Ce serait oublier qu'ils sont issus d'au moins quatre groupes différents de prédateurs, qu'ils présentaient maintes variations anatomiques, notamment dans la forme et la longueur de leurs armes, qu'ils ont atteint des dimensions allant de la grosseur du chat domestique à une taille excédant celle du Lion, qu'ils s'en prenaient donc nécessairement aux proies les plus diverses et qu'ils ont peut-être même vécu dans des habitats voire des éléments distincts.

Il est bien évident qu'on ne peut tuer de la même façon un lapin, un moineau et une girafe. Quand un de nos félins veut maîtriser une proie relativement menue, il l'attrape simplement par le cou et lui broie la nuque, ou il lui transperce le crâne. Mais si la proie est beaucoup plus importante, il devra la saisir au contraire à la gorge et la lui serrer comme dans un étau jusqu'à la suffocation totale. Par ailleurs, pour des raisons de sécurité, on n'attaque pas sous le même angle un animal qui ne peut se défendre qu'à coups de sabot comme un zèbre, un rhinocéros au nez garni d'un épieu acéré, un éléphant muni d'une paire de défenses, un buffle, un bélier ou une grande antilope, dont les armes doubles sont couchées ou dressées sur la tête, et un porc-épic qu'il ne fait pas bon de prendre en traître.

Pour tout dire, les Dents-en-sabre devaient forcément selon les cas, utiliser les techniques les plus diverses pour trucider leur gibier d'occasion. La Fontaine disait que « ventre affamé n'a point d'oreilles ». A quoi Alphonse Allais répliquait : « mais il a un sacré nez ». On devrait ajouter que ce bedon creux a aussi « de bons yeux et la plus grande circonspection possible » car il n'est pas indiqué de se faire estourbir par le dîner qu'on s'est choisi. Devenu invalide, un prédateur affamé risque de le rester à jamais.

Je ne crois pas non plus qu'on puisse imposer aux Dents-en-sabre un menu standard. Le ventre affamé, malgré son « sacré nez », hésite rarement à se boucher celui-ci quand il le faut. Rien ne permet d'affirmer que certaines de ces bêtes de proie n'étaient pas en partie charognardes, comme le sont d'ailleurs bien souvent nos lions, qui volent près de la moitié de leurs proies aux hyènes tachetées et aux léopards.

Et je n'oserais pas jurer davantage que quelques-unes d'entre elles ne se contenteraient pas parfois de boire le sang de leurs victimes trop grandes ou trop coriaces, fût-ce pour enrichir un ordinaire composé surtout de rongeurs ou d'autres petits mammifères, voire de poissons…

S'il est vrai que certains Dents-en-sabre vivent encore à notre époque en Afrique, peut-être aura-t-on enfin l'occasion de vérifier le bien-fondé des hypothèses émises sur leurs us et coutumes. Comme l'étude des fossiles correspondants peut aider à découvrir ou à préciser l'identité zoologique de formes encore insaisissables, ce que nous savons déjà de ces dernières va nous renseigner sur l'aspect extérieur et les mœurs des espèces disparues.

Ces Dents-en-sabre survivants, quels peuvent-ils donc être ? A priori, ce doivent être, selon la plus grande probabilité, des représentants du groupe le plus récent. Alors que tous les autres semblent s'être éteints avant la fin du Tertiaire, il y a donc plus de 3,5 millions d'années, celui des machairodontes a persisté à coup sûr jusqu'au Quaternaire, pendant une bonne partie du Pléistocène et, dans certaines régions, jusqu'à l'aube de l'Holocène, la période actuelle, qui a un peu plus de 10 000 ans.

Aussi est-ce sur ce groupe que nous allons concentrer notre attention, sans pour cela rejeter toute possibilité de survivance de Nimravidés, voire de Créodontes. Nous avons connu maints autres cas de « fossiles vivants » d'une bien plus grande antiquité ! Seuls les Thylacosmilinés sont à oublier ici, car jamais la vague marsupiale n'a déferlé sur le continent africain.

Nous en tenir par hypothèse de travail aux seuls Machairodontes ne pourra, de toute façon, nous égarer, car ils sont tout à fait caractéristiques, par leur variété même, de l'évolution générale des fauves à dents longues.

SPADASSINS ET TRAÎNEURS DE SABRES

Les machairodontes d'Eurasie sont sans doute les plus anciens puisqu'ils sont connus depuis le début du Pliocène, donc de la période finale du Tertiaire. C'est seulement au cours du Pléistocène inférieur, cette fois au Quaternaire, qu'ils se sont répandus à travers toute l'Afrique, où ils ont subsisté au long du Pléistocène moyen, tandis que leurs effectifs se raréfiaient considérablement en Europe. A la même époque, à la faveur de la deuxième glaciation, d'autres avaient franchi le détroit de Béring pour aller envahir l'Amérique du Nord, puis celle du Sud, et y devenir énormes.

En Europe, où ils nous sont beaucoup plus familiers qu'en Afrique, les félins à grandes canines étaient représentés au Pléistocène par deux genres bien distincts, *Megantereon* et *Homotherium*. Ceux-ci méritent d'être décrits avec un soin jaloux, car ils pourraient nous éclairer sur les deux types actuels de fauves à dents démesurées que nous sommes arrivés à distinguer sous les tropiques africains.

Le *Megantereon* devrait logiquement porter le sobriquet de Dent-en-poignard plutôt que de Dent-en-sabre, car ses canines supérieures, très longues, grêles, plutôt rondes et lisses, étaient peu recourbées et faites dès lors pour frapper. C'était un félin trapu, massif, à queue brève, dont la silhouette devait faire penser à celle du Lynx. Il avait la tête plutôt courte et haute. La musculature très développée de sa nuque et ses pattes antérieures épaisses et ramassées témoignaient de la puissance avec laquelle il pouvait immobiliser sa proie afin de lui asséner sans tarder un coup fatal. Il parvenait à ouvrir la gueule au moins à angle droit et arrivait ainsi à porter son estocade sans être gêné par sa mandibule d'ailleurs atrophiée. Celle-ci était munie au menton d'une large expansion osseuse descendante. Quand notre spadassin refermait la bouche, ses canines en stylet venaient glisser et se reposer sur ces sortes de demi-fourreaux, qui leur servaient de gaines partielles ou plus exactement de soutiens protecteurs. Chez les *Smilodon* américains, ces supports disparaîtront peu à peu : les canines étaient devenues si longues qu'elles avaient fini par largement les dépasser, les rendant ainsi inutiles.

Les *Megantereon* européens n'avaient, au début du Quaternaire, que la taille du Puma, mais ils allaient devenir de plus en plus grands au cours des millénaires jusqu'à atteindre bientôt la taille du Léopard. Il en était de même en Asie et en Afrique. Quant à leurs descendants ou petits-neveux américains, ils devaient dépasser la taille du Lion. *The biggest in the world*, comme de bien entendu.

Le second genre de machairodontes à vivre en Europe au Pléistocène était l'*Homotherium*, qui descendrait peut-être, d'après certains, du *Machairodus* du Tertiaire. C'était, lui, un Dent-en-sabre proprement dit. Ses canines étaient plus courtes que celles du *Megantereon*, mais plus courbes aussi, et bien plus aplaties latéralement : de vrais petits yatagans, effilés comme des rasoirs et même dentelés comme des couteaux à pain. En tout cas, des instruments faits pour couper, trancher, lacérer. Ni la mandibule, ni les canines intérieures de l'*Homotherium* n'étaient très réduites. Il pouvait mordre de façon tout à fait normale, comme cela se remarque d'ailleurs aux facettes d'usure produites sur les canines antagonistes. Il va cependant sans dire que ce traîneur de sabres se servait de celles du dessus pour égorger ses grandes proies en leur tranchant le devant du cou.

C'était un félin à silhouette élancée et à tête plutôt allongée, dont les pattes antérieures étaient particulièrement longues. Un peu comparable à un boxeur au jeu de jambes très souple, peut-être devait-il à une grande mobilité de pouvoir porter des coups de taille à son adversaire tout en évitant ses ripostes souvent dangereuses. Comme son cousin à dents en poignard, l'Homothère avait la queue courte.

Le genre *Homotherium* était représenté en Europe par deux espèces, qui se distinguaient par la longueur de leurs sabres, mais atteignaient toutes deux la taille du Lion.

Bref, au cours de la période géologique qui a précédé la nôtre, il y avait, dans nos régions, deux types bien distincts de félins à dents démesurées : des spadassins du genre *Megantereon* et des sabreurs du genre *Homotherium*.

Björn Kurtèn, orfèvre en la matière, attribue une grande importance à ces spécialités, puisqu'il distingue au sein de la sous-famille des Félinés, à savoir les Néo-Félidés de Piveteau, trois tribus d'une importance égale : les Smilodontes ou Dents-en-poignard, dont le *Megantereon* fait partie, les Homothériens ou Dents-en-sabre, avec l'*Homotherium* en vedette et les Félins, les chats proprement dits.

NICHES À OCCUPER : CHOIX LIMITÉ

Il est significatif que des tueurs des deux tribus à dents longues aient été contemporains en Europe, et parfois dans les mêmes régions, notamment en France et en Italie : si le *Megantereon* était surtout méditerranéen, l'*Homotherium*, dont une des espèces l'était aussi, s'étendait cependant bien plus au nord, jusqu'en Angleterre. Cela indiquait que ces deux genres ne pouvaient être rivaux. S'ils s'attaquaient tous deux, comme on le suppose, à des proies de forte taille, ou bien ils ne s'en prenaient pas aux mêmes, ou bien ils les chassaient l'un de jour, l'autre de nuit, ou bien encore ils vivaient dans des habitats très différents, comme la savane et la forêt, ou la montagne et les bas-fonds marécageux.

N'oublions pas surtout que dans maintes régions d'Europe vivaient aussi, à la même époque, toute une brochette de félins ordinaires d'une taille comparable, le Léopard, un Guépard géant et deux espèces de lions. Il faut y ajouter dans la même catégorie de prédateurs poids lourd, outre les trois espèces d'hyènes actuelles (la tachetée, la rayée et la brune), une forme géante à museau court et une forme de course haute sur pattes.

En somme, au Pléistocène, la situation était semblable à celle qu'on trouve de nos jours en Afrique tropicale. Sauf qu'elle était apparemment un peu plus compliquée encore, étant donné la plus grande variété de super-prédateurs. Il faut imaginer en effet que tous ces grands fauves devaient pour survivre ne pas se gêner les uns les autres et occuper par conséquent des niches écologiques distinctes. Or le choix est tout de même limité, et la quantité de gibier n'est jamais infinie.

Cela dit, la situation est-elle vraiment beaucoup plus simple aujourd'hui en Afrique qu'autrefois en Europe ? N'est-ce pas parce que nous ignorons encore certains des prédateurs de forte taille que nous les croyons moins nombreux et diversifiés. Dans l'inventaire que j'ai fait ici, les candidats au titre de « second » lion foisonnent : le Lion noir de Sénégambie, le Lion des rocs du Mali, le *Bung-Bung* forestier du Cameroun, le *Bakanga* roux de Centrafrique et même le *Mngwa* gris de Tanzanie, voire le Lion tacheté du Kenya. Et il ne manque pas non plus en Afrique de rumeurs susceptibles d'étayer l'existence d'une hyène géante, comme le *Soouara* du Mali ou l'*Abasambo* d'Ethiopie, ou un des prototypes du célèbre « Ours nandi » [87]. Enfin nous avons amassé, au cours des trois chapitres précédents, un matériel d'information considérable sur la survivance manifeste, sous les tropiques africains, de deux types au moins de félins à canines disproportionnées.

Il a été établi, dans cette perspective, qu'au Pléistocène inférieur puis moyen, les genres *Megantereon* et *Homotherium* — des Dents-en-sabre et des Dents-en-poignard — s'étaient éparpillés à travers la plus grande partie du continent noir, au

(87) Cf. à ce sujet *Les Ours insolites d'Afrique* (à paraître dans cette collection).

moins jusqu'au Transvaal, ainsi d'ailleurs qu'au troisième genre, *Therailurus*, encore mal défini. Et, à l'ère Tertiaire, ils avaient tous été précédés là-bas par divers Nimravidés à dents longues, c'est-à-dire par des félins archaïques, encore plantigrades. En somme, au cours de toutes les dernières périodes géologiques, en Afrique comme en Europe, les niches écologiques réservées aux mammifères super-prédateurs auraient pu afficher « complet ». Se pouvait-il qu'à notre époque la situation eût changé à cet égard dans le plus conservateur de tous les continents ?

Qu'on y songe : l'explication la plus courante qui se donne pour justifier la disparition dans le monde des félins à dents démesurées est qu'ils se sont éteints par suite de l'anéantissement de leurs proies d'élection : les mammifères colossaux qui s'étaient épanouis au cours du Tertiaire. D'aucuns vont même jusqu'à les rendre eux-mêmes responsables de cette extermination : ils auraient péri pour avoir tué la poule aux œufs d'or…

Quoi qu'il en soit, s'il est vrai que pratiquement toutes les espèces de mamifères de très grande taille ont disparu au cours du Pléistocène dans les Amériques (Paresseux terrestre, Tatous pareils à des tanks, Mammouths et Mastodontes, Chameaux à cou de girafe, Toxodontes à allure de rhinocéros, etc.), ainsi qu'en Australie (Kangourous géants, Diprotodontes aussi massifs que des hippopotames, etc.) comme ils l'avaient fait auparavant en Eurasie tempérée, ce n'a pas du tout été le cas en Afrique. Celle-ci ne semble avoir perdu qu'un seul de ses colosses depuis le début du Quaternaire : le *Libytherium*, une sorte de girafe à bois d'élan. Les autres Titans — pour nous en tenir à ceux pesant une tonne ou plus — sont toujours debout : l'Eléphant, le Rhinocéros blanc et le Rhinocéros noir, l'Hippopotame, la Girafe et l'antilope Eland. De quoi nourrir des meutes de tigres à dents-en-sabre, s'il est vrai du moins que ces géants constituent le plat de résistance favori des prédateurs en question.

L'EMPIRE DES DENTS-LONGUES

Ainsi donc, la survivance possible en Afrique de félins à canines démesurées est en aussi parfait accord avec les lois de l'écologie qu'avec les données de la paléontologie. Le moment est dès lors venu d'esquisser la portrait-robot des divers fauves de cette sorte sur lesquels nous avons recueilli des rumeurs à notre époque. Peut-être découvrirons-nous de quelles formes fossiles ils pourraient être rapprochés avec le plus de vraisemblance, ou du moins comparés.

Dressons donc un tableau synoptique de toutes les informations que nous avons accumulées ici sur des prédateurs non identifiés du continent noir, ressemblant plus ou moins à de grands félins, mais auxquels on a prêté spécifiquement de longues canines dépassant de la gueule, des crocs d'une taille anormale, des dents en sabre, des défenses de morse, que sais-je encore ?

A cette fin, inscrivons dans une série de colonnes parallèles tous les détails relevés dans chaque cas, et que nous aurons fait figurer au préalable sur des fiches. Précisons ainsi, chaque fois que possible, la date de l'observation ou de la récolte du renseignement, le nom vernaculaire donné à l'animal, son habitat particulier, son aspect extérieur, sa taille, la nature de ses téguments, leur couleur et la manière dont ils sont marqués, la forme de sa tête, de ses oreilles, de ses yeux, de sa bouche et surtout de sa denture, la présence éventuelle d'ornements pileux, la structure des pattes ou des empreintes laissées par elles, la forme et la longueur de sa queue, la variété de cris, les traits de caractère ou de comportement, les adversaires ou les proies, le régime alimentaire, et enfin la région.

Ce tableau une fois achevé, diverses constatations vont s'imposer.

Tout d'abord, ce trésor d'informations concerne une vaste zone serpentiforme s'étendant du nord de l'Angola au Tibesti en passant par le sud du Zaïre, le nord-est de la Zambie, l'ouest du Kenya, le sud de l'Ethiopie, l'extrême-sud du Soudan, le nord-est du Zaïre, la plus grande partie de la République centrafricaine et toute la longueur du Tchad. Du point de vue de la géographie physique, cette zone englobe d'abord le cours supérieur de presque tous les affluents du Congo : elle s'étend en somme aux confins du bassin de ce fleuve, ou si l'on veut, aux bords de la cuvette congolaise. Cette zone est complétée par le cours supérieur des rivières dont la confluence forme le Nil Blanc. Elle contourne en quelque sorte, sur sa droite, la grande forêt équatoriale des pluies. Elle concerne donc essentiellement des régions de forêts-galeries et de savanes arborées richement irriguées et bien souvent marécageuses. Toutefois, elle se prolonge curieusement vers le nord à travers une région au contraire semi-désertique et hérissée de massifs montagneux. La ligne de démarcation entre ces deux sortes de contrées si dissemblables traverse le sud de l'Ethiopie, frôle la frontière ougando-soudanaise et isole du reste de la Centrafrique la province de Birao et le nord de celle de Ndélé.

Le fait est que l'aire de distribution générale des félins à crocs ostensibles se rapporte, comme nous le savons déjà, à deux types de félins adaptés à des habitats très différents : d'une part, un type aquatique ou sub-aquatique, de l'autre un type montagneux. Les représentants du premier type semblent nicher dans des terriers ou des cavités naturelles creusées dans les berges des cours d'eau ou des lacs, ou bien dans le taillis végétal qui les borde. Les représentants du second prendraient pour tanière des cavernes de haute montagne, le plus souvent en terrain rocailleux. [88]

CEUX DES EAUX ET CEUX DES MONTAGNES

Comme il faut s'y attendre, ces deux formes ne se distinguent pas seulement par leur habitat. Ainsi, contrairement aux félins du type aquatique, qui peuvent se dissimuler aisément, ceux du type montagnard sont de mœurs spécifiquement nocturnes. N'étant rencontrés que de nuit, on comprend que les témoins insistent toujours sur la luminosité ou la phosphorescence de leurs yeux, comparés en l'occurrence à des lanternes ou à des phares d'auto.

Il est naturel aussi que les extrémités des individus des deux types soient d'une structure assez différente. Celles du type aquatique ont toujours été décrites, le plus souvent, d'après les pistes laissées, comme très inhabituelles pour des félins. L'étendue considérable des empreintes de pas pourrait être due à la présence d'une palmure entre les doigts, ceux-ci étant armés au surplus de griffes énormes. Certains témoins oculaires ont d'ailleurs parlé de véritables palettes natatoires. Plusieurs observateurs ont insisté sur la brièveté des membres, et même en particulier de ceux de devant, que nous savons caractéristique de divers machairodontes.

---

(88) Et plus au nord ? Un correspondant, Jean-Claude Augustin, m'a rapporté que durant la guerre d'Algérie, des militaires français auraient tué à Chreah, près de Blida, un énorme félin, mais dépourvu de défenses. Des habitants de la région se souvenaient que, vers 1885, un tel fauve avait dévoré des ânes et des chèvres : eux-mêmes avaient vu, disaient-ils, ce « tigre » gros comme un bœuf. Cet animal était en tout cas décrit comme très différent du Lion, qui vécut en Afrique du Nord jusqu'au début du XXe siècle. (JJB)

Les pattes des félins du type montagnard ont été décrites, elles, de manière quasi unanime comme très velues ou couvertes de longs poils. C'est même à cette particularité qu'on attribue la rareté des empreintes qui ont été relevées de ces fauves : elles seraient véritablement balayées et effacées par la couronne de poils qui orne les pieds.

Seule la queue a été écrite de manière semblable dans les deux types. Elle paraît en général plutôt brève, mais très épaisse en revanche, ce qui peut être dû aux crins qui la couvrent. Elle a été comparée en effet à celle d'un cheval, d'une petite jument ou d'une hyène. En somme, une petite queue en panache.

En ce qui concerne la coloration fondamentale, elle est jaunâtre ou orangée, comme le fond de la robe du léopard dans le type aquatique, alors que dans le type montagnard, elle est nettement plus rousse ou plus brunâtre.

Des taches ou des rayures, souvent une combinaison des deux, sont citées la plupart du temps. S'il est permis de tirer des conclusions générales d'un nombre assez réduit d'observations détaillées, il semblerait que ces marques fussent foncées et plutôt orientées horizontalement dans le type aquatique, et au contraire claires et plutôt orientées verticalement dans le type montagnard. Bref, chez le félin d'eau, le dessin du pelage rappellerait celui du Serval, du Guépard royal et de certaines genettes, tandis que, chez le félin de montagne, il serait d'un modèle rare parmi les chats, mais très courant en revanche parmi les antilopes du genre *Tragelaphus*, comme le Bongo, le Guib harnaché ou le Sitatunga.

Des cas de mélanisme ont été signalés dans l'une et l'autre forme.

Pour entrer dans le détail de l'anatomie, on peut ajouter ce qui suit. Les oreilles, quand elles sont mentionnées, ont toujours été données comme très petites. Peut-être est-ce précisément à cause de ce côté effacé qu'on a rarement jugé bon de les décrire ou qu'on a parlé d'une tête de loutre.

La présence d'une crinière abondante a été si exceptionnellement citée — une seule fois par Herr Naumann pour le « Lion d'eau » des Baya, et une seule fois aussi, par madame Vincent, pour le « Lion de montagne » des Hadjeray — qu'on est en droit de douter de son existence. Peut-être est-ce à cause de la ressemblance de ces animaux avec le Lion que d'aucuns ont cru devoir leur prêter d'office cet attribut caractéristique.

PAS SI TERRIBLES QUE ÇA…

Le problème de la taille des représentants des deux types est, comme toujours, épineux. La grandeur d'un animal varie avec l'âge et le sexe. On sait aussi la propension naturelle de l'esprit qui pousse à exagérer les dimensions des êtres rencontrés par hasard, surtout s'ils ont un aspect effrayant, ou s'ils sont inconnus, ce qui revient au même. « La peur fait les yeux grands », disent les Russes.

L'hôte des cavernes de montagne est généralement dépeint comme plus grand que le Lion, ou de la grosseur d'un âne, avec une hauteur au garrot de 1 m à 1,50 m (à titre de comparaison, celle du Lion oscille entre 0, 75 m et 1,12 m). Soit !

Pour le félin amphibie, on recueille des estimations de taille bien plus disparates. Cela se comprend d'ailleurs pour un animal souvent observé en partie immergé. On le dit d'habitude plus grand que le Lion, lui aussi. Mais comme il vit dans l'eau, on lui prête en même temps la grosseur de l'hippopotame. Alors qu'un très grand lion dépasse rarement 3 m de long, queue comprise, on a cité, pour le *Dingonek* kenyan, une longueur, presque à coup sûr excessive, de 4,20 m à 4,50 m et même de 4,80 m. Or, il s'agit, rappelons-le, d'une bête à queue brève !

A cause de son adaptation à la vie aquatique, sans doute le félin en question a-t-il, comme la plupart des mammifères amphibies — hippopotame, lamantin, phoque, morse, otarie et loutre — développé sous la peau une importante couche de graisse. Cela doit l'épaissir considérablement et le faire donc apparaître beaucoup plus grand qu'il n'est.

Ses investigations personnelles ont amené Christian Le Noël à considérer que le félin montagnard (son type n° 1) est le plus grand des deux, avec une hauteur au garrot pouvant atteindre 1,50 m, le félin aquatique (son type n° 2) allant seulement « de la grosseur du lion à celle d'un grand chien ». Il faut préciser cependant que son enquête s'est limitée à la Centrafrique et au Tchad. D'après mes propres recherches, qui se sont étendues à toute l'Afrique tropicale, je n'oserais pas être si formel. Les représentants du type aquatique me paraissent avoir été décrits dans l'ensemble comme au moins aussi grands que ceux du type montagnard. Il est en vérité trop tôt pour se prononcer.

Pour ce qui est du régime alimentaire, les différences entre les deux types sont forcément considérables. En ce qui concerne les félins aquatiques, nous connaissons bien la tendance, fâcheuse et tenace, qu'ils ont de massacrer les hippopotames qui partagent leur habitat, voire de s'attaquer à l'occasion aux pirogues et à leurs occupants. D'aucuns les accusent même de tuer parfois les éléphants : ceux-ci aiment en effet à se baigner et les individus de faible taille pourraient être menacés au même titre que les hippopotames. Cela dit, il a toujours été précisé que ces fauves des rivières et des lacs ne dévorent pas leurs adversaires de grande taille : il s'agirait en somme d'une défense du territoire poussée à l'extrême. Mais ne leur arrive-t-il pas souvent de saigner ces bêtes énormes à blanc en buvant leur sang ? On imagine mal un félin résistant à une telle aubaine. Il n'empêche que leur ordinaire doit être plus banal. Certains les croient végétariens comme les hippopotames, mais c'est manifestement parce qu'ils ne les ont jamais vus attraper des proies ou les manger. Sans doute le Zandé qui prétendait qu'ils se nourrissent tout simplement de poissons est-il dans le vrai. De puissants arguments militent d'ailleurs en faveur de cette explication : je les exposerai plus loin.

Les félins montagnards à dents longues n'ont bien entendu aucune occasion de rencontrer des hippopotames. On leur attribue cependant aussi une férocité ou une méchanceté particulière. Peut-être parce qu'ils sont mal connus : n'oublions jamais la Peur de l'Inconnu. En tout cas, on ne peut leur faire endosser aucune hécatombe, ni aucun cas d'agression humaine. Les chasseurs indigènes les mieux informés précisent d'ailleurs qu'ils sont moins dangereux que le Lion ordinaire, qu'ils n'attaquent jamais l'Homme et qu'ils se nourrissent surtout de grandes antilopes.

Ce n'est pas là, soit dit par parenthèse, le genre de traits qu'on prête à un monstre fabuleux né de l'imagination ou nourri par elle. Plus on approfondit leur cas, plus on s'aperçoit que tous ces porteurs de dagues ou de cimeterres naturels sont bien moins redoutables que leur aspect le laisserait supposer. A côté du Lion, du Léopard ou du Guépard, ils font un peu figure de hors-la-loi, de bannis, repoussés par les Puissants dans les eaux ou la haute montagne. Mais c'est là le point de vue d'un autre coureur de savanes : l'Homme.

DES ARMES PARFOIS DISSIMULÉES DANS UNE GAINE

Dans le portrait des deux formes distinctes de félins à dents démesurées de l'Afrique contemporaine, on aura reconnu quelques particularités de l'un ou de l'autre Machairodonte du Pléistocène de l'Ancien Monde. Outre l'aspect général de grands chats et les canines ostentatoires, on peut citer la taille tournant autour de celle du Lion, les pattes antérieures courtes et puissantes, la queue brève et une structure vraiment anormale des pieds. A cet égard, disons qu'il n'est pas sûr que tous les Machairodontes aient été digitigrades. En tout cas, les Nimravidés, plus anciens, étaient restés plantigrades, et une telle démarche est plus conforme à l'anatomie des félins à dents longues, plutôt balourds dans l'ensemble et qui n'avaient rien de coursiers. Ils étaient obligés, à cause de leurs armes spécialisées, de chasser à l'affût et de ne compter que sur l'effet de surprise et la rapidité de leur action pour arriver à maîtriser leurs proies et les achever. Pas besoin pour cela de trottiner sur la pointe des pieds.

L'abondance de ces caractères significatifs, dont certains ont seulement été établis au cours des dernières décennies par les paléontologues, ajoute évidemment un poids considérable à la crédibilité des témoignages indigènes qui datent souvent de l'époque coloniale. Comment diable les Africains d'alors auraient-ils pu les connaître sinon par l'observation directe des animaux de cette sorte ? C'est d'ailleurs vrai aussi des témoins blancs de ces temps-là.

A propos de témoignages, un point devrait être précisé. Ce n'est pas parce qu'à certains des félins inconnus, passés en revue dans cet ouvrage, on n'a pas prêté nommément des dents en sabre ou en poignard, qu'ils n'en possédaient point. Si de telles canines ne peuvent passer inaperçues quand ces fauves ouvrent la bouche, elles ne sont pas obligatoirement visibles chez tous, quand ils ont la gueule fermée. En effet chez ceux dont la mandibule est pourvue au menton d'une extension osseuse sur laquelle les canines viennent glisser jusqu'au bout, il est très possible que la peau de la mâchoire inférieure se soit étendue par dessus, formant ainsi de vrais fourreaux pour chacune des dents hypertrophiées.

C'est d'ailleurs là une structure qui s'amorce chez les félins ordinaires. Si vous soulevez (délicatement !) la babine moustachue d'un lion ou d'un léopard — faute d'en avoir sous la main, votre chat fera l'affaire — vous verrez que la canine supérieure s'insère, quand la bouche est fermée, dans une sorte d'étui, tapissée de noir, qui fend la lèvre inférieure.

Les crocs plus allongés de certains Dents-en-sabre pouvaient, dit-on, être semblablement protégés, entre autres des regards. Ainsi est-ce en tout cas que le paléontologue tchèque Vratislav Mazak se représentait l'*Homotherium* européen aux canines le moins développées, *Homotherium latidens*, d'ailleurs appelé judicieusement l'Homothère aux dents cachées [89]. Il avait pour cela une excellente raison : l'existence d'une statuette en pierre tendre, découverte en 1896 dans la grotte d'Isturitz (Basses-Pyrénées). Cet objet s'est, hélas !, perdu, mais, auparavant, un grand vulgarisateur de la Préhistoire, Emile Cartailhac, avait eu l'heureuse idée d'en communiquer une bonne photo à l'abbé Breuil, qui l'avait publiée en 1910. Selon lui, et ses collègues Capitan et Peyrony, le petit chef-d'œuvre pouvait être daté, d'après l'industrie y associée, de l'Aurignacien supérieur.

(89) C'est au grand paléontologue Sir Richard Owen qu'on doit le nom spécifique de ce félin. Quand d'énormes canines avaient été trouvées en 1846 dans la caverne de Kent's Hole, en Angleterre, à l'esbaudissement général, Owen les avait attribuées à un animal qu'il avait nommé *Machairodus latidens*.

Il s'agit d'une statuette de 16 cm de longueur, figurant un félin indiscutable. Son tronc est relativement court. Les pattes, soudées par paires, sont très puissantes, mais malheureusement incomplètes. La queue est extrêmement courte. Tout cela s'accorde déjà avec l'anatomie de l'*Homotherium*. Mais ce qui a attiré l'attention de Mazak, c'est la forme insolite de la mâchoire inférieure. Elle paraît beaucoup trop lourde, trop haute au menton, pour être celle d'un lion, fût-il des cavernes. C'est là, selon Mazak, un trait caractéristique de l'*Homotherium*. En effet, si, à une restauration du profil de celui-ci d'après un crâne fossile on superpose le calque du profil de la statuette, la coïncidence est presque parfaite. Le doute n'est guère possible.

Cette identification fit néanmoins scandale quand Mazak la publia en 1970. On croyait généralement jusqu'alors que les félins à dents en sabre n'avaient guère survécu au Pléistocène inférieur en Europe, sûrement pas au Pléistocène moyen. Et voilà que l'un d'eux semblait avoir été connu des artistes de l'Aurignacien tardif, appelé aussi Gravettien, donc de la seconde moitié du Pléistocène supérieur. Cela prolongeait la longévité géologique du groupe de 400 000 à 200 000 ans pour le moins.

Enhardi par les conclusions audacieuses de Mazak, le docteur vétérinaire Michel Rousseau allait revenir en 1971 sur certains diagnostics qu'il avait portés dans sa thèse de 1967 sur *Les Grands Félins dans l'art de notre préhistoire*. Parmi le matériel qu'il avait accumulé, il découvrit au moins deux ou trois représentations possibles de félins à dents longues, reconnaissables à leur menton en galoche. C'étaient des gravures pariétales provenant respectivement d'Isturitz même, de la grotte des Trois-Frères (Ariège) et de Badegoule (Dordogne). Seulement elles ne remontaient qu'au Solutréen pour la dernière et au Magdalénien pour les autres, à savoir à la fin même du Pléistocène. Or, de cette époque ne nous sont jamais encore parvenus de restes fossiles de Dents-en-sabre européens, sauf d'Angleterre où une population relique a tardivement survécu [90].

Cela dit, on ne répétera jamais assez qu'une preuve négative n'a guère de valeur. Une absence de restes concrets ne prouve jamais une inexistence.

UN EMPIRE PEUT-ÊTRE PLUS ÉTENDU MAIS EN DÉCLIN

En tout cas, il semble peu douteux que certains félins à dents en sabre ou en poignard, et notamment une espèce d'*Homotherium*, portaient leurs armes de manière si discrète que cela pouvait ne pas être remarqué par un témoin occasionnel.

Aussi est-il prudent de compléter notre tableau synoptique par l'inclusion des informations recueillies sur tous les autres félins apparemment inconnus d'Afrique, à l'exception bien sûr de celles qui se rapportent à des cas tout à fait résolus, comme ceux des Lions blancs de Timbavati ou du Guépard royal, ou à des cas indiscutablement distincts, comme celui des petits lions tachetés des forêts de montagne. On remarquera alors que certains de ces fauves non identifiés possèdent divers traits en commun avec l'un ou l'autre des porteurs moins discrets d'armes blanches, et qu'ils pourraient donc en être, eux aussi.

(90) Une éclatante confirmation de la survivance tardive des *Homotherium* a été apportée en 2003 par un article du *Journal of Vertebrate Paleontology*. En mars 2000, un bateau de pêche anglais, *l'UK33*, a rapporté au chalut une partie de mandibule d'*Homotherium latidens*, qui reposait sur les fonds de la Mer du Nord, plus précisément du Brown Bank. On sait en effet que les fonds de la Mer du Nord recèlent des restes de mammifères quaternaires, notamment des défenses de mammouths. Mais surtout, une datation de cette mandibule au radio-carbone lui a donné une ancienneté **de seulement 28 000 ans**, soit l'âge de la statuette d'Isturitz ! C'est là un élément considérable en faveur de la thèse que Bernard Heuvelmans expose dans les derniers chapitres de cet ouvrage. Voir Reumer (Jelle W.), Rook (Lorenzo), Van den Borg (Klaas), Post (Klass), Mol (Dick) et de Vos (Jon) : « Late pleistocene survival of the saber-toothed cat *Homotherium in* North Western Europe » *(Journal of Vertebrate Paleontology*, 23, 1, pp. 260-262, 2003). Une thèse récente assimile à l'*Homotherium* un mystérieux félin signalé en Asie, à Sumatra plus précisément, le Cigau. (JJB)

Je pense notamment à tous les félins décrits comme plus ou moins franchement aquatiques : les lions énormes de la zone frontalière du Sénégal et du Mali, qui sortent de l'eau la nuit pour tuer le bétail ; la Panthère géante de la Côte d'Ivoire, capable de tuer des éléphants, et dont les empreintes énormes ont été relevées sur une plage de la Comoé, le *N'yamalé*, à allure de lion ou de chien, des rivières du Gabon où l'on a constaté au surplus le supplice d'un hippopotame, complètement sabré et la gorge transpercée ; le lion tué dans l'immense région marécageuse comprise entre la Sanga et l'Oubangui, au Congo ; et le *Nyokodoing*, le fauve roux colossal des marais du haut Nil.

Je pense aussi, mais avec de plus grandes réserves, à quelques félins montagnards ou cavernicoles, éventuellement marqués par surcroît de raies verticales : le Lion géant des cavernes du Mali, dit « Lion des rocs » ; le *Siruku* des confins de la Guinée et du Liberia, décrit comme un zèbre sanguinaire, comme un tigre après tout ; peut-être même l'*Abu-Sotân* des montagnes rocheuses des rives du Dinder. Malheureusement décrit avec des raies longitudinales, ce dernier ne s'accorde pas sur ce point avec ce qui a été rapporté sur les félins montagnards à dents longues, aussi bien dans le sud du Soudan que dans le nord de la Centrafrique et au Tchad.

Bref, il est vraisemblable que l'aire de distribution serpentiforme des machairodontes africains actuels, du type aquatique, se prolonge à travers les régions bordant le golfe de Guinée. Et il est possible — tout juste possible ! — que ceux du type montagnard occupent aussi quelques massifs isolés de ces mêmes régions, ainsi que certaines hautes terres d'Ethiopie.

Il se peut aussi en revanche que la zone serpentiforme très ample qui se dessine ainsi soit aujourd'hui pleine de trous, l'aire de distribution des félins à dents démesurées n'étant plus ce qu'elle était au siècle dernier. Dans certaines régions, comme à l'est du lac Victoria, au Kenya, ou comme autour du lac Bangouélo, en Zambie, on ne recueille plus guère de nos jours que de vagues rumeurs, manifestement déformées, qui ressemblent diablement à des traditions.

UNE ADMIRABLE ADAPTATION À LA VIE AQUATIQUE

Si les félins africains à dents plus ou moins longues, qu'ils soient aquatiques ou montagnards, sont à ranger selon toute vraisemblance parmi les Machairodontinés, il n'est pas possible cependant de pousser leur détermination jusqu'au niveau du genre. Parce que nous n'en savons pas encore assez, tant sur les formes fossiles que sur les formes survivantes. Lequel des deux types actuels serait à rapprocher du *Megantereon*, à dents en poignard ou de l'*Homotherium* à dents en sabre ne peut, pour l'instant, qu'être l'objet des spéculations les plus hasardeuses. Il existait d'ailleurs d'autres genres en Afrique, comme le *Therailurus*, voire quelques-uns toujours inconnus. Et tous ces Néofélidés à longues canines avaient été précédés là-bas par des Paléofélidés semblablement armés, dont la survivance n'est pas tout à fait à exclure. Cela dit, que les machairodontes puissent être confinés de nos jours dans deux habitats aussi différents — et aussi inhabituels pour des félins — que l'eau et la montagne rocheuse, ne devrait pas nous surprendre. Peut-être même en a-t-il toujours été ainsi. Les dents en sabre ou en poignard me paraissent en vérité une adaptation pouvant être liée spécifiquement à un habitat aquatique. On sait par exemple que le Dinothérium, cet éléphant fossile dont les défenses, issues de la mandibule, pointaient vers le sol, vivait dans des marécages. On ignore comment et pourquoi il s'en servait. Mais il y a gros à parier qu'il les utilisait pour fouiller la vase, afin d'en arracher les herbes et les jeunes pousses de papyrus ou en retirer des bulbes succulents.

On n'est pas très bien informé sur la biologie des félins à dents démesurées du temps jadis. Voici néanmoins comment le professeur Léonard Ginsburg, du Muséum, était parvenu, sur la seule foi de ses restes, à définir un Nimravidé miocène de Sansan (Gers) dans sa thèse de 1961 :

Félin lourd et puissant comme le Jaguar, plantigrade et au membre antérieur particulièrement musclé, le Sansanosmilus palmidens *devait, comme le carnassier sud-américain, courir peu et vivre sans beaucoup se déplacer près des cours d'eau et des lacs, au milieu d'une végétation touffue où il pouvait se dissimuler facilement, et attendre à l'affût des proies occasionnelles, qu'il devait atteindre d'un seul bond.*

Il n'y a pas de bond prodigieux à exécuter, ni même un grand pas à franchir pour suggérer que ce félin pourrait tout aussi bien avoir vécu en grande partie **dans** ces cours d'eau et lacs…

Qu'il soit impossible de vérifier une telle hypothèse est inexact. Radinski et Emerson se font les porte-parole d'une opinion très répandue, mais tout à fait fausse, quand ils écrivent : « Il n'y a, malheureusement, pas de carnivores à dents en sabre vivants, de sorte que, non entravés par des exemples modernes, les paléontologues ont émis des hypothèses en toute liberté sur le mode de vie des Dents-en-sabre. » Personne n'aurait-il jamais entendu parler du Morse, qui est pourtant un carnivore actuel aux dents en sabre ? C'est même un Carnivore avec un grand C, au sens zoologique le plus strict du terme, puisqu'il appartient au sous-ordre des Pinnipèdes (ou à pieds palmés), qui compose avec celui des Fissipèdes (ou à pieds divisés) l'ordre des Carnivores. Oubliant ici l'Eléphant aux défenses colossales et les ruminants à canines modestement développées (chevrotains et petits cervidés), ces deux extrêmes, on peut dire que, parmi les animaux connus, les morses sont **les seuls** de nos jours à posséder de puissantes dents en poignard. Ce sont donc **les seuls** aussi chez qui il est possible de contrôler *de visu* l'usage qui peut être fait de tels outils.

Or, que constate-t-on ? Tout d'abord que ces cousins des phoques et des otaries sont bien entendu aquatiques comme eux, et que ces hôtes des mers arctiques se servent surtout de leurs canines démesurées pour s'amarrer aux rivages, se hisser ensuite hors de l'eau et même se propulser sur la glace en s'accrochant à elle. Ces défenses, qui peuvent dépasser 1 m. chez les mâles, sont pour eux tout à la fois des ancres, des piolets et des crampons. Elles leur sont sans doute plus utiles encore comme sondes et comme dragues pour fouiller le sable ou le limon des fonds sous-marins afin d'y récolter leur ordinaire : des mollusques, des oursins, des vers de toutes sortes, ainsi que de petits crustacés.

Il me paraît évident que certains au moins des félins à dents en sabre agissaient de même. On a beau avoir vanté les vertus de telles canines pour poignarder ou égorger les plus gros pachydermes, celles-ci devaient tout de même constituer un grave handicap quand il s'agissait de dévorer les proies coriaces ainsi abattues. En pleine savane africaine, il leur eût été difficile de prendre un repas substantiel. A peine auraient-ils eu tué une proie de grande taille que tous les charognards du coin, plus ou moins invétérés, se seraient précipités pour tenter d'en arracher des morceaux, voire se l'approprier. Depuis les divers vautours jusqu'à Sa Majesté le Lion, en passant par les hyènes, les chacals et les marabouts, ceux-ci auraient proprement réduit le cadavre à l'état de squelette, avant que le félin à dents longues eût réussi à en arracher lui-même quelques lambeaux susceptibles d'être laborieusement introduits dans sa gueule presque barrée. Il m'étonnerait qu'un animal relativement pataud, et seulement capable de « frapper » comme un cobra ou de donner des coups de faux, pût tenir tête à une bande de lions affamés, le harcelant de toutes parts : il ne ferait pas le poids. S'il n'en était pas ainsi, **c'est d'ailleurs le Tigre à dents en sabre qui serait actuellement le roi de la savane africaine, non le Lion**.

DES ÉMULES D'EAU DOUCE DU MORSE

Il n'est pas concevable que dans un même habitat deux félins du même gabarit, actifs aux mêmes heure et s'attaquant en gros aux mêmes proies, puissent vivre bien longtemps côte à côte dans ce qui est en somme la même niche écologique. Le moins bien adapté disparaîtrait à brève échéance. Or, à chaque époque géologique, pendant une cinquantaine de millions d'années, des félins à canines démesurées et des félins à canines ordinaires ont coexisté sans heurts. Et qui plus est, dans chacune des deux catégories de prédateurs, il y avait même plusieurs genres distincts.
Comme, en Afrique tropicale, nous connaissons bien les biotopes des grands félins traditionnels, celui du Lion, celui du Léopard et celui du Guépard, les machairodontes actuels doivent forcément s'en réserver d'autres, comme ils ont d'ailleurs toujours dû le faire aux âges passés.
L'habitat le plus approprié qui s'offre à eux est de toute évidence aquatique ou semi-aquatique. Pourquoi ? Tout d'abord, parce qu'une étendue d'eau est le rendez-vous de chasse rêvé pour un fauve ne pouvant opérer qu'à l'affût : toutes ses proies potentielles sont en effet obligées de se rendre régulièrement sur ses bords pour aller s'abreuver. Ensuite, dans un tel décor, des canines encombrantes deviennent au contraire avantageuses et se chargent d'une valeur sélective. D'une part, elles servent aux félins qui en sont pourvus à s'ancrer fermement parmi les rapides des fleuves où ils pêchent, et à remonter sans peine sur les berges même les plus abruptes. D'autre part, elles leur permettent de fouiller la vase des cours d'eau lents et des marais pour y débusquer entre autres les gros « poissons de boue », les crustacés, les amphibiens et les petites tortues, voire pour y dénicher des œufs de crocodile. Enfin, quand il leur arrive de poignarder ou d'égorger dans ce milieu un de leurs rivaux — généralement un hippopotame ou un lamantin, plus rarement un éléphant, sans doute jeune — ils peuvent, après avoir lapé le sang jaillissant de leurs artères, entraîner le cadavre exsangue dans des eaux basses comme les crocodiles le font, pas seulement pour le mettre à l'abri des envieux mais pour en hâter la décomposition. Celle-ci en effet rend les chairs plus friables, plus faciles à déchirer, à arracher par lambeaux, à mâcher, à avaler et à digérer.
Une comparaison plus poussée avec les morses s'impose ici. Si ceux-ci se nourrissent d'habitude de petites proies, draguées au fond de la mer, il leur arrive souvent, surtout aux vieux mâles solitaires, de tuer des phoques ou des otaries en les poignardant de leurs défenses. On peut même citer certains cas où ils ont assassiné de cette

façon un narval ou un ours blanc ! Voilà qui offre un intéressant parallèle avec les « lions d'eau » aussi bien centrafricains qu'est-africains, zambiens qu'angolais. On est évidemment tenté de croire que les gros pinnipèdes mangeurs d'huîtres, d'oursins et autres fruits de mer des eaux arctiques, tuent leurs ennemis de grande taille uniquement pour défendre leur territoire et sans les manger. En réalité, quand on analyse le contenu de leur estomac, on y trouve souvent des morceaux, gros comme le poing, de lard de phoque ou de cétacé : le fait est que ces sortes d'otaries à dents en sabre se nourrissent à l'occasion de charogne, par exemple, de la viande pourrissante de baleines échouées. Cela, bien sûr, parce qu'ils ne pourraient le faire si facilement de chair fraîche.

Tout bien considéré, l'identification des divers « lions et panthères d'eau » d'Afrique tropicale à des félins machairodontes du Pléistocène local, éclaire non seulement sur la nature des premiers, mais elle nous permet de mieux comprendre l'anatomie singulière des seconds et leur biologie. [91]

DES MONTAGNARDS NOCTURNES COMPARABLES A L'OURS

L'existence en montagne d'une forme de félins à dents en sabre ou en poignard semble, à première vue, plus difficile à justifier. Elle est cependant tout à fait compréhensible.

---

(91) Dans son récent article *Survivance de félins à dents de sabre : un pas en avant, un pas en arrière* (*La Gazette Fortéenne*, IV, 2005, pp. 159-172), Michel Raynal attire l'attention sur un conte africain qui confirme l'opinion de Bernard Heuvelmans, selon laquelle les machairodontes mettraient leurs proies dans l'eau pour accélérer leur décomposition.
Ce conte appartient au folklore des Wahungwe du Mozambique et figure dans l'ouvrage *African Genesis* de Leo Frobenius et Douglas C. Fox (New York : Benjamin Blom, 1937). Une jeune fille, culpabilisée par ses amies, jette son nouveau-né dans une rivière. Or, selon ce conte, « des lions vivaient sous l'eau. Ils attrapèrent l'enfant alors qu'il coulait et le mirent dans une grande jarre. » Qu'on se rassure, son père l'y récupérera.
M. Raynal fait remarquer que les jarres en question pourraient bien être des sortes de « marmites de géants » – cavités dues à l'érosion provoquée par des rochers dans les eaux courantes et parfois associées, en Afrique, aux « lions d'eau ».
Pour sa part, Alain Grobon, un correspondant de Michel Raynal, rapporte qu'en Centrafrique les Youlous lui ont parlé d'un lion d'eau et l'ont décrit comme un « lynx géant » aux immenses canines. Rappelons que le lynx, lui aussi, a la queue courte.
Les Mandingues de Casamance (Sénégal ou Gambie), pour leur part, évoquent le *Wanjilanko* ou « roi de la forêt », un grand félin rayé aux terribles rugissements. Le naturaliste Owen Burnham a entendu ceux-ci et a trouvé des empreintes et de volumineux excréments. Voir les articles de Karl P. N. Shuker : « When did the sabre-tooths really die out ? », *All about cats*, 4, juillet-août 1997, pp 50-51 et « The secret animals of Senegambia », *Fate*, 51, novembre 1998, pp 46-50.
En 1904 déjà, un missionnaire, le RP Trilles, publiait dans le *Bulletin de la Société de Géographie Commerciale de Bordeaux* une lettre intitulée « *Lettre du Gabon : un animal inconnu* » (7 mars 1904, pp 73-75). Dans ce rapport, déniché par M. Raynal, le missionnaire nous met l'eau à la bouche, en nous racontant qu'il a tenu en main un baudrier en peau de cet animal, mais qui fut dévoré par les termites.
Il s'agit d'un félin appelé *yango* (éléphant d'eau), *nkweu dzibo* (tigre d'eau), *ndzin médzim* (tigre de rivière) ou *ndamballa* (tigre des eaux). De forte taille, agressif et redouté, il a un museau de chien, de fortes canines, un pelage gris fauve clair et tacheté, la queue longue, des pattes palmées : le père Trilles a vu un ongle corné provenant de cette espèce dont le signalement, dans l'ensemble, correspond à celui des rapports ultérieurs.
Comme celui de Fred G. Merfield dans son livre *Gorillas were my neighbours* (Longmans : Green and Co, 1956). Ce chasseur construisit une plateforme dans les arbres, au Cameroun, dans l'espoir de tuer un spécimen de ce *nzemendim* – nom qui rappelle l'un des noms rapportés par le missionnaire. (JJB)

Quand, en Afrique, on s'éloigne de la grande forêt humide des terres équatoriales, et qu'on se dirige vers l'est et surtout le nord, on traverse des régions qui deviennent insensiblement de plus en plus sèches avant d'atteindre enfin les déserts de sable et de rocaille. C'est au cœur de ces régions intermédiaires — notamment dans la zone des prairies et des savanes à herbe basse et plus encore dans la zone semi-désertique seulement hérissée de touffes d'herbes chétives et de mimosées épineuses — que sont signalés les représentants du type montagnard de félins à canines démesurées. Or, ce sont là certains des lieux de prédilection du Lion, avec lequel ceux-ci ne peuvent entrer en compétition ouverte et auquel ils doivent céder la place. Faute de pouvoir là-bas se réserver le domaine aquatique, il ne leur reste qu'à se replier en montagne, au-delà des forêts parfois envahies par le Lion, en particulier dans la zone rocheuse et aride, riche en cavernes. Celles-ci leur servent non seulement de refuges tout à fait sûrs, mais d'entrepôts où laisser faisander, à l'abri de la plupart des autres charognards, leurs plus grosses proies — antilopes, phacochères ? — difficiles à absorber à l'état frais.

Leur ordinaire toutefois doit être composé là-bas d'animaux de moindre taille : damans, lièvres rouges, porcs-épics, rats-taupes et autres rongeurs plus menus encore et peut-être aussi lézards, serpents et gros insectes. Il est même vraisemblable que leurs canines démesurées doivent leur être très utiles en l'occurrence, car elles leur permettent de débusquer les espèces fouisseuses en sondant leurs terriers, tout comme leurs frères aquatiques ratissent la boue pour y trouver leur propre nourriture.

En fait, les machairodontes montagnards semblent occuper en Afrique tropicale la niche écologique laissée libre là-bas par l'absence d'ours. A cette nuance près que, contrairement à ces derniers, ils sont strictement nocturnes.

Pour nous résumer, on peut reconnaître à travers de vastes zones de l'Afrique noire deux formes bien distinctes de félins récents à canines allongées, à classer très probablement parmi les Machairodontinés.

Il y a d'une part, un genre aquatique appelé sans doute *N'yamalé* par les Orungu du Gabon et sûrement *Coje ya menia* (lion d'eau) par les Mbunda de l'Angola, *Ntambue ya maï*, *Ntambo wa luy* et *Simba ya mail* (toujours lion d'eau) ou même *Nzéfu-loï* (éléphant d'eau) selon les régions du Zaïre austral, plus vaguement *Chipekwé* (monstre) dans la région du lac Bangouélo, en Zambie, *Dingonek* par les Wa-Ndorobo, *Ol-umaina* (?) ou *Ol-maima* par les Masaï et *Ndamathia* par les Kikuyu, au Kenya, peut-être aussi *Nyokodoing* dans les marais du haut Nil, au Soudan, et en République centrafricaine enfin, *Mourou-ngou* (panthère d'eau), *Ze ti ngou* (idem) par les Sangho, *Mamaïmé* (lion d'eau) ou *Ngoroli* (éléphant d'eau) par les Zandé, et *Dilali* (lion d'eau) par les Baya.

Il y a d'autre part, un genre montagnard appelé, lui, *Vassoko* ou *Gassingrâm* (?) dans des langues non identifiées du nord de la Centrafrique, et *Coq-ninji* ou *Coq-djingé* par les Youlou de la même région (nom que les francophones traduisent très librement par « Tigre de montagne »), nommé *Hadjel* par les Hadjeray du sud-oust de l'Ouadaï, au Tchad, et connu, sous des noms pas encore précisés, par les Zagaoua de l'Ennédi et les Toubou du Tibesti, plus au nord de ce pays, où les Tedda l'appellent en tout cas, *Nisi* ou *Noso*.

UN PORTRAIT BOCHIMAN DU MACHAIRODONTE D'EAU

S'il est vrai que des félins à dents en sabre ou en poignard sont encore à ce point répandus de nos jours, et qu'ils ont donc été connus des hommes depuis de nombreux millénaires, on pourrait s'étonner de ne pas en connaître de représentations africaines. Après tout, n'avons-nous pas trouvé à Isturitz une statuette représentant sans équivoque un homothérium à dents cachées, petit chef-d'œuvre de l'art franco-cantabrique, qui date de moins de 20 000 ans ?
L'art nègre, avant tout obsédé par l'image humaine, n'a que rarement figuré des animaux, mais il n'en était pas de même de l'art bochiman d'Afrique du Sud — ou de son pendant saharien du Tassili des Ajjer — dans lequel les représentations animales sont au contraire un sujet privilégié.
Or c'est précisément parmi les richesses des cet art des cavernes datant de quelques siècles à peine, de deux millénaires tout au plus, qu'on peut découvrir au moins une figuration, au demeurant saisissante, d'un de ces Machairodontes attardés. Je dois de la connaître à un des plus grands spécialistes de la peinture pariétale de l'Afrique australe et de la Namibie, mon vieil ami et compagnon de route Harald Pager. Ce portrait décore la paroi rocheuse d'une caverne de Brackfontein Ridge, située sur le territoire de la ferme *La Belle France*, dans la région de Rouxville, tout au sud de l'Etat libre d'Orange.
Outre les défenses recourbées, tout à fait semblables à celles du Morse, on remarque, chez l'animal représenté, non seulement les taches caractéristiques de la robe du *Dingonek* kenyan ou du *Mourou-ngou* centrafricain — elles sont même alignées longitudinalement, mais la queue courte et large des Machairodontes en général, et la brièveté des pattes, si souvent constatée chez certains d'entre eux. Celle-ci paraît à vrai dire exagérée. Il se peut que cela tienne au fait que le fauve en question est figuré couché sur le ventre avec les pattes ramassées sous le corps, dans une pose familière à tous les chats.
La bête est représentée aux côtés de plusieurs autres, parmi lesquelles on peut reconnaître un serpent cornu, une antilope Eland et un porc-épic, tous élégamment stylisés et peints sans aucun souci de leur taille relative. Sans doute cette peinture rupestre de la République sud-africaine nous entraîne-t-elle hors de la large bande tropicale dans laquelle les félins à dents en sabre semblent confinés aujourd'hui. Mais cela souligne précisément l'étendue de l'aire de distribution de ceux-ci jusqu'à une époque très récente, ainsi que son rétrécissement subséquent. N'oublions pas, à cet égard, que les restes de plusieurs genres de Machairodontes, et même d'un Nimravidé, ont été découverts dans les grottes à australopithèques du Transvaal.
Tout cela se tient donc parfaitement.
D'aucuns trouveront peut-être que l'animal portraituré par les Bushmen de la crête de Brackfontein ressemble surtout par la silhouette au Morse, et que c'est donc cet énorme pinnipède qu'ils ont cherché à représenter. Mais, outre que celui-ci ne possède pas du tout de queue, ne serait-il pas délirant d'avancer que les petits hommes jaunes, à cheveux en plants de poivre, de l'extrémité australe de l'Afrique ont pu connaître cet hôte exclusif de l'océan glacé qui baigne le Pôle Nord ?

LA PREUVE PAR NEUF

Voilà qui me rappelle à point nommé une anecdote amusante par laquelle ce livre pourrait se terminer d'une manière on ne peut plus significative. Elle concerne un chasseur de gros gibier d'Afrique, peut-être le plus célèbre de tous et qui portait d'ailleurs le nom patronymique prédestiné de Hunter (en anglais « chasseur »). Je veux parler de John Alexander Hunter, qui a participé à l'exploration du Kenya depuis 1908 et s'y est éteint à Makindu en juillet 1963. J'ajouterai pour ma part qu'il était aussi **tristement** célèbre en Afrique orientale que le sinistre Buffalo Bill en Amérique du Nord, car c'était un massacreur d'animaux sans pareil. Sur une page de son agenda, où il faisait le compte de ses trophées de chasse les plus prestigieux pour une période de deux ans à peine (du 29 août 1944 au 31 octobre 1946), on voit mentionner outre 81 éléphants et 29 buffles, 996 rhinocéros. Vous avez bien lu : en moyenne plus d'un rhinocéros tué par jour.

De la part de quelqu'un témoignant d'un tel irrespect de la nature et de la vie, de celle d'autrui bien sûr, de celle qui vous est étrangère, on ne peut évidemment s'attendre à une compréhension très subtile de la pensée africaine, de celle des Pygmées en particulier. C'est ce qui va ressortir du récit que Hunter nous a fait en 1952, dans un livre de souvenirs, de sa rencontre avec les petits hommes rouges et duveteux de la forêt de l'Ituri. Cela se passait dans les années 1930, et il se trouvait là-bas en compagnie du Dr Ackroyd pour aider celui-ci dans sa mission qui consistait à enrichir les collections du Muséum d'Histoire naturelle de South Kensington, à Londres :

Je découvris bientôt que dans leur ardeur à nous contenter, les Pygmées promettaient avec entrain de nous rapporter toutes les sortes d'animaux que nous pourrions mentionner, même s'ils ne les avaient jamais vus et n'en avaient pas entendu parler auparavant. J'avais un exemplaire des Records of Big Game *de Rowland Ward avec des reproductions de gibier du monde entier. Je me mis à tourner les pages du livre pour montrer aux Pygmées les animaux que nous désirions. Les petits hommes, toujours prêts à collaborer, allaient jusqu'à montrer des élans d'Amérique et des cerfs d'Ecosse portant leurs bois en me demandant si je voulais un ou deux de ces animaux* [92]. *Ce fut un comble lorsque j'en vins à tourner une page montrant un morse des mers arctiques. Le plus petit des chasseurs mit le doigt sur la photo et dit : – Ah ! Je connais bien cet animal. Il vit au plus profond de la forêt et ne sort que la nuit. Il est féroce et tue les hommes avec ses grandes défenses pour les manger ensuite, mais, si tu le désires, j'en prendrai un au piège pour toi.*

Les explorateurs qui ont pénétré dans la forêt d'Ituri reviennent souvent avec des récits faits par les Pygmées à propos de bêtes stupéfiantes, allant du dinosaure à l'ours mangeur d'hommes, qui habitent la jungle. Je soupçonne ces animaux de ne pas être plus nombreux dans l'Ituri que n'y sont les morses.

(92) Rappelons ici que les restes du Libytherium (ex Sivatherium), une sorte de girafe trapue à cornes d'élan, ont été découverts en Afrique de l'Est et du Sud, associés à des industries acheuléennes (- 360 000 à - 70 000 ans). Les Pygmées pourraient avoir retrouvé de leurs bois fossilisés. Quant aux cerfs, on a établi qu'il en existait à l'ouest du lac Victoria au Miocène (- 25 à - 12 millions d'années). Le grand Louis S. B. Leakey m'a confié en 1967 qu'il était convaincu de leur survivance de nos jours dans le sud de l'Ethiopie. Tout cela fera peut-être l'objet de chapitres d'un prochain ouvrage consacré à divers casse-tête zoologiques du continent noir.

En somme, ce qui est présenté comme une réfutation de l'existence prétendue de « bêtes stupéfiantes » en Afrique, se révèle en définitive comme un argument des plus solides en faveur de la réalité de l'une d'entre elles. Les Pygmées sont reconnus unanimement comme les meilleur chasseurs du monde, des hommes dont l'intelligence et la droiture ont, au demeurant, ébloui tous ceux qui les ont vraiment bien connus. Il serait impensable pour ceux-là qu'un Mbuti eût pu reconnaître comme locale une espèce tout à fait étrangère et proposé dès lors de partir en quête d'un animal qui, dans son esprit, n'existerait pas. La forêt de l'Ituri n'est d'ailleurs, précisons-le, éloignée que de 500 kilomètres à vol d'oiseau du domaine du *Dingonek*.

Quel dommage pour la Science que le « grand » chasseur britannique, plutôt que de manifester une incrédulité stérile, n'ait pas accepté la proposition du tout petit chasseur zaïrois ! Je gage que, s'il l'avait fait, un félin à dents en sabre, merveilleusement naturalisé par les soins de la firme Rowland Ward, trônerait aujourd'hui à la place d'honneur dans une des salles du *British Museum*. Toute la troisième partie de ce livre n'eût pas eu de raison d'être, l'affaire ayant fait l'objet d'un ou deux chapitres de la deuxième. Tout bien réfléchi, peut-être y a-t-il lieu de se réjouir au contraire de l'étroitesse d'esprit de John Hunter… Qui sait si la réussite de ses piégeurs pygmées n'eût pas suscité chez lui et ses nombreux semblables une fringale de trophées nouveaux, d'un merveilleux ivoire au surplus, qui eût débouché à travers toute l'Afrique tropicale, sur une effroyable hécatombe ? Cela aurait pu avoir pour résultat final de ramener dare-dare le fossile ressuscité à son statut antérieur. Cet état de fossile, bien mort et enterré, il aurait dû, pour le confort intellectuel des esprits conservateurs, ne jamais même feindre de le quitter ! Et il aurait très bien pu le garder grâce à un incognito après tout bénéfique. Maintenant que l'Afrique nouvelle a pris conscience de la valeur, unique et irremplaçable, de son patrimoine naturel, le temps me paraît tout de même venu de dénoncer, sans risque de boucherie, le caractère fallacieux de ce statut, et de dévoiler ainsi un des plus beaux fleurons, sans doute, de la faune du continent. Pour le plus grand enchantement de tous ceux qui estiment encore que l'aventure zoologique est loin d'être morte.

Verlhiac (Dordogne),
juin 1982-janvier 1983.
Le Vésinet (Yvelines),
novembre 1989.

LES FÉLINS MYSTÉRIEUX D'AMÉRIQUE DU SUD

JEAN-JACQUES BARLOY

Il peut être intéressant d'évoquer, à titre de comparaison, les félins énigmatiques d'Amérique du Sud où, à cet égard, la situation est un peu la symétrique de celle de l'Afrique.

Des félins rayés à dents en sabre sont ainsi signalés dans les forêts de montagne de la Colombie et de l'Equateur. Il pourrait s'agir de smilodons, les homologues américains des machairodus. Mais Bernard Heuvelmans voyait plutôt en eux des marsupiaux, les thylacosmilidés, également armés de telles canines, réputés disparus depuis — il est vrai — quatre millions d'années.

Des félins comparables, mais aquatiques (un parallélisme étonnant avec l'Afrique), défraient la chronique en Patagonie et en Guyane française (le *maipolina*). Là encore, un indice archéologique étaye de telles survivances : une peinture rupestre de Patagonie représentant — semble-t-il — un félin aux dents-en-sabre attaquant un *Macrauchenia* (sorte d'ongulé évoquant quelque peu les chevaux).

De très nombreux autres félins énigmatiques ont été signalés à travers le continent. Ainsi, au Brésil, le *jaguarete*, sorte de jaguar au pelage sombre, et un éventuel hybride jaguar x puma. Au Pérou, une « grande panthère noire », un « tigre tacheté », un « tigre rayé » (comme un vrai), un « chat sauvage de jungle ».

En Equateur, un « jaguar albinos », un « tigre-tapir » (très grand, gris sombre), un « tigre arc-en-ciel » (noir, avec des rayures multicolores sur la poitrine), un « tigre d'eau » (aux couleurs variables), un « chat de jungle social » qui chasse en bandes. En Bolivie enfin, le *mitla*, qui évoque un chien.

RÉFÉRENCES :

– Forés (Angel Morant) : « An investigation into some unidentified Ecuadorian mammals field reports ", *Institut Virtuel de Cryptozoologie*, 12 octobre 1999.

– Hocking (Peter J.) : « *Large Peruvian Mammals Unknown to Zoology* » (*Cryptozoology*, Tucson, 11, p. 38-50, 1992).

– Shuker (Karl P. N.): « *Mystery Cats of the world* » (Londres, Robert Hale, 1989).

BIBLIOGRAPHIE

PREMIÈRE PARTIE
DU CONNU À L'INCONNU
CHAPITRES I ET II
FÉLINS D'AFRIQUE, INSOLITES, HYBRIDES OU ENCORE INCONNUS

*** « Naissance d'un lion blanc en Argentine » (*Dépêche AFP*, datée de Buenos-Aires, 2 avril 1977).

*** « Une nouvelle espèce animale : le Lion blanc » (*Dépêche AFP*, datée de New York, 10 mai 1977).

*** « „Monstrum" terrorisiert Eingeborene » (*Süddeutsche Zeitung*, München, 4 Januari 1974).

ANTINORI (Marchese Orazio) : « Ritorno del March. Antinori. Scoperta d'una nuova fierae d'un popolo di nani. (Lettera al Dott. Schweinfurth) [8 agosto 1881] » (*L'Esploratore*, Milano, p. 48, 1882).

BLANCOU (Lucien) : « Le Lion de forêt » (*Chasse et pêche*, Bruxelles, pp. 345-347, août 1969).

BOWEN (Patrick) : « More about Africa's mystery beasts » (*Wide World*, London, *63*, pp. 403-405, September 1929).

CARDINEAU : [Communication personnelle : lettre du 12 mars 1966].

CAZARD (Paul) : « Le Lion des rocs » (*Le Chasseur français*, Saint-Etienne, p 664, octobre 1939) (JJB).

CLARKE (James) : « Lion cubs in snow suits » (*The Star*, Johannesburg, pp. 1-2, May 9, 1977).

COURTNEY (Roger) : *A Greenhorn in Africa* (London, 1940), [p. 41].

DUPLANTIER (Gene) : *The Night Mutilators* (Willowdale (Ontario), S. S. & S. Publications, 1979) [p.4].

GROMIER (Dr Emile) : *La Vie des animaux sauvages de l'Afrique* (Paris, Payot, 1948) [pp. 203-204].

GUGGISBERG (C. A. W.) : *Simba* (Cape Town, Howard Trimmins, 1961 ; Philadelphia-New York, Chilton, 1963) [pp. 49-51].

HEUGLIN (Theodor VON) : *Reise nach Abessinien, den Gala-Ländern, Ost-Sudán und Chartúm in dem Jahren 1861 und 1862* (Jena, H. Costenoble, 1868) [p. 236].

HEUGLIN (Theodor VON) : *Reise in Nordostafrika* (Braunschweig, G. Westermann, 1877) [T. II, p. 57].

HICHENS (Captain William) : « Africa's Mystery Beasts » (*Wide World*, London, *62*, pp. 171-176, December 1928).

HICHENS (Captain William) : « African Mystery Beasts » (*Discovery*, London, pp. 369-371, December 1937).

JOHNSTON (Harry H.) : « On Mammals and Birds of Liberia » (*Proc. Zool. Soc. London*, London, pp. 197-210, March 21, 1905).

LANDRIN (Armand) : *Les Monstres marins* (Paris, Hachette, 1877) [pp. 3-4].

LINDBLOM (Gerhard) : *The Akamba in British East Afrika. An Ethnological Monograph* (Uppsala, Appelsberg Bocktryckeri Aktiebolag, 2nd edit. enlarged, 1920) [pp. 326-329].

McBRIDE (Chris) : *The White Lions of Timbavati* (New York-London, Paddington Press, 1977).

MALBRANT (René) & Alain R. MACLATCHY : *La Faune de l'Equateur africain français* (Paris, Paul Lechevalier, 1949) [T.II, pp. 126-128].

OLLONE (Commandant Charles-Alexandre d') : *Mission Hostains-d'Ollone, 1898-1900. De la Côte d'Ivoire au Soudan et à la Guinée* (Paris, Hachette, 1901) [p.293].

PERKINS (Eric Arnold-Temple-) : *The Kingdom of the Elephant* (London, Melrose, 1955) [pp. 228-231].

PITMAN (Charles R. S.) : *Uganda. Annual Report of the Game Department for the Year ended 31 December 1928* (Entebbe, Government Printer, 1929) [p. 26].

POCOCK (Reginald I.) : « The Story of the Nandi Bear » (*Natural History Magazine*, London, *2* (n° 13), pp. 162-169, January 1930) [pp. 164-168].

POWELL Jr (James H.) : [Communication personnelle : lettre du 2 mars 1978].

RECLUS (Elisée) : *Nouvelle Géographie Universelle* (Paris, Hachette, 1876-1894)

[T. X, p. 227 ; T.XII, p. 201].

RITCHIE (A. T. A.) : *Colony and Protectorate of Kenya, Game Department annual report, 1926* (Nairobi, Government Printer, 1927) [p. 19].

ROUMEGUERE- EBERHARDT (Jacqueline) : [Communications personnelles : entretiens de septembre 1981 et d'octobre 1982].

SANDRART (Georges) : [Communication personnelle : mai 1951].

SCHULTZE (Dr. Arnold) *in* MECKLENBURG-SCHWERIN (Adolf Fredrich, Herzog zu) : *Von Kongo zum Niger und Nil. Berichte der deutschen Zentralafrika-Expedition 1910-11* (Leipzig, F. Brockhaus, 1912) [Zweiter Bd].

SCHULTZE (Dr. Arnold) in MECKLENBURG-SCHWERIN (Adolphus Frederick, Duke of) : *From the Congo to the Niger and the Nile. An account of the German Central African Expedition of 1910-11* (London, Duckworth, 1913) [T. II, pp. 175-176, 207-208].

SPENCER (Nita) : « Was monster Khadumadumo ? » (*Sunday Times*, Johannesburg, February 26, 1967).

WILLIAM OF SWEDEN (Prince) : *Among Pygmies and Gorillas* (London, Gyldendal, 1923) [pp. 103-104].

CHAPITRES III ET IV

DÉCOUVERTE ET BAPTÊME DES FÉLINS AFRICAINS

*** : « Deux léopons (mi-léopard, mi-lionne) au Zoo de Tokyo » (*Dépêche Reuter*, datée de Tokyo, 14 décembre 1959)

ALMADA (André Alvares DE) : *Tratado Breve dos Rios (Reinos de Guiné do Cabo Verde [1594]. Ed. Diogo KÖPKE* (Porto, typ. commercial portuense, 1844).

ALVARES (Padre Manuel) : *Etiópia Menor e Descriç?o Geográfica da Provincia da Serra Leoa* [1616] [Edition critique en préparation].

ANTIGONE CARYSTIUS : *Historiae mirabiles* [cap. XXXI].

ANTINORI (Marchese Orazio) : *op. cit.*

ANTONIUS (Otto) : « Ueber Artbastarde bei Säugetieren » (*Verk. Zool. –bot. Ges. Wien*, Wien, *92*, pp. 106-115, 1951).

ARISTOTE : *Histoire des Animaux* [Livre VIII, chap. 27].

BAUMANN (F.) : « Ueber *Felis aurata* Temm., eine eigenartige westafrikanische Katzenart" (*Mitt. Natur. Ges.*, Bern, *8*, pp. 113-118, 1923) [publ. 1924].

BOURDELLE (Edouard) : « Les chats dorés d'Afrique et d'Asie » (*C. R. sommaire Séances Soc. Niogéogr.* , Paris, *9*, (n° 78), pp. 66-70, 1933).

BOURDELLE (Edouard) & Guy BABAULT : « Note sur une forme particulière de Félidé de la Région du Kivu (*Felis aurata* Temminck = *Profelis aurata* Pocock) » (*Bull. Mus. Nat. Hist. Nat.*, Paris, 2e sér. *3* (n° 3), pp. 294-297, mars 1931).

BRUCE (James) : *Travels to Discover the Sources of the Nile in the Years 1768-73* (Edinburgh, printed by J. Ruthven for G. G. S. and J. Robinson, London, 1790) [pp. 146-148].

BUFFON (Georges Louis LECLERC, comte DE) : *Histoire naturelle générale et particulière* (Paris, Imprimerie royale, 1749-1767) [T. IX ; T. XIII].

BUFFON (Georges Louis LECLERC, comte DE) : *Histoire naturelle. Supplément à l'Histoire des animaux quadrupèdes.* (Paris, Imprimerie royale, 1774-1789) [T. III].

BURCHELL (William J.) : *Travels in the interior of southern Africa* (London, Longman, 1822-24) [II, pp. 592-593].

BURTON (Maurice) : « Serval and Servaline » (Illustr. London News, London, p. 708, October 23, 1954).

CAVAZZI (P. Giovanni Antonio) : *Istorica descrittione de tre regni, Congo, Mattamba e Angola situati nell'Etiopia inferior occidentale e delle missioni apostoliche esercitatevi da religiosi capuccini* (Milano, stampe dell'Agnelli, 1690) [pp. 36 et 40].

CHARBONNEAU-LASSAY (Louis) : *Bestiaire du Christ* (Bruges, Desclée de Brouwer, 1940) [pp. 279-293, 298].

CLAUDIEN (Claudius CLAUDIANUS, dit) : *Panegyricus dictus Manlio Theodori consuli* [399] [vers 303-306].

DAPPER (Olfert) : *Naukeurige Beschrijvinge der Afrikaensche Geweste van Egypten, Barbaryen, Libyen, Biledulgerid Negroslant, Guinea, Ethiopen, Abyssinie* (Amsterdam, Jacob van Meurs, 1668).

DAPPER (Olfert) : *Description de l'Afrique, contenant les noms, la situation et les confins de toutes ses parties, leurs rivières, leurs villes et leurs habitations, leurs plantes et leurs animaux, les richesses, les coutumes, la langue, la religion et le gouvernement de ses peuples* (Amsterdam, Wolfgang, Waesberge, Boom en Van Someren, 1686) [p. 257].

DENIS (Armand) : *Cats of the World* (London, Constable & C°, 1964) [pp. 35-36, 41].

DONELHA (André) : *Descriçào da Serra Leoa e dos Rios de Guiné do Cabo Verde* [1626] (Lisboa, Centro de Investigacàos cientificas de Ultramas, Centro de Cartografia antigua, 1977) [pp. 90-91].

DORST (Jean) & Pierre DANDELOT : *Guide des grands Mammifères d'Afrique* (Neuchâtel, Delachaux et Niestlé, 1972).

DURANT (Mary) : *In Pursuit of the Mous, the Snaile and the Clamm* (New York, Meredith Press, 1968) [p. 145].

ERXLEBEN (Johann Christian Polycarp) : *Systema Regni Animalis per classes, ordines, genera, species, etc., Classis I, Mammalia* (Lipsiae, 1777).

FERNANDES (Valentim) : *Description de la Côte Occidentale d'Afrique (Sénégal au Cap de Monte, Archipels) [1506 / 1507], Ed. Th. MONOD, A. TEIXEIRA DA MOTA et R. MAUNY* (Bissau, Memórias do Centro de Estudos da Guiné Portuguesa, 11, 1951).

FORSTER (Georg) : *Herrn vob Büffons Naturgeschichte vierfüssigen Thiere* (Berlin, J. Pauli, 1773-1801) [T. VI, p. 313].

GMELIN (Johann Friedrich) : *C. a Linné... Systema Naturae... editio decima tertia, aucta, reformata, cura J. F. Gmelin* (Lipsiae, 1788-1793) [T. I].

GULDENSTÆDT (Johann Anton) : « Chaus, animal feli affine descriptum » (*Novi commentari Academiæ scientiorum imperialis petropolitanae*, Petropoli, *20*, pp. 483-500, 1775) [tab. XIV].

GÜNTHER (Albert) : « Note on a supposed Melanotic Variety of the Leopard from South Africa » (*Proc. Zool. Soc. London*, London, (1), pp. 243-45, June 1, 1885) [pp. 243-245, Pl. XVI].

HALTENORTH (Theodor) & Helmut DILLER : *Säugetiere Afrikas und Madagascar* (München-Bern-Wien, BLVD Verlagsgesellschaft, 1977) [pp. 222-233].

HEIM DE BALSAC (Henri) : « Biogéographie des mammifères et des oiseaux de l'Afrique du Nord » (*Bull. Biol. France et Belgique*, Paris, Suppl. *21*, pp. 1-446, 1936) [pp. 97-98].

HEUGLIN (Theodor VON) : *op. cit.* (1868) [p. 236].

ISIDORE DE SEVILLE : *Etymologiae* [Lib. XII, cap. II, § 8-11] in MIGNE : *Patrologie latine*, Tome 82.

JENNISON (George) : *Noah's Cargo – Some curious chapters of Natural History* (London, Black, 1928 ; reprinted : New York, Benjamin Blom, 1971) [pp. 171-182].

JENNISON (George) : *Animals for show and pleasure in ancient Rome* (Manchester, University Press, 1937) [Appendix I : pp. 183-187].

JUSTINIEN Ier : *Digestum vetus quinquaginta librorum Pandectarum* (Parisiis, 1513) [Lib. 39, cap. 4, 16].

JUSTINIEN Ier : *Le Digeste ou Pandectes de l'empereur Justinien* (Paris, impr. de Mme Beuglé, an XI [1803]. 1807) [Livre 39, chap. 4, 16].

KEMP (P. Turnbull-) : *The Leopard* (London, Bailey Bros and Swinfen, 1967) [pp. 13-17].

KOLB (Peter) : *Caput Bonae Spei hodiernum, das ist : vollständige Beschreibung des africanischen Vorgebürges der Guten Hofnung...* (Nürnberg, bey P.C. Monath, 1719).

KOLB (Peter) : *Naaukeurige en uitvoerige beschryving van de kaap de Goede Hoop...* (Amsterdam, by Balthazar Lakeman, 1727) [I, f. 182 b, 204 ab, 205 a].

KOLBE (Peter KOLB, dit Pierre) : *Description du Cap de Bonne-Espérance, où l'on trouve tout ce qui concerne l'histoire naturelle du pays, la religion, les mœurs et les usages des Hottentots, et l'établissement des Hollandais* (Amsterdam, J. Catuffe, 1741) [T.III, pp. 5-8, 50, 60-61].

KRETZOI (Miklós) : « Intézet Haziny » [Discours d'introduction] in *Felida-Tanulmányok — Feliden Studien* (Budapest, Föld, 1929) [pp. 1-22].

KRUMBIEGEL (Ingo) : *Der Löwe* (Leipzig, Akademische Verlagsgesellschaft Geest u. Portig K.-G., 1952) [p. 9 et sq.].

LABAT (P. Jean-Baptiste) : *Relation historique de l'Ethiopie occidentale : contenant la description des royaumes de Congo, Angola et Matamba* (Paris, chez Charles-Jean-Baptiste Delespine, 1732) [t. I, pp. 164-166, 177-178].

LAMBERT (M.R.K.) : *A Report on the Trinity College, Dublin, High Atlas and Sahara expedition* (London, Lambert, 1967) [p. 35].

LATASTE (Fernand) : « Etude de la faune des vertébrés de Barbarie (Algérie, Tunisie et Maroc) » (*Actes Soc. Linnéenne Bordeaux*, Bordeaux, *39*, pp. 129-299, 1885) [pp. 148 et 266].

LEVAILLANT (Jean-Jacques Rousseau) : *Exploration scientifique de l'Algérie pendant les années 1840, 1841 et 1852. Atlas : Mammifères* (Paris, Imprimerie nationale, 1866) [Pl. 2].

LOCHE (Victor-Jean-François) : « Desription d'une nouvelle espèce de Chat » (*Revue et Magasin de Zool. pure et appl.*, Paris, *21*, 3ᵉ sér., *1*, pp. 49-50, février 1858).

LOCHE (Victor-Jean-François) : *Catalogue des mammifères et des oiseaux observés en Algérie par le capitaine Loche* (Paris, A. Bertrand, 1858) [p. 9].

LOCHE (Victor-Jean-François) : *Exploration scientifique de l'Algérie pendant les années 1840, 1841 et 1842. Sciences physiques, zoologie : Histoire naturelle des mammifères* (Paris, Impr. Nationale, 1867) [pp. 38-39, Pl. I].

LOISEL (Gustave) : *Histoire des Ménageries de l'Antiquité à nos jours* (Paris, Henri Laurens, Octave Doin, 1912) [T. III, pp. 293 et 324].

LYDEKKER (Richard) : « Description of two Mammals from the Ituri Forest » (*Proc. Zool. Soc. London*, London, (2), pp. 992-995, 1906).

LYDEKKER (Richard) : *The Game Animals of Africa* (London, Rowland Ward, 1908) [p. 423, Pl. XXX].

MIVART (St George Jackson) : *The Cat : an Introduction to the Study of Backboned Animals, Especially Mammals* (London, John Murray, 1881).

OPPIEN : *Cynegetika* (Parisiis, 1555) [Carm. II, 570-573 ; Carm. III, 63-73, 84-95].

OPPIEN : *Les Cynégétiques, poème en 4 chants sur la chasse des quadrupèdes* (Coulommiers, 1877) [Chant II, p. 570-573 ; Chant III, 63-73, 84-95].

PAULUS DIACONUS (Paul WARNEFRIED, dit) : *Sexti Pompei Festi de Verborum significatione quae supersunt, cum Pauli Epitome emendata [...] a Carolo Odofriedo Muellero* (Lipsiae, Weidmann, 1839) [p. 33].

PERRAULT (Claude) et alia : *Mémoires pour servir à l'histoire naturelle des animaux* (Paris, Impr. Royale, 1671-76) [pp. 49-53, Pl. face p. 48].

PIGAFETTA (Filippo) : *Relatione del reami di Congo et delle circonvicine contrade, tratta delli seritti e ragionamenti di Odoardo Lopez, [...] con designi vari di geografia, di pianto, d'habiti, d'animali e altro* (Roma, P. Grassi, 1591) [p. 29].

PLINE L'ANCIEN : *Historia naturalis* (Histoire naturelle) [Lib. VIII, cap. 17 et 23].

POCOCK (Reginald I.) : « Notes upon some african species of the genus *Felis*, based upon specimens recently exhibited in the Society's gardens » (*Proc. Zool. Soc. London*, London (2), pp. 656-677, October 8, 1907) [p. 660].

POCOCK (Reginald I.) : « On a Hybrid Wild Cat » (*Proc. Zool. Soc. London*, London, pp. 749-750, figs. 194-195, November 12, 1908).

POCOCK (Reginald I.) : « A Hybrid Lion and Leopard » (*The Field*, London, *111* (n° 2886), p. 666, April 18, 1908).

POCOCK (Reginald I.) : « The supposed Lion-Leopard Hybrid » (*The Field*, London, *111* (n°2889), p. 791, May 9, 1908).

POCOCK (Reginald I.) : « The Classifiation of Existing Felidae » (*Ann. Mag. Nat. Hist.*, London, ser. 8, *20*, p. 329-50, November 1917).

POCOCK (Reginald I.) : « Striped Lions and Stripeless Tigers. The Story of the Zoo's "Tigon" and Others Hyrids Between the Great Cats » (*The Field*, London, *159*, (n° 4127), p. 149, January 30, 1932).

POCOCK (Reginald I.) : « Three races, one new, of the Serval (*Leptailurus*) from North Africa » (*Ann. Mag. Nat. Hist.*, London, 2nd ser., *2* (n° 82), pp. 690-698, December 1944).

POIRET (Abbé Jean-Louis-Marie) : *Voyage en Barbarie, ou Lettres écrites de l'ancienne Numidie pendant les années 1785 et 1786 sur la religion, les coutumes et les mœurs des Maures et des Arabes-Bédouins ; avec un Essai sur l'histoire naturelle de ce pays* (Paris, J.-B.-F. Née de la Rochelle, 1789) [p. 237].

SANDERSON (Ivan T.) : *Animal Treasure* (London, Macmillan & C°, 1937).

SANDERSON (Ivan T.) : *Les Bêtes rares de la Jungle africaine* (Paris, Payot, 1938) [p. 70].

SCHAUENBERG (Paul) : « Note sur l'indice crânien du Chat domestique féral (*Felis catus L.*) » (*Rev. Suisse de Zool.*, Genève, *78*, (1, n° 5), pp. 209-215, juin 1971).

SCHAUENBERG (Paul) : « L'indice crânien des Félidés (Note préliminaire) »

(*Rev. Suisse de Zool.*, Genève, *78*, (2, n° 11), pp. 317-320, juin 1971).

SCHERREN (Henry) : « Some Feline Hybrids » (*The Field*, London, *111* (n° 2887), April 25, 1908).

SCHREBER (Johann Christian Daniel VON) : *Die Säugthiere in Abbildungen nach der Natur mit Beschreibungen* (Erlangen, Wolfgang Walther, 1775-85-92) [T. I, pp. 392, 397, 407, 413].

SHAW (Thomas) : *Travels, or Observations relating to several parts of Barbary and the Levant* (Oxford, printed at the theatre, 1738) [pp. 244-246].

SHAW (Thomas) : *Voyage de M. Shaw dans plusieurs provinces de la Barbarie et du Levant* (La Haye, J. Neaume, 1743) [T. I, pp. 315-319].

SIMEON (Rémi) : *Dictionnaire de la langue nahuatl ou mexicaine* (Paris, 1885) [p. 515].

TEMMINCK (Cœnraad Jacob) : *Monographies de mammologie, ou Description de quelques genres de mammifères, dont les espèces ont été observées dans les différents musées de l'Europe* (Paris, G. Dufour et E. d'Ocagne, 1827) [T.I, p. 120].

TRIMEN (R.) : « On a remarkable Variety of the Leopard (*Felis pardus*), obtained in the East of the Cape Colony » (*Proc. Zool. Soc. London*, London, p. 535, November 20, 1883).

VAN DEN BRINK (Frédéric-Henri) : « Le Lynx pardelle en France » (*Bull. Soc. d'Etude des Sc. Nat. de Nîmes*, Nîmes, *51*, pp. 109-117, 1971).

VINCENZO MARIA DI SANTA CATERINA DA SIENA (P.) : *Il Viaggio all'Indie orientali del P. F. Vincenzo Maria di Caterina da Siena* (Roma, nella stamp. di F. Mancini, 1672) [p. 381].

DEUXIÈME PARTIE
DE L'AFFAIRE LA MIEUX RÉSOLUE
À LA PLUS OBSCURE

CHAPITRE V : GUÉPARD ROYAL

*** : « Vonds G'n In Bosse, Maar Tuis » (*Beeld*, Johannesburg, January 27, 1979).

*** : « Amperse tragedie begin van hul luiperd-koors » (*Beeld*, Johannesburg, August 10, 1979).

*** : « Cheetah With a Difference — Koningsjagluiperd Trek Steeds Aandag » (*Custos*, Prétoria, *8* (8), pp. 42-43, 1979).

*** : « A Leopard wich "changes its spots" ! — A specimen from Somaliland, with markings resembling a Chita » (*Ill. London News*, London, *188*, p. 1012, June 6, 1936).

*** : « Rare King Cheetah Skin Not For Sale » (*The Star*, Johannesburg, December 6, 1966).

*** : « Mystery of the Lost Jungle King » (*Weekend*, June 10, 1981).

*** : « The King Cheetah Puzzle » (*Wildlife*, London, *24* (2), p. 73, February 1982).

AARDE (R. J. VAN) & Ann VAN DYCK : « Inheritance of the king coat colour pattern in cheetahs *Acinonyx jubatus* » (*J. Zool.*, London, (A) *209*, pp. 573-78, 1986).

ANSELL (W. F. H.) : « An aberrant leopard from Rhodesia » (*Arnoldia*, Causeway, Zimbabwe, *3* (n° 3), pp. 1-3, 4 figs, February 15, 1967).

BERCHTOLD (P.) : « Gonarezhou Game Reserve [Letter to the Editor] », (*African Wild Life*, Johannesburg, *15* (4), pp. 342-343, December 1961).

BOTTRIELL (Paul & Lena) : « Mystery of the King Cheetah Remains » (*The Star*, Johannesburg, June 13, 1979).

BOTTRIELL (R. Paul & Lena E.) : « The King Cheetah » [Article inédit, July 20, 1981].

BOTTRIELL (Lena Godsall) : « The King of the Cats » (*Excellence*, Johannesburg, *3* (1), pp. 52-56, April 1987).

BOTTRIELL (Lena Godsall) : *King Cheetah — the Story of the Quest* (Leiden, E. J. Brill, 1987).

BRAND (D. J.) : « A "King Cheetah" born at the Cheetah Breeding and Research Centre of the National Zoological Gardens of South Africa, Pretoria » (Paper delivered at the International Union of Directors of Zoological Gardens meeting in Washington D.C., in September 1981).

CABRERA (Angel Lulio) : « Les mamiféros de Marruecos » (*Trabajos Mus. Nac. Cienc. Nat., Serie zoológica*, Madrid, n° 57, pp. 1-363, 1932) [p. 191].

CHAPMAN (Abel) : « The Rhodesian Cheetah » (*The Field*, *151*, p. 654, April 19, 1928).

COOPER (Major A. L.) : « A curious skin » (*The Field*, *148* (n° 3851), p. 690, October 14, 1926).

DE COCK (Leon) : « Is hy die laaste in die wêreld ? Soektog na unieke dier » (*Beeld*, Johannesburh, pp. 1-2, 26 Juli 1979).

DOLLMAN (J. Guy) : « The King Cheetah » (*Nat. Hist. Mag.*, London, *2* (n° 9), pp. 1-6, 1929).

DOYLE (Arthur Conan) : *Our African Winter* (London Murray, 1929) [pp. 260-261].

EATON (Randall L.) : *The Cheetah : the Biology, Ecology, and Behavior of an Endangered Species* (New York, Van Nostrand Reinhold, 1974).

GRAAFF (G. DE) : « A familiar pattern deviation of the cheetah (*Acinonyx jubatus*) » (*Custos*, Pretoria, *3* (n° 2), pp. 2 & 28, November 1974).

GREAVES (William) : « Chasing the most elusive legend on four legs » (*Daily Mail*, London, September 4, 1978).

HARPER (Francis) : *Extinct and Vanishing Mammals of the Old World* (New York, American Committee for International Wild Life Protection, Spec. Publ. n° 12, 1945) (pp. 286-288].

HEUVELMANS (Bernard) : *Sur la piste des bêtes ignorées* (Paris, Plon, 1955) [I, p. 72 ; II, p. 147] (Paris, François Beauval, 1982) [I, pp. 119-120 ; III, p. 216].

HEUVLMANS (Bernard) : « Foreword » *in* BOTTRIELL (Lena Goodsall) (*op. cit.*, 1987) [pp. 11-15].

HICHENS (Captain William) : « Africa's Mystery Beasts » (*Wide World*, London, *62*, pp. 171-176, December 1928).

HICHENS (Captain William) : « African Mystery Beasts » (*Discovery*, London, pp. 369-371, December 1937).

HILLS (Daphne M.) & Reay H. N. SMITHERS : « The "King Cheetah" — A historical review » (*Arnoldia*, Causeway, Zimbabwe, *9* (1), pp. 1-23, 1980).

JAMES (Archibald) : « The puzzle of King Cheetah » (*The Field*, London, pp. 1018-19, 1962).

KRETZOI (Micklós) : *Felida — Tanulmányok — Feliden Studien* (Budapest, Föld, 1929) [pp. 10-11].

LAIDLER (Keith) : « The Cheetah Who Changed His Spots » (*The Guardian*, London, pp. 8-9, August 21, 1987).

MABERLEY (C. T. Astley) : *Animals of Rhodesia* (Cape Town, Howard Trimmins, 1959) [pp. 120 et sq.].

MEESTER (J.) : « King Cheetah in Northern Transvaal » (*African Wild Life*, Johannesburg, *16* (n°1), pp. 81-82, March 1962).

MIVART (St George Jackson) : « The Woodly Cheetah (*Felis lanea*) » in *The Cat* (London, John Murray, 1881) [pp. 429-30].

NORMAN (Charles) : « In Search of a Legendary Animal — King of the Cheetahs » (*Scope*, Johannesburg, pp. 88-93, April 27, 1979).

OAKES (Philip) : « Spot the Difference » (*You Magazine*, London, pp. 36-37, May 10, 1987).

PITMAN (Charles R. S.) : *A Game Warden among His Charges* (London, Penguin Books, 1943) [p. 169].

POCOCK (Reginald Innes) : « Variation of the Pattern in Leopards » (*The Field*, London, *148* (n° 3852), p. 707, October 21, 1926).

POCOCK (Reginald I.) : « Description of a new species of Cheetah (*Acinonyx rex*) » (*Proc. Zool. Soc. London*, London, pp. 245-52, Pl. col., figs, Abstr. N° 283, p. 18, March 1, 1927).

POCOCK (Reginald I.) : « The New Cheetah » (*The Field*, London, *149* (n° 3877), p. 635, April 14, 1927).

POCOCK (Reginald I.) : « The New Cheetah from Rhodesia » (*J. Soc. Preserv. Fauna Empire*, London, New ser. *7*, pp. 17-19, 1927).

POCOCK (Reginald I.) : « The Rhodesian Cheetah » (*The Field*, London, *151*, p. 593, April 5, 1928).

POCOCK (Reginald I.) : *The Fauna of British India including Ceylan and Burma* (London, Taylor & Francis, 1939) [I, p. 325].

*** [REICHENBACH (Herman)] : « Schutz durch Streifen » (*Geo*, Hamburg, Nr 3, pp. 179-182, März 1987).

ROBERTS (Austin) : *The Mammals of South Africa* (Johannesburg, Central News Agency, 1951) [pp. 182-83, 564].

SCHENK (Leoné) : « In Search of the King of the Cheetahs — Separate Species, or Beautiful Freak ? » (*Family Radio and TV*, Johannesburg, pp. 42-45, September 10-16, 1979).

SCLATER (William Lutley) : « Report : the Secretary on additions to the Menagerie » (*Proc. Zool. Soc. London*, London, pp. 520-33, June 19, 1977) [p. 532].

SHORTRIDGE (G. C.) : *The Mammals of South West Africa* (London, Heinemann, 1934) [p. 109].

SMITHERS (Reay H. N.) : « The Mammals of Botswana » (*Mus. mem. National Mus. Rhodesia*, Salisbury, *4*, 1971) [p. 113].

WALKER (Dennis A.) : [Communication personnelle : lettre du 3 mars 1959].

WROGEMANN (Nan) : *Cheetah under the Sun* (Johannesburg, McGraw-Hill, 1975 ; New York, McGraw-Hill, 1976).

CHAPITRES VI ET VII : LIONS TACHETÉS

*** [DOWER (Kenneth C. Gandar)] : « A Spotted Lion ? Mr Gander [sic] Dower's Expedition to the Aberdares » (*The Field*, London, *165*, p. 388, February 23, 1935).

DOWER (Kenneth C. Gandar) : « In Quest of the Spotted Lion. The Needle in the Aberdares Haystack » (*The Field*, London, *166*, p. 21, July 6, 1935).

DOWER (Kenneth C. Gandar) : « The Quest of the Spotted Lion » (*The Listener*, London, *16* (n° 400), pp. 459-462, September 9, 1936).

DOWER (Kenneth C. Gandar) : *The Spotted Lion* (London-Toronto, William Heinemann, 1937).

FLETT (G.) : « Spotted Lion » (*The Field*, London, *193,* p. 76, January 15, 1949).

FORAN (W. Robert) : « Legendary Spotted Lion » (*The Field*, London, *196*, p. 535, September 30, 1950).

FOWLE (Andrew) : « Spotted Lions » (*The Field*, London, *165*, p. 1361, June 1, 1935).

FRECHKOP (Serge) : *Exploration du Parc National Albert. Mission S. Frechkop (1937-38). Fasc. I : « Mammifères »* (Bruxelles, Institut des Parcs nationaux du Congo belge, 1943) [pp. 67-78].

GOSS (Michel) : « In Search of Africa's Spotted Lion » (*Fate*, Marion, Ohio, *39* (n° 6), pp. 78-91, June 1984).

GUGGISBERG (C. A. W.) : *Simba : the Life of the Lion* (Cape Town, Howard Timmins, 1961 ; Philadelphia – New York, Chilton Boks, 1963) [pp. 21-22, 49-51].

HAMILTON-SNOWBALL (G.) : « Spotted Lions » (*The Field*, London, *192*, p. 412, October 9, 1948).

HEUVELMANS (Bernard) : *Sur la piste des bêtes ignorées* (Paris, Plon, 1955) [T. II, pp. 157-167], (Paris, François Beauval, 1982) [T. I, p. 19 ; T. III, pp. 230-244].

HOOK (Raymond) : « Native Evidence » *in* DOWER (K. C. Gandar) : *op. cit.* (1937) [pp. 322-328].

JEANNIN (Albert) : *Les Mammifères sauvages du Cameroun* (Paris, Paul Lechevalier, 1936) [pp. 98-100].

JEANNIN (Albert) : *Les bêtes sauvages et leur histoire : 2. Le Lion* (Paris-Genève, La Palatine, 1968) [pp. 44-47].

KITTERMASTER (Reverend D. B.) : « Introduction » *in* DOWER (K. C. Gandar) : *Abyssinian Patchwork* (London, Frederick Muller, 1949) [pp. 5-10].

LYDEKKER (Richard) : *The Game Animals of Africa* (London, Rowland Ward, 1908) [Photo : p. 423].

MACKENZIE (A. M.) : « Spotted Lions » (*The Field*, London, *165*, p. 575, March 16, 1935)

PITMAN (Charles R. S.) : *A Game Warden Takes Stock* (London, Nisbet, 1942) [p. 169].

POCOCK (Reginald I.) : « The classification of existing Felidae » (*Ann. Mag Nat. Hist.*, London, ser. 8, *20*, pp. 329-350, 1917).

POCOCK (Reginald I.) : « Note on the Spotted Lion of the Aberdares » *in* DOWER (K. C. Gandar) : (*op. cit.*, 1937) [pp. 317-21].

POLLARD (J. R. T.) : « Spotted Lions » (*The Field*, London, *192*, p. 553, November 13, 1948).

POLLARD (John) : *African Zoo Man* (London, Robert Hale, 1963) [pp. 84-96].

RITCHIE (A. T. A.) : *Colony and Protectorate of Kenya. Game Department annual report, 1932, 1933 and 1934* (Nairobi, Government Printer, 1935) [pp. 46 et sq.].

SEVERTZOV (N. I.) : « Notice sur la classification multisériale des Carnivores, spécialement des Félidés, etc. » (*Rev. et Mag. de Zool. pure et appliquée*, Paris, 2e ser. *9*, pp. 387-389 ; *10*, pp. 145 et sqq, 1857-58).

WHITE (Major F. E.) : « Myth or Matter of Fact ? » (*The Field*, London, *213*, March 12, 1959).

CHAPITRE VIII : NUNDA OU MNGWA

BOWEN (Patrick) : « More About Africa's Mystery Beasts » (*Wide World*, London, *63*, pp. 403-405, September 1929).

CARAS (Roger A.) : *Dangerous to Man* (Philadelphia-New York, Chilton Books, 1964) [pp. 3-28].

COPLEY (Hugh) : *Some Mammals of Kenya* (Nairobi, Highway Press ; London, Longmans, Green & C°, 1950) [pp. 36-37].

DENIS (Armand) : *Cats of the World* (London, Constable, 1964) [pp. 48-49].

« FULAHN » [pseud. du Captain William HICHENS] : « On the Trail of the Brontosaurus » (*Chambers's Journal*, Edinburgh, pp. 693-96, October 1, 1927) [pp. 695-96].

GYLDENSTOLPE (Nils) : « Mammals from the Birunga Volcanoes, north of Lake Kivu » in *Zoological Results of the Swedish Expedition to Central Africa 1921* (*Arkiv för Zoologi*, Stockholm, 20A (n° 4), pp. 1-76, 13 novembre 1928) [p. 31].

HALTENORTH (Theodor) & Helmut DILLER : *Säugetiere Afrikas und Madagaskars* (München-Bern-Wien, BLV Velagsgesellschaft, 1977) [pp. 232-233].

HEUVELMANS (Bernard) : *Sur la piste des bêtes ignorées* (Paris, Plon, 1955) [T. II, pp. 224-231] (Paris, François Beauval, 1981) [T. IV, pp .63-70].

HICHENS (Captain William) : « Africa's Mystery Beasts » (*Wide World*, London, *62*, pp. 171-176, December 1928).

HICHENS (Captain William) : « African Mystery Beasts » (*Discovery*, London, pp. 369-373, December 1937) [pp. 369-371].

JOHNSTON (Sir Harry Hamilton) : *Liberia* (London, Hutchinson, 1906) [II, pp. 701-03].

LANE (Frank W.) : *Nature Parade* (London, Jarrolds, 3d edit., 1946) [pp. 154-56, 162-64].

LAVAUDEN (Louis) : *Essai sur l'histoire naturelle du lynx* (Grenoble, imprimerie Allier, 1930).

MENSCH (P. J. A. VAN) : & P. J. H. VAN BREE : « On the African Golden Cat *Profelis aurata* (TEMMINCK, 1827) » (*Biologia Gabonica*, Paris-Gabon, *5* (4), pp. 235-69, 1969).

SACEGHEM (René VAN) : « Une nouvelle espèce de Félidé de l'Afrique *Felis maka* » (*Zooleo, Bull. Soc. bot. zool. Congo*, Tervuren, *5*, pp. 13-16, 1942).

SANDERSON (Ivan T.) : *Living Mammals of the World* (London, Hamish Hamilton, 1955) [p. 163].

STEERE (Edward) : *Swahili Tales* (London, Society for promoting Christian Knowledge, 1889) [pp. 197-281, Note 75 : pp. 498-99].

TROISIÈME PARTIE
LA SURPRENANTE SURVIVANCE DES FAUVES À DENTS EN SABRE

CHAPITRES IX, X, XI ET XII

FÉLINS D'AFRIQUE À DENTS EN SABRE

*** « The Brontosaurus — Hunter's story of tusked and scaly beast » (*Daily Mail*, London, December 16, 1919).

ADAMS (Daniel B.) : « Säbelzahntiger : Nicht für immer ausgestorben ! » (*PM*, München, n° 12, pp. 36-40, November 20, 1981).

ALEXANDRE (Pierre) : [Communication personnelle : lettre du 19 juin 1978].

AVARO (Anne) : [Communication personnelle : lettres du 21 mars et du 3 mai 1980].

BAUDOIN (Dr Marcel) : « Une mutilation dentaire rare : les dents en crochets » (*La Semaine dentaire*, Paris, 8 (n° 40), pp. 773-777, 3 octobre 1926).

BECK (Pierre) & le Général Pierre HUARD : *Tibesti, carrefour de la préhistoire saharienne* (Paris, Arthaud, 1969) [p. 44].

BECKER (Gabriel) : [Communications personnelles : lettres des 9 juillet 1973, 26 février 1974, 1er janvier et 25 juillet 1978].

BERE (Rennie M.) : *The Wild Mammals of Uganda and neighbouring regions of East Africa* (London, Longmans, Green & C°, 1962) [p. 29].

BLANCOU (Lucien) : [Communications personnelles : lettres des 3 août 1955, 20 janvier et 23 novembre 1956, 27 décembre 1958, 23 septembre 1964, 19 octobre 1966, 1er janvier et 7 novembre 1978].

BONNIVAIR (Paul) : [Communication personnelle : lettres de mai et du 11 juin 1955].

BRONSON (Edgar Beecher) : *In Closed Territory* (Chicago, McClurg & C°, 1910) [pp. 112-116, 130-136].

FAURE (Martine) : « Révision critique d'une collection de gravures mobilières pa-léolithiques : les galets et les os gravés de la Colombière (Neuville-sur-Ain, Ain, France) » (*Nouv. Arch. Mus. Hist. nat. Lyon*, Lyon, fasc. *6*, pp. 41-99, 1978) [p. 71].

FROBENIUS (Leo) & Douglas C. FOX : *African Genesis* (New York, Benjamin Blom, 1966) [pp. 228-30].

GINSBURG (Léonard) : « La faune des carnivores miocènes de Sansan (Gers) » (*Mém. Mus. nat. Hist. nat.*, Paris N.S., C, *9*, pp .1-190, 1961) [pp. 172-79].

GINSBURG (Léonard) : [Communications personnelles : lettres et entretiens de 1978].

GUGGISBERG (C. A. W.) : *Simba, the Life of the Lion* (Philadelphia-New York, Chilton Books, 1963) [pp. 116 et sq.].

HAGENBECK (Carl) : *Von Tieren und Menschen* (Berlin-Charlottenburg, Vita Deutsches Verlagshaus, 1909) [pp. 374-375].

HALLEY (Maurice) : [Communication personnelle : lettres des 3 et 29 avril et des 8 et 16 mai 1981].

HALTENORTH (Theodor) & Helmut DILLER : *Säugetiere Afrikas und Madagaskars* (München-Bern-Wien, BLV Verlagsgesellschaft, 1977) [p. 238].

HEUVELMANS (Bernard) : *Les Derniers dragons d'Afrique* (Paris, Plon, 1978) [pp. 172-181, 192-193, 201-204, 207-209, 231-233, 239-242, 261-266, 318-323, 374-386, 392-395].

HOBLEY (Charles William) : « Further Researches into Kikuyu and Kamba Religious Beliefs and Customs » (*J. Roy. Anthrop. Inst.*, London, *41*, pp. 406-422, 1911) [p. 421].

HOBLEY (Charles William) : « On Some Unidentified Beasts » (*J. East. Afr. Ug. nat. hist. Soc.*, London, *3* (n° 6), pp. 48-52, 1913) [pp. 51-52].

HORNE (Mgr. P. VAN) : [Communication personnelle : lettre adressée à M. Marc PECHENART, le 17 mars 1979].

HUGHES (J. E.) : *Eighteen Years on Lake Bangweulu* (London, The Field, 1933) [pp. 146-148].

HUNTER (John Alexander) : *Hunter* (London, Hamish Hamilton, 1952) (pp. 146-47].

HUNTER (John Alexander) : *Chasseur dans la création* (Paris, Amiot-Dumont, 1953) [p. 149].

JACKSON (J.K.) : « Animal Life in the Imatong Mountains » (*Sudan Wild Life ans Sport*, Khartoum, p. 7, December 1950).

JORDAN (John Alfred) : « Unknown Animals of the African Wilds » (*Wild World*, London, *39*, pp. 187-197, November 1917) [pp. 187-189].

JORDAN (John Alfred) : *Elephants and Ivory* (New York, Rinehart & C°, 1956) [pp. 56-57].

JORDAN (John Alfred) : *The Elephant Stone* (London, Nicholas Kaye, 1959) [pp. 78-81].

KIRCH (Robert) : « Animaux inconnus en Afrique ? » (*Connaissance de la Chasse*, Paris, n° 60, pp. 62-65 et 92, avril 1981).

KIRCH (Robert) : [Communication personnelle : lettres des 30 mai et 27 juin 1981].

KRUMBIEGEL (Ingo) : *Von, Neuen und Unentdeckten Tierarten* (Stuttgart, Franckh'sche Verlagshandlung, 1950) [pp. 57-68].

KRUMBIEGEL (Ingo) : « Was ist der „ Lowe des Wassers " ? » (*Kosmos*, Stuttgart, 42/43, pp. 143-146, 1947).

LE NOEL (Christian) : [Communications personnelles : lettres des 15 mai, 7 juillet, 27 octobre et 9 décembre 1981, des 26 février et 3 octobre 1982].

LE NOEL (Christian) : « A la recherche des bêtes ignorées d'Afrique » (*Connaissance de la Chasse*, Paris, n° 72, Avril 1982).

MACRAE (F.B.) : « More African Mysteries » (*National Review*, London, *111*, pp. 791-796, December 1938) [pp. 791-792].

MAHAUDEN (Charles) : *Kisongokimo — chasse et magie ches les Balubas* (Paris, Flammarion, 1965) [pp. 196-199].

MAUDRY (H.R.) : [Communication personnelle : lettre de mai 1960].

MAZAK (Vratislav) : « On a supposed representation of the pleistocene scimitar cat *Homotherium* Fabrini, 1890 » (*Zeitschr. f. Säugetierk.*, Berlin, *35* (6), pp. 359-362, Dezember 1970).

MONTANDON DE LA BREVINE (Comte J. L.) : [Communication personnelle : lettre du 8 octobre 1958).

NOLDE (Ilse VON) : « Der *Coje ya menia*, ein sagenhaftes Tier Westafrikas »

(*Deutsche Kolonial-Zeitung*, Berlin, *51* (Nr 4), pp. 123-124, 1939).

PAGER (Harald) : « Some Rock Paintings from Southern Africa Depicting Unusual Animals » [Communication personnelle datée de novembre 1963].

PITMAN (Charles R. S.) : *A Game Warden Takes Stock* (London, James Nisbet & C°, 1942) [pp. 77-78].

PIVETEAU (Jean) : « Carnivora » *in* PIVETEAU (J.), éd. *Traité de Paléontologie* (Paris, Masson & Cie, 1961) [T. VI, Vol. I, pp. 641-820].

POWELL Jr. (James H.) : [Communication personnelle : lettre du 2 mars 1978].

RADINSKI (Leonard) et Sharon EMERSON : « The Late, Great Sabertooths » (*Natural History*, New York, *91* (n° 4), pp. 50-57, April 1982).

ROTHSCHILD (Maurice DE) & Henri NEUVILLE : « Sur une dent d'origine énigmatique » (*Archives zool. expérim. et gén.*, Paris, 4e sér. 7, pp. 271-333, 15 octobre 1907) [pp. 274-275].

ROUSSEAU (Michel) : « Un félin à canine-poignard dans l'art paléolithique ? » (*Archéologia*, Paris, n° 40, pp. 81-82, mai-juin 1971).

ROUSSEAU (Michel) : « Un Machairodonte dans l'art aurignacien » (*Mammalia*, Paris, *35* (n° 4), pp. 648-657, décembre 1971).

SCHOMBURGK (Hans) : *Wild und Wilde im Herzen Afrikas, zwölf Johren Jagd- und Forschungsreisen* (Berlin, E. Fleischel, 1910) [pp. 219-220].

STOW (George William) & Dorothy BLEEK : *Rock paintings in South Africa* (London, Methuen & C°, 1930).

VINCENT (Jeanne-Françoise) : *Le Pouvoir et le Sacré chez les Hadjeray du Tchad* (Paris, Editions Anthropos, 1975) [pp. 100-101].

INDEX ONOMASTIQUE

Seuls ont été retenus pour cet index les noms de personnes et les noms d'animaux cryptozoologiques.

TABLE DES MATIÈRES

REMERCIEMENTS

PREMIÈRE PARTIE
DU CONNU À L'INCONNU

Notre plan de campagne. — Les Abyssins : *Wobo, Abu Sotân* et *Abasambo*. — Au Soudan : *Nyokodoing*, un fauve des marais. — A l'Ouest : lions noirs, tigres et géants. — *Bung-Bung* : le lion forestier du Cameroun. — *Foulempou*, l'Absalon congolais. — *Bakanga* et *Ikimizi* : les lions-léopards. — L'*Entarargo, Ruturargo* ou *Kitalargo*. — Un peu de linguistique comparée. — Les gargouillements du *Ntarago*. — Intervention inopportune de l'Hyène géante. — Un félin peut en cacher un autre.

A l'Est : lions-léopards et mélanges plus complexes encore. — Au Sud-Est : tueurs rayés et terreur blanche. — Au Sud : guépards tigrés et razzias insolentes. — Le *Khadumadumo* est-il le coupable ? — La réalité dépasse la mystification. — Les lions blancs de Timbavati. — Il y a blanc et blanc. — L'albinisme : un gène qui rend trop blanc. — Les mirages de l'individualisme.

Les guépards, vrais et faux. — Le lion, le pard et le pardalis des Anciens. — Les deux pardalis et le leo pardalis. — Qu'était donc la panthère d'autrefois ? — Naissance du léopard. — Les bâtards présumés et leur dénomination. — Le baptême des hybrides véritables. — Félin nouveau ou bâtard incongru ? — Bâtards encore plus incongrus ou mutation naissante ? — Léopons à gogo, mais point de liopard.

A propos de lynx : le doigt dans l'œil. — M. de Buffon s'est trompé de serval. — Le « chat-tigre » de Berbérie. — Ne pas confondre serval et caracal. — Chats,

chats, chats ! — Pourtant indésirables en Afrique : l'Once et le Tigre. — Dans les ténèbres du « Siècle des lumières » — Le dernier recensement des Félidés d'Afrique. — Reste-t-il encore des félins inconnus ?

DEUXIÈME PARTIE
DE L'AFFAIRE LA MIEUX RÉSOLUE
À LA PLUS OBSCURE

à dents longues. — Un lion d'eau et un lion des cavernes dans l'Ouest ? — Le *N'yamalé* des Orungu du Gabon. — L'hippopotame sabré et percé de Maurice Halley. — Des suspects à éliminer. — Le duel à mort des chevaux du fleuve. — Le coupable est enfin démasqué.

Prospérité et longévité des Dents-en-sabre. — Des armes encombrantes et fragiles ? — De l'assassinat considéré comme un des beaux-arts. — A chacun sa botte fatale. — Spadassins et traîneurs de sabres. — Niches à occuper : choix limité. — L'Empire des Dents-longues. — Ceux des eaux et ceux des montagnes. — Pas si terribles que ça … — Des armes parfois dissimulées dans une gaine. — Un empire peut-être plus étendu, mais en déclin. — Une admirable adaptation à la vie aquatique. — Des émules d'eau douce du Morse. — Des montagnards nocturnes comparables à l'Ours. — Un portrait bochiman du Machairodonte d'eau. — La preuve par neuf.

LES ÉDITIONS DE L'ŒIL DU SPHINX

SARL au capital de 15.245 €

R.C.S. Paris B 432 025 864 (2000 B11249)

36-42 rue de la Villette

75019 PARIS

Mail ods@oeildusphinx.com

http://www.œildusphinx.com

http://boutique.œildusphinx.com

Tél 09.75.32.33.55

Fax 01.42.01.05.38

Toutes nos parutions sont sur :
boutique.oeildusphinx.com